REPRÄSENTATION IM WANDEL

OBERRHEINISCHE STUDIEN

Herausgegeben von der
Arbeitsgemeinschaft für geschichtliche
Landeskunde am Oberrhein e.V.

Band 26

in Verbindung mit den
Staatlichen Schlössern und Gärten
Baden-Württemberg

REPRÄSENTATION IM WANDEL

NUTZUNG SÜDWESTDEUTSCHER SCHLÖSSER IM 19. JAHRHUNDERT

Herausgegeben von
Wolfgang Wiese und Katrin Rössler

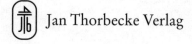

Gedruckt mit freundlicher Unterstützung
des Landes Baden-Württemberg und
der Stadt Karlsruhe

Bibliografische Information der Deutschen Nationalbibliothek
Die Deutsche Nationalbibliothek verzeichnet diese Publikation in der Deutschen Nationalbibliografie;
detaillierte bibliografische Daten sind im Internet über http://dnb.d-nb.de abrufbar.

© 2008 by Jan Thorbecke Verlag der Schwabenverlag AG, Ostfildern
www.thorbecke.de · info@thorbecke.de

Alle Rechte vorbehalten. Ohne schriftliche Genehmigung des Verlages ist es nicht gestattet, das Werk
unter Verwendung mechanischer, elektronischer und anderer Systeme in irgendeiner Weise zu verarbeiten
und zu verbreiten. Insbesondere vorbehalten sind die Rechte der Vervielfältigung – auch von Teilen des
Werkes – auf photomechanischem oder ähnlichem Wege, der tontechnischen Wiedergabe, des Vortrags,
der Funk- und Fernsehsendung, der Speicherung in Datenverarbeitungsanlagen, der Übersetzung und der
literarischen oder anderweitigen Bearbeitung.

Dieses Buch ist aus alterungsbeständigem Papier nach DIN-ISO 9706 hergestellt.
Gesamtherstellung: Jan Thorbecke Verlag, Ostfildern
Printed in Germany
ISBN 978-3-7995-7826-4

Inhalt

Vorwort 7

Einführung 9

SÜDWESTDEUTSCHE FÜRSTENHÖFE IM 19. JAHRHUNDERT

Bernhard Theil
   Wandlungen hochadeliger Repräsentation im bürgerlichen Jahrhundert.
   Grundsätzliche Erwägungen am Beispiel des Königreichs Württemberg... 13

Katharina Weigand
   Die konstitutionelle Monarchie des 19. Jahrhunderts im Spannungsfeld
   von Krone und Staat, Macht und Amt. Bayerische Fragen an ein deutsches
   Thema 27

Winfried Klein
   Herr oder Haupt? Fürstenrecht, Staatsorganisation und die Etablierung des
   vermögensfähigen Staates in Süddeutschland 41

Cajetan von Aretin
   Herr und Haupt. Zum monarchischen Prinzip in der deutschen
   Verfassungswirklichkeit des 19. Jahrhunderts 63

Ewald Frie
   Adel und Hof im 19. Jahrhundert 77

TRADITIONSSUCHE UND HERRSCHAFTSLEGITIMATION

Hans Ammerich
   Der Fürstenhof als Kulturobjekt: Ehemalige Residenzen in der Pfalz 85

Birgit Heck
   Die Folklorisierung von Macht? Karlsruher Hof und Residenz
   im Mittelpunkt öffentlicher Feiern 97

Petra Tücks
   Fürstliche Repräsentation im Wandel – Zu Raumfolge,
   Bildprogrammen und zur Ausstattung deutscher Residenzen zwischen
   1815 und 1871. 113

MUSEALISIERUNG DER HÖFE IN DER 2. HÄLFTE DES 19. JAHRHUNDERTS

Ulrike Grimm
»Die von Rastadt anhero gebrachten Kunststücke in einem derer Cabinete der Fürstl. Bibliothek«. Zur Entstehung der Museen in Karlsruhe 133

Katrin Rössler
Repräsentation und Identitätsbildung: Die Sammlungen im Mannheimer Schloß 141

Grit Arnscheidt
Vom großherzoglichen Witwensitz zum Städtischen Museum. Funktionswandel des Mannheimer Schlosses nach 1860 157

PROFANIERUNG VON SCHLÖSSERN

Kathrin Ellwardt
Verlust der höfischen Funktion: Schlösser ohne Schloßherren. Der Umbruch der napoleonischen Zeit und die Folgen in Baden und Württemberg 171

Hartmut Ellrich
Öffentliches, privates und privatwirtschaftliches Engagement – Schlösser als Prestigeobjekte im 19. und frühen 20. Jahrhundert, dargestellt am Beispiel von Saarbrücken, Mainz und Waghäusel 185

Wolfgang Wiese
Am Ende ein Behördenzentrum. Zur Verbürgerlichung des Mannheimer Schlosses 195

Literaturverzeichnis 205

Register 218

Abbildungsnachweise 223

Mitarbeiterverzeichnis 224

Vorwort

Das Mannheimer Schloß in den Fangarmen der Eisenbahn – unsere Umschlagabbildung zeigt Wirklichkeit und Fälschung zugleich. Wirklichkeit: Die Fassadenwirkung einer der größten deutschen Barockanlagen wurde noch in monarchischer Zeit von der Rheinseite her den Bedürfnissen des Verkehrs geopfert, der Park stranguliert. Und Fälschung: Die Zeit »sah« diesen Eingriff anders als wir. Das Original des Situationsplans im Generallandesarchiv Karlsruhe, entstanden um 1865, führt die Bahnstrecken wie zierlich geschwungene Wege am Schloß entlang, kaum unterscheidbar von den Linien des Landschaftsparks. Um die Wirklichkeit durchscheinen zu lassen, haben wir diesen zarten Technikertraum blau nachgezogen. Die Zeit aber hielt beides, fürstliche Repräsentation und bürgerlich-technischen Fortschritt, für vereinbar. Schon lange vor dem Ende der Monarchie hatte das Mannheimer Bürgertum das Schloß partiell »übernommen«, sich darin etabliert und sogar über den Abriß des Corps de logis nachgedacht. Galt der Angriff auf das Schloß auch der Monarchie? An kaum einem der großen Schlösser im deutschen Südwesten lassen sich Geltung, Wandel und Umdeutung fürstlicher Repräsentation so augenfällig ablesen wie an der Geschichte des Mannheimer Schlosses zwischen 1803 und 1918. Dies im Vergleich mit andern fürstlichen Bauten zu prüfen, die Folien fürstlichen Selbstverständnisses, verfestigter Staatsverwaltung und bürgerlichen Kulturbedürfnisses darüber zu legen und sich so dem Denken des 19. Jahrhunderts einmal aus ungewohnter Perspektive zu nähern, waren Grundgedanken dieses Bandes und der Tagung, die dem Druck vorausging.

Die Tagung ließ sich 2007 in einer besonderen Konstellation verwirklichen: Das Jahr wurde in Mannheim zum festlichen Dauerereignis, gleichzeitig erfolgte zum Stadtjubiläum die Wiedereröffnung des Corps de logis im Schloß, des unzweideutigen architektonischen Bezugspunkts der ehemaligen kurpfälzischen Residenz. So war es für die Arbeitsgemeinschaft für geschichtliche Landeskunde am Oberrhein eine besondere Ehre, von beiden, von der Stadt und der Verwaltung der Staatlichen Schlösser und Gärten Baden-Württemberg als »Hausherrin« des Schlosses, eingeladen zu werden, zum Ausklang des Festjahres eine Tagung zu dieser Einheit von Stadt- und Schloßgeschichte zu veranstalten. Wie jede Tagung der Arbeitsgemeinschaft verband auch diese den lokalen oder regionalgeschichtlichen Ansatz mit der weitgefaßten Fragestellung; Anschauung und Kontextdeutung sollen sich verbinden und gegenseitig anregen. Daß dies gelang, zeigte auf der Tagung die lebhafte Diskussion, die wiederum in den Tagungsband einging – es wäre aber nicht möglich gewesen ohne die immense konzeptionelle, organisatorische und finanzielle Leistung der Staatlichen Schlösser und Gärten und die Gastfreundlichkeit der so vielfach beanspruchten Stadt. Daher hat am Anfang dieses Bandes der Dank an die Herausgeber, Frau Katrin Rössler und Herrn Dr. Wolfgang Wiese als Vertreter der SSG zu stehen, die für die Tagung selbst wie für die Redaktion so Vorbildliches geleistet haben. Der Dank gilt nicht weniger Herrn Dr. Ulrich Nieß als Leiter des Instituts für Stadtgeschichte in Mannheim, der sich in diesem Jahr der Hochleistungen in eigener Sache auch noch der Belange der Arbeitsgemeinschaft freundlich fördernd angenommen hat. Der Jan-Thorbecke-Verlag hat wie immer seine Handwerkskunst zum guten Gelingen beigesteuert und nicht zuletzt hat Frau Christina Huber durch ihr Register dafür gesorgt, daß der Band in der thematischen Dichte zur Geltung kommt, die ihn auszeichnet. Diese aber ist das Verdienst der Autoren selbst, die ihre Arbeiten einem Leitgedanken untergeordnet und so dem Band erst sein Profil gegeben haben. Das ist nicht selbstverständlich; vor allem in den Beiträgen von Winfried Klein und Cajetan von Aretin zu den historischen Grundlagen des sog. badischen Kulturgüterstreits wird aber deutlich, wie unverzichtbar die faire und offene Auseinandersetzung in diesem schwierigen Diskurs ist. Es war ein besonderes Anliegen der Arbeitsgemeinschaft, dafür eine gemeinsamen Plattform zu schaffen, und es ist bedauerlich – und letztlich unverständlich – daß dieses gemeinsame Bemühen um Begriffsklärung bis heute nur hier eine sichtbare Form gefunden hat. Unserem Band bleibt also zu wünschen, daß er außer dem wissenschaftlichen Ertrag auch die ständige Aktualität von Problemen des 19. Jahrhunderts verdeutlicht: Wir sehen Schlösser als Denkmäler, aber wir verstehen sie erst in der Beschreibung des Wandels von Funktion, Herrschaftsverständnis und Wahrnehmung im kulturellen Kontext.

Karlsruhe, im September 2008   Prof. Dr. Konrad Krimm
                                       Vorsitzender der Arbeitsgemeinschaft für
                                       geschichtliche Landeskunde am Oberrhein

Einführung

Fürstenhöfe standen während des 19. Jahrhunderts unmittelbar wie die Staaten selbst im Kontext des gesellschaftlichen Wandels. Sie waren um 1800 erheblich den Umwälzungen napoleonischer Hegemonialbestrebungen ausgesetzt und bis an den Rand ihrer Auflösung gelangt. Revolutionen und Kriege trugen zu deren Veränderungen bei, die schließlich im frühen 20. Jahrhundert am Ende des Ersten Weltkrieges zur Aufgabe der Monarchien führten. So kann man von einem sukzessiven Veränderungsprozess sprechen, der zunächst noch einmal die alten monarchischen Herrschaftsformen in der Zeit des Historismus neoabsolutistisch aufblühen ließ. In den Entwicklungen ist jedoch ein deutlicher Aufbruch der gesellschaftlichen Selbstfindung zu erkennen, der erstmals die privilegierten Orte öffnete und sie zu Gliedern eines gemeinschaftlichen Vermögens machte. So lagen in einer Zeit der staatlichen Konsolidierung und kulturellen Wertschöpfung Verluste und Gewinne eng zusammen.

Mit dem Titel »Repräsentation im Wandel. Nutzung südwestdeutscher Schlösser im 19. Jahrhundert« wurde von der Arbeitsgemeinschaft für geschichtliche Landeskunde am Oberrhein und den Staatlichen Schlössern und Gärten Baden-Württemberg im Jahr der Wiedereröffnung des Mannheimer Schlosses 2007 eine Fachtagung ausgerichtet, deren Beiträge dieser Band der Oberrheinischen Studien zusammenfaßt. Schloß Mannheim ist ein treffendes Beispiel der Änderungen in der höfischen Repräsentation und damit ein Exempel der sukzessiven Reduktion aufgelassener Residenzen für gesellschaftliche Zwecke. So bot es sich an, jenen Ort für eine Fachtagung zur Nutzung von Schlössern im 19. Jahrhundert auszuwählen und sich dort mit bislang kaum diskutierten Themen südwestdeutscher Schlösser interdisziplinär auseinanderzusetzen. Gerade die Transformation der Monarchien erlaubte besondere Einblicke in die herrschaftsrelevanten Souveränitäts- und Legitimationsprozesse, die öffentlich wirkende Inszenierung oder gar die in der Stille vollzogene Privatisierung, die Verfassung monarchischer Staatstrukturen oder die Verbürgerlichung feudaler Lebenswelten. Neben den klassischen Aspekten fürstlichen Selbstverständnisses gelang es auch, die unspektakuläre Seite von Schlössern, nämlich ihre Umnutzung, zu beleuchten. Fragen zur rechtlichen Bewertung der monarchischen Repräsentation ließen sich davon nicht trennen; aus der lebhaften Diskussion gerade dieser Thematik ergab sich ein zusätzlicher Beitrag für diesen Tagungsband von Cajetan Freiherr von Aretin, der in der Auseinandersetzung mit Winfried Klein einen wesentlichen Aspekt der Frage nach Trennung von Macht und Amt in Monarchien formulierte.

Repräsentationsformen der Macht bildeten sich schon im Mittelalter heraus und führten in einer Art Symbolsystem der inneren und äußeren Abgrenzung fürstlicher Machtsphären zu herrschaftlichen Normen einer monarchischen Transpersonalisierung. Höfisches Verhalten, Lebensformen, das gesamte Zeremoniell war auf den Fürsten zugeschnitten und man versuchte demonstrativ Nobilität zu zeigen. Die Höfe ließen sich idealiter darstellen und überhöhten dabei ihre Ziele der Präsentation nicht selten. Es entstand eine Glorifizierung und Verherrlichung, die nach förmlicher Etikette verlangte. Integrierende Regeln dienten der Standeshierarchie. »Unter systematischer Perspektive manifestiert sich der Vorrang des hohen Adels im Verfügen über Land und Leute und zugleich in der öffentlichen Darstellung von Rang und Rangansprüchen in zustimmungsfähigen Formen repräsentativen Handelns«[1]. Damit wurde Status und Habitus bindend, um die sozialen Vorrechte langfristig zu sichern.

Auch das Privilegienwesen an den Höfen partizipierte von der Repräsentation in besonderem Maße. Die Statusträger erhielten ihre Rolle im höfischen System und hoben sich von den übrigen Untertanen ab. Die ganze Strahlkraft des zeremoniellen Spiels reflektierte auf sie zurück und diente den Bevorzugten bei ihrem sozialen Aufstieg. Repräsentation erschien also als »eine symbolische Form öffentlicher Statusdemonstration« und trug »somit bei zur Ausdifferenzierung gesellschaftlicher Rangunterschiede« und ermöglichte »Kommunikation und Integration in einer unvollständig integrierten Lebenswelt«[2]. Für die Bereitschaft einer konstruktiven Teilnahme galten dabei Ehre und Stellung als soziale Entlohnung und sie banden die Bevorzugten zusammen. Die äußerlichen Zeichen der Repräsentation verkörperten eine Sachkultur des Außergewöhnlichen, Kostbaren, ja des elitären Reichtums und dies zeigten die Schlösser explizit.

Aber die öffentliche Inszenierung der höfischen Repräsentation schloß auch gezielt aus und schuf Distanz. So hatten breite Gesellschaftsschichten an der Privilegierung nur in Ausnahmefällen Anteil. Innerhalb der Höfe reduzierten sich die Regeln ihrerseits oft auf Floskeln und anstrengende, leere Etikette. Die Schlösser wurden zur nüchternen Folie abstrakter Selbstdarstellung. Das individuelle, persönliche Leben erhielt kaum Raum und beschränkte sich auf Entspannung in der Verborgenheit.

Schon im Alten Reich zeichneten sich Spannungen zwischen der herrschenden Klasse und einer sich formierenden bürgerlichen Gesellschaft ab. Auch wenn mit der Gründung der »neuen Reiche« zu Beginn des 19. Jahrhunderts zunächst noch absolutistische Machtverhältnisse wiederzukehren schienen und die souveränen Fürsten des deutschen Südwestens die prächtige Inszenierung des Empire pflegten, bildeten sich allmählich die Wurzeln einer Trennung von Dynastie und Staat, wie bereits die Spaltung von kirchlicher und weltlicher Herrschaft, heraus. Die Konsequenz bedeutete die Verselbständigung und Ausschließlichkeit des Staates[3]. Zu sehr war man vom Staatsabsolutismus Napoleons und dessen Stabilisation mitteleuropäischer Machtverhältnisse angewiesen. Der Staat sollte zur allgemeinen, festigenden Autorität werden. Doch wie reagierten die Betroffenen im Speziellen darauf? Kann von einem sich abzeichnenden Zerfall monarchischer Systeme gesprochen werden? Oder verschoben sich die Parameter für die Beteiligten nur zugunsten neuer Positionen?

Die Herausbildung staatlicher Eigenständigkeiten verhalf den neuen Landesverwaltungen als öffentliche Einrichtungen zu eigenem Gewicht und gesellschaftlicher Stellung. Der Monarch besaß zwar als regierendes Haupt die Kronfunktion im Staate und damit die herrschaftliche Dominanz, aber es entfremdeten sich Krone und Staat im 19. Jahrhundert

---

1 H. RAGOTZKY/H. WENZEL (Hgg.), Höfische Repräsentation. Das Zeremoniell und die Zeichen, Tübingen 1990, S. 173f.
2 RAGOTZKY/WENZEL (wie Anm. 1), ebd.
3 H.-M. KÖRNER, Bayern und die Konstellation des Jahres 1806, in: Einsichten und Perspektiven, Bayerische Zeitschrift für Politik und Geschichte 01/2006, S. 4–13.

zusehends, bis schließlich eine Differenzierung von Macht und Amt unausweichlich wurde. Dieses löste einen Strukturwandel aus, der den Fürsten und ihren Stäben engere Spielräume setzte und ihrerseits eine neue Selbstbehauptung auslöste. Die Krise rief eine Suche nach Traditionen hervor, um das Gewohnte, die Herrschaft zu legitimieren und in einer Art Ahnenkult in Erinnerung zu rufen. Der Historismus demonstrierte das Bild von der unter fürstlicher Obhut zum Wohlstand geführten Nation. Diese Verherrlichung sollte dem Machterhalt dienen, in dem man die Öffentlichkeit auf die Idee des Patriarchats zu verpflichten suchte. Der »monarchische Event« wurde zur gesellschaftlichen Bühne und stärkte die Popularität des Fürsten, den man nun zum festen Glied eines nationalen Gefüges zählte und der sich wiederum zum ersten Diener des Volkes erklärte. Ausdruck jener Bewegungen waren zum Beispiel verstärkte soziale und kulturelle Förderungen, aber auch die Pflege einer Festkultur oder eine »Musealisierung der Höfe«, die zu Stätten der Geschmacks- und Stilbildung wurden. Die Fürsten selbst gründeten in den Schlössern öffentliche Museumssammlungen zum Zweck der Dokumentation ihrer kulturellen Leistungen und traditionsreichen Herkunft. Doch damit ging auch eine Verallgemeinerung der Repräsentationsgüter einher, die nicht mehr distanzierte, sondern den Höfen vielmehr bedrückende Enge brachte und zum Rückzug der Fürsten aus den herrschaftlichen Zentren führte. Die ehemaligen Repräsentationsorte verloren ihre dynastisch, feudalen Hintergründe und wurden öffentliche Prestigeobjekte der Staaten und Gemeinden.

In Schlössern, die ehemals als Hauptorte der höfischen Repräsentation dienten, blieben vielfach die Versorgungseinrichtungen übrig. Nur noch sporadisch dienten die ehemaligen Zentren den fürstlichen Aufenthalten. In gesonderten Bereichen als Absteigequartiere genutzt, boten sie hauptsächlich Fläche zur Unterbringung profaner Nutzer an, wie Gerichte oder militärischer Einrichtungen, Schulen oder Mieter. Mit dem Einfluß der Kommunen und ihrer Verwaltungen öffnet man dem Bürgertum die ehemaligen Repräsentationsobjekte. Staatliche und städtische Behörden erhielten hier ihre Sitze. Bereits in monarchischer Zeit zeichnete sich so die künftige Nutzung südwestdeutscher Schlösser im 20. Jahrhundert ab, nämlich als »Museums- und Verwaltungsschlösser«. Heutige Sprünge vom Schloß zum Hotel oder Kaufhaus kannte man noch nicht.

Den Autoren und Diskussionsteilnehmern wird hiermit herzlich gedankt. Sie trugen gemeinsam zu einer wissenschaftlich fruchtbaren Tagung bei.

Bruchsal, im September 2008   Katrin Rössler
                                                                        Wolfgang Wiese

Wandlungen hochadeliger Repräsentation im bürgerlichen Jahrhundert. Grundsätzliche Erwägungen am Beispiel des Königreichs Württemberg

VON BERNHARD THEIL

Wenn der Historiker über Repräsentation nachdenkt, wäre noch vor zwei Jahrzehnten die Rede gewesen von Stellvertretung, von Parlamentarismus und anderen verfassungs- und rechtsgeschichtlichen Begriffen[1], seit dem Einfluß der Sozialwissenschaften aber, mehr noch seit dem »cultural turn« in den Geschichtswissenschaften geht es daneben mehr und mehr um einen anderen Begriff von Repräsentation, nämlich – Repräsentation als Selbstdarstellung, als »Sich zeigen«, als etwas Vorstellen. Für Carl Schmitt etwa, der sich mit dem Begriff ausführlich beschäftigt hat, bedeutet Repräsentation, daß das Unsichtbare als abwesend vorausgesetzt und doch gleichzeitig anwesend gemacht wird[2]. Dabei wird Repräsentation immer auch auf das Handeln bezogen. Repräsentation entfaltet sich mithin auch und gerade im zeremoniellen, beziehungsweise rituellen Vollzug[3], wobei dann Macht und Herrschaft, aber auch Identität dargestellt werden sollen.

Wer wäre hierfür geeigneter als der Adel, diese, seit unsere Quellen sprechen, der Herrschaft zugeordnete Personengruppe, deren Verhalten seit alters her davon geprägt ist, etwas darzustellen, sich von anderen Personenkreisen abzuheben. Schon Goethe hat den Adeligen als »öffentliche Person« gekennzeichnet, dessen Aufgabe es sei zu »scheinen«, zu repräsentieren[4]. Und für Max Weber bedeutet Adel, sich in Szene zu setzen, »Bedürfnis nach Ostentation«, ja, Luxus ist für den Adel, so Max Weber[5] weiter, nichts Überflüssiges, sondern eines der Mittel seiner »sozialen Selbstbehauptung«. Heinz Reif schließlich, einer

---

1 So behandelt das renommierte von O. BRUNNER, W. CONZE und R. KOSELLECK herausgegebene von 1972 bis 1997 in 8 Bänden erschienene Werk »Geschichtliche Grundbegriffe. Historisches Lexikon zur politisch-sozialen Sprache in Deutschland« den Begriff Repräsentation nur in dieser Bedeutung.
2 Zit. nach H. RAGOTZKY/H. WENZEL (Hgg.), Höfische Repräsentation. Das Zeremoniell und die Zeichen, Tübingen 1990, S. 2.
3 Vgl. J. PAULMANN, Pomp und Politik, Paderborn/München/Wien/Zürich 2000, S. 17.
4 Zit. nach J. ROGALLA VON BIEBERSTEIN, Adelsherrschaft und Adelskultur, Frankfurt a. M./New York/Paris, ²1991, S. 116.
5 M. WEBER, Wirtschaft und Gesellschaft, Tübingen, 5. Auflage 1972, S. 651; vgl. auch M. DE SAINT-MARTIN, Der Adel. Soziologie eines Standes, Konstanz 2003, S. 59 u. ö.

der wichtigsten Vertreter der modernen Adelsgeschichte, bezeichnet den Adel als »Meister der Sichtbarkeit«[6].

Dies alles gilt auch noch für das 19. Jahrhundert. Der Höhepunkt der Selbstdarstellung des Adels liegt zwar im Barock, aber auch jetzt ist Repräsentation ein wichtiger Leitgedanke des Adels. Selbstdarstellung ist auch jetzt notwendig, damit Herrschaft als legitim anerkannt wird. Unterstützt wird dies zunächst durch den Zuwachs an politischer Macht, den der Adel in den Familien der Staatsoberhäupter souveräner Einzelstaaten erfährt. Mit der politischen Macht verbindet sich aber wie eh und je das kulturelle Kapital, das nunmehr auch über den Adel hinaus in die sich entwickelnde bürgerliche Gesellschaft hinausweist, die dieses dann zunehmend bewundert und nachahmt.

Im folgenden sollen daher einige Repräsentationsformen des Adels im Zeitalter der neuen Monarchien vorgeführt werden, wobei ich mich auf den hohen Adel beschränke – also auf die Monarchie und die Standesherren, die für die Unterstützung und Legitimität der neuen Monarchen eine erhebliche Rolle spielen, aber auch selbst Formen der Repräsentation entwickeln, die mit denen der souveränen Dynastien zumindest konkurrieren. Für den niederen Adel gilt übrigens dies alles zumindest nicht in gleicher Weise.

Ich beginne mit dem noch ganz in der Tradition des Barock stehenden Huldigungsakt des württembergischen Königs Friedrich vom 6. Januar 1807, wo politische Macht, kulturelles und soziales Kapital eine repräsentative Einheit eingehen, und werde dann zunächst die Entwicklung des Hofs bis zum Beginn des Ersten Weltkriegs behandeln als der nach wie vor wichtigsten Form hochadeliger Selbstinszenierung, dann aber auch weitere Bereiche berühren, in denen der Adel sich selbst repräsentiert und damit sich seiner selbst vergewissert – Militär, Architektur, Geschichte, Theater und Musik, nicht zuletzt auch die Präsenz im Alltag.

I

Am 6. Januar 1807 sollten sich im Stuttgarter Neuen Schloß *vormittags um halb 11 Uhr im rothen Zimmer neben dem Thronzimmer die Ritter des königlichen Grossen Orden, das königliche Staatsministerium, die höheren Hofchargen bis incl. Cammerherren, die Generalität, die königliche Adjutantur und die Commandeurs der königlichen Garden*[7] versammeln, ein wenig vorher im Thronzimmer die Prinzen der königlichen Familie; ebenfalls um halb 11 Uhr im Weißen Saal, soweit möglich, die Kommandeure und Ritter der königlichen Verdienstorden, die Präsidenten und Direktoren der Departements, die Oberlandesregierung, die Kammerjunker und die Offiziere der Garden. Ebenfalls um 10.30 Uhr hatten sich alle Vertreter der ehemals reichsunmittelbaren Grafen und Fürsten,

---

6 E. CONZE/M. WIENFORT (Hgg.), Adel und Moderne. Deutschland im europäischen Vergleich, Köln 2004, S. 7.
7 HStAS E 40/51, Büschel 309; danach auch das Folgende; vgl. im übrigen zum Huldigungsakt P. SAUER, Der württembergische Hof in der ersten Hälfte des 19. Jahrhunderts, in: K. MÖCKL (Hg.), Hof und Hofgesellschaft in den deutschen Staaten im 19. und beginnenden 20. Jahrhundert (Deutsche Führungsschichten der Neuzeit 18), Boppard 1990 und C. RAIBLE, Geld, Soldaten, Gehorsam. Stuttgart 1807: Die Huldigungsfeierlichkeiten für König Friedrich im Neuen Schloß, in: Schlösser Baden-Württemberg 1 (2007), die eine genaue Beschreibung der Feierlichkeiten gibt.

die jetzt Standesherren genannt wurden⁸, 22 an der Zahl, im grünen Zimmer versammelt. Punkt 11 Uhr wurden die Türen zum Thronzimmer geöffnet, wo der König im *Costume des königlichen Grossen Ordens* auf dem Thron saß. Die Zeremonienmeister, der Feldzeugmeister und der Oberstkammerherr traten ein und führten die nun folgende Prozession in den Weißen Saal an, wobei der Feldzeugmeister das Reichsschwert, der Oberstkammerherr die Krone dem König vorantrugen. Der König trug einen Mantel, der von zwei Kammerherren *getragen* wurde – gemeint ist, daß die Schleppe so lang und schwer war, daß sie von zwei Personen getragen werden mußte! Dem Zug schlossen sich die im roten Zimmer versammelten Personen in einer genau festgelegten Ordnung an. Bei der Ankunft im Weißen Saal ertönten von der Galerie Pauken und Trompeten, jeder nahm seinen genau festgelegten Platz ein, wobei die königlichen Prinzen in der Nähe des Throns plaziert wurden, die Krone auf einem Tisch rechts vom Thron; links davon stand der Generalfeldzeugmeister mit dem Reichsschwert. Die zur Huldigung erschienenen Grafen und Fürsten wurden durch den Zeremonienmeister in den Saal geholt und mußten unter dreimaliger Verbeugung sich dem König nähern – streng geordnet nach der Reihenfolge ihres Ranges im Alten Reich. Bei der dritten *tiefsten Verbeugung rückte* der König *etwas den Hut*. Auf ein Zeichen des Königs trat nunmehr der Staats- und Cabinettsminister Graf von Normann-Ehrenfels vor – die Hofmarschälle gaben mit ihren Stäben ein Zeichen zur Aufmerksamkeit – und forderte die anwesenden Grafen und Fürsten beziehungsweise deren Vertreter, die er einzeln namentlich nannte, zur Huldigung auf, wobei er auf die Bedeutung der Huldigung hinwies. Dann sprach er ihnen die Eidesformel vor, die sie wiederholen mußten. Während der Eidesleistung setzte der König seinen Hut ab. *Nach diesem berührte jeder der Fürsten und Grafen die Königskrone, wobei seine Majestät den Hut bewegten.* Mit einer tiefen Verbeugung zog sich jeder zurück und wurde wieder in das grüne Vorzimmer zurückgeführt.

Dieser Huldigungsakt, der in seinem bis ins einzelne geregelten Zeremoniell in seiner Zeit seinesgleichen sucht, sollte in erster Linie die souveräne königliche Herrschaft demonstrieren und wurde dementsprechend von den sich ebenbürtig fühlenden Standesherren als Demütigung empfunden, der sich der eine oder andere auch durch Entsendung eines Vertreters zu entziehen suchte. Denn er führte dem gesamten Hof, aber auch den versammelten Ministern die Entmachtung des vormals unabhängigen hohen Adels vor. Er dokumentiert aber auch die Vorliebe des neuen Königs für repräsentative Rituale und Gesten, wie sie sich am besten im Staatsporträt Friedrichs spiegeln (Abb. 1), das wohl kurz vor dem Huldigungsakt von Johann Baptist Seele (1774–1814) gemalt wurde, zu diesem gehört und ihn ergänzt und illustriert⁹. Der König tritt hier in einem weiten Krönungsmantel auf und trägt darunter eine mittelalterliche Rüstung; er knüpft damit an jahrhundertealte Elemente adeligen Selbstverständnisses an: Adel steht einerseits in der Tradition des Rittertums, ist andererseits auch Herrschaftsstand schlechthin. Die Krone liegt rechts von ihm auf einem Tisch – wie dies für den Huldigungsakt beschrieben wird;

---

8   Als Erfinder des Terminus Standesherr gilt der badische Geheime Rat Brauer; vgl. H. GOLLWITZER, Die Standesherren. Die politische und gesellschaftliche Stellung der Mediatisierten. Ein Beitrag zur deutschen Sozialgeschichte, Göttingen ²1964, S. 20.
9   Vgl. F. FISCHER, Vier Könige, vier Bilder, in: Das Königreich Württemberg. 1806–1918. Monarchie und Moderne. Katalog der Großen Landesausstellung, Ostfildern 2006, S. 40.

er legt seine Hand besitzergreifend auf sie, trägt sie auffälligerweise aber nicht – möglicherweise ein Hinweis darauf, daß er eben nicht in der Tradition gekrönter Könige steht. So haftet dem Ganzen etwas Künstliches an. Es diente aber nichtsdestoweniger der Herrschaftslegitimierung und -sicherung.

Der Sicherung der Herrschaft dienten aber auch die schon vorher, gleich nach der Errichtung des Königreichs, erlassenen Rang- und Zeremoniell-Reglements[10]. Zwar gab es diese natürlich schon im alten Herzogtum, aber ihre sofortige detaillierte Erneuerung spricht doch für sich. So wurde im Zeremoniell-Reglement etwa festgelegt, wer mit dem König speisen durfte, in welcher Reihenfolge die Gesandten bei Hof vorgelassen werden, für wen beide Flügeltüren bei Audienzen geöffnet werden und so weiter. Im Rangreglement wurden sämtliche Hof- und Staatsdiener in 16 Klassen eingeteilt und damit auch der Zugang zum Hof genauestens geregelt. Sowohl Zeremoniell-, als auch Rangreglement wurden während der Regierungszeit König Friedrichs mehrfach verändert bzw. wiederholt – so 1808, 1809 und 1811[11]. In allen diesen Verordnungen spielte der Adel als Entfaltungs- und Bezugsrahmen der Monarchie eine wichtige Rolle. Dies wird noch dadurch unterstrichen, daß der König neben dem Geburtsadel einen Personaladel für verdiente Persönlichkeiten schuf, durch den aber gerade der Vorrang des Adels als Spitze der Gesellschaft betont wurde. Die Verbindung zum standesherrlichen – also zum Hochadel – blieb unter Friedrich allerdings schwierig, obwohl der König sich gerade um sie auch bemühte, da sie den Glanz seines Hofes deutlich steigerten. Der standesherrliche Adel blieb jedoch vorerst distanziert, bewirkte doch der Hof, um noch einmal Max Weber zu zitieren, letztlich Domestikation des Adels[12]. So mußte Friedrich – und nicht nur er – seine Hofgesellschaft mit Angehörigen des niederen Adels faktisch neu aufbauen[13]. Um so mehr blieb der Hof indessen immer Bühne der Repräsentation und Ort der »Selbstsymbolisation«[14].

Auch unter Friedrichs Nachfolger gab es bald nach seiner Thronbesteigung eine neue Rangordnung, die insgesamt 10 Stufen kannte und einfacher als früher gestaltet war[15]. Im übrigen erfolgte unter der langen Regierungszeit König Wilhelms eine Reduzierung der höfischen Repräsentation[16]. Zwar war auch für Wilhelm der Hof die Spitze der Gesellschaft, in deren Mitte der König stand, umgeben von seinem Adel, wie er sich etwa auf dem 1847 entstandenen bekannten Bild von Franz Seraph Stirnbrand (circa 1788–1882) (Abb. 3) präsentiert, das den Titel trägt »Rapport bei Wilhelm I.«, das aber den König in lockerer Anordnung im Kreise von meist hohen Adeligen zeigt, also auch ein Hinweis ist auf den unkomplizierteren Umgang des Königs mit den Standesherren. Allgemein gilt im übrigen, daß der Bürger bei der Selbstdarstellung der Monarchie in der ersten Hälfte des 19. Jahrhunderts neben dem Adel beinahe die größere Rolle spielt, ja es gab geradezu eine

---

10 HStAS A 21, Büschel 938, E 40/51, Büschel 302; vgl. auch SAUER (wie Anm. 7), S. 94, 104. Danach auch das Folgende.
11 Vgl. SAUER (wie Anm. 7), S.104f.
12 Vgl. R. BUTZ/J. HIRSCHBIEGEL/D. WILLOWEIT (Hgg.), Überlegungen zur Theoriebildung des Hofs. Annäherungen an ein historisches Phänomen (Norm und Struktur 23), Köln/Weimar/Wien 2004, S. 33f.
13 Vgl. H. REIF, Adel im 19. und 20. Jahrhundert (Enzyklopädie deutscher Geschichte 55), München 1999, S. 35.
14 REIF (wie Anm. 13), S. 33f.
15 Königlich-württembergisches Staats- und Regierungs-Blatt Nro. 78 vom 21. Oktober 1821.
16 Vgl. SAUER (wie Anm. 7), S. 118f.

Abb. 1 Johann Baptist Seele (1774–1814), König Friedrich von Württemberg, 1806

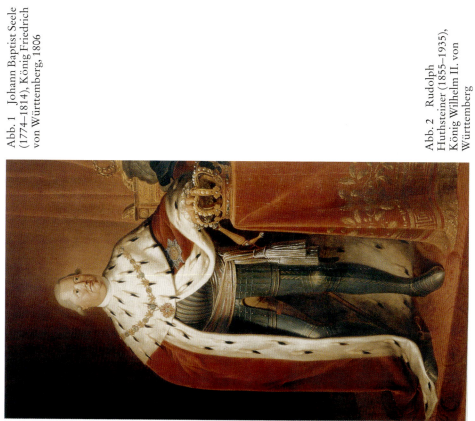

Abb. 2 Rudolph Huthsteiner (1855–1935), König Wilhelm II. von Württemberg

Abb. 3 Franz Seraph Stirnbrand (1788–1882); Rapport bei König Wilhelm I. von Württemberg

bürgerliche Herrschervorstellung[17]. Zweifellos sind dafür auch die bürgerlichen Forderungen der Revolution von 1848 maßgeblich[18]. Von Rang- und Zeremoniellfragen hören wir daher in der ersten Hälfte des 19. Jahrhunderts wenig.

Und dennoch – je mehr die politische Macht an die staatlichen, bald vom Bürgertum dominierten Organe überging, desto stärker sah sich die Monarchie in ihrer Selbstdarstellung auf das symbolische und kulturelle Kapital des Adels zurückverwiesen[19]. So diente insbesondere das Leben des Hofs zur Kompensation von Herrschaftsdefiziten und zur Systemstabilisierung zugunsten des Fürstenhauses[20]. Durch Rang- und Zeremonialordnungen, die sich teilweise in grotesker Weise verselbständigten, wurde ein in sich schlüssiges System aufrechterhalten, das nicht nur den Glanz des Fürsten erhöhte, sondern seine Welt auch klar von der übrigen Gesellschaft unterschied. Die Forschung ist sich heute weitgehend einig darüber, daß sich in der zweiten Hälfte des 19. Jahrhunderts die Bedeutung des Hofs als exklusiv-adelige Institution sogar verstärkte[21]. Natürlich ist hier in erster Linie der Hof des preußisch-deutschen Kaiser Wilhelms II. gemeint, dessen »Theatralisierung«[22] erst am Vorabend des Ersten Weltkriegs ihren Höhepunkt fand. Aber auch in Württemberg lagen die Dinge prinzipiell ähnlich. Die Beziehungen zum Bürgertum, die hier zweifellos enger waren als anderswo, sind dazu kein Widerspruch. Nur am äußersten Rand der repräsentativen höfischen Gesellschaft fanden die Bürger Einlaß, im Kernbereich herrschte nach wie vor strikte Exklusivität[23]. Der Adel verbürgerlichte also nicht, sondern baute, um mit Heinz Reif zu sprechen, »lediglich einige bürgerliche Verhaltensmuster in seine weitgehend intakt bleibende Lebenswelt ein«[24]. Ja, Adel und Bürgertum blieben in Deutschland bis ins 20. Jahrhundert hinein zwei im europäischen Vergleich ungewöhnlich deutlich voneinander getrennte Gruppen[25]. Andererseits übte er aber durchaus eine Leitbildfunktion für das Bürgertum aus, das sich denn auch vielfach bemühte, über Orden und Nobilitierungen ein wenig vom Glanz des jeweiligen Hofes zu erlangen[26]. Die Hoffähigkeit blieb letztlich der Schlüssel, auch wenn es starke regionale Unterschiede gab.

Auch in Württemberg werden Rang- und Etikette-Fragen seit der zweiten Hälfte des Jahrhunderts wieder wichtiger. Von 1864 stammt eine *Zusammenstellung der von seiner königlichen Majestät gefassten Entschließungen in Beziehung auf mehrere Fragen der*

---

17 Vgl. M. WIENFORT, Monarchie in der bürgerlichen Gesellschaft. Deutschland und England von 1640 bis 1848, Göttingen 1993, S. 194ff.
18 WIENFORT (wie Anm. 17), S. 205.
19 Vgl. H. REIF, Adelserneuerung und Adelsreform in Deutschland 1815–1874, in: E. FEHRENBACH (Hg.), Adel und Bürgertum in Deutschland 1770–1848, München 1994, S. 229.
20 E. KELL, Bürgertum und Hofgesellschaft. Zur Rolle »bürgerlicher Höflinge« an kleineren deutschen Fürstenhöfen (1780–1860), in: FEHRENBACH (wie Anm. 19), S. 198.
21 Vgl. etwa MÖCKL (wie Anm. 7), passim; REIF, Adel im 19. und 20. Jahrhundert (wie Anm. 13), S. 82; U. DANIEL, Hoftheater. Zur Geschichte des Theaters und der Höfe im 18. und 19. Jahrhundert, Stuttgart 1995, S. 125; PAULMANN (wie Anm. 3), S. 198f.
22 Vgl. PAULMANN (wie Anm. 3), S. 131ff.
23 Vgl. REIF, Adel im 19. und 20. Jahrhundert (wie Anm. 13), S. 36; MÖCKL (wie Anm. 7), S. 10, 214.
24 REIF, Adel im 19. und 20. Jahrhundert (wie Anm. 13), S. 67.
25 S. MALINOWSKI, Vom König zum Führer, Berlin 2003, S. 119.
26 Vgl. PAULMANN (wie Anm. 3), S. 207.

Hof-Etikette, des Rangs, der Uniform und dergleichen[27], in der noch einmal bestätigt wird, daß nur Personen aus den vier ersten Rangstufen zur Hoftafel eingeladen werden. Ferner werden detaillierte Bestimmungen etwa über den Vortritt oder die Kleidung bei Hof getroffen. Aus dem Jahr 1891 sind genaue Vorschriften des Oberkammerherrenamts überliefert *über die Anfertigung und das Tragen der Kammerherren bzw. Kammerjunker-Uniform sowie des sogenannten Hoffrackes*[28]. Und noch im Jahre 1913 wird ein neues *Ceremonienbuch für den kgl. Württembergischen Hof* erlassen[29], in dem neben der Aufnahme in die Hofliste und den verschiedenen Formen der Audienzen Hofrang, Anzug bei Hof, Rolle der Kammerherren und Kammerjunker, der große Vortritt, Hoftrauer und Gesandtenempfang minutiös geregelt werden, ferner das Zeremoniell bei regelmäßig wiederkehrenden Festlichkeiten – etwa bei feierlichen Gottesdiensten, Gala, Hofbällen und -konzerten und den Geburtstagen des Königs und der Königin. Breiter Raum gilt schließlich dem Zeremoniell bei außerordentlichen Festlichkeiten. Hierunter fallen vor allem Jubiläen, Geburten, Vermählungen und Leichenbegängnisse der regierenden Dynastie.

Feste und Empfänge waren es also in erster Linie, die das repräsentative Handeln des Hofs bestimmten. Sie waren keineswegs leere Formen, sondern Herrschaftsinstrumente, die unter anderem auch den Zweck verfolgten, Hierarchie nach innen zu bestätigen[30]. Gerade Bälle erfüllten diese Funktion in besonderer Weise und sie disziplinierten zudem den früher selbständigen Adel[31]. Allerdings wirkte die höfische Tanz-, Bewegungs- und Körperkultur des 19. Jahrhunderts zunehmend aufgepfropft und gekünstelt. Insbesondere am Hof Kaiser Wilhelms II. kam es zu grotesken Formen der Repräsentation, wenn bei Bällen junge Offiziere in Kostüme der friederizianischen Zeit schlüpfen mußten und historische Tänze wiederbelebt wurden. All dies gehört zum Syndrom dessen, was Eric Hobsbawn als »Invention of Tradition« bezeichnet hat[32]. In Württemberg lagen die Verhältnisse zwar etwas anders – sowohl Wilhelm I. als auch besonders Wilhelm II. interessierten sich weniger für Zeremonien[33] – aber auch hier waren Hofbälle in der Wintersaison eine gesellschaftliche Notwendigkeit, durch die die Monarchie sich selbst darstellte, auch hier blieb der Hof bis zum Ende der Monarchie eine relativ geschlossene Welt[34].

Für alle diese Repräsentationsformen bedurfte es auch der Schlösser als Entfaltungsraum, die im Laufe des 19. Jahrhunderts mehr und mehr nur noch für derartige Ereignisse genutzt wurden, während die Monarchenresidenzen in andere Gebäude verlegt wurden. Allerdings stieg der Bedarf an Gästewohnungen stark an, wie etwa Wolfgang Neugebauer

---

27 HStAS E 40/51, Büschel 316. Danach auch das Folgende.
28 HStAS E 40/51, Büschel 316.
29 Ebd.; vgl. dazu auch G. HERDT, Der württembergische Hof im 19. Jahrhundert. Studien über das Verhältnis zwischen Königtum und Adel in der absoluten und konstitutionellen Monarchie, Diss. Masch., Göttingen 1970, S. 285f.
30 PAULMANN (wie Anm. 3), S. 247.
31 Vgl. R. BRAUN/D. GUGERLI, Macht des Tanzes, Tanz der Mächtigen 1550–1914, München 1993, S. 134, 146.
32 BRAUN/GUGERLI (wie Anm. 31), S. 290.
33 Vgl. HERDT (wie Anm. 29), S. 279ff., bes. S. 312f.
34 So auch die neueste Darstellung zur Geschichte des württembergischen Hofs im 19. Jahrhundert von E. FRITZ, Knecht, Kutscher, Koch, Kammerdiener, König. Zur Sozialgeschichte des königlichen Hofes in Württemberg (1806–1918), in: ZWLG 66 (2007), S. 249–292, hier bes. S. 257f.

am Beispiel des Berliner Schlosses gezeigt hat[35]. Ähnliche Tendenzen machten sich aber auch in den Residenzschlössern der Bundesstaaten bemerkbar, auch in Württemberg.

Im übrigen sind es vor allem zwei Bereiche, in denen sich höfische Repräsentationsformen und höfischer Alltag im 19. Jahrhundert direkt entfalten können. Da ist erstens der Staatsbesuch, beziehungsweise die Begegnung von Monarchen innerhalb und außerhalb nationaler Grenzen[36]. Die dabei beobachteten symbolischen Handlungen – etwa das Abschreiten der Ehrenkompanie, die vielfältigen protokollarischen Abläufe und ähnliches mehr – haben sich teilweise sogar bis heute erhalten. Die Besuche Kaiser Wilhelms II. in Stuttgart in den Jahren 1893, 1899 und 1909 mit ihren ausgearbeiteten gedruckten Programmen[37] belegen dies in eindrucksvoller Weise. Dazu gehört zweitens die Welt der Diplomaten, die in besonderer Weise auf den Hof bezogen ist. Bei allen Hoffesten und besonderen Ereignissen kommt den Vertretern auswärtiger Mächte ein besonderer Rang zu, der vor allem repräsentativen Charakter hat. Diplomatische Vertreter sind immer beim jeweiligen Hof, nicht bei der Regierung akkreditiert. Umgekehrt berichten die Gesandten und Geschäftsträger mit Vorliebe vom Alltag am Hof, von den Einladungen zu Mahlzeiten und Bällen, bei denen auch Einzelheiten wie die Anzahl der Gedecke oder die Beschaffenheit des Porzellans, aber auch viel Klatsch mitgeteilt wurden, vom genauen Ablauf von Festlichkeiten, wobei wiederum Rangfragen, insbesondere die Reihenfolge des *Zutritts* bei Hof und die mitunter sich auftuende Konkurrenz unter den Kollegen einen wichtigen Stellenwert einnehmen, von den Reisen des Königs und ähnlichem mehr[38]. So sind die Gesandtschaftsberichte erstrangige Quellen für die Kulturgeschichte des Hofs, während die Beurteilung politischer Entwicklungen eher zurücktritt.

II

Hochadelige Repräsentationsformen und adeliges Selbstverständnis wirken aber auch über den Hof und sein Umfeld hinaus in andere Bereiche hinein. An erster Stelle ist hier das Militärische zu nennen. Hierbei laufen zwei Traditionsstränge nebeneinander her, die sich gegenseitig verstärkten. Auf der einen Seite bedeutet Adel auch im 19. Jahrhundert noch Verwirklichung des ritterlichen Ideals, auf das die standesgemäße Erziehung abzielte[39]. Militärisches Denken und Verhalten entspricht der adeligen Hochschätzung der Ehre, des Dienstes und der Selbstdisziplinierung, die ein Kernstück des adeligen Wertesystems darstellen. Auf der anderen Seite hat die Bedeutung der militärischen Wertvorstellungen seit der französischen Revolution und den Befreiungskriegen in der Gesamtgesellschaft – gerade auch in der bürgerlichen Welt – kontinuierlich zugenommen. Im Reserveoffizier verbanden sich so bürgerliche Mentalität mit adeliger Tradition, militäri-

---

35 W. Neugebauer, Residenz – Verwaltung – Repräsentation. Das Berliner Schloß und seine historischen Funktionen vom 15. bis zum 20. Jahrhundert, Potsdam 1999, S. 57.
36 Vgl. dazu vor allem Paulmann (wie Anm. 3), Teil II, passim.
37 HStAS A 20, Büschel 71.
38 Vgl. etwa die Berichte der badischen Geschäftsträger aus Stuttgart, GLA 48/2746–2804.
39 Vgl. M. Funk, Vom Höfling zum soldatischen Mann. Varianten und Umwandlungen adeliger Männlichkeit zwischen Kaiserreich und Nationalsozialismus, in: Conze/Wienfort (wie Anm. 6), S. 212.

sche Elemente mit der Präsentation von Eleganz, Bildung, Kultiviertheit, verfeinertem Lebensgenuß und betont mondänem Stil[40]. Entsprechend hochgeschätzt waren diese demnach auch in der adeligen Repräsentationskultur. Selbst wenn sie nicht adeliger Abstammung waren und demnach eigentlich keinen Zugang zum Hof gehabt hätten, konnten Offiziere als Tänzer bei Hofbällen fungieren – und dies nicht nur am Hof Kaiser Wilhelms II., wo militärische Prachtentfaltung ihren Höhepunkt fand[41], sondern auch in Württemberg, wo sich der König in den 1864 erlassenen bereits erwähnten Vorschriften vorbehielt, ohne Rücksicht auf den Rang Tänzer für größere Bälle einzuladen[42]. Der Offizier wurde zu einem wichtigen Dekorationselement der Höfe und der adeligen Repräsentation. Umgekehrt bot sich für den nicht besitzenden Adel die Möglichkeit einer standesgemäßen Versorgung in der Armee mit weitgehenden Aufstiegschancen. Es kam zu einer allgemeinen Militarisierung der Monarchien; die Monarchen selbst traten fast nur noch in Uniform auf[43] – was allerdings im Unterschied zum 18. Jahrhundert in der Regel nicht mehr bedeutete, daß der Monarch selbst Feldherr wurde. Auch in Württemberg zeigen die repräsentativen Staatsporträts der regierenden Monarchen diese in Uniform (Vgl. Abb. 2). Der dekorative Kult des Militärischen zeigt sich auch in der Gewohnheit, verschiedene, auch fremde Uniformen, zu tragen, insbesondere bei der Begegnung mit anderen Monarchen, ein Kult, den wiederum Kaiser Wilhelm II. zu besonderer Perfektion entwickelte.

Adelige Repräsentation wirkte aber auch selbst in die Gesamtgesellschaft hinein. Nicht nur durch Nobilitierungen vollzog sich eine kontrollierte Annäherung zwischen der Öffentlichkeit und der Monarchie[44], sondern auch durch das Hineinwirken der repräsentativen Öffentlichkeit in die Stadt, wo der Hof des Monarchen stand[45]. Alle Monarchen, auch in Württemberg, haben sich bemüht, nicht nur ihre Schlösser in gutem baulichen Zustand zu halten, ja, sie gelegentlich sogar weiter zu entwickeln[46], sondern auch auf die repräsentative Gestaltung ihrer Residenzstädte einzuwirken. So hat schon König Friedrich von Württemberg durch seinen Hofbaumeister Nikolaus Thouret zahlreiche Entwürfe für Neubauten und Stadterweiterungspläne fertigen lassen[47]. Auch König Wilhelm I. betrieb eine aktive Stadtgestaltungspolitik[48]. So ist etwa der Schloßplatz in Stuttgart auf Weisung des Königs vom Stuttgarter Gartenbaudirektor Friedrich Wilhelm Hackländer in den Jahren nach 1860 in repräsentativer Weise ausgestaltet worden[49]. Der Monarch und seine

---

40 FUNK (wie Anm. 39), S. 217.
41 Vgl. PAULMANN (wie Anm. 3), S. 163 u. ö., ferner: V. WITTENAUER, Im Dienste der Macht. Kultur und Sprache am Hof der Hohenzollern. Vom Großen Kurfürst bis zu Wilhelm II., Paderborn/München/Zürich/Wien 2007, S. 263 u. ö.
42 HStAS E 40/51, Büschel 316.
43 Vgl. K.F. WERNER, Hof, Kultur und Politik im 19. Jahrhundert. Vorbemerkung zu den Akten des Kolloquiums, in: Ders. (Hg.), Hof, Kultur und Politik im 19. Jahrhundert (Pariser Historische Studien 21), Bonn 1985, S. 45; H. DOLLINGER, Das Leitbild des Bürgerkönigtums in der europäischen Monarchie des 19. Jahrhunderts, in: ebd., S. 340f.
44 Vgl. PAULMANN (wie Anm. 3), S. 322 u. ö.
45 Vgl. PAULMANN (wie Anm. 3), S. 275.
46 Vgl. etwa auch die Ausmalung des Stuttgarter Schlosses durch Anton Gegenbaur, siehe Anm. 58.
47 Das Königreich Württemberg (wie Anm. 9), S. 76ff.
48 Ebd., S. 130.
49 Das Königreich Württemberg (wie Anm. 9), S. 132.

Familie waren aber auch sonst in der Öffentlichkeit permanent präsent, sei es durch das Erscheinen auf Volksfesten, bei der Eröffnung von öffentlichen Anstalten, bei der Besichtigung von Ausstellungen, bei der Anwesenheit auf Wohltätigkeitsbazaren oder auch durch öffentliche Reden. All das diente nicht zuletzt dazu, die monarchische Herrschaft in demonstrativer Weise zu stützen[50]. Meister hierin war wieder Kaiser Wilhelm II.[51]; aber auch die Monarchen der Einzelstaaten taten das ihrige. Auch die Gattinnen der Monarchen erfüllten hier eine immer wichtiger werdende Funktion, indem sie selbst karitative und soziale Aktivitäten entwickelten[52]. Gegen Ende des Jahrhunderts wird die Repräsentation noch verstärkt durch den zunehmenden Einsatz von Bildern, der sich auch im Bereich der Konsumwelt und des Kommerzes nachhaltig auswirkte[53]. Das Hoflieferantentum erfuhr so eine visuelle Erweiterung und eine verstärkte Bedeutung, wenn nicht nur das Wappen an der Ladentür des Hoflieferanten prangte, sondern vielleicht noch im Schaufenster ein Bild des Monarchen oder seiner Frau zu sehen war. Kurzum – monarchische Herrschaft bedeutete gegen Ende des Jahrhunderts mit den Worten Johannes Paulmanns »physische und mediale Omnipräsenz«[54].

Eine besondere Rolle spielten die Denkmäler, deren repräsentative Funktion im bürgerlichen Zeitalter kaum überschätzt werden kann. Allerdings wendet sich der Blick dabei meist in die Vergangenheit, aber gerade hier liegen die Stärken adeligen Selbstbewußtseins, das durch Betonung der dynastischen Tradition und des *splendor familiae* besonders wichtige Stützen erhält, die zugleich Herrschaft legitimieren. Meister des dynastischen Denkens war wiederum Kaiser Wilhelm II., dessen Reden gerne Formulierungen seiner Vorfahren aufgriffen und der etwa durch historische Kostümfeste am Berliner Hof etwas vom Glanz seiner Vorfahren in die Gegenwart retten wollte[55]. Auch in den Einzelstaaten führte die Pflege der Geschichte zu neuen Formen der adeligen Repräsentation und der Identitätsstiftung. Der badische Resident in Stuttgart von Dusch berichtete am 10. Dezember 1859 ausführlich an seinen Minister über die Feierlichkeiten zur Enthüllung des Denkmals des ersten Herzogs von Württemberg Eberhard im Bart, die als repräsentativer Akt ausgestaltet wurde, der so oder ähnlich in allen deutschen Staaten ablaufen konnte. Gedruckte *Anordnungen* für die Feier legte der Gesandte bei[56]. Sie enthalten detaillierte Angaben für die dabei zu beobachtenden Zeremonien, die in Anwesenheit des Königs, des Kronprinzen, des Prinzen Friedrich und des Prinzen von Sachsen-Weimar sowie zahlreicher *Personen der höheren Gesellschaft* – also auch Bürgern – stattfanden. Eine wichtige dekorative Rolle spielten dabei auch verschiedene Truppenteile, ferner eine Abordnung der Universität, die bei der Errichtung des Denkmals beteiligten Künstler, der landständische Ausschuß, die Vertreter der Stadt Stuttgart sowie die Mitglieder des Geheimen Rats und der übrigen Staats-, Hof- und Militärbehörden. Die Festrede hielt zwar der Minister des Innern von Geßler, aber die symbolische Anbindung des gegenwärtigen Monarchen

---

50 Vgl. PAULMANN (wie Anm. 3), S. 174.
51 Vgl. WITTENAUER (wie Anm. 41), S. 309.
52 Vgl. M. WIENFORT, Adelige Frauen in Deutschland 1890–1939, in: CONZE/WIENFORT (wie Anm. 6), S. 183.
53 PAULMANN (wie Anm. 3), S. 386ff.
54 PAULMANN (wie Anm. 3), S. 398.
55 Vgl. WITTENAUER (wie Anm. 41), S. 246f.
56 GLA 48/2804.

an seinen Vorfahren erfolgte, indem sich der König mit seinem Gefolge unter dem Denkmal aufstellte und die anwesenden Truppenteile vor ihm defilierten. Danach wurden die anwesenden bürgerlichen Personen dem König im Neuen Schloß vorgestellt. Abschließend fand noch ein Bankett statt, für das der Kreis der Eingeladenen aber wesentlich enger gezogen wurde und die üblichen Hofvorschriften galten.

Die Enthüllung des Denkmals Eberhards im Bart zeigt aber immerhin, daß Adel und Bürgertum im gemeinsamen Bemühen um die *vaterländische Geschichte* vereint waren. Was für die regierende Dynastie Selbstvergewisserung bedeutete, war für die sich zu Bürgern wandelnden Untertanen Bewußtsein von der eigenen Geschichte, an der sie maßgeblichen Anteil hatten. Ähnliche Verhältnisse zeigen sich bei den im Laufe des 19. Jahrhunderts überall entstehenden Geschichtsvereinen, zu deren Gründungsvätern oftmals Mitglieder der regierenden Familien gehörten – so auch in Württemberg, wo Graf Wilhelm von Württemberg 1843 zum Vorstand des neu gegründeten *Württembergischen Altertumsvereins* gewählt wurde[57] und weitere Mitglieder der regierenden Dynastie von Anfang an großzügig fördernde Mitglieder wurden. In den gleichen Umkreis gehört die Ausmalung des Stuttgarter Neuen Schlosses mit Fresken aus der mittelalterlichen Geschichte Württembergs durch den Hofmaler Joseph Anton Gegenbaur, bei denen wiederum Eberhard im Bart und seine Taten im Vordergrund standen[58]. Sie entstanden im Auftrag König Wilhelms I. im Zeitraum von 1836 bis 1854, dem es zweifellos um die angemessene Repräsentation der Geschichte seiner Familie und damit seiner Herrschaft ging. Die Fresken spiegeln aber auch die zeitgenössischen Vorstellungen des Bürgertums von der *vaterländischen Geschichte,* wie sie sich bereits in den damals gängigen Geschichtsdarstellungen von Steinhofer, Sattler und Spittler und in den Balladen Uhlands wiederfinden lassen[59].

Ein besonders wichtiger Bereich hochadeliger Repräsentation, der weit in die Gesellschaft hinein wirkte, war das Mäzenatentum, das sich sowohl auf die bildende Kunst, auf die Musik, als auch vor allem auf die Theater bezog. So kam es in allen Staaten im Verlauf des 19. Jahrhunderts zu Neubauten für wissenschaftliche und künstlerische Sammlungen, zur Förderung von Orchestern und Musikkapellen, die ihrerseits durch öffentliche Konzertveranstaltungen anläßlich von Geburtstagen und anderen Feierlichkeiten in der regierenden Dynastie zu deren Repräsentation beitrugen. Die Förderung der Theater entsprach aber auch in besonderer Weise dem adeligen Habitus, wohnte diesem doch per se eine Neigung zu theatralischen Akten inne[60]. Die Kommunikationsweise des Hofs und des Theaters entsprachen einander und Inszenierung war Bestandteil monarchischer Herrschaft[61]. Die Rolle der Hoftheater für die adelige Repräsentation war zwar schon im 18. Jahrhundert zur Perfektion entwickelt worden, sie war aber sozusagen selbstreferenti-

---

57 Vgl. H.-M. MAURER, Gründung und Anfänge des Württembergischen Altertumsvereins, in: H.-M. MAURER (Hg.), Württemberg um 1840. Beiträge zum 150jährigen Bestehen des Württembergischen Geschichts- und Altertumsvereins (Lebendige Vergangenheit 18), Stuttgart 1994, S. 125.
58 Zur Bedeutung von Gegenbaurs Fresken vgl. H. EHMER, Württembergische Geschichtsbilder. Die württembergische Regenten- und Landesgeschichte im Spiegel der Fresken Gegenbaurs im Neuen Schloß in Stuttgart, in: Bild und Geschichte. Studien zur politischen Ikonographie. Festschrift für Hansmartin Schwarzmaier, Sigmaringen 1997, S. 251–276.
59 Vgl. ebd., S. 256, 259.
60 PAULMANN (wie Anm. 3), S. 362.
61 PAULMANN (wie Anm. 3), S. 213, 409.

ell; erst im 19. Jahrhundert öffneten sich die Bühnen in die Gesellschaft hinein, wenngleich das Theaterpublikum auch als »inszenierte affirmative Öffentlichkeit«[62] benutzt wurde. Die enge Beziehung und Ausrichtung der Theater auf den Hof, der ja diese in der Regel direkt finanzierte, wird einmal im Spielplan sichtbar, auf den viele Monarchen unmittelbaren Einfluß ausübten, aber vor allem auch in den Theaterbauten, deren Zuschauerraum mit der Zentrierung auf die Königsloge die ständische Gesellschaft abbildete und zementierte. Die besondere Beziehung zum Theater galt nicht nur für Kaiser Wilhelm II., sondern auch für die Monarchen der Einzelstaaten, etwa für die Könige von Sachsen, die mit dem Neubau eines großen Opernhauses durch Gottfried Semper und eines Schauspielhauses in Dresden das Theater in großzügigster Weise förderten. Auch im Königreich Württemberg spielt das Hoftheater während des ganzen Jahrhunderts eine herausragende Rolle. Unter König Friedrich wurden die Theatervorstellungen regelmäßig mit Empfängen für Diplomaten und einem anschließenden Soupé verbunden[63]. Das Hoftheater wurde auch die meiste Zeit von der Zivilliste, also vom Budget des Monarchen, unmittelbar finanziert. 1906 verfügte König Wilhelm II., daß 350 000 Mark von der Zivilliste für das nach dem Theaterbrand von 1902 errichtete Interimstheater und für das neu zu errichtende Hoftheater 4 000 000 Mark eingesetzt werden sollen[64]. Dieses 1912 eröffnete neue Hoftheater war noch einmal ganz im Stil jener traditionellen auf den Hof zentrierten Selbstrepräsentation[65] erbaut. Über dem Eingang der Königsloge sind Medaillons des Königspaars angebracht und in ihrem Umkreis gibt es weitere Empfangs- und Aufenthaltsräume für den König und seine Umgebung, die auch eine Mahlzeit während der Aufführung ermöglichen.

Den Hoftheatern als Einrichtungen hochadeliger Repräsentation erwuchs im Laufe des 19. Jahrhunderts allerdings eine scharfe Konkurrenz durch das Aufkommen einer autonomen bürgerlichen Kultur[66]. Ute Daniel hat diese am Beispiel der Auseinandersetzungen zwischen der Hoftheaterintendanz in Karlsruhe und dem bürgerlichen Theaterdirektor Eduard Devrient in überzeugender Weise herausgearbeitet[67]. Eines der frühesten Beispiele für ein autonomes bürgerliches Theater stellt im übrigen das 1876 eröffnete Bayreuther Festspielhaus dar, das folgerichtig auch keine herausgehobene Mittelloge aufweist. Während im Hoftheater das bürgerliche Publikum auf den Adel bezogen blieb, kamen umgekehrt zur Eröffnung des Hauses auf dem grünen Hügel zahlreiche Hochadelige, unter anderem auch Kaiser Wilhelm I. und König Karl von Württemberg und zollten damit dem Meister der bürgerlichen Kunst, Richard Wagner, Reverenz. Auch das 1910 eingeweihte Freiburger Stadttheater basierte auf einer bürgerlichen Initiative in der wohlhabenden Stadt der Pensionäre um die Jahrhundertwende.

---

62 U. Daniel, Hoftheater. Zur Geschichte des Theaters und der Höfe im 18. und 19. Jahrhundert, Stuttgart 1995, S. 321.
63 Vgl. HStAS A 21, Büschel 776; vgl. auch Sauer (wie Anm. 7), S. 115.
64 HStAS E 30, Büschel 7.
65 Vgl. Daniel (wie Anm. 62), S. 359.
66 Vgl. Daniel (wie Anm. 62), S. 359ff.
67 Ebd., S. 398ff.

III

Wenden wir uns nun zum Abschluß noch den Standesherren zu, also jenen hochadeligen Grafen und Fürsten, die durch die napoleonischen Veränderungen mediatisiert worden waren, deren Ebenbürtigkeit mit den neuen Monarchen aber zu keiner Zeit in Frage gestellt war. Ihre Lage ist im 19. Jahrhundert durch zweierlei gekennzeichnet: Der Verlust der Herrschaft, auch wenn er in mehreren Stufen erfolgte, hat die Standesherren nolens volens auf ein »bürgerliches« Wirtschaften verwiesen. Die adeligen Grundherrschaften wurden mehr und mehr in marktorientierte Wirtschaftseinheiten umgewandelt[68], bei denen auch agrarische Innovationen eine gewisse Rolle spielten[69]. Auch Zukäufe zur Verbesserung der wirtschaftlichen Basis sind nicht selten. Man denke etwa an die Erwerbungen der Häuser Fürstenberg und Hohenzollern in Böhmen[70]. Auf der anderen Seite wurden jedoch bürgerliches Konkurrenzdenken und die Prinzipien der Leistungsgesellschaft noch lange negativ konnotiert[71], so daß der Adel in einen gewissen Zwiespalt geriet. Verlangte doch das traditionelle Selbstverständnis weiterhin eine Orientierung an den adeligen Werten und am Hof, wenn auch, besonders in Württemberg, letztere zumindest anfangs als Demütigung empfunden wurde. Im Laufe des Jahrhunderts traten diese Gefühle mehr und mehr zurück, so daß sich die Beziehungen der Standesherren zu den regierenden Standesgenossen schon bald verbesserten, zumal die Monarchen für den hohen Adel herausgehobene Stellungen vorsahen[72]. Im übrigen pflegten die Standesherren aber ein starkes dynastisches Selbstbewußtsein und die entsprechenden Repräsentationsformen in eigenständiger Weise. Rang- und Etikette-Fragen spielten beinahe eine ebenso große Rolle wie bei den Monarchen – um so mehr, je mehr ihre staatsrechtliche Stellung eingeschränkt wurde[73]. Ihre Höfe kannten ähnliches Personal wie das der Monarchen. Hofbälle, Jubiläumsfeste und ähnliches wurden ebenso gefeiert. Dabei wurde auch der Ausbau der Residenzstädte und der Schlösser in die Repräsentation einbezogen. Für den südwestdeutschen Raum seien hier nur die Häuser Fürstenberg in Donaueschingen und Hohenzollern in Sigmaringen genannt. In Sigmaringen wurde nach dem Anfall der Fürstentümer an Preußen, vor allem aber nach 1871, die Stadt in einer repräsentativen Weise ausgebaut und die Stadtgesellschaft auf den Hof ausgerichtet. Auch das Schloß wurde ausgebaut und in die einsetzende Kultur- und Kunstförderung einbezogen. So wurden etwa eine neue Hofbibliothek und Räume für die Kunstsammlungen errichtet, die öffent-

---

68 Vgl. R. MELVILLE, Adel und Grundherrschaft in Böhmen an der Schwelle des bürgerlichen Zeitalters, in: H. FEIGL/W. ROSNER (Hgg.), Adel im Wandel (Studien und Forschungen aus dem niederösterreichischen Institut für Landeskunde 15), Wien 1991, S. 75ff.
69 Vgl. V. PRESS, Adel im 19. Jahrhundert. Die Führungsschichten Alteuropas im bürgerlich-bürokratischen Zeitalter, in: A. VON REDEN-DOHNA/R. MELVILLE (Hgg.), Der Adel an der Schwelle des bürgerlichen Zeitalters 1780–1860, Stuttgart 1988, S. 9f.
70 Vgl. A. WILTS, »Ausgelöscht aus der Zahl der immediaten Reichsfürsten«. Die Mediatisierung und Neupositionierung des Fürstentums Fürstenberg 1806, in: GESELLSCHAFT OBERSCHWABEN (Hg.), Adel im Wandel, Oberschwaben von der frühen Neuzeit bis zur Gegenwart, 2 Bde., Ostfildern 2006, S. 344.
71 Vgl. R. BRAUN, Konzeptionelle Bemerkungen zum Obenbleiben: Adel im 19. Jahrhundert, in: H.-U. WEHLER (Hg.), Europäischer Adel 1750–1950 (Geschichte und Gesellschaft. Sonderheft 13), Göttingen 1990, S. 95.
72 Vgl. GOLLWITZER (wie Anm. 8), S. 60f.
73 Vgl. ebd., S. 67.

lich zugänglich waren. Auch ein repräsentativer Zweckbau für das fürstliche Archiv kam hinzu[74]. Dies alles diente natürlich auch der Pflege der Hausgeschichte und der dadurch verstärkten Selbstrepräsentation der Familie. Noch beachtlicher waren vielleicht die Bemühungen des Hauses Fürstenberg in Donaueschingen, wo das Schloß zu einer »prachtvollen Residenz der Belle Epoque« umgebaut wurde. Kunstsammlungen, Archiv und Bibliothek wurden ebenfalls ausgebaut und die Erforschung der fürstenbergischen Geschichte durch Fachleute in großzügiger Weise gefördert. Man denke nur an das Unternehmen »Fürstlich Fürstenbergisches Urkundenbuch«, das von den fürstlichen Archivaren Riezler und Baumann in den Jahren 1877–1891 erarbeitet wurde. Auch hier sollte die Selbstrepräsentation der Familie durch ihre Geschichte hervorgehoben werden, aber auch ihre Bedeutung für das Land und seine Bevölkerung[75]. Eine besondere Rolle spielte in Donaueschingen auch die Musik, die schon im 18. Jahrhundert gepflegt wurde und um die sich im 19. Jahrhundert mit dem auch heute noch bekannten Conradin Kreutzer und dem zumindest dem Namen nach bekannten Johann Wenzel Kalliwoda zwei hervorragende Kapellmeister kümmerten[76].

IV

Ziehen wir aus diesem knappen Überblick ein erstes Fazit, so kann man, denke ich, festhalten, daß sich, oberflächlich betrachtet, im 19. Jahrhundert wenig gegenüber der früheren Zeit verändert: Noch immer bildet der Hof den Schauplatz, wo sich hochadelige Repräsentation an erster Stelle und vorwiegend entfaltet. Höfisches Zeremoniell und Festlichkeiten fanden wie früher statt, ja, durch die Erlangung der Souveränität wurden sie in den neuen Monarchien eher noch wichtiger – bis hin zu den aufwendigen Veranstaltungen des Berliner Hofs, der am Vorabend des ersten Weltkriegs mehrere tausend Bedienstete umfaßte, der über 60 Rangstufen kannte und an dem Feste stattfanden, die bei den unmittelbaren Zeitgenossen mindestens gelegentlich auf Befremden oder gar Kopfschütteln stießen. Ein Grund für die zunehmende Künstlichkeit dieser Repräsentation lag nicht zuletzt in der abnehmenden politischen Bedeutung der Höfe. Auf den zweiten Blick aber öffnete sich der hochadelige Hof in mehrfacher Hinsicht – für den Adel, der als Hofadel, trotz anfänglichen Widerstands seine Aufgabe fand als politische Elite in fester Bindung an den Monarchen und der gleichsam der Garant der Repräsentation blieb – dies galt nicht zuletzt auch für den niederen Adel –, aber auch für das Bürgertum, dem der Adel einerseits als Leitbild diente und das durch Nobilitierung und Ordensverleihung sich gar zu gerne in den Umkreis der Höfe ziehen ließ – wenn es auch in den einzelnen Ländern unterschiedliche Ausprägungen gab –, dem aber andererseits die Monarchen ihre Reverenz erwiesen, indem sie bei allen Anlässen in der bürgerlichen Gesellschaft gerne als

---

74 E.E. WEBER, Adlige Modernisierungsstrategien im 19. Jahrhundert. Die Fürsten Anton Aloys, Karl und Karl Anton von Hohenzollern-Sigmaringen, in: Adel im Wandel (wie Anm. 68), S. 411.
75 WILTS (wie Anm. 70), S. 339ff.
76 Vgl. E. SEIFRIZ, »Des Jubels wahre Welle in der Stadt der Donauquelle«. Musik am Hofe der Fürsten von Fürstenberg in Donaueschingen im 18. und 19. Jahrhundert, in: FEIGL/ROSNER, Adel im Wandel (wie Anm. 68).

Festredner und Patrone zur Verfügung standen und vor allem sich als Mäzene betätigten, wobei das Theater nicht das unwichtigste Feld war. Dies gilt vielleicht noch mehr für die ebenbürtigen Standesherren, die in ihren Residenzstädten der bürgerlichen Gesellschaft noch näher waren, deren Repräsentation aber zunehmend von ihren materiellen Grundlagen abhing.

Die konstitutionelle Monarchie des 19. Jahrhunderts im Spannungsfeld von Krone und Staat, Macht und Amt. Bayerische Fragen an ein deutsches Thema

VON KATHARINA WEIGAND

Das Jahr 2006 war für jene Historiker, die sich mit den Veränderungen der politischen Landkarte in der Mitte Europas zu Beginn des 19. Jahrhunderts beschäftigen, ein Jahr erheblich gesteigerter Betriebsamkeit. Denn 2006 jährten sich unter anderem zum 200. Mal die Proklamation Württembergs und Bayerns zu Königreichen, die Proklamation Badens zum Großherzogtum, das Ende des Alten Reiches, die Doppelschlacht von Jena und Auerstedt und so weiter. Und wie bei vielen anderen vergleichbaren Anlässen in jüngster Zeit war man landauf, landab gewillt, diese Jubiläen nicht einfach still verstreichen zu lassen. In Stuttgart und München, in Karlsruhe, Magdeburg und Berlin konnte man opulente Ausstellungen besuchen; Akademien, Historische Kommissionen und Vereine richteten Symposien und Tagungen aus; viele Verlage hatten rechtzeitig die passenden Veröffentlichungen in Auftrag gegeben und das Bayerische Fernsehen ließ sich gar hinreißen, eine sechsteilige Reihe mit dem Titel »Königreich Bayern« zu drehen und dem geneigten Publikum termingerecht zu Beginn des Jahres 2006 zu präsentieren[1].

Wenn man das Jahr 1806 schärfer in den Blick nimmt, dann erschöpfen sich dessen Auswirkungen freilich nicht alleine darin, daß sich die Herrscher von Baden[2], von

---

1   Von der Verfasserin ist derzeit ein Beitrag in Vorbereitung, der die Jubiläumsaktivitäten des Jahres 2006 kritisch bilanziert und der voraussichtlich im Historischen Jahrbuch 2009 erscheinen wird.
2   Zu Markgraf Karl Friedrich, seit 1803 Kurfürst Karl Friedrich, seit 1806 Großherzog Karl Friedrich vgl. K. GERTEIS, Karl Friedrich, in: Neue Deutsche Biographie 11, Berlin 1977, S. 221ff.; H.G. ZIER, Karl Friedrich, Markgraf, Kurfürst und Großherzog von Baden, in: R. RINKER/W. SETZLER (Hgg.), Geschichte Baden-Württembergs, Stuttgart 1986, S. 177–187; MARKGRÄFLICH BADISCHE MUSEEN (Hg.), Carl Friedrich und seine Zeit, Karlsruhe 1981; A. BORCHARDT-WENZEL, Friedrich von Baden. Mensch und Legende, Gernsbach 2006. Vgl. auch B. ERDMANNSDÖRFFER/K. OBSER (Bearb.), Politische Correspondenz Karl Friedrichs von Baden 1783–1806, 6 Bde., Heidelberg 1888–1915.

Württemberg³, und von Bayern⁴ jeweils mit neuen Titeln und dementsprechend auch neuen Nummern schmücken konnten. Zu handeln wäre in diesem Zusammenhang einerseits von den außenpolitischen Folgen des Jahres 1806, zu denen unter anderem die Gründung des Rheinbundes sowie das Ende des Alten Reiches gehören, zu handeln wäre andererseits von den innenpolitischen Folgen, also zum Beispiel von dem mit der territorialen Vergrößerung von Baden, Württemberg und Bayern verknüpften Problem der Integration.

Mindestens so gravierend waren freilich die Veränderungen im verfassungsrechtlichen Bereich! Denn seit 1806, mit dem Ende des Alten Reiches, beanspruchten die von Napoleon mit neuen Titeln geschmückten Herrscher die volle Souveränität auch nach innen⁵; sie waren gewillt, von nun an die innere Ausgestaltung ihrer Staaten ganz alleine zu bestimmen, ohne – wie zuvor – auf den Kaiser oder gewisse Reichsinstitutionen, wie das Reichskammergericht, Rücksicht nehmen zu müssen.

Aber noch ganz andere Faktoren trugen dazu bei, daß die verfassungsrechtlichen Veränderungen zu Beginn des 19. Jahrhunderts weit umfassendere Dimensionen erreichten: Alles das, was das 19. Jahrhundert grundlegend bestimmen und prägen sollte, nahm seinen Anfang mit der Französischen Revolution, mit der Absetzung und Hinrichtung Ludwigs XVI., mit der Erklärung der Menschenrechte, der Einführung der Republik, dem System des »terreur« und schließlich mit Napoleon und seinem Versuch, die Revolution zu beenden, sie zu überwinden, ihre positiven Errungenschaften aber gleichzeitig zu bewahren. Die direkten Vorläufer der wenige Jahre später in Baden, Württemberg und Bayern einsetzenden Verfassungsentwicklung waren dann der »Code civil« beziehungsweise »Code Napoléon« und die Verfassung des Königreichs Westphalen (1807–1813). Der Befreiungskampf gegen Napoleon und das Versprechen der im Kampf gegen den französi-

---

3 Zu Herzog Friedrich II., seit 1803 Kurfürst Friedrich I., seit 1806 König Friedrich I. vgl. R. UHLAND, Friedrich I., in: Neue Deutsche Biographie 5, Berlin 1971, S. 596ff.; D. SCHOLZ, König Friedrich von Württemberg 1754–1816, in: M. MILLER/R. UHLAND (Hgg.), Lebensbilder aus Schwaben und Franken 10, Stuttgart 1966, S. 184–214; P. SAUER, Der schwäbische Zar. Friedrich, Württembergs erster König, Stuttgart 1984; DERS., König Friedrich I. (1797–1816), in: R. UHLAND (Hg.), 900 Jahre Haus Württemberg. Leben und Leistung für Land und Volk, Stuttgart u. a. ³1985, S. 280–305; V. PRESS, König Friedrich I., der Begründer des modernen Württemberg, in: Baden und Württemberg im Zeitalter Napoleons. Ausstellung des Landes Baden-Württemberg unter der Schirmherrschaft des Ministerpräsidenten Dr. h.c. Lothar Späth, Bd. 2: Aufsätze, Stuttgart 1987, S. 25–40.
4 Zu Kurfürst Max IV. Joseph, seit 1806 König Max I. Joseph vgl. A. VON BAYERN, Max I. Joseph von Bayern. Pfalzgraf, Kurfürst und König, München 1957; L. SCHROTT, Die Herrscher Bayerns. Vom ersten Herzog bis zum letzten König, München ²1967, S. 167–177; R. BAUER, Max I. Joseph. Der König und seine Residenzstadt, in: A. SCHMID/K. WEIGAND (Hgg.), Die Herrscher Bayerns. 25 historische Portraits von Tassilo III. bis Ludwig III., München ²2006, S. 295–309.
5 Bezüglich der badischen Situation vgl. E. ARNDT, Vom markgräflichen Patrimonialstaat zum großherzoglichen Verfassungsstaat Baden. Ein Beitrag zur Verfassungsgeschichte Badens zu Beginn des 19. Jahrhunderts mit Berücksichtigung der Verhältnisse in Bayern und Württemberg, in: ZGO 101 (1953), S. 157–264 und S. 436–531, hier S. 157–264. Bezüglich der bayerischen Situation vgl. W. DEMEL, Der bayerische Staatsabsolutismus 1806/08–1817. Staats- und gesellschaftspolitische Motivationen und Hintergründe der Reformära in der ersten Phase des Königreichs Bayern, München 1983. Bezüglich der württembergischen Situation vgl. SAUER, Zar (wie Anm. 3), S. 157–177, S. 199–204; DERS., Napoleons Adler über Württemberg, Baden und Hohenzollern. Südwestdeutschland in der Rheinbundzeit, Stuttgart u. a. 1987, S. 62–69; I.U. PAUL, Württemberg 1797–1816/19. Quellen und Studien zur Entstehung des modernen württembergischen Staates, München 2005.

schen Kaiser geeinten Herrscher, die freiwillige Beteiligung ihrer Untertanen an den Befreiungskriegen dereinst belohnen zu wollen, machten dann – zumindest in den süddeutschen Staaten – seit 1815 den Weg frei für die Neuordnung der inneren Verhältnisse im Zeichen einer konstitutionellen Ordnung. Mit der bayerischen und der badischen Verfassung von 1818[6] sowie der württembergischen von 1819[7] hatte zumindest der Süden Deutschlands den Übergang zur Staatsform der konstitutionellen Monarchie endgültig vollzogen. Die Herrscher der beiden deutschen Großmächte, Österreich und Preußen, konnten sich dagegen erst nach der Revolution von 1848 – und selbst dann noch eher widerwillig – dazu durchringen, Verfassungen zu gewähren[8].

Nun könnte man, um noch einmal auf die gesteigerte Betriebsamkeit der Historiker angesichts des Jubiläums 1806/2006 zurückzukommen, annehmen, daß bei den vielfältigen Jubiläumsaktivitäten auch die geschilderten verfassungsrechtlichen Aspekte gebührend berücksichtigt wurden – doch weit gefehlt. Daß die Verfassungsgeschichte in den erwähnten Ausstellungen nicht thematisiert wurde, überrascht vergleichsweise wenig, denn die in die Vitrine gelegte Verfassungsurkunde versprüht angesichts gestiegener Ansprüche an sinnlich erfahrbare Ausstellungen nur äußerst geringen Charme. Doch selbst bei den 2006 veranstalteten Symposien und Tagungen sowie bei den auf 1806 Bezug nehmenden sonstigen Veröffentlichungen fehlte zumeist der Blick auf die Staatsform der konstitutionellen Monarchie und damit auf jene Staatsform, die vorherrschend war in den deutschen Staaten des 19. Jahrhunderts. Es dominierte statt dessen der biographische Zugriff, vor allem in bezug auf die 1806 Regierenden und ihre jeweiligen Dynastien. Im Mittelpunkt stand zudem die Frage nach den konkreten Auswirkungen der territorialen Vergrößerungen der Staaten, wobei unter anderem die Konfrontation der Untertanen mit ihren neuen Herrschern und deren Behörden thematisiert wurde. Schließlich ging es bei den besagten Symposien und Tagungen um das Problem der Akzeptanz der Rangerhö-

---

6 Zur badischen Verfassung von 1818 vgl. u. a. ARNDT (wie Anm. 5), S. 436–531; H. FENSKE, 175 Jahre badische Verfassung, Karlsruhe 1993; M. SALABA, Das Großherzogtum Baden und die badische Verfassung von 1818, in: Badische Heimat 73 (1993), S. 405–418; E.O. BRÄUNCHE/TH. SCHNABEL (Hgg.), Die Badische Verfassung von 1818. Südwestdeutschland auf dem Weg zur Demokratie, Ubstadt-Weiher 1996. Zur bayerischen Verfassung des Jahres 1818 vgl. u. a. M. DOEBERL, Ein Jahrhundert bayerischen Verfassungslebens, München ²1918; E. WEIS, Zur Entstehungsgeschichte der bayerischen Verfassung von 1818. Die Debatten in der Verfassungskommission 1814/15, in: Zeitschrift für bayerische Landesgeschichte 39 (1976), S. 413–444; H.-M. KÖRNER, »Bemerkungen über den Entwurf der Verfassung für Baiern«. Das Verfassungsgutachten des Kronprinzen Ludwig von Bayern vom 9. März 1818, in: ZBLG 49 (1986), S. 421–448.
7 Zur württembergischen Verfassung von 1819 vgl. u. a. E. SCHNEIDER, König Wilhelm I. und die Entstehung der württembergischen Verfassung, in: Württembergische Vierteljahrshefte für Landesgeschichte. Neue Folge 15 (1916), S. 532–547; J. GERNER, Vorgeschichte und Entstehung der württembergischen Verfassung im Spiegel der Quellen (1815–1819), Stuttgart 1989; H. BRANDT, Früher Liberalismus im konstitutionellen Gehäuse. Die Württembergische Verfassung 1819, in: O. BORST (Hg.), Südwestdeutschland. Die Wiege der deutschen Demokratie, Tübingen 1997, S. 79–94. Erwähnt werden sollte auch noch die Verfassung Hessen-Darmstadts aus dem Jahre 1820. Vgl. hierzu u. a. P. FLECK, Die Verfassung des Großherzogtums Hessen. 1820–1918, in: B. HEIDENREICH/ K. BÖHME (Hgg.), Hessen. Verfassung und Politik, Stuttgart/Berlin/Köln 1997, S. 86–107.
8 Vgl. hierzu die einschlägigen Kapitel in E.R. HUBER, Deutsche Verfassungsgeschichte seit 1789, Bd. 1: Reform und Restauration 1789 bis 1830, Stuttgart ²1967 und Bd. 3: Bismarck und das Reich, Stuttgart 1963 sowie H. RUMPLER/P. URBANITSCH (Hgg.), Die Habsburgermonarchie 1848–1918, Bd. VII: Verfassung und Parlamentarismus, Wien 2000.

hung bei den anderen europäischen Mächten, um die mit der Rangerhöhung verbundenen Festlichkeiten, um die neuen Kroninsignien und so weiter. Von den Verlagen wurden darüber hinaus einige knapp gehaltene Gesamtdarstellungen vorgelegt, etwa eine »Kleine Geschichte des Großherzogtums Baden«[9], eine »Kleine Geschichte des Königreichs Württemberg«[10] sowie eine – freilich ohne das Wörtchen »klein« auskommende – »Geschichte des Königreichs Bayern«[11].

Nun könnte man einwenden, daß die an den Jubiläumsaktivitäten des Jahres 2006 beteiligten Historiker eigentlich klug gehandelt hätten mit ihrer verfassungsrechtlichen Abstinenz. Der mit dem grassierenden Jubiläumsfieber vertraute Historiker habe dieses Thema nämlich ganz bewußt für die kaum zu verhindernden Aktivitäten der Jahre 2018 und 2019 reserviert, also für die 200-Jahr-Feiern der badischen, bayerischen und württembergischen Verfassung.

Höchstwahrscheinlich hat jedoch ein anderer Grund zur besagten Abstinenz geführt: Man weiß nämlich bis heute verhältnismäßig wenig, genauer gesagt viel zu wenig über die konstitutionelle Monarchie! Und wenn man die diesbezügliche Forschung in den kommenden Jahren nicht stark intensiviert, so wird es 2018 und 2019 zwar sicherlich eine Menge Symposien und Tagungen geben, auf denen die Referenten dann jedoch vor allem Altbekanntes neuerlich vortragen werden! – Was aber wissen wir eigentlich über die konstitutionelle Monarchie des 19. Jahrhunderts? Woher beziehen wir unsere Kenntnisse? Und obgleich es im Rahmen einer derartigen knappen Skizze völlig unmöglich ist, solche Fragen auch nur annähernd befriedigend zu beantworten, sollen im folgenden, mit Hilfe von stark strukturierenden Strichen, einige Andeutungen versucht werden.

In diesem Zusammenhang sind an erster Stelle die von den Zeitgenossen unternommenen Bemühungen zu nennen, die Wesensmerkmale der konstitutionellen Monarchie zu definieren, sie also einerseits von der Republik und andererseits von jener Staatsform abzugrenzen, bei der – um es ganz vorsichtig auszudrücken und um den nicht ganz treffenden Begriff der »absoluten Monarchie« zu vermeiden – der Monarch nicht an den Wortlaut einer geschriebenen Verfassung gebunden war. In den Lexika, vor allem den großen Staatslexika unter anderem von Rotteck/Welcker[12] und Bluntschli/Brater[13], sowie in der staatsrechtlichen Literatur des 19. Jahrhunderts – also zum Beispiel in Friedrich Julius Stahls Schrift »Das Monarchische Prinzip«[14] oder, in bezug auf Bayern, in Max von Seydels »Bayerischem Staatsrecht«[15] – wird man in dieser Hinsicht fündig. In derartigen Ver-

---

9   F. Engehausen, Kleine Geschichte des Großherzogtums Baden 1806–1918, Leinfelden-Echterdingen 2005.
10 B. Mann, Kleine Geschichte des Königreichs Württemberg 1806–1918, Leinfelden-Echterdingen 2006.
11 H.-M. Körner, Geschichte des Königreichs Bayern, München 2006.
12 C. von Rotteck/C. Welcker (Hgg.), Das Staats-Lexikon, 15 Bde., Altona 1834–1844 (eine 2. Aufl. erschien in 12 Bänden, Altona 1845–1848, eine 3. Aufl. dann in 14 Bänden, Leipzig 1856–1866).
13 J.C. Bluntschli/K. Brater (Hgg.), Deutsches Staats-Wörterbuch, 11 Bde., Stuttgart/Leipzig 1857–1870.
14 F.J. Stahl, Das Monarchische Prinzip. Eine staatsrechtlich-politische Abhandlung, Heidelberg 1845.
15 M. von Seydel, Bayerisches Staatsrecht, 7 Bde., München 1884–1894 (eine 2. Aufl. erschien in 4 Bänden, Freiburg i. Br./Leipzig 1896).

öffentlichungen geht es jedoch immer nur um die Verfassungstheorie und nicht um die Verfassungswirklichkeit, um hier einmal Begriffe zu gebrauchen, die uns in ihrer Gegensätzlichkeit vor allem in ihrer Anwendung auf die Grundgesetzordnung der Bundesrepublik Deutschland vertraut sein dürften.

Kenntnisse über die konstitutionelle Monarchie des 19. Jahrhunderts kann man außerdem aus den Veröffentlichungen der Verfassungshistoriker unserer Tage gewinnen. Zu nennen ist in diesem Zusammenhang zum einen Ernst-Wolfgang Böckenförde und hier pars pro toto sein Aufsatz »Der deutsche Typ der konstitutionellen Monarchie im 19. Jahrhundert« aus dem Jahre 1967[16] sowie zum anderen Ernst Rudolf Huber, ohne dessen vielbändige »Deutsche Verfassungsgeschichte seit 1789«[17] man bis heute nicht auskommt, wenn man sich mit der Verfassungsentwicklung im 19. Jahrhundert beschäftigt. Erneut begegnet dem Leser dieser und vergleichbarer Veröffentlichungen jedoch ein hauptsächlich auf die Verfassungstheorie bezogener Abriß der Verhältnisse, der außerdem mit äußerst gegensätzlichen Thesen verknüpft ist. Böckenförde – und mit ihm die Mehrzahl der in der Bundesrepublik aufgewachsenen und sozialisierten Verfassungshistoriker – beurteilt die konstitutionelle Monarchie als eine Staatsform des Übergangs von der absoluten Monarchie zur Republik, als eine geradezu notwendigerweise transitorische Epoche. Die Grundannahme dieser Historiker, daß nur eine republikanisch-parlamentarische Staatsform im positiven Sinne modern sei und daß sie allein den Bedürfnissen der Staatsbürger gerecht werde, ist nicht zu übersehen, sie prägt massiv die Interpretation der dargestellten Verfassungsordnung. Huber dagegen plädiert dafür, der konstitutionellen Monarchie »den Rang eines systemgerechten Modells verfassungspolitischer Selbstgestaltung nicht [zu] versagen.« Und Huber argumentiert weiter: »Es ist die Ursache der deutschen Geschichtslegenden, daß jede Epoche in früheren Entwicklungsstufen ein von Grund auf fehlsames, notwendig zum Scheitern verurteiltes, von Mißverständnis, Selbsttäuschung und Anmaßung bestimmtes Experiment zu sehen bemüht ist. Gegenüber solchen Anfälligkeiten im Verhältnis zur eigenen Vergangenheit ist festzustellen, daß der deutsche Konstitutionalismus für seine Zeit eine stilgerechte Lösung der deutschen Verfassungsfrage gewesen ist«[18].

Eine der Folgen der Französischen Revolution war es, daß die Monarchie nicht mehr unwidersprochen als die gottgewollte, als die quasi normale Herrschaftsform akzeptiert wurde – die monarchische Staatsform war von nun an eine mögliche unter anderen. Ihre Befürworter mußten somit seit dem Beginn des 19. Jahrhunderts die schmerzhafte Erfahrung machen, daß ihr Eintreten für die Monarchie nur noch als ein »Parteiergreifen«[19] wahrgenommen wurde. Der Kampf von Befürwortern und Gegnern der Monarchie wurde wiederum in hohem Maße auf dem Papier, mit seriösen Abhandlungen, aber ebenso

---

16 E.-W. BÖCKENFÖRDE, Der deutsche Typ der konstitutionellen Monarchie im 19. Jahrhundert, in: W. CONZE (Hg.), Beiträge zur deutschen und belgischen Verfassungsgeschichte im 19. Jahrhundert, Stuttgart 1967, S. 70–92; vgl. auch in: E.-W. BÖCKENFÖRDE, Moderne deutsche Verfassungsgeschichte (1815–1918), Köln 1972, S. 146–170, nun allerdings unter dem Titel »Der Verfassungstyp der deutschen konstitutionellen Monarchie im 19. Jahrhundert«.
17 E.R. HUBER, Deutsche Verfassungsgeschichte seit 1789, 8 Bde., Stuttgart 1957–1990.
18 HUBER (wie Anm. 8), Bd. 3, S. 11.
19 H. BOLDT, »Monarchie« im 19. Jahrhundert, in: O. BRUNNER/W. CONZE/R. KOSELLECK (Hgg.), Geschichtliche Grundbegriffe. Historisches Lexikon zur politisch-sozialen Sprache in Deutschland 4, Stuttgart 1978, S. 189–214, hier S. 191.

mit Streitschriften und Pamphleten ausgetragen. Aus diesen Schriften kann der Historiker sehr viel über die Ziele der Befürworter beziehungsweise Gegner der Monarchie, auch über deren Motive und über die Aufgaben, die der jeweiligen Staatsform zugewiesen werden, herauslesen, aber er wird erneut kaum etwas über die Verfassungswirklichkeit während des 19. Jahrhunderts erfahren, ganz abgesehen davon, daß man mit derartiger Kampfliteratur natürlich besonders kritisch umzugehen hat. Denn den »demokratischen Gegnern galt die konstitutionelle Monarchie als Krypto-Absolutismus, als eine Fortsetzung der durch Feudalismus, Militarismus und Bürokratismus abgesicherten absoluten Königsherrschaft, die nur notdürftig mit einigen Versatzstücken liberaler und demokratischer Herkunft verbrämt sei. Die hochkonservativen Verteidiger des Königtums dagegen sahen im Konstitutionalismus lediglich eine Übergangsform, aus der der Staat notwendig in das parlamentarisch-demokratische System abgleiten werde; ihnen war der Konstitutionalismus nichts anderes als die verschleierte Vorbereitung der Revolution«[20].

Wollte man an dieser Stelle eine kleine Zwischenbilanz ziehen, so müßte man noch einmal betonen, daß wir heute zwar einiges über die Verfassungstexte des 19. Jahrhunderts und ihre vielfältigen Interpretationen wissen, daß wir die Verteidigungsstrategien der Parteigänger der Monarchie und die Argumente ihrer Gegner kennen. Verfassungshistoriker wiederum haben versucht, die konstitutionelle Monarchie in den Gang der allgemeinen Verfassungsentwicklung einzuordnen. Aber darüber hinaus, wenn es darum geht, wie – um es ganz banal auszudrücken – diese konstitutionelle Monarchie denn tatsächlich funktioniert hat, davon weiß man erschreckend wenig. Solche Kenntnisse aber braucht man nicht nur, um irgendwann einmal umfassender über diese besondere Staatsform urteilen zu können, sondern auch ganz konkret, wenn ein Student in einem Seminar über die ersten Jahrzehnte des bayerischen Königreichs etwa unvermittelt fragt, was denn passiert wäre, wenn der bayerische König, Max I. Joseph, im Jahre 1819 seine Staatsstreichpläne tatsächlich in die Praxis umgesetzt hätte. Und hatte der König als derjenige, der seinem Volk diese Verfassung gegeben, sie oktroyiert hatte, das Recht, sie auch wieder zurückzunehmen? Zu besagten Staatsstreichplänen war es gekommen, nachdem der König die fordernde Haltung der Abgeordneten während des ersten bayerischen Landtags als derart provokativ empfunden hatte, daß er die ein Jahr zuvor verkündete Verfassung am liebsten gleich wieder kassiert hätte[21].

Daß viele Fragen zur und über die konstitutionelle Monarchie noch immer nicht beantwortet werden können, hat auch damit zu tun, daß das Thema Monarchie in der deutschen Geschichtswissenschaft – vor allem im Hinblick auf das 19. Jahrhundert – lange Zeit als nicht besonders reputierlich galt und rasch unter den Generalverdacht zumindest verklärender Nostalgie geriet. Erst seit einigen Jahren verändert sich die Perspektive. Neben dem biographischen Genre tauchen zunehmend Fragestellungen auf, die sich staatenüber-

---

20 HUBER (wie Anm. 8), Bd. 3, S. 3f.
21 In der Literatur wird diese Episode zumeist nur erwähnt oder auf wenigen Seiten rein deskriptiv behandelt. Vgl. u. a. DOEBERL (wie Anm. 6), S. 65–70; W. QUINDT, Souveränitätsbegriff und Souveränitätspolitik in Bayern von der Mitte des 17. bis zur ersten Hälfte des 19. Jahrhunderts, Berlin 1971, S. 495f., 500f.; HUBER (wie Anm. 8), Bd. 1, S. 360–369; A. WINTER, Karl Philipp Fürst von Wrede als Berater des Königs Max I. Joseph und des Kronprinzen Ludwig von Bayern 1813–1825, München 1968; L. KLEMMER, Aloys von Rechberg als bayerischer Politiker (1766–1849), München 1975, S. 140–150.

greifend und vergleichend mit der Typologie, der Funktion und zum Teil auch mit dem Funktionieren der Monarchie im 19. Jahrhundert auseinandersetzen[22]. – Daneben trifft man aber auch auf Veröffentlichungen, die auf den ersten Blick ganz anders gelagerten Themen verpflichtet sind. Und dort findet man dann plötzlich Passagen, die konkrete Einsichten in die bereits beschworene Verfassungswirklichkeit in den deutschen Staaten des 19. Jahrhunderts ermöglichen – davon weiter unten mehr.

Zuvor aber gilt es, einiges von dem, was man über die konstitutionelle Monarchie zu wissen glaubt, mit dem zu kontrastieren, was man alles wissen möchte oder wissen sollte: Titel II, Paragraph 1 der bayerischen Verfassung des Jahres 1818 lautet: »Der König ist das Oberhaupt des Staats, vereiniget in sich alle Rechte der Staats-Gewalt, und übt sie unter den von Ihm gegebenen in der gegenwärtigen Verfassungs-Urkunde festgesetzten Bestimmungen aus«[23]. Der Widerspruch, der den Zeitgenossen des ersten bayerischen Königs kaum weniger scharf vor Augen gestanden haben dürfte als uns heute, ist nicht zu übersehen. Einerseits wird dem Monarchen hier Ursprung und Fülle aller Staatsgewalt zugesprochen, andererseits ist er bei der Ausübung der Staatsgewalt an die Bestimmungen der Verfassung gebunden, einer Verfassung freilich, die er aus eigener Machtvollkommenheit seinem Volk gegeben hatte. Etwa in Hinblick auf die zuvor erwähnte Frage eines Studenten, wie man denn die Pläne Max I. Josephs im Jahre 1819 zu beurteilen habe, wünscht man sich Detailuntersuchungen: Wie begründete der König seinen Ministern gegenüber diese Pläne? Mit welchen Argumenten rieten sie ihm davon ab, die Verfassung zurückzunehmen? Wie stand es überhaupt um die Verfassungstreue des ersten bayerischen Königs, und hat es in Bayern bis 1918, hat es in Baden und Württemberg vergleichbare Situationen gegeben? Darüber hinaus wäre zu fragen, wie die Herrscher des 19. Jahrhunderts mit Verfassungslücken umgingen? Daß Bismarck und – von diesem überredet – Wilhelm I. 1862 nicht lange zögerten, eine derartige Chance zu nutzen, um den preußischen Verfassungskonflikt im Sinne des Monarchen zu lösen, das weiß man. Aber nutzten auch die Herrscher im Süden Deutschlands, die – im Vergleich zu ihren Amtskollegen in Berlin und Wien – ja eher als Vorzeigeexemplare der Gattung des konstitutionellen Monarchen gelten, derartige Verfassungslücken? Vielleicht blühte ja die Verfassungstreue selbst in Deutschlands Süden an der Staatsspitze weit weniger als bisher vermutet?

Wenngleich es in Karlsruhe, Stuttgart und München nicht zu solch extremen Auseinandersetzungen zwischen dem Monarchen und der Volksvertretung wie in Preußen

---

22 Stellvertretend sollen hier nur einige wenige dieser neueren Studien genannt werden. M. WIENFORT, Monarchie in der bürgerlichen Gesellschaft. Deutschland und England von 1640 bis 1848, Göttingen 1993; M. KIRSCH, Monarch und Parlament im 19. Jahrhundert. Der monarchische Konstitutionalismus als europäischer Verfassungstyp – Frankreich im Vergleich, Göttingen 1999; J. PAULMANN, Pomp und Politik. Monarchenbegegnungen in Europa zwischen Ancien Régime und Erstem Weltkrieg, Paderborn u. a. 1999; S. MERGEN, Monarchiejubiläen im 19. Jahrhundert. Die Entdeckung des historischen Jubiläums für den monarchischen Kult in Sachsen und Bayern, Leipzig 2005. Vgl. hierzu auch D. LANGEWIESCHE, Die Monarchie im Europa des bürgerlichen Jahrhunderts. Das Königreich Württemberg, in: Das Königreich Württemberg 1806–1918. Monarchie und Moderne. Große Landesausstellung Baden-Württemberg unter der Schirmherrschaft von Ministerpräsident Günther H. Oettinger und S.K.H. Carl Herzog von Württemberg, Ostfildern 2006, S. 25–37; H.-M. KÖRNER, Die Monarchie im 19. Jahrhundert. Zwischen Nostalgie und wissenschaftlichem Diskurs, in: W. MÜLLER/M. SCHATTKOWSKY (Hgg.), Zwischen Tradition und Modernität. König Johann von Sachsen 1801–1873, Leipzig 2004, S. 21–32.
23 Verfassungs-Urkunde des Königreichs Baiern, München 1818, S. 8.

1861/1862 gekommen sein mag, das Thema der Kompetenzabgrenzung zwischen den Monarchen und den Landtagen blieb überall bis zum Ende des 19. Jahrhunderts ein virulentes Dauerthema. Dies soll an einem weiteren Beispiel aus der bayerischen Geschichte erläutert werden. Anders als dem württembergischen Landtag, der »von Anfang an ein volles Mitwirkungsrecht bei der Feststellung sämtlicher Staatsausgaben besaß«[24], stand dem bayerischen Landtag, wie den Landtagen in Baden, Hessen und Sachsen, lediglich das Recht der Steuerbewilligung zu. Den Mitgliedern des bayerischen Landtags, der bis 1848 den Namen »Stände-Versammlung« trug, war es also versagt, einzelne Etatposten des Staatshaushalts eigenständig festzusetzen oder zu verändern. Gleichwohl mußte den Kammern eine Übersicht des »Staatsbedürfnisses« und ein Nachweis über die Verwendung der Staatseinnahmen vorgelegt werden[25]. Das bedeutete, daß sich Reichsräte und Abgeordnete auch über die sogenannten Erübrigungen, das waren Überschüsse aus der laufenden Finanzperiode, ein Bild machen konnten. Diese Erübrigungen wiederum waren 1837 der Anlaß für einen veritablen Konflikt zwischen König Ludwig I. und der bayerischen Volksvertretung, für einen Konflikt, der sich rasch zu einer grundsätzlichen Auseinandersetzung um das von den Liberalen geforderte volle Budgetrecht ausweiten sollte. Doch wie kam es zu diesem Konflikt, was war der Anlaß? 1825 hatte Ludwig I. den Thron eines Staates bestiegen, der am Rande des Bankrotts stand. Mit eiserner Disziplin und mit Hilfe einer rigorosen Sparpolitik war es ihm jedoch bereits nach wenigen Jahren gelungen, diese Gefahr nicht nur abzuwenden. Der König hatte es darüber hinaus vermocht, Erübrigungen anzuhäufen, bis 1837 insgesamt 6 Millionen Gulden. Er hatte somit, seinem Verständnis nach, wie ein guter Hausvater sparsam gewirtschaftet, und er war nun gewillt, ganz allein zu bestimmen, wofür diese eingesparten Gelder verwendet werden sollten. Und nach dem Text der Verfassung von 1818 war Ludwig I. tatsächlich im Recht! Denn die Verfassung sah nicht vor, »daß Etatposten, die nicht ausgeschöpft, aber bewilligt worden waren, erneut der Kontrolle des Landtags unterlagen, geschweige denn noch einmal bewilligt werden mußten«[26]. Die Empörung des Landtags wiederum speiste sich nicht aus dem Verdacht, der König wolle diese Gelder verwenden, um teure Privatvergnügen zu finanzieren, sondern aus dem Umstand, daß Ludwig I. die Erübrigungen für Projekte vorgesehen hatte, bei denen er eine ablehnende Haltung der Kammern befürchtete, etwa im Bereich der Bau- und Kunstpolitik[27]. Vor dem Hintergrund der vom König kategorisch zurückgewiesenen latenten Forderung, dem Landtag müsse in absehbarer Zeit das

---

24 M. SPINDLER, Die Regierungszeit Ludwigs I. (1825–1848), in: DERS. (Hg.), Handbuch der bayerischen Geschichte, Bd. 4/1: Das neue Bayern 1800–1970, München 1974, S. 87–223, hier S. 189.
25 Vgl. Titel VII, Paragraph 3, Paragraph 4 und Paragraph 10 in: Verfassungs-Urkunde (wie Anm. 23).
26 A. KRAUS, Die Regierungszeit Ludwigs I. (1825–1848), in: A. SCHMID (Hg.), Handbuch der bayerischen Geschichte, begründet von Max Spindler, Bd. 4: Das neue Bayern 1800 bis zur Gegenwart, Teilbd. 1: Staat und Politik, München ²2003, S. 127–234, hier S. 215.
27 Zur Bau- und Kunstpolitik Ludwigs I. vgl. u. a. die einschlägigen Kapitel in H. GOLLWITZER, Ludwig I. von Bayern. Königtum im Vormärz. Eine politische Biographie, München ²1987. Vgl. auch J. ERICHSEN/U. PUSCHNER (Hgg.), »Vorwärts, vorwärts sollst du schauen …«. Geschichte, Politik und Kunst unter Ludwig I., München 1986; F. BÜTTNER, Ludwig I. Kunstförderung und Kunstpolitik, in: SCHMID/WEIGAND (wie Anm. 4), S. 310–329; F. DUNKEL/H.-M. KÖRNER/H. PUTZ (Hgg.), König Ludwig I. von Bayern und Leo von Klenze. Symposion aus Anlaß des 75. Geburtstags von Hubert Glaser, München 2006.

volle Budgetrecht, das Recht, Einnahme- und Ausgabeposten des Budgets zu verändern, nominell zugestanden werden, mußten die Pläne Ludwigs I. um so bedrohlicher erscheinen. Einerseits hatte sich in den vergangenen Jahren der Usus eingebürgert, »von Regierungsseite das Einvernehmen mit dem Landtag über Einnahmen und Ausgaben zu suchen und aufgrund der Kammerwünsche unter Umständen veränderte Vorlagen in Form eines ›Finanzgesetzes‹ sanktionieren zu lassen«[28]. Diese Vorverständigung hinter den Kulissen schien der König wieder aus der Welt schaffen zu wollen. Andererseits erkannten die Mitglieder beider Kammern die Gefahr, daß, wenn der König allein über die Verwendung der Erübrigungen bestimmen würde, sogar das ohnehin nicht sehr schlagkräftige Steuerbewilligungsrecht, eines der wenigen Machtinstrumente des bayerischen Landtags, auf diese Weise noch weiter geschwächt, ja geradezu ausgehebelt werden würde.

Im Grunde war der Konflikt unlösbar: Formal war Ludwig I. im Recht und er beharrte mit äußerster Zähigkeit darauf, aber der Landtag zeigte sich ebenso überzeugt von der Rechtmäßigkeit seines Standpunktes. Sogar die als konservatives Regulativ eingerichtete Erste Kammer, die Kammer der Reichsräte, stellte sich gegen die Pläne des Königs. Die Situation entschärfte sich zumindest, nachdem Ludwig I. die Vorschläge der Kammern, wofür man die Erübrigungen verwenden solle, zur Kenntnis genommen und bezüglich der dabei geforderten Erhöhung des Schuletats und des geforderten Ausbaus der ländlichen Infrastruktur zu handeln versprochen hatte.

Übrig bleibt freilich die Frage, ob dieser Konflikt des Jahres 1837 ein für die konstitutionellen Verhältnisse typischer Konflikt war, ein gleichsam den Konstruktionsfehlern der konstitutionellen Monarchie geschuldeter Konflikt? Oder mußte ein solches Problem vielleicht nur in Bayern, nur unter einem König wie Ludwig I., zu derartiger Schärfe gelangen, unter einem König, der einerseits bereit war, selbst Verfassungskonflikte in ihrer ganzen Härte auszutragen und durchzustehen, und bei dem andererseits das Thema der finanziellen Ausstattung grundsätzlich ein ganz besonders sensibles Thema darstellte. Denn dieser König war trotz – vielleicht ja sogar wegen – seiner vielen Bauprojekte und seines unermüdlichen Einsatzes, die Kunstsammlungen in München zu mehren, für seinen Geiz geradezu berühmt-berüchtigt. Die in München akkreditierten Gesandten, die zur Hoftafel geladen wurden, konnten ein Lied von diesem Geiz singen, selbst Ludwigs eigene Familie, bis hin zur Königin, litt unter diesem Charakterzug des Monarchen. Mit was für einem Konflikt haben wir es also zu tun – mit einem typischen oder einem eher außergewöhnlichen Konflikt? Erst wenn diverse weitere Einzelstudien vorliegen, erst wenn man vergleichen kann, wie mit ähnlichen Problemen in anderen Staaten umgegangen wurde, erst dann wird man sich ein gesicherteres Urteil erlauben können.

Es drängen sich auch in bezug auf weitere Besonderheiten der konstitutionellen Monarchie mehr Fragen auf, als Antworten parat sind. Geprägt war das System der konstitutionellen Monarchie von einem Kräftedreieck, das aus dem Monarchen, der von ihm berufenen Regierung und der Volksvertretung bestand, die in den einzelnen deutschen Staaten freilich unterschiedliche Rechte und Pflichten besaß. Für den weiteren Verlauf des 19. Jahrhunderts ist zu beobachten, daß die Herrscher, die eine Entwicklung hin zu einer parlamentarischen Monarchie vermeiden wollten, dabei auf eine enge Zusammenarbeit mit ihrer Regierung, ja geradezu auf die Hilfe der Regierung dringend angewiesen waren.

---

28 GOLLWITZER (wie Anm. 27), S. 507.

Das führte im ärgsten Fall zu einer faktischen Machtübernahme des Ministeriums und zu einer regelrechten Abhängigkeit des Herrschers von den, eigentlich von ihm abhängigen Ministern. Doch welche anderen Faktoren – außer der Furcht der Monarchen vor der Volksvertretung – führten zu diesem Machtverlust beim eigentlichen Souverän des Staates? Waren – angesichts einer bereits im 19. Jahrhundert immer komplizierter werdenden Welt – die Monarchen nicht vielleicht auch zunehmend auf Fachleute, auf gut ausgebildete Spezialisten in den Ministerien und in der Verwaltung angewiesen? Wie stark hat der jeweilige Charakter der Monarchen ihren Machtverlust zugunsten ihrer Minister beschleunigt? Ludwig I. betrachtete seine Minister noch als seine Schreiber, als seine Sekretäre; sein Sohn, Maximilian II., wurde in vielen politischen Fragen bereits eindeutig von seinen Ministern dominiert; Ludwig II. wiederum, der 19jährig den Thron bestiegen hatte, wurde von seiner, von ihm berufenen Regierung im wahrsten Sinne des Wortes wie ein dummer Junge behandelt! War unter Umständen die Furcht der Monarchen vor der Abhängigkeit von den Volksvertretungen übertrieben, hätten sie sich vielleicht eher vor ihren Ministern fürchten sollen? Zumindest bei König Ludwig II. scheint sich eine solche Frage aufzudrängen. Denn er berief, obwohl er dem Liberalismus und der deutschen Einigung, dann konkret dem Kaiserreich von 1871, zutiefst ablehnend gegenüberstand, immer wieder nationalliberal ausgerichtete Minister, gerade weil er glaubte, er dürfe sich nicht vom mehrheitlich konservativen und antipreußischen Landtag abhängig machen. Es mutet wie eine bittere Ironie der Geschichte an, daß Ludwig II. seine Absetzung und Entmündigung im Jahre 1886[29] dann gerade jenen Ministern verdankte, die von ihm – contre coeur – in ihr Amt berufen worden waren! Und hätte eine frühzeitig und freiwillig von der Staatsspitze durchgeführte Reform hin zur parlamentarischen Monarchie statt dessen dazu geführt, daß 1918 alles ganz anders gekommen wäre?

Ein weiteres Problem der Monarchie im 19. Jahrhundert – so kann man überall lesen – habe darin bestanden, daß die Legitimationsgrundlagen der monarchischen Herrschaft brüchig geworden seien. Vor allem die Vorstellung vom Gottesgnadentum habe seit der Aufklärung und dann in der aufkommenden modernen Industriegesellschaft alle Bindekraft verloren. Festzuhalten ist jedoch, daß es in den frühen Jahren des 19. Jahrhunderts, gerade als Reaktion auf die Aufklärung und auf die Französische Revolution, zu einer ernstzunehmenden Renaissance des Religiösen und zu einem Prozeß der Rekonfessionalisierung kam. Und vor allem mit Blick auf die weitere Entwicklung muß man in diesem Zusammenhang noch viel genauer hinsehen. Denn mit ziemlicher Sicherheit war ein katholischer, konservativ wählender Altbayer selbst am Ende des 19. Jahrhunderts durchaus noch bereit, seinen König als einen Herrscher »von Gottes Gnaden« zu akzeptieren, während diese Formel zur selben Zeit für einen gewerkschaftlich organisierten Industriearbeiter im Ruhrgebiet möglicherweise längst ohne Bedeutung war. Und wie hielten es die Monarchen selbst mit dem Gottesgnadentum? Vielleicht ließe sich mit Hilfe von Tagebüchern, mit Hilfe ihrer Korrespondenz und so weiter herausfinden, wie ernst es den Herrschern mit ihrem göttlichen Auftrag war. Zu fragen wäre gleichermaßen, ob etwa das antikirchliche Potential, das in dem von Ludwig I. durchaus intensiv gehandhabten Staatskirchentum angelegt war, seinem Ansehen als Monarch »von Gottes Gnaden« in

---

29 Zu Ludwig II. und zur Erklärung der Regierungsunfähigkeit vgl. KÖRNER, Geschichte (wie Anm. 11), S. 153–165.

streng kirchlichen Kreisen geschadet hat? Und in Betracht müßte man gleichermaßen ziehen, daß während des 19. Jahrhunderts noch ganz andere Modelle erprobt wurden, mit deren Hilfe für die monarchische Herrschaft eine tragende Legitimationsbasis geschaffen werden sollte. Dazu gehören unter anderem der Bonapartismus Napoleons III. und die Idee eines sozialen Kaisertums bei Wilhelm II. Ein dauerhafter Erfolg war freilich auch diesen Experimenten nicht beschieden.

Die Hereinnahme des Herrschers in die Verfassung, die dort schriftlich fixierte Beschreibung seiner Rechte und Pflichten, hat sicherlich zu einer weiteren Entsakralisierung beigetragen: Der König, der Großherzog – oder wie immer auch sein Titel lautete – mutierte zum Staatsorgan. Doch auch in diesem Zusammenhang wäre erneut nach dem Selbstverständnis der Monarchen zu fragen. Ludwig I. von Bayern, um noch einmal auf diesen autokratisch gestimmten Herrscher zurückzukommen, sah seine Rolle im Staat nicht auf die eines Staatsorgans reduziert, er diente dem Staat nicht, er betrachtete sich als von Gott berufener Souverän. Bei seinem Sohn Luitpold, der 1886 die Regentschaft zuerst für Ludwig II. und dann für dessen Bruder Otto übernommen hatte, dürfte der Aspekt des Dienens, der Aspekt der fast schon bürgerlich anmutenden Pflichterfüllung weitaus mehr im Vordergrund gestanden haben. Dazu kam noch, daß sich Prinzregent Luitpold aus der aktuellen Politik ziemlich heraushielt und seinen Ministern dafür freie Hand ließ. Gleichzeitig aber war der Prinzregent unübertroffen, wenn es ums Repräsentieren ging, denn er bemühte sich, in allen Ecken des bayerischen Königreichs bei Festen und Jubiläen, bei Ausstellungseröffnungen und Messen, bei Manövern und Monarchenbegegnungen präsent zu sein. Seine bayerischen Untertanen haben ihm diese spezielle Art, die Monarchie des 19. Jahrhunderts zu verkörpern, mit besonderer Anhänglichkeit gedankt.

Gleichzeitig verweist das Stichwort von der Annahme bürgerlicher Wertvorstellungen seitens der Monarchen noch einmal auf den während des 19. Jahrhunderts fortschreitenden Verlust der monarchischen Aura. Es ist tatsächlich nicht zu übersehen, daß die Herrscherhäuser sich allmählich dem Verhaltenscodex und den moralischen Normen des Bürgertums annäherten: Nunmehr war man etwa bemüht, den Untertanen ein intaktes Ehe- und Familienleben vorzuführen[30]. Bekannte sich ein Fürst oder König dagegen offen zu einer Mätresse, legte er also – im Verständnis des Bürgertums – ein unmoralisches Verhalten an den Tag, dann konnte sich das im 19. Jahrhundert rasch zu einem öffentlichen Skandal ausweiten[31]. Außerdem unterwarfen sich die Herrscher nun dem Gebot der Tüchtigkeit. Monarchen mußten also immer wieder zeigen, daß sie sich kümmerten, daß sie hart arbeiteten für das Wohl von Staat und Untertanen. Öffentlichkeitswirksame Reisen auch in den letzten Winkel der jeweiligen Staaten, eine detaillierte Berichterstattung der Zeitungen über die Aktivitäten des Herrschers, bald auch schon Photos, die den Monarchen entweder im Kreis seiner Familie oder bei der Ausübung seiner herrscherlichen Pflichten zeigen, waren Mittel, dem entstehenden dauernden Evaluationsdruck gerecht zu

---

30 Das bekannteste Beispiel sind hierfür sicherlich Queen Victoria und ihr Gatte Albert. Vgl. hierzu etwa L. STRACHEY, Queen Victoria, London 1969; H.-J. NETZER, Ein deutscher Prinz in England. Albert von Sachsen-Coburg und Gotha, Gemahl der Königin Victoria, München 1988.
31 Man denke etwa an das Verhältnis des bayerischen Königs Ludwig I. mit der Tänzerin Lola Montez und die Reaktionen der bayerischen Öffentlichkeit. Vgl. hierzu TH. WEIDNER (Hg.), Lola Montez oder eine Revolution in München, München 1998.

werden[32]. War ein Monarch – etwa aufgrund einer Krankheit – jedoch nicht in der Lage, die an ihn gestellten Erwartungen zu befriedigen, oder versuchte er gar, sich diesen bewußt zu entziehen, dann drohte ihm – wie einem unfähigen Beamten – gleichsam die Entlassung! Und tatsächlich kam es im 19. Jahrhundert in den deutschen Staaten gehäuft zu Stellvertretungen und Regentschaftseinsetzungen[33]. Warum wurde dann aber, wenn die zuvor aufgestellte These stimmen sollte, justament derjenige König, der sich auf unübersehbare Art und Weise vielen seiner Herrscherpflichten, zumindest aber allen öffentlichkeitswirksamen Auftritten verweigerte[34], bei nicht zu wenigen seiner Untertanen als letzter wahrer Monarch verehrt? Gerade an König Ludwig II. lassen sich – abseits von Wagner und vor allem abseits von Ludwigs angeblich so geheimnisvollen Tod im Starnberger See – nicht nur die theoretischen, sondern einige der realen Probleme der konstitutionellen Monarchie besonders deutlich aufzeigen und erläutern.

Ein weiterer Topos, der sich durch die Literatur über die konstitutionelle Monarchie zieht, ist die Feststellung, zu Beginn des 19. Jahrhunderts sei die Trennung von Dynastie und Staat, und damit auch die Trennung von dynastischem Gut und Staatsgut, bereits vollzogen worden. Eberhard Weis, der wahrscheinlich beste Kenner der bayerischen Geschichte während der Umbruchszeit um 1800, weist Bayern in diesem Zusammenhang sogar eine gewisse Verspätung zu: »Hinsichtlich des Verhältnisses zwischen Staat und Dynastie holten Montgelas und seine Mitarbeiter für Bayern eine Entwicklung nach, die in anderen Staaten, wie in Österreich und Preußen, schon unter dem Aufgeklärten Absolutismus des 18. Jahrhunderts angebahnt worden war. Es handelte sich um die rechtliche Unterscheidung zwischen Dynastie und Staat, den Bruch mit der bis dahin in Bayern noch offiziell vorherrschenden Auffassung des Staates als eines Eigentums bzw. (am Ende des 18. Jahrhunderts) als eines Fideikommisses des Fürstenhauses«[35]. – Es war schon die Rede davon gewesen, daß man mitunter auf Veröffentlichungen trifft, die auf den ersten Blick völlig anders gelagerten Themen verpflichtet sind, die dann aber konkrete Einsichten in die Verfassungswirklichkeit in den deutschen Staaten des 19. Jahrhunderts ermöglichen. Auf zwei neuere derartige Studien soll im folgenden eindringlich hingewiesen werden, denn sie geben deutliche Hinweise darauf, daß es zur Trennung von Dynastie und Staat offensichtlich bis zum Ende des 19. Jahrhunderts nicht wirklich, vor allem nicht in letzter Konsequenz gekommen ist. Da ist einmal das Buch von Franziska Dunkel »Reparieren und Repräsentieren. Die Münchner Hofbauintendanz 1806–1886«[36]. Dunkel hat sich unter anderem der Organisation, der Finanzausstattung sowie der Effizienz der Hofbauintendanz angenommen und kommt schließlich zu dem Urteil: »So hat sich gezeigt, daß die Durchsetzung einer rational verfaßten bürokratischen Verwaltung

---

32 Vgl. hierzu K. WEIGAND, Prinzregent Luitpold. Die Inszenierung der Volkstümlichkeit?, in: SCHMID/WEIGAND (wie Anm. 4), S. 359–375.
33 So u. a. 1852/1856 für Großherzog Ludwig II. von Baden, 1857/58 für König Friedrich Wilhelm IV. von Preußen, 1886 für König Ludwig II. von Bayern sowie 1886 für König Otto von Bayern.
34 Zu Ludwig II. und seiner stark anachronistischen Auffassung, wie ein König im 19. Jahrhundert regieren solle, vgl. u. a. L. HÜTTL, Ludwig II. König von Bayern. Eine Biographie, München 1986.
35 E. WEIS, Die Begründung des modernen bayerischen Staates unter König Max I. (1799–1825), in: SCHMID (wie Anm. 26), S. 3–126, hier S. 45.
36 F. DUNKEL, Reparieren und Repräsentieren. Die Münchner Hofbauintendanz 1806–1886, München 2007.

auf vielfältige innere Widerstände stieß, daß statt der gewünschten Klarheit oft Kompetenzstreit herrschte. Dies lag vor allem in einem strukturellen Problem begründet, das in dieser Deutlichkeit erst in den letzten Jahren erkannt wurde und für dessen Untersuchung die Geschichte der Hofbauintendanz gleichsam ein Musterbeispiel darstellt – der unvollzogenen und wohl nicht vollziehbaren Trennung von Staat und Dynastie. Die Zwitterstellung des Monarchen, der gleichzeitig als Privatmann Chef des Hauses Wittelsbach, als König aber souveräner Landesherr war, wirkte sich auf den Status der wittelsbachischen Immobilien insofern aus, als bis zum Ende der Monarchie die Besitz- bzw. Eigentumsrechte von Staat und Haus nicht letztgültig definiert werden konnten. Für die Hofbauintendanz bedeutete dies eine changierende Stellung zwischen dem Status einer staatlichen Behörde, deren Angestellte pragmatisierte Beamte waren [...], und einem Hofamt, dessen Bedienstete letztlich der Willkür des Monarchen überlassen waren«[37]. Die zweite Studie, auf die in diesem Zusammenhang hingewiesen werden soll, stammt aus der Feder von Cajetan von Aretin und trägt den Titel »Die Erbschaft des Königs Otto von Bayern. Höfische Politik und Wittelsbacher Vermögensrechte 1916 bis 1923«[38]. Aretin kann nachweisen, daß noch kurz vor dem Ende der Monarchie dynastisches Gut und Staatsgut im Königreich Bayern so eng und schier untrennbar miteinander verwoben waren, daß besagte Erbschaftsregelung sich gleichsam zu einem Skandal und Debakel entwickelte. Abschließend läßt Aretin dann einen der Rechtshistoriker der Zeit, Konrad Beyerle, zu Wort kommen; dieser resümierte 1922: »Niemals ist in Bayern das Fürstengut des vormaligen Königshauses auf den Staat mit Verlustwirkung für die Dynastie übertragen worden. Niemals aber auch ist in Bayern das Staatsvermögen vom Fürstengut scharf abgetrennt worden«[39].

Man müßte noch eine Menge weiterer Fragen und Probleme aufwerfen. Dazu gehört etwa der Umstand, der mit dem erwähnten Evaluationsdruck zusammenhängt, daß nämlich während des 19. Jahrhunderts die Leistungen der Herrscher zunehmend daran gemessen wurden, ob diese mit den Interessen des Staates in Einklang standen. Brisant mußte diese Entwicklung werden, seitdem die diesbezügliche Definitionshoheit, worin denn die Interessen des Staates bestehen, während des 19. Jahrhunderts auf immer größere und vor allem heterogenere Gruppen überging. Doch gerade ein Monarch wie der letzte bayerische König, Ludwig III., der – das muß man ihm zugestehen – sich besonders bemühte, die Interessen des Staates, die Interessen seiner Untertanen zu erkennen und dementsprechend zu agieren, gehört zu jenen Herrschern, die aus diversen Gründen dazu beigetragen haben, daß 1918 niemand die monarchische Staatsform energisch verteidigen wollte[40]. Möglicherweise hängt dies unter anderem damit zusammen, daß sich Ludwig III. mit Pomp und Prunk nicht identifizieren konnte, daß er jeglicher monarchischen Prachtentfaltung kritisch gegenüberstand. Andere Monarchen – wie etwa der Vater Ludwigs III., Prinzregent Luitpold – sahen in der höfischen Pracht, im Festhalten am strengen

---

37   Ebd., S. 375.
38   C. von Aretin, Die Erbschaft des Königs Otto von Bayern. Höfische Politik und Wittelsbacher Vermögensrechte 1916 bis 1923, München 2006.
39   Zit. nach ebd., S. 290.
40   Zu Ludwig III. vgl. A. Beckenbauer, Ludwig III. von Bayern. Ein König auf der Suche nach seinem Volk, Regensburg 1987; H.-M. Körner, Ludwig III. Totengräber der Monarchie?, in: Schmid/Weigand (wie Anm. 4), S. 376–388.

Spanischen Hofzeremoniell statt dessen ein probates Mittel, die monarchische Aura gleichsam zu retten oder gar neu zu entfachen. Aber vielleicht sind das auch alles nur Konstrukte der Historiker, denn immer wieder beschleicht denjenigen, der sich mit der Monarchie im 19. Jahrhundert beschäftigt, die Frage, inwieweit man an der Staatsspitze überhaupt wahrnahm, daß die monarchische Idee in die Defensive geraten war. Verfügte zum Beispiel König Ludwig III., verfügten seine Minister über ein diesbezügliches Sensorium?

Abschließend noch ein letzter Hinweis auf König Ludwig I. von Bayern: Es geht hierbei um eine Briefpassage aus seiner Feder, die zumindest gewisse eindeutige Rückschlüsse darauf zuläßt, wie er, als Monarch, die Verfassungswirklichkeit in Bayern zehn Jahre nach seiner Thronbesteigung einschätzte. Hinzuzufügen ist in diesem Zusammenhang, daß er als Kronprinz vom Verfassungsgedanken geradezu beseelt gewesen war. 1835 aber riet Ludwig I. seinem Sohn Otto, dem König von Griechenland, dringend davon ab, sich in Griechenland jemals auf eine Verfassung einzulassen. Denn, so Ludwig I., nicht »zu reiflich überdacht kann die Einführung einer Verfassung werden; es ist die Höhle des Löwen, aus der keine Fußstapfen gehen«[41].

---

41 Zit. nach L. TROST, König Ludwig I. von Bayern in seinen Briefen an seinen Sohn, den König Otto von Griechenland, Bamberg 1891, S. 130.

Herr oder Haupt?
Fürstenrecht, Staatsorganisation und die Etablierung des vermögensfähigen Staates in Süddeutschland

VON WINFRIED KLEIN

»Durch die Entwicklung des modernen Staates zu einem organisierten Gemeinwesen, zu einer Person des öffentlichen Rechts hat sich aber das Verhalten des Monarchen zum Staat allerdings wesentlich verändert; er ist nicht mehr wie im sog. patrimonialen oder feudalen Staat der Eigentümer oder Lehnsbesitzer der Territorien, Herrschaften, Schlösser und Güter, aus denen sich das landesherrliche Gebiet zusammensetzt; er steht nicht mehr über dem Staate als Herr, dem Land und Leute gehören nach Art eines privatrechtlichen Besitzrechts (dominum eminens), sondern er steht innerhalb des Staates und seiner Rechtsordnung, er ist das Haupt des Staates, ein Organ des staatlichen Gemeinwesens«[1]. Kaum besser dürfte die grundlegende Unterscheidung zwischen Herr und Haupt in der geschichtlichen Entwicklung des Staates zum Ausdruck zu bringen sein, als es Paul Laband (1838–1918) getan hat, der große Staatsrechtslehrer des 19. und beginnenden 20. Jahrhunderts.

»Herr oder Haupt?« lautet daher meine Eingangsfrage. Zugespitzt, vielleicht sogar überspitzt, ist sie grundlegend für die deutsche Verfassungsentwicklung insgesamt. Sie ist in der Vergangenheit eher zurückhaltend behandelt worden. Zumeist stand die Diskussion über Reichweite und Wirkmächtigkeit des monarchischen Prinzips im Vordergrund. Dies soll hier nicht der Fall sein. Es soll konkret um die Entwicklung vom Land zum Staat gehen und um die Etablierung des rechts- und vermögensfähigen Staates in Süddeutschland. Relevanz für den Wandel der Repräsentation in Süddeutschland hat eine solche Fragestellung allemal, denn die Entwicklung des Herrn zum Haupt spiegelt sich gerade auch bei der Repräsentation wider. War es zunächst der Fürst mit seinem Haus, der im Dienste der Steigerung des (insofern öffentlich-rechtlich zu wertenden)[2] splendor familiae Bauten zur Darstellung von Macht und Einfluß errichtete, so war es seit dem 19. Jahrhundert vermehrt der Staat mit seinen Organen, der sich nach außen darzustellen pflegte. Dabei darf freilich nicht unberücksichtigt bleiben, daß schon vor dem Aufkommen der Vorstellung vom rechtspersönlichen Staat spätere Staatsorgane neben dem Monarchen zur

---

1 P. LABAND, Staatsrecht, in: P. HINNEBERG (Hg.), Kultur der Gegenwart, Teil II, VIII. Abteilung, Systematische Rechtswissenschaft, Berlin/Leipzig 1906, S. 293–334, hier S. 325.
2 EXPERTENKOMMISSION »EIGENTUMSFRAGEN BADEN« (Hg.), Das Eigentum an badischen Kulturgütern aus der Zeit der Monarchie, Karlsruhe 2007, S. 30f.

eigenen Repräsentation Gebäude erbauten oder erwarben. So kauften etwa die Stände des Herzogtums Württemberg im Jahre 1564 das Haus des herzoglichen Kammersekretärs in der späteren Kronprizenstraße 4 in Stuttgart[3]. Daß dieser Kauf aus den ständischen Mitteln erfolgte, versteht sich von selbst[4]. Nach Vereinigung der ständischen Kasse mit der fürstlichen Kammerkasse kam ein solch eigenständiger Grundstückskauf nicht mehr in Frage. Nunmehr wurden die Kosten für Erwerb und Errichtung einer derartigen Immobilie aus dem Staatshaushalt beglichen, was sich am Beispiel des Ständehauses in Karlsruhe zeigt[5]. Als öffentliches Gebäude gehörte das Ständehaus zum Staatsvermögen[6]. Dies setzte aber einen rechts- und vermögensfähigen Staat voraus, woran es bei manchen Gliedern des Deutschen Bundes und Reiches bis zuletzt fehlte. Dort mußte die Hilfskonstruktion des (Staats-)Fiskus herhalten, um staatliche Vermögensfähigkeit begründen zu können[7]. Dies war unter anderem in Baden der Fall. Hier blieb es vorerst bei der Hoheit des Landesherrn, dessen Macht vorwiegend auf dem Besitz von Grund und Boden basierte. Die landesherrlichen Befugnisse waren nur eingeschränkt öffentlich-rechtlicher Natur[8]. Andernorts hatte sich mit dem Aufkommen des Souveränitätsgedankens und der mit dem Reichsdeputationshauptschluß einhergehenden Gebietsvergrößerung eine Entwicklung vollzogen, die letztlich zur Etablierung des rechts- und vermögensfähigen Staates führte und an dessen Ende der Fürst nicht mehr Landesherr, sondern Staatsoberhaupt war – mit der Folge, daß die jeweiligen Residenzschlösser in der Regel Staatseigentum wurden, etwa die Münchner Residenz. Dieser Prozeß wird im Mittelpunkt der weiteren Ausführungen stehen. Er wird im Hinblick auf die Ausgestaltung der Verfassungsordnung, die Lösung der Domänenfrage und die Ausgestaltung des Verhältnisses von Fürst und Staat am Beispiel Badens, Bayerns und Württembergs dargestellt. Zunächst soll aber erläutert werden, wie Fürstenrecht, Staatsorganisation und die Vermögensfähigkeit des Staates zusammenhängen, um so näher zu bringen, wie die Eingangsfrage mit dem weiteren Thema meines Vortrags zusammenhängt.

I. Der vermögensfähige Staat

Die Fähigkeit, Vermögen zu haben, setzt Rechtspersönlichkeit voraus[9]. Diese kann ausdrücklich geregelt sein, wie es etwa bei natürlichen Personen in § 1 des Bürgerlichen Gesetzbuchs oder bei juristischen Personen wie der Europäischen Gemeinschaft der Fall

---

3   W. GRUBE, Der Stuttgarter Landtag, Stuttgart 1957, S. 222f.
4   Auch wenn freilich die herzogliche Genehmigung erforderlich war, GRUBE (wie Anm. 3), S. 223.
5   G. EVERKE, Das Karlsruher Ständehaus, in: Baden und Württemberg im Zeitalter Napoleons, Bd. 2, Stuttgart 1987, S. 449–472, hier S. 461, Anm. 41.
6   Zur Einordnung der öffentlichen Gebäude in das Staatsvermögen: F. WIELANDT, Das Staatsrecht des Großherzogthums Baden, Freiburg und Leipzig 1895, S. 184f.
7   So auch in Baden: E. WALZ, Das Staatsrecht des Großherzogthums Baden, Tübingen 1909, S. 250.
8   W. KLEIN, Die Domänenfrage im deutschen Verfassungsrecht des 19. Jahrhunderts, Berlin 2007, S. 21f.
9   O. PALANDT, Bürgerliches Gesetzbuch, München 2008, Überblick vor § 1, Rn. 1.

ist[10]. Rechts- und Vermögensfähigkeit kann sich aber auch aus den Umständen ergeben. Insbesondere die Teilrechtsfähigkeit von Vereinen und Gesellschaften, neuerdings auch von Wohnungseigentümergemeinschaften, ist strukturell bedingt. Nur ein Verein, der einen gewissen Organisationsgrad erreicht, kann Träger von Rechten und Pflichten sein[11]. Nicht anders verhält es sich beim Staat im Hinblick auf seine Rechts- und Vermögensfähigkeit. Nur ein Gemeinwesen, in dem die Stellung der handelnden Organe festgelegt ist und in dem eine Abgrenzung von dahinter stehenden Privatpersonen möglich ist, kann rechtlich abstrakt als Person verstanden werden. Einer ausdrücklichen Festschreibung bedarf es nicht. Soweit ersichtlich, regelt dementsprechend auch keine Verfassung dieser Welt die Rechtspersönlichkeit des Staates, sondern setzt sie stillschweigend voraus. Daher kommt es auf den Inhalt der Verfassungen und die soeben dargestellte konstituierte Struktur an. Fehlt es an diesen Voraussetzungen, so gibt es möglicherweise verschiedene (Rechts-)Personen im Staat, aber keinen rechtspersönlichen Staat. Deutlich wird das am bereits eingeführten Beispiel des Stuttgarter Ständehauses. Dieses gehörte den zweifellos rechts- und vermögensfähigen Ständen des Herzogtums Württemberg. Das Residenzschloß war jedenfalls im 16. Jahrhundert dem Herzog von Württemberg zuzuordnen. Dieser wiederum ließ »sich aus einem gedoppelten Gesichtspunkt betrachten, theils als solcher, oder als Regent, sowohl im Verhältniß zu seinen Unterthanen, als zu auswärtigen Staaten, theils aber auch als Privatperson«[12]. Der Herzog hatte also wie jeder andere Fürst seiner Zeit eine »doppelte Persönlichkeit«[13].

Nachdem die ständische Verfassung Württembergs aufgehoben und die herzogliche Kasse mit der ständischen Kasse zusammengelegt worden war, stellte sich die Frage, wem das neue Gesamtvermögen gehören sollte – zumal nun durch eine umfassende Verfassungsgebung die soeben skizzierte Organisation des Gemeinwesens erfolgt war. Das ist der Ausgangspunkt für die neuere, staatsrechtlich geprägte Lehre von der Rechtspersönlichkeit des Staates. Diese entwickelte sich nach und nach. Einen wesentlichen Beitrag dazu leistete der Göttinger Jurist Wilhelm Eduard Albrecht (1800–1876) mit seiner erst spät[14] berühmt gewordenen Rezension über Maurenbrechers »Grundsätze des heutigen deutschen Staatsrechts«[15]. Albrecht zufolge konnte nicht nur den Fürsten[16], sondern dem Staat selbst über das Privatrecht[17] hinaus Rechtssubjektivität zukommen, sofern eine Ablösung des Staatsrechts vom Privatrecht durch Verfassungsgebung positivrechtlich zum Ausdruck gekommen war[18]. Dies machte Albrecht an drei Kriterien fest, die nach Ansicht des Verfassers für die Unterscheidung von rechtsfähigen und nichtrechtsfähigen Staaten wesentlich sind:

10   Art. 281 des EG-Vertrages.
11   So auch BGH, NJW 2005, 2061ff., 2063.
12   C.F. Häberlin, Handbuch des Teutschen Staatsrechts 3, S. 489.
13   Expertenkommission »Eigentumsfragen Baden« (wie Anm. 2), S. 22.
14   H. Quaritsch, Staat und Souveränität 1, Frankfurt a. M. 1970, S. 497.
15   W.E. Albrecht, Rezension über Maurenbrechers Grundsätze des heutigen deutschen Staatsrechts, ursprünglich erschienen in: Göttinger gelehrte Anzeigen 1837, S. 1489ff.
16   Das Deutsche Reich wurde ungeachtet von Art. 1 der BRV nach der Verfassungspräambel als Fürstenbund gegründet, BGBl. 1871, S. 63ff.
17   R. Maurenbrecher, Die deutschen regierenden Fürsten und die Souveränität, Frankfurt a. M. 1839, S. 167, 285.
18   H. Uhlenbrock, Der Staat als juristische Person, Berlin 2000, S. 47.

1) Die Ausgestaltung der Staatsorganisation

Die Metamorphose[19] zum Staat mit Rechtspersönlichkeit erforderte zunächst die Charakterisierung des Fürsten als Staatsorgan[20]. Dessen Rechte und Pflichten sollte die das Privatrecht ablösende Verfassung festlegen[21]. Dabei bedurfte es einer über die bloße Beschränkung landständischer Rechte hinausgehenden Verfassungsgebung und der damit verbundenen Konstituierung weiterer Staatsorgane. Auch wenn Albrecht das Verhältnis zwischen dem Staat und seinen Untertanen nicht ausdrücklich als grundrechtlich geprägt kennzeichnete, brachte er doch seine Vorstellung von der Gleichheit aller Untertanen deutlich zum Ausdruck[22]. Damit setzte er nicht nur staatsrechtliche Beziehungen zwischen den verschiedenen Staatsorganen voraus, sondern auch zwischen dem Staat und den Untertanen. Obwohl die Rechte der Organe damit staatsrechtlich begründet waren, sollte, so Albrecht, das Recht zu ihrer Ausübung – insbesondere das Sukzessionsrecht – zur Sicherung der eigenständigen Legitimation des Herrscherhauses nach wie vor als ein selbständiges »Privatrecht der landesherrlichen Familie« betrachtet werden[23]. Dies schloß eine differenziertere Beurteilung der Rolle des Monarchen hinsichtlich der von ihm wahrgenommenen staatlichen Funktion und seines privaten Status als Bürger nicht aus[24]. Jedenfalls mußte die Verfassung selbst aus einem Gesetz, das zur Disposition des Fürsten stand, in eine Ordnung der juristischen Person Staat verwandelt werden. Sie durfte nicht mehr vom Fürsten oder seinen Nachfolgern einseitig geändert oder aufgehoben werden können[25]. Der Fürst mußte sich von den privatrechtlichen Bindungen an sein Haus lösen, und das Staatsrecht mußte dem Privatrecht im Rang vorgehen.

2) Die Lösung der Domänenfrage

Neben das Kriterium einer ausgestalteten Staatsorganisation setzte Albrecht die Lösung der Domänenfrage. Als Domänen bezeichnete man land- und forstwirtschaftliche Güter, die dem Träger der Landeshoheit, also zumeist dem Landesherrn, gehörten. Sie waren also Pertinenz (Anhängsel) der Landeshoheit[26]. Um das Eigentum an diesen Gütern und die Hoheit über ihre Erträge ging es bei der Domänenfrage. Diese stellte sich im 19. Jahrhundert auch deshalb, weil zahlreiche der Domänen zur Ausstattung der Landesherren als

---

19   QUARITSCH (wie Anm. 14), S. 489.
20   ALBRECHT (wie Anm. 15), S. 20 (1511f.).
21   ALBRECHT (wie Anm. 15), S. 20 (1511f.).
22   ALBRECHT (wie Anm. 15), S. 7 (1495).
23   ALBRECHT (wie Anm. 15), S. 21f. (1512f.). Daran zeigt sich der Mittelweg zwischen Fürsten- und Volkssouveränität, den Albrecht begehen wollte.
24   H. GROTIUS, Drei Bücher über das Recht des Krieges und Friedens, Berlin 1869 2, Kap. 14, § 2; HÄBERLIN (wie Anm. 12), S. 489.
25   QUARITSCH (wie Anm. 14), S. 489.
26   J.J. MOSER, Von der Teutschen Reichs-Stände Landen, Frankfurt und Leipzig, 1769, S. 208, 212, der deutlich zwischen Eigentum des Landesherrn und Eigentum des Fürsten als Privatmann unterscheidet; J.S. PÜTTER, Anleitung zum Teutschen Staatsrechte 1, Bayreuth 1791, Nachdruck 2001, S. 243, der ausdrücklich formuliert, das Eigentum sei bei denjenigen zu suchen, »welchen das Recht der Landesregierung anklebet«; H.A. ZACHARIAE, Das rechtliche Verhältnis des fürstlichen Kammerguts, Göttingen 1861, S. 24; A.L. REYSCHER, Die Rechte des Staats an den Domänen und Kammergütern, Leipzig 1863, S. 92f.

Reichslehen vergeben worden waren und man sich nach dem Wegfall der lehnrechtlichen Bindungen an den Kaiser zu Recht fragte, wem die Domänen nun zuzuordnen wären. Blieb die Verbindung mit der Landesherrschaft erhalten oder konnte eine Parallele zu den mediatisierten Fürsten gezogen werden, denen die Rheinbundsakte trotz Verlust ihrer Souveränität das Domäneneigentum erhielt[27]? Meines Erachtens zeigt der Umkehrschluß aus den Bestimmungen der Rheinbundsakte deutlich, daß eine Abkopplung der Domänen von der Landeshoheit der nicht mediatisierten Fürsten nicht gewollt war. Die verbleibenden Landesherren sollten die Landes- und Gebietshoheit (Souveränität) und die Domänen behalten. Den Mediatisierten fiel gleichsam als Entschädigung das von den öffentlich-rechtlichen Lasten befreite Domäneneigentum zu. Albrecht stellte nun einen – wenn auch nicht konstitutiven – Zusammenhang zwischen der rechtlichen Behandlung der Domänen und der Entwicklung des Staates zur Rechtspersönlichkeit her[28]: Gingen die Domänen in staatliches Eigentum über, bedeutete dies für ihn, daß der Staat Träger der Landeshoheit oder Souveränität geworden war[29]. Die Domänenfrage war richtig verstanden also keine bloße Eigentumsfrage, sondern gleichsam die Gretchenfrage bei der Herausbildung des rechtspersönlichen und souveränen Staates.

3) Die Überwindung des Dualismus von Fürst und Ständen

Auch in der Überwindung des Dualismus zwischen Fürsten und Ständen sah Albrecht einen wichtigen Aspekt für die Herausbildung des Staatsrechts. Die älteren Landstände hätten vorwiegend Eigeninteressen vertreten und nur zufällig auch dem Lande gedient[30]. Mit der Ausrichtung des Staates an einem allgemeinen Gesamtinteresse kam auch der Ge-

---

27 Art. 27 der Rheinbundsakte, bei K.H.L. Pölitz, Die europäischen Verfassungen seit dem Jahr 1789 bis auf die neueste Zeit, Leipzig ²1832, Nachdruck 1999 1, S. 12.
28 Konstitutiv konnte dies wegen der Gefahr eines Zirkelschlusses nicht sein.
29 Albrecht (wie Anm. 15), S. 22 (1514 f.). Eine andere Frage ist die, welche Folge der Übergang der Landeshoheit auf den Staat hatte: Konnten die Domänen beim Übergang der Landeshoheit auf den Staat beim vormals regierenden Fürstenhaus bleiben, gingen sie automatisch mit über, wie etwa im Hypothekenrecht die Hypothek mit der Forderung, oder bedurfte es eines gesonderten Übertragungsakts? Für die erstgenannte Möglichkeit plädiert H. Zoepfl, Bemerkungen zu A.L. Reyscher, Heidelberg 1864, S. 36. Für letztgenannte Möglichkeit plädiert H. Rehm, Modernes Fürstenrecht, München 1904, S. 333f. Konsequent war beides nicht, weil dies jeweils eine Trennung von der Landeshoheit bedeutet hätte. Die Domänen waren dazu da, die Regierungslasten zu tragen. Der Anfall des Domänenvermögens bei einer Privatperson unter Ausschluß der auf den Domänen ruhenden Lasten hätte eine ungerechtfertigte Bereicherung dargestellt und hätte letztlich zur Herausgabe des Domänenertrages an den neuen Träger der Landeshoheit geführt. Daher kann nur die Lösung des automatischen Übergangs richtig sein, weil sie Nutzen und Lasten gleichermaßen berücksichtigt und im Falle eines übermäßigen Nutzens das Institut der ungerechtfertigten Bereicherung zur Verfügung steht. Dementsprechend wurden die Auseinandersetzungen nach 1918 vollzogen. Diese Ansicht teilte auch das Reichsgericht, indem es feststellte, daß das Domänenvermögen den landesherrlichen Familien *nur solange zustand, als sie die Herrschaft im Staat innehatten*, RGZ 136, S. 211ff. Eindrücklich geht dies etwa aus dem Auseinandersetzungsvertrag zwischen dem Land Baden und der vormals großherzoglichen Familie nach dem Übergang der Staatsgewalt auf die von der Volkssouveränität geprägte Republik Baden hervor: *Dem Großherzog werden aus dem Domänenvermögen als Privateigentum zugeschieden*, Gesetz über die Auseinandersetzung bezüglich des Eigentums an dem Domänenvermögen, BGVBl. 1919, S. 179ff.
30 Albrecht (wie Anm. 15), S. 6f. (1494).

danke der Repräsentation des Volkes[31] und seiner Interessen zum Tragen[32]. Eine wirksame Artikulation der Allgemeininteressen setzte Albrecht zufolge aber neben der Einführung einer wirklichen Mitwirkung bei der Gesetzgebung zumindest die Kontrolle über die »Kammerkasse als einer Hälfte des Staatshaushaltes« sowie ein modifiziertes Steuerbewilligungsrecht voraus[33]. Die Herstellung einer Rechtsbeziehung zwischen Fürst und Untertanen erforderte zumindest ansatzweise die Verbürgung der Gleichheit vor dem Gesetz. Diese Aspekte werden im weiteren Verlauf dieser Ausführungen in den Hintergrund treten. Nicht etwa, weil sie von untergeordneter Bedeutung wären, sondern weil sie für den Wandel der Repräsentation im Sinne der Außendarstellung von Hoheitsträgern nur von mittelbarer Aussagekraft sind.

Die Kriterien Albrechts (Staatsorganisation, Domänenfrage, Überwindung des Dualismus) zeigen aus Sicht des Verfassers sehr gut, woran der Wandel vom Land zum Staat festgemacht werden kann: Eine ausgeprägte Staatsorganisation, die nicht nur auf eine Beschränkung der Befugnisse des Monarchen abzielte, sondern umfassend die Beziehungen der Staatsorgane zueinander regelte, ließ auf die Überwindung des ständischen Dualismus schließen. Dort wo die Stände eigene Machtbefugnisse aus autonomer Legitimation besaßen und selbst Vermögen hatten, waren sie nicht Teil der Staatsorganisation, sondern Teil eines Systems zweier sich gegenüberstehender (Rechts-) Personen. Die Frage des Eigentums an den Domänen versinnbildlichte dies dadurch, daß den Ständen mit den Steuern eigene Einkünfte zustanden, die sie dem Landesherrn nach Bedarf zur Verfügung stellten. Der Landesherr selbst konnte seinen Bedarf aus den Domänen befriedigen, solange sie sein Eigentum waren. Der Dualismus von Fürst und Ständen zeigte sich also auch bei der Verteilung der Vermögensmassen. Gab es eine solche Aufteilung nicht mehr, so stellte sich die bereits angesprochene Frage, wem das vereinigte Vermögen gehören sollte – dem Fürst, den Ständen oder dem beide umfassenden Staat. Es kann daher nicht davon gesprochen werden, die Rezeption der Kriterien Albrechts sei unhistorisch[34]. Vielmehr lehnte sich Albrecht selbst eng an die tatsächlichen Verhältnisse in den Gliedern des Deutschen Bundes an und versuchte, seine Beobachtungen in ein staatsrechtliches System einzuordnen[35].

Daß seine Lehre in Abwandlungen erst Jahrzehnte später zur herrschenden Meinung im staatsrechtlichen Schrifttum wurde, hat sicher auch damit zu tun, daß die von ihm aufgestellten Kriterien in den meisten Bundesstaaten Wirklichkeit geworden waren. Es wurde mehrheitsfähig, den Landesherrn als Staatsorgan und Erscheinungsform der Staatspersönlichkeit (also nicht mehr als Verkörperung des Staates) anzusehen und den so repräsentierten Staat selbst als Träger der Souveränität oder Landeshoheit zu sehen. Ein solcher Staat konnte als Grundeigentümer gedacht und als vermögens- und somit grundbuchfä-

---

31 So in Württemberg: *Der Gewählte ist als Abgeordneter, nicht des einzelnen Wahlbezirks, sondern des ganzen Landes anzusehen*, § 155 der Verf.-Urk., bei Pölitz (wie Anm. 27), S. 450.
32 Davon geht Albrecht mittelbar aus, vgl. Albrecht (wie Anm. 15), S. 6f. (1494f.).
33 Albrecht (wie Anm. 15), S. 15f. (1503). Er bezog sich dabei besonders auf die Forterhebung von Steuern und die Bedingungsfeindlichkeit der Steuerbewilligung. Kritisch sah er das von ihm sogenannte Steuerverweigerungsrecht der alten Stände.
34 So aber M. Stolleis, HZ 285 (2007), S. 218–220.
35 Uhlenbrock (wie Anm. 18), S. 47f.

hig erachtet werden[36]. Wie sehr man sich scheute, dieser Tatsache auch im Grundbuch Rechnung zu tragen, beweist die frühere Sonderregelung in § 90 der Grundbuchordnung. Danach war es den Bundesstaaten des Deutschen Reichs erlaubt, bestimmte Grundstücke von der Eintragungspflicht auszunehmen. Das Königreich Bayern etwa machte von dieser Möglichkeit Gebrauch, indem es die Grundstücke von der Eintragungspflicht befreite, die dem Staat, dem König oder der landesherrlichen Familie gehörten[37]. Damit blieb der Offenbarungseid erspart: Der Staat kam noch nicht ins Grundbuch. Andernorts, etwa im Herzogtum Sachsen-Meiningen, bedurfte es dieser Ausnahme nicht. Hier gab es entweder Eigentum des herzoglichen Domänenfiskus oder Eigentum des Landesfiskus (gleichbedeutend mit Landtagseigentum)[38]. Staatseigentum war unbekannt.

II. Fürstenrecht und Staatsorganisation

Es soll nicht verschwiegen werden, daß sich Albrecht dem Vorwurf ausgesetzt sah, er habe im Verein mit anderen Professoren die deutschen Staaten zu Rechtspersonen »ernannt«, ohne auf die tatsächlichen Verhältnisse Rücksicht zu nehmen[39]. Dem ist zu entgegnen, daß Albrecht durchaus differenzierte. Nach Maßgabe seiner Kriterien waren etwa das Großherzogtum Sachsen-Weimar-Eisenach oder das Herzogtum Sachsen-Meiningen keine rechtspersönlichen Staaten[40]. Trifft dieser Befund auch auf die süddeutschen Staaten zu? Diese hatten allesamt in den Jahren 1818/1819 Verfassungen erhalten. Davon waren die bayerische und die badische oktroyiert und die württembergische paktiert. Sie alle schienen fortschrittlich zu sein, weshalb bis heute kaum jemand daran zweifelte, daß die Verhältnisse in Baden, Bayern und Württemberg Albrechts Kriterien entsprachen.

Beim näheren Hinsehen fällt aber auf, daß sich die Verfassungen Badens, Bayerns und Württembergs in wesentlichen Punkten unterschieden. So waren die Verfassungen Württembergs und Bayerns als Vollverfassungen konzipiert. Sie regelten die wichtigsten Bereiche des Staatslebens, von den Grundrechten über die Organisation der Stände[41], die Stellung des Königs und seines Hauses bis hin zu Fragen der Gerichtsbarkeit und in

---

36 J.L. KLÜBER, Öffentliches Recht des Teutschen Bundes und der Bundesstaaten, Frankfurt a. M., 1831³, § 328. Selbst Maurenbrecher gesteht unter Verweis auf die neueste Staatsrechtsentwicklung dem Staat als moralischer Person Eigentum zu, vgl. R. MAURENBRECHER, Grundsätze des heutigen deutschen Staatsrechts, Frankfurt am Main 1837, S. 366. Seine später vertretene Auffassung, der Staat könne von Rechts wegen nur nach privatrechtlichen Grundsätzen juristische Person sein, widerspricht dem nicht, da er auch Ausnahmen durch besondere Akte der Staatsgewalt für denkbar hält, MAURENBRECHER, Die deutschen regierenden Fürsten (wie Anm. 17), S. 285.
37 Hierüber berichtet C. VON ARETIN, Die Erbschaft des Königs Otto von Bayern, München 2006, S. 184.
38 KLEIN, Die Domänenfrage (wie Anm. 8), S. 181f.
39 O. MAYER, Die juristische Person und ihre Verwertbarkeit im öffentlichen Recht, in: VAN CALKER et al. (Hgg.), Staatsrechtliche Abhandlungen, Festgabe für Laband 1, Tübingen 1908, S. 59.
40 KLEIN, Die Domänenfrage (wie Anm. 8), S. 221.
41 Diese Terminologie lehnt sich an den Wortlaut der Verfassungstexte an, ohne zu verkennen, daß ein fundamentaler Unterschied zwischen den vorkonstitutionellen Ständen und den konstitutionellen Ständeversammlungen bzw. Landtagen bestand. Von *Ständen* war in der badischen Verfassung 1818 (§ 53) und der württembergischen Verfassung von 1819 ausdrücklich die Rede (§§ 124, 128), die

Württemberg zur Stellung der Kirchen. In Baden dagegen blieb die Verfassung im wesentlichen auf eine enumerative Aufzählung der ständischen Kompetenzen und die Zusammensetzung der Stände beschränkt. Sie lehnte sich im Aufbau an die mitteldeutschen Grundgesetze an, die eher altständischem Denken verhaftet waren. In Baden war man sich trotz des Lobes, das die Verfassungsurkunde allenthalben erhielt, bewußt, daß der liberale Wein, den die Verfassung von 1818 dem Volk bescherte, mit einem ordentlichen Schluck abgestandenen Wassers vermengt war. An vorderster Stelle ist dabei die Domänenfrage zu nennen[42].

Doch das, was diese Verfassung wohlbedacht nicht erwähnte, blieb oftmals unbeachtet, obwohl es für den verfassungsrechtlichen Stand der Dinge von entscheidender Bedeutung war. Die wichtigsten dieser Punkte sind die Einordnung des Fürsten als Staatsorgan und sein Verhältnis zur fürstlichen Familie. Beides zu erwähnen erscheint uns heute fremd. Im Grundgesetz steht ja auch nicht, daß der Bundespräsident das Staatsoberhaupt der Bundesrepublik Deutschland ist. In der Öffentlichkeit gibt es jedoch keine Zweifel, daß er es ist, und selbst Juristen zweifeln nicht daran, was einer besonderen Erwähnung bedarf. Zu Beginn des 19. Jahrhunderts war das in den Gliedern des Deutschen Bundes noch anders. Ein Staatsoberhaupt konnte es nur in einem Staat geben, der zur eigenen Handlungsfähigkeit eigener Organe bedurfte. In vielen deutschen Territorien bestand kein solcher Bedarf. Hier konnten die Fürsten ihre Herrschaft noch auf herkömmliche Art und Weise ausüben und ihre Macht auf den eigenen Grundbesitz gründen. In den Staaten, die infolge von Säkularisation und Mediatisierung überproportional gewachsen waren, gelang das nicht mehr. Der eigene Grundbesitz der Fürsten war hier, verglichen mit dem hinzugekommenen Gebiet, verschwindend gering. Zur Machtbegründung und Machterhaltung bedurfte es daher des der Souveränität entspringenden Machtmonopols des Staates. Und um die Souveränität und das Machtmonopol ausüben zu können, brauchte der Staat Organe. Sofern es daran fehlte, bedurfte es der Etablierung solcher Staatsorgane.

Auch zum Verhältnis des Staatsoberhauptes zu seiner Familie sagt das Grundgesetz heutzutage nichts. Wie der Bundespräsident mit seiner Familie umzugehen hat und welche Rechte er seiner Familie gegenüber besitzt, erscheint uns selbstverständlich als Privatangelegenheit des Staatsoberhauptes. Kein Mensch käme auf die Idee, einem »Veto« des Präsidentensohnes irgendeine Rechtsbedeutung beim Staatshandeln des Vaters zu geben. Wäre Deutschland noch eine Monarchie, verhielte es sich kaum anders, weil Privathandeln und Regentenhandeln heute selbstverständlich gesondert beurteilt würden. Im 19. Jahrhundert aber hing das, was ein Fürst durfte, nicht allein von seiner staatsrechtlichen Stellung, sondern auch von der Stellung nach den Gesetzen seines Hauses ab. Daher ist auch diese Frage von Bedeutung für die Herausbildung des eigenständigen und rechtsfähigen Staates. Denn nur, wenn die privatrechtliche Bindung des Fürsten an sein Haus abgelöst war, konnte er als Staatsorgan wirklich souverän handeln.

---

bayerische Verfassung sprach von der *Ständeversammlung* (VI. Titel), Texte bei PÖLITZ (wie Anm. 27).
42 So etwa der Abgeordnete von Liebenstein, Verhandlungen der 2. Kammer der Ständeversammlung, 1819, H. 8, S. 14.

1) Der Herr als Haupt

Noch das Preußische Allgemeine Landrecht (ALR) von 1794 hatte den Monarchen als *Oberhaupt im Staat* gekennzeichnet[43]. Alle Rechte und Pflichten des Staates sollten in seiner Person vereinigt sein[44]. Die süddeutschen Verfassungen dagegen sahen im Fürsten alle *Rechte der Staatsgewalt* vereinigt[45] und trennten damit ausdrücklich den Staat als Person von der Staatsgewalt als Macht der Organwalter[46] des Staates. Die Verfassungen Bayerns und Württembergs wiesen dem jeweiligen König die Funktion des Staatsoberhauptes zu. Sie vollzogen größtenteils eine klare Trennung zwischen privaten und staatlichen Funktionen des Staatsoberhauptes[47]. In Baden tat man sich jedoch schwer. Nur mittelbar bezeichnete die Badische Verfassung den Großherzog als Staatsoberhaupt[48] und trennte seine öffentlichen und privaten Handlungen nicht mit der gleichen Deutlichkeit wie die Verfassungen Bayerns und Württembergs[49]. Das großherzogliche Haus versuchte vielmehr die Reste der überkommenen Machtbegründung auf Grund und Boden beispielsweise mit der Festschreibung des patrimonialen Domäneneigentums zu retten. Dies kam auch im Sprachgebrauch des Hofes zum Ausdruck, der im »Staat« den Wirkungsbereich der Minister und der Stände betrachtete – im Unterschied zu Thron und Hof[50]. Daher fehlte es an einem klaren Bekenntnis zur Stellung des Großherzogs als Staatsoberhaupt. Dies verwundert insofern, als es Deutungen gibt, die die äußere Struktur des Karlsruher Residenzschlosses aus Turm und Flügelbauten als Sinnbild des Staates sehen und dabei den Turm in die Nähe eines Symbols für das Staatsoberhaupt im fridericianischen Sinne sehen[51]. Diese Symbolik mit gleicher Deutlichkeit auch rechtlich umzusetzen, also als erster Diener des Staates im Staat nur Organ zu sein, fiel dem verfassungsgebenden Großherzog Carl (1786–1818) noch schwer.

---

43 ALR II 13 § 4, bei H. HATTENHAUER (Hg.), Allgemeines Landrecht für die Preußischen Staaten von 1794, Frankfurt am Main/Berlin 1970, S. 590; zur Entwicklung in Preußen, A. LAUFS, Rechtsentwicklungen in Deutschland, Berlin/New York 1996, S. 173.
44 ALR II 13 § 1, bei HATTENHAUER (wie Anm. 43), S. 589.
45 Bayer. Verf.-Urk. II, § 1; württ. Verf.-Urk. § 4; bad. Verf.-Urk. § 5; bei PÖLITZ (wie Anm. 27).
46 H.J. WOLFF, Organschaft und Juristische Person 1, Juristische Person und Staatsperson, Berlin 1933, S. 443.
47 Bayer. Verf.-Urk.: II, § 1 *Der König ist das Oberhaupt des Staats, vereinigt in sich alle Rechte der Staatsgewalt, und übt sie unter den von Ihm gegebenen in der gegenwärtigen Verfassungsurkunde festgesetzten Bestimmungen aus.* Ferner II, § 8 *Die übrigen Verhältnisse der Mitglieder des königlichen Hauses richten sich nach den Bestimmungen des pragmatischen Familiengesetzes.* Württ. Verf.-Urk.: § 4 *Der König ist das Haupt des Staates, vereinigt in sich alle Rechte der Staatsgewalt, und übt sie unter den durch die Verfassung festgesetzten Bestimmungen aus.* § 18 *Die Verhältnisse der Mitglieder des königlichen Hauses zum Könige, als Oberhaupt der Familie, und unter sich, werden in einem eigenen Hausgesetze bestimmt.* Texte bei PÖLITZ (wie Anm. 27).
48 Bad. Verf.-Urk. § 2 *Alle organischen Beschlüsse der Bundesversammlung, welche die verfassungsmäßigen Verhältnisse Teutschlands oder die Verhältnisse teutscher Staatsbürger im Allgemeinen betreffen, machen einen Theil des badischen Staatsrechts aus, und werden für alle Klassen von Landesangehörigen verbindlich, nachdem sie von dem Staatsoberhaupte verkündet worden sind.* § 5 *Der Großherzog vereinigt in Sich alle Rechte der Staatsgewalt, und übt sie unter den in dieser Verfassungsurkunde festgesetzten Bestimmungen aus.* Texte bei PÖLITZ (wie Anm. 27), S. 461ff.
49 Bad. Verf.-Urk. §§ 4, 5; bei PÖLITZ (wie Anm. 27), S. 461ff.
50 EXPERTENKOMMISSION »EIGENTUMSFRAGEN BADEN« (wie Anm. 2), S. 69.
51 B. KÜNDIGER, Fassaden der Macht, Berlin 2001, S. 46.

2) Das Verhältnis des Fürsten zum Staat und zu seinem Haus

Den vorgestellten Modellen über die Stellung des Fürsten im Staat standen verschiedene verfassungsrechtliche Möglichkeiten gegenüber, das Verhältnis des Fürsten zu seinem Haus als Familienoberhaupt[52] oder Stammherr[53] zu beurteilen. Im Alten Reich bestimmten das Herkommen oder die Hausgesetze, Erbverträge oder Familienfideikommißstiftungen die Rolle des Fürsten innerhalb der hohen Familie[54]. Nach diesem autonomen Privatfürstenrecht[55] stand – vergleichbar mit der heutigen Vor- und Nacherbschaft – den als Mitgliedern des beliehenen Hauses reichsunmittelbaren Agnaten ein Anspruch auf ein ungeschmälertes Erbe von Thron und Land zu[56]. Eine Verfügung – etwa über das Domänenvermögen –, die eine nicht konsentierte Schmälerung des Erbrechts darstellte, sollte den Thronfolger nur unter gewissen Umständen binden[57]. Ohne weiteres rechtsbeständig sollten nur die den jeweiligen Hausverfassungen entsprechenden Regierungshandlungen sein[58]. Dazu zählten grundsätzlich der Erlaß einer Verfassung[59] sowie alle Verfügungen, welche keine einseitigen, die monarchischen Grundsätze[60] verletzenden Änderungen an der Thronfolgeordnung oder an der Substanz des Domänenvermögens vornahmen[61].

Die Auflösung des Alten Reiches brachte die Grundlagen dieser patrimonialen Rechtsauffassung ins Wanken, denn die vormals reichsunmittelbaren Agnaten wurden zu Unter-

---

52 G. BESELER, Grünhut's Zeitschrift 5 (1878), S. 540ff., 550; O. GIERKE, Grünhut's Zeitschrift 5 (1878), S. 557ff., 595.
53 O. MEJER, Grünhut's Zeitschrift 5 (1878), S. 261; A. VOLLERT, Die Entstehung und die rechtliche Natur des Kammervermögens, Jena 1857, S. 26f.
54 H. ZOEPFL, Grundsätze des gemeinen deutschen Staatsrechts 1, Leipzig/Heidelberg 1863⁵, § 213.
55 R. MIZIA, Der Rechtsbegriff der Autonomie und die Begründung des Privatfürstenrechts in der deutschen Rechtswissenschaft des 19. Jahrhunderts, Frankfurt am Main 1995, S. 41. Als Grenzen dieser Autonomie wurden die Reichs- und Landesverfassung sowie wohlerworbene und unentziehbare Rechte Dritter angesehen, MIZIA (wie Anm. 55), S. 194, Anm. 517.
56 J.S. PÜTTER, Anleitung zum Teutschen Staatsrechte 2, Bayreuth, 1792, Nachdruck 2001, § 445, S. 449; J.C. LEIST, Lehrbuch des teutschen Staatsrechts, Göttingen ²1805, § 41, S. 129; G. BESELER, Die Lehre von den Erbverträgen 2, Göttingen 1840, I. Abt. § 16, S. 56ff.
57 In Anknüpfung an das röm. Recht, E.R. HUBER, Deutsche Verfassungsgeschichte seit 1789 2, Stuttgart/Berlin/Köln/Mainz 1988³, S. 96. Bei vertraglichen Veräußerungsverboten war die Unwirksamkeit der widersprechenden Verfügung nicht vorgeschrieben. Allerdings wurden Beschränkungen durch Erbverbrüderungen und Erbverträge zunehmend als gesetzliche Veräußerungsverbote mit der Folge absoluter Unwirksamkeit aufgefaßt, vgl. ZACHARIAE, Das rechtliche Verhältnis des fürstlichen Kammergutes (wie Anm. 26), S. 38, Note 35. Differenzierend: G. BESELER, Die Lehre von den Erbverträgen 1, § 16, S. 58. So auch die im Sachsenspiegel, LandR, I 52, § 1 S. 2 wiedergegebene Regel. Dazu unter Hinweis auf RGZ 137, 343f.: LAUFS (wie Anm. 43), S. 16.
58 ZOEPFL, Grundsätze (wie Anm. 54), § 266 VI.ff.
59 F.C. DAHLMANN (Hg.), Gutachten der Juristen-Facultäten in Heidelberg, Jena und Tübingen, Jena 1839, S. 172, 175; so auch H.A. ZACHARIAE, Deutsches Staats- und Bundesrecht 1, Göttingen ³1865, S. 288, Anm. 6; ZOEPFL, Grundsätze (wie Anm. 54), § 266, S. 748, 750f.; KLÜBER (wie Anm. 36), § 252. Letztlich aber unter Verweis auf MOSER (wie Anm. 26), S. 1134, der sich auf die Verträge zwischen Landesherrn und Landständen bezieht, also nicht auf die moderne Verfassungsgebung.
60 Später war an dieser Stelle vom monarchischen Prinzip die Rede, DAHLMANN (wie Anm. 59), S. 189.
61 DAHLMANN (wie Anm. 59), S. 183ff., 213ff., so auch ZACHARIAE (wie Anm. 59), S. 288, Anm. 6; E.C.A. GERSDORFF, Ansicht des Verhältnisses der Erklärung Sr. Majestät des Königs von Hannover, Weimar 1837, S. 48f.

tanen des Landesherrn, der Souverän geworden war. Eine Berufung auf den Kaiser blieb den Agnaten verwehrt, der Kaiser war nicht mehr.

In den eher patrimonial geprägten kleineren Territorien wurden Privat- und Staatsrecht ungeachtet der eingetretenen Veränderungen für gleichrangig erachtet[62]. Ohne auf die positiv-rechtlichen Besonderheiten einzelner Bundesstaaten einzugehen, vermischten darüber hinaus viele Rechtsgelehrten das Privat- und Privatfürstenrecht mit dem Staatsrecht[63] oder gingen von einem gemischt privat- und öffentlich-rechtlichen Charakter[64] des Privatfürstenrechts aus[65]. Nach allen diesen Meinungen konnte eine einseitige Entscheidung des Fürsten über die Thron- und Erbfolge sowie über vergleichbare Änderungen der Hausgesetze ohne Zustimmung der Erbberechtigten nicht dauerhaft rechtsbeständig sein[66]. Denn der Monarch war wegen des fehlenden Vorrangs des Staatsrechts (dem Privatfürstenrecht gegenüber) lediglich Stammherr und nicht souveränes Familienoberhaupt.

In den größeren Territorien wie Bayern und Württemberg ist dagegen eine staatsrechtlich orientierte Ausgestaltung des Verhältnisses zwischen Fürst und Land zu beobachten. Dies betraf auch den agnatischen Anspruch auf das Land. Die staatsrechtlich ausgestaltete Thronfolge stellte nämlich eine öffentlich-rechtliche Form der Amtssukzession[67] dar und nicht mehr einen privatrechtlichen Anspruch, Landesherr zu werden[68]. Wo derartige Neuerungen eingeführt waren, setzte sich das Staatsrecht dem Privatrecht und damit auch dem Privatfürstenrecht gegenüber durch[69], was sich auch an der Schaffung von Hausgesetzen in staatlicher Gesetzesform zeigte[70]. Folglich konnte dem – nun von seinen privat-

---

62 Hierfür plädiert generell REHM (wie Anm. 29), S. 24. Vgl. zu den thüringischen Fürstentümern, KLEIN, Die Domänenfrage (wie Anm. 8), S. 114ff.; zu den mecklenburgischen Fürstentümern, O. BÜSING, Das Staatsrecht der Großherzogthümer Mecklenburg-Schwerin und Mecklenburg Strelitz, in: H. MARQUARDSEN (Hg.), Handbuch des öffentlichen Rechts der Gegenwart 3/2, S. 3–69, 10f., 17ff.
63 LEIST (wie Anm. 56), § 5, S. 10.
64 ZOEPFL, Grundsätze (wie Anm. 54), § 212; MAURENBRECHER, Grundsätze (wie Anm. 36), S. 434.
65 Zum Ganzen, MIZIA (wie Anm. 55), S. 83ff.
66 ZOEPFL, Grundsätze (wie Anm. 54), § 215 I.
67 So die Regelungen im 2. Titel §§ 1 bis 22 der Bayer. Verf.-Urk. sowie §§ 4 bis 18 der württ. Verf.-Urk., bei PÖLITZ (wie Anm. 27), S. 134ff., 435ff.
68 W. SCHÜCKING, Der Staat und die Agnaten, Jena 1902, S. 23.
69 KLÜBER (wie Anm. 36), §§ 10 V, 11 VI. Für die Verhältnisse in Bayern M. VON SEYDEL, Bayerisches Staatsrecht 2, Freiburg und Leipzig, 1896², S. 376f., der aber die Lehre von der Staatssouveränität ablehnte, M. VON SEIDEL, Bayerisches Staatsrecht 1, Freiburg und Leipzig 1896, S. 169f.
70 In Württemberg zu großen Teilen im 2. Kapitel der Verf.-Urk. von 1819 enthalten, bei PÖLITZ (wie Anm. 27), S. 435ff.; außerdem die Hausgesetze von 1808 und 1828 bei H. SCHULZE, Die Hausgesetze der regierenden deutschen Fürstenhäuser 3, S. 500ff. und S. 512ff. In Bayern galt das Königliche Familien-Statut vom 5. August 1819, bei H. SCHULZE, Die Hausgesetze der regierenden deutschen Fürstenhäuser 1, Jena 1862, S. 337ff. Daß die Frage des Verhältnisses von monarchischem Hausrecht und Staatsrecht nichts von ihrer Aktualität eingebüßt hat, beweist die jüngst ergangene Kammerentscheidung des Bundesverfassungsgerichts zum »Hohenzollerntestament«, BVerfG, FamRZ 2004, S. 765ff. Die 3. Kammer des Bundesverfassungsgerichts erachtete dabei die Entscheidung der Vorinstanz, dem nicht ebenbürtig verheirateten Prinzen Friedrich Wilhelm von Preußen keinen Erbschein zu erteilen, für unvereinbar mit dem Grundrecht auf Eheschließungsfreiheit aus Artikel 6 Abs. 1 GG. Insbesondere habe die Vorinstanz verkannt, daß die in Streit stehende erbrechtliche Ebenbürtigkeitsklausel ihre *ursprüngliche staatsrechtliche Funktion – die Regelung der Thronfolge in einer*

rechtlichen Banden befreiten – Familienoberhaupt gegenüber keine Verletzung wohlerworbener Rechte mehr geltend gemacht werden[71]. Wegen des auch so zum Ausdruck kommenden Übergangs vom Land zum Staat betraf jede Schmälerung des Thronfolgeanspruchs von da an ein subjektiv-öffentliches Recht[72]. Alle nachfolgenden verfassungsgemäßen Änderungen dieses Rechts und damit auch der Hausverfassung blieben also rechtswirksam[73]. Freilich mußten die Agnaten als Untertanen vor willkürlicher Behandlung geschützt werden[74]. Eine Beschränkung privater Eigentumsrechte bedurfte daher – wie bei anderen Untertanen auch – einer Ausgleichsregelung im Sinne des Aufopferungsgedankens[75]. Zu diesem Zweck erfolgten vielfach Abfindungen bei der Verstaatlichung von Domänen im Rahmen der Einführung einer Zivilliste[76] oder bei Einführung einer staatsrechtlichen Primogeniturordnung durch eine umfassende staatliche Apanagierung der Kognaten[77]. An die Stelle agnatischer Mitbestimmung trat die jeweilige Mitgliedschaft in der 1. Kammer des Landtages[78].

Die mit einer staatsrechtlichen Verfassungsgebung einhergehenden, tiefgreifenden Veränderungen können also nicht bloß als behutsame Fortentwicklungen des bestehenden Rechts verstanden werden. Der Fürst wurde in die Rolle des Ausübers der Staatsgewalt gedrängt, besser gesagt nahm er selbst diese Rolle ein und konnte die von ihm gegebene Verfassung weder einseitig abändern noch selbst wieder aufheben. Das auf das Land

---

Erbmonarchie – nicht mehr erfüllen könne. Indem das Gericht damit der staatsrechtlichen Schutzpflicht den Vorrang vor der privatautonom gestalteten Erbfolge und Selbstorganisation der Großfamilie eines vormals regierenden Hauses einräumt, verkennt es jedoch die Tatsache, daß in der Vergangenheit Ebenbürtigkeitsklauseln keine primär staatsrechtliche Funktion zukam. Auch vor 1918 sahen mediatisierte Fürstenhäuser in der Ebenbürtigkeit ein wesentliches Kriterium für die Aufrechterhaltung des privaten splendor familiae und der Sicherung des Hausvermögens, das privater Natur war. Nichts anderes kann für die seit 1918 nicht mehr regierenden Häuser gelten, zumal für Preußen wo Privatgut und Staatsgut schon früh getrennt wurden. Daß in Preußen die Verfassungsurkunde von 1850 wesentliche Teile des Hausrechts inkorporierte, steht dem nicht entgegen; denn die Regelung in Artikel 53 der preußischen Verfassungsurkunde hatte lediglich den Gleichlauf der in Preußen grundsätzlich getrennten hausgesetzlichen und staatsrechtlichen Erbfolge zum Ziel. Mit dem Erlöschen der Monarchie im Jahre 1918 bedurfte es dieses Gleichlaufs nicht mehr. Vgl. auch J. ISENSEE, DNotZ 2004, S. 754–766.
71 Mit Beschränkung auf Verfügungen über das zum Staatsgut gewordene Domänenvermögen selbst, MAURENBRECHER, Grundsätze (wie Anm. 54), S. 471.
72 SCHÜCKING (wie Anm. 68), S. 27.
73 M. STOLLEIS, Geschichte des öffentlichen Rechts 2, München 1992, S. 108; SCHÜCKING (wie Anm. 68), S. 30; diese Richtung wies bereits HÄBERLIN (wie Anm. 12), S. 530, der zwischen Handlungen unterschied, die der Monarch im Namen des Staates tätigte, und solchen, welche er im eigenen Namen vollzog. Die erstgenannten waren regelmäßig vom Regierungsnachfolger anzuerkennen. Dies konnte seiner Meinung nach dazu führen, daß ein Agnat infolge der Revokation privater Handlungen seines Vorgängers möglicherweise nur die Staatserbfolge antrat, HÄBERLIN (wie Anm. 12), S. 531.
74 ZACHARIAE, Das rechtliche Verhältnis des fürstlichen Kammerguts (wie Anm. 26), S. 41.
75 SCHÜCKING (wie Anm. 68), S. 31.
76 So etwa in Bayern, M. VON SEYDEL, Das Staatsrecht des Königreichs Bayern, Tübingen/Leipzig ³1903, S. 21.
77 Etwa in Baden, E. EISENLOHR, Die Thronfolgerechte der Cognaten in Baden, Heidelberg 1905, S. 43f.
78 In Bayern Titel VI § 2 Ziff. 1 der Verf.-Urk.; in Württemberg § 129 Ziff. 1 der Verf.-Urk; in Baden § 27 Ziff. 1 der Verf.-Urk.; bei PÖLITZ (wie Anm. 27), S. 140, 447, 464.

bezogene Herrschaftsrecht wandelte sich zur organschaftlichen Befugnis im Staat, während der Staat Träger der Souveränität wurde. Mit guten Gründen kann man diese Veränderung als »Depossedierung« sogar »des absoluten Monarchen«[79] bezeichnen. Deshalb stellte sich die Frage, ob so weitreichende Rechtsänderungen ohne vorherige Zustimmung der Erbfolgeberechtigten einseitig vorgenommen werden konnten. Diese Frage mußte, im Gegensatz zur rein landständischen Verfassungsgebung[80], für die staatsrechtliche Verfassungsgebung grundsätzlich verneint werden[81].

III. Die Domänenfrage

Die Differenzierung zwischen öffentlichem und privatem Recht hatte also letztlich eine differenzierte Beurteilung des Monarchen und seines Hauses zur Folge. Dies führte allmählich und keineswegs deutschlandweit zur Differenzierung zwischen dem kraft Amtes (zum Nießbrauch) zur Verfügung stehenden Staatsvermögen und dem Privatvermögen des Fürsten[82]. Zunächst wurden Regalien und Monopole – Teile des Kammervermögens – dem Staat zugerechnet[83]. Später folgten die ursprünglich der Repräsentation dienenden[84] und dem Adel vorbehaltenen fürstlichen Kultureinrichtungen. Hof- und Nationaltheater wurden gegründet, bei denen nicht mehr nur das Parkett publik war[85]. Dabei ließen sich die Fürsten nicht ausschließlich von den Forderungen der Öffentlichkeit leiten. Sie verbanden eigene finanzielle und bildungspolitische Interessen mit der Öffnung der Theater[86], denn Theater und Sammlungen verursachten den Fürsten nur Kosten. Die Verstaatlichung ebnete den Weg für ihre Finanzierung aus Staats- und Steuergeldern. Ein schönes Beispiel dafür ist das Münchner Nationaltheater, das auf Anregung Königs Maximilian I. Joseph (1756–1825) erbaut wurde. Ursprünglich aktienfinanziert geplant, wurde es schließlich aus der Staatskasse finanziert und nahezu zeitgleich mit dem

---

79 C. Schmitt, Hugo Preuß, Tübingen 1930, S. 8; U. Häfelin, Die Rechtspersönlichkeit des Staates, I. Teil, Tübingen 1959, S. 87f.; Quaritsch (wie Anm. 14), S. 496; ähnlich auch R. Höhn, Der individualistische Staatsbegriff und die juristische Staatsperson, Berlin 1935, S. 225, der darauf hinweist, daß damit der Fürst von seiner souveränen Stellung entthront worden sei, er zugleich aber – unter Ziehung der absolutistischen Giftzähne – beibehalten werden sollte, ohne die Volkssouveränität einzuführen.
80 Dahlmann (wie Anm. 59), S. 172, 175; so auch Zachariae, Deutsches Staats- und Bundesrecht (wie Anm. 59), S. 288 Anm. 6; Zoepfl, Grundsätze (wie Anm. 54), § 266, S. 748, 750f.; Klüber (wie Anm. 36), § 252. Letztlich aber unter Verweis auf Moser (wie Anm. 26), S. 1134, der sich auf die Verträge zwischen Landesherrn und Landständen bezieht, also nicht auf die moderne Verfassungsgebung.
81 In Bayern wurde der agnatische Konsens beim Erlaß der Verfassung von 1818 eingeholt, vgl. M. von Seydel, Bayerisches Staatsrecht 1 (wie Anm. 69), S. 104, im Königreich Hannover im Jahr 1833 aber verweigert, was zum Hannoverschen Verfassungsstreit führte, der letztlich in Übereinstimmung mit der Mehrheitsmeinung in der Bundesversammlung zugunsten der agnatischen Rechte ausging, Klein, Die Domänenfrage (wie Anm. 8), S. 48f.
82 D. Willoweit, Deutsche Verfassungsgeschichte, München ⁴2001, S. 203.
83 Zoepfl, Grundsätze (wie Anm. 54), §§ 488, 541.
84 E. Fischer-Lichte, Kurze Geschichte des deutschen Theaters, Tübingen/Basel 1993, S. 64f.
85 T. Nipperdey, Deutsche Geschichte 1800–1866, München 1998, S. 534.
86 Fischer-Lichte (wie Anm. 84), S. 112f.; 1776 war dies in Wien der Fall, 1777 folgte Mannheim, 1786 Berlin und 1789 München.

Erlaß der Verfassung im Jahr 1818 eingeweiht[87]. Finanzielle Gründe führten auch zur Öffnung der fürstlichen Sammlungen[88]. Beispiele hierfür sind etwa das Fridericianum in Kassel (1779) oder die Glyptothek in München (1816–1830)[89]. Auch weitere der Repräsentation dienende Sammlungen wurden Staatseigentum oder erlangten zumindest Pertinenzqualität. Bestes Beispiel dafür ist Titel III § 2 Ziff. 7 der bayerischen Verfassung von 1818, in dem *alle Sammlungen für Künste und Wissenschaften, als: Bibliotheken, physikalische, Naturalien- und Münzcabinette, Antiquitäten, Statuen, Sternwarten mit ihren Instrumenten, Gemälde- und Kupferstichsammlungen und sonstige Gegenstände, die zum öffentlichen Gebrauche oder zur Beförderung der Künste und Wissenschaften bestimmt sind* als Staatseigentum ausgewiesen waren[90].

Demgegenüber sahen sich die Fürsten bei den Domänen zunächst keinen derartigen Zwängen ausgesetzt. Solange sich die Abgabenlast in Grenzen hielt und die Domänen wenigstens subsidiär zur Finanzierung der Staatslasten beitrugen, machte sich die Öffentlichkeit kaum Gedanken über die Folgen eines möglichen Übergangs der Landeshoheit auf den Staat. Dies darf aber nicht darüber hinwegtäuschen, wie wichtig die Domänenfrage für die Herausbildung des vermögensfähigen Staates war. Denn die Verbindung der Domänen mit der Landeshoheit hatte zur Folge, daß im nicht vermögensfähigen Staat die Domänenfrage nur zwischen dem Landesherrn und den Ständen entschieden werden konnte, eine andere Rechtspersönlichkeit gab es ja nicht. Im vermögensfähigen Staat dagegen bildete die Verstaatlichung der Domänen den Schlußstein der Persönlichkeitsentwicklung. Denn sie versinnbildlichte den Übergang der Landeshoheit oder, anders gesagt, der Souveränität auf den Staat, dessen Rechtsträgerschaft mit dem Domäneneigentum sichtbar wurde.

1) Baden

In Baden taten sich der Großherzog und sein Haus schwer mit der Lösung der Domänenfrage. Grund hierfür war insbesondere, daß der jeweilige Großherzog in dieser Frage bis 1918 bei allen Veränderungen auf das Einverständnis der Erbberechtigten angewiesen blieb. Das zeigte sich schon im Jahr 1818 bei der Abfassung des § 59[91] der Verfassungsurkunde, der die Fragen des Domäneneigentums behandelte: Ohne eine Lösung von den

---

87 W. Mohr, Opern- und Konzerthäuser, Ostfildern 1986, S. 68.
88 K. Minges, Das Sammlungswesen der frühen Neuzeit: Kriterien der Ordnung und Spezialisierung, Münster 1998, S. 176.
89 Nipperdey (wie Anm. 85), S. 546.
90 III. Titel § 2 Ziff. 7 der Verf.-Urk., bei Pölitz (wie Anm. 27), S. 136. Das Staatseigentum an diesen Sammlungen fand seine grundsätzliche Bestätigung auch in § 3 III des »Übereinkommens zwischen dem Bayerischen Staate und dem vormaligen Bayerischen Königshause vom 24. Januar 1923«, Verhandlungen des Bayerischen Landtags 1922/1923, Beilagen-Band XI., München 1923, 498.
91 Wortlaut des § 59 (BRegBl. 1818, S. 110): *Ohngeachtet die Domainen, nach allgemein anerkannten Grundsätzen des Staats- und Fürstenrechts, unstreitiges Patrimonialeigenthum des Regenten und seiner Familie sind, und Wir sie auch in dieser Eigenschaft vermöge obhabender Pflichten als Haupt der Familie, hiermit ausdrücklich bestätigen; so wollen Wir dennoch den Ertrag derselben, außer der darauf radicierten Civilliste und außer andern darauf haftenden Lasten, so lang als Wir uns nicht durch Herstellung der Finanzen in dem Stand befinden werden, Unsere Unterthanen nach Unserm innigsten Wunsche zu erleichtern, – der Bestreitung der Staatslasten ferner belassen.*

hausgesetzlichen Bindungen war an eine Verstaatlichung der Domänen nicht zu denken. Wir kennen das alle: Wenn man etwas verkaufen möchte, das Mehreren gleichzeitig gehört – und so ähnlich müssen wir uns das mit den badischen Domänen vorstellen – wird es erst dann eine Einigung geben, wenn der Preis stimmt. Ob sich dann allerdings noch ein Käufer findet, ist fraglich. Also wird alles beim Alten bleiben.

Daß dies gerade für die badischen Domänen galt, lag zu Beginn des 19. Jahrhunderts noch nicht auf der Hand. Vor dem Jahr 1806 war der eigentumsrechtliche Status der Domänen gesetzlich nicht geregelt[92]. Positiv festgehalten war nur, daß die beiden Teile der Markgrafschaft ungeteiltes gemeinschaftliches Eigentum des Hauses Baden sein sollten[93]. Ein so verstandenes Eigentum am Staat konnte im Zuge der Gebietsvergrößerung der Jahre 1803 bis 1806 nicht mehr aufrechterhalten werden. Die Frage nach dem Eigentum an den Domänen stellte sich aber unverändert weiter, weil ihre Herkunft unterschiedlicher Art war: So gab es Domänen, die den Markgrafen zur Ausstattung ihrer Fürstenwürde als Reichslehen gegeben worden waren – die sogenannten Hofdomänen, die ohne Zweifel zur Landeshoheit gehörten[94]. Daneben bestanden als Hausdomänen private Erwerbungen. Diese Güter konnten nach den herkömmlichen Grundsätzen ungeachtet ihrer Pertinenzqualität als Privatgüter des großherzoglichen Hauses angesehen werden[95]. Darüberhinaus hatten der Reichsdeputationshauptschluß, die Friedensverträge von Lunéville und Preßburg sowie die Rheinbundakte zu einer erheblichen Ausweitung des Domänenbestandes geführt. Der Zuwachs überstieg die eigentlich gebotene Entschädigung für enteignetes Land bei weitem[96]. Die rechtliche Beurteilung dieser Domänen war uneinheitlich und ging von der Annahme, die aufgrund der völkerrechtlichen Verträge der Jahre 1801 bis 1806 erworbenen Domänen seien freies Staatseigentum[97], bis hin zur Meinung, nur die nach 1805 hinzugekommenen Ländereien seien Staatsgut[98].

Im Jahr 1806 erließ der Großherzog ein erstes Gesetz über die Behandlung der Staatsschulden, die sogenannte erste Schuldenpragmatik. Sie stellte alle neu erworbenen Lande mit den dazu gehörenden Gütern, Renten und Rechten dem früheren Territorium gleich. Gleichzeitig traf sie eine Regelung über die Ablösung und Tilgung der mit den neuen Ländereien und Reichsstädten erworbenen Schulden, welche mit den badischen Altschulden zu einer gemeinsamen Staatsschuld zusammengezogen wurden[99]. Zu diesem Zweck bestimmte die Pragmatik, daß die Schulden aus dem Staatsvermögen, *mithin aus Landes- und DomänenEinkünften* beglichen werden sollten[100]. Mit der Erklärung der Landes- und

Die Civilliste kann, ohne Zustimmung der Stände, nicht erhöhet und, ohne Bewilligung des Großherzogs, niemals gemindert werden.
92 W. DEGEN, Das Eigentumsrecht an den Domänen im Großherzogthum Baden, Heidelberg 1903, S. 32–41 mit weiteren Nachweisen. Die nachfolgenden Ausführungen folgen weitgehend KLEIN, Die Domänenfrage (wie Anm. 8), S. 91–98.
93 SCHULZE 1 (wie Anm. 70), S. 157.
94 E.J. PFISTER, Geschichtliche Entwicklung des Staatsrechts des Großherzogthums Baden, Teil I, Heidelberg 1836, S. 144.
95 DEGEN (wie Anm. 92), S. 58.
96 K.-P. SCHROEDER, Das Alte Reich und seine Städte, München 1991, S. 265.
97 PFISTER (wie Anm. 94), S. 203f.
98 E. VON JAGEMANN, Das Staatsoberhaupt und sein Haus, in: Das Großherzogtum Baden, Karlsruhe 1885, S. 551–561.
99 BRegBl. 1806, S. 90f.
100 BRegBl. 1806, S. 91.

Domäneneinkünfte zu einem gemeinsamen Staatsvermögen war ähnlich wie zuvor in Württemberg und Bayern ein bedeutender Schritt hin zum staatlichen Domäneneigentum getan worden. Fortan sollten die Erträge der Domänen der Staatskasse zufließen[101]. Zwei Jahre später, im Jahr 1808, hob Großherzog Carl Friedrich (1728–1811) dieses Gesetz wieder auf und regelte von neuem den Umgang mit den Staatsschulden, wobei er die Trennung von Staatsvermögen und großherzoglichem Privatvermögen voraussetzte[102]. Die Kosten der Staatsverwaltung wie auch des Unterhalts des Regenten und seiner Familie sollten nunmehr aus *den Einkünften des öffentlichen Vermögens des Staats* bestritten werden[103]. Eine Aufteilung zwischen Privat- und Staatsgut erfolgte aber nicht.

Die Verfassungsurkunde von 1818 sah schließlich in den §§ 58, 59 eine umfassende Regelung domänenrechtlicher Fragen vor. Die Frage des Domäneneigentums wurde in § 59 behandelt, ohne ausdrücklich geklärt zu werden. Die Domänen sollten ungeachtet der öffentlichen Designation ihrer Erträge *Patrimonial-Eigentum des Regenten und seiner Familie* sein und bleiben. Damit wurde zumindest zum Ausdruck gebracht, daß eine Eigentumsvermutung zugunsten des Staates auch dann nicht eingreifen konnte, wenn man den Großherzog als bloßes Staatsorgan begriff[104]. Darüberhinaus konnte sich die Staatsrechtslehre über viele Aspekte dieser Bestimmung trefflich streiten. Dazu gehörte vor allem die Frage, ob alle Domänen von § 59 erfaßt sein sollten[105] oder nur die dem großherzoglichen Hause angestammten[106], also die vor dem Jahre 1803 beziehungsweise 1805 angefallenen Güter.

Diesen entgegengesetzten Meinungen stehen wir noch heute gegenüber. Doch welcher dieser Meinungen ist nun zu folgen? Aus der Entstehungsgeschichte des § 59, die hier nicht näher beleuchtet werden kann[107], folgt zweierlei:

1. Großherzog Carl wollte bewußt nicht nur die ihm gehörenden Domänengüter, also die Hausdomänen, in § 59 der Verfassung einbeziehen. Eine entsprechende Beschränkung lehnte er ausdrücklich ab. Er wollte sämtliche Domänen (Haus- und Hofdomänen) erfaßt sehen. Folglich sieht § 59 auch keine Beschränkung auf bestimmte Domänen vor.
2. Aus der Entstehungsgeschichte des § 59 folgt weiter, daß sich Großherzog Carl mit seiner Intention, daß die Domänen familiäres Privatgut werden sollten, nicht durchsetzen konnte. Vielmehr blieb es bei der Anbindung an die Landeshoheit, was durch den Verweis in § 59 auf die *allgemein anerkannten Grundsätze des Staats- und Fürstenrechts* bestätigt wird. Da alle Domänen unter das Regime des § 59 fielen, hatten auch alle Pertinenzqualität. Der Vermögensausgleich erfolgte im Rahmen der Zivilliste. Der Staatshaushalt erhielt, was infolge der Pertinenz zu beanspruchen war, der Großherzog erhielt mit der Zivilliste eine staatliche Ausgleichsleistung für die Unterstellung sämtlicher Domänen unter das Pertinenzregime.

---

101   BRegBl. 1806, S. 91.
102   BRegBl. 1808, S. 305.
103   BRegBl. 1808, S. 300.
104   KLEIN, Die Domänenfrage (wie Anm. 8), S. 94.
105   VON JAGEMANN (wie Anm. 98), S. 558; ähnlich auch E. SEUBERT, Die Finanzverwaltung, in: Das Großherzogtum Baden, Karlsruhe 1885, S. 721–760
106   WALZ (wie Anm. 7), S. 38; DEGEN (wie Anm. 92), S. 54.
107   Dazu KLEIN, Die Domänenfrage (wie Anm. 8), S. 94ff.

Daraus folgt, daß sämtliche, auch die vormals im Privateigentum des Hauses Baden befindlichen Domänengüter, durch § 59 zu einem Domänenvermögen zusammengefaßt wurden. Sie waren sämtlich mit der Landeshoheit verbunden und wären bei einem Wechsel der Dynastie Patrimonialeigentum der neuen Regentenfamilie geworden[108]. Es soll nicht verschwiegen werden, daß zahlreiche Rechtsgelehrte die im Zuge der Säkularisation erworbenen Domänen für Eigentum des Staatsfiskus hielten[109]. Die Unterscheidung zwischen dem Eigentum des Staatsfiskus und dem patrimonialen Domäneneigentum hatte wegen der Pertinenzqualität des Domänenvermögens freilich nur zu Zeiten der Monarchie ihre Bedeutung: Eigentum des Staatsfiskus war öffentliches Eigentum, während das patrimoniale Domäneneigentum öffentlich belastetes Privateigentum des Monarchen darstellte. Beide rechtlichen Lösungen beantworten freilich nicht, was zum Domänenvermögen gehörte. Nach Ansicht des Verfassers sind das nicht nur sämtliche Haus- und Hofdomänen nebst Zubehör, sondern auch die Hofausstattung mit dem Residenzschloß und dem rechten Flügel des Mannheimer Schlosses[110], dazu die von der Zivilliste zu unterhaltenden Gebäude nebst Inventar – darunter auch die Bestände der Badischen Landesbibliothek[111]. Grund hierfür ist die in der Designation der Domänenerträge zum Ausdruck kommende Widmung der unterhaltenen Sache. Was öffentlich-rechtlich gewidmet war, konnte nicht freies Privateigentum sein. Es mußte vielmehr für von der Landeshoheit bestimmtes modifiziertes Privateigentum gehalten werden[112]. Nun könnte man einwenden, eine öffentlich-rechtliche Widmung fehle, weil die Zivilliste als Gehalt des Monarchen nichts anderes sei als das Gehalt des Bundespräsidenten unserer Tage. Das wäre richtig, wenn der Bundespräsident nicht nur das Gehalt, sondern das komplette Budget des Bundespräsidialamtes überwiesen erhielte. Dem ist jedoch nicht so. Der Präsident erhält sein Gehalt[113], das Präsidialamt hat ein Budget, aus dem die Bediensteten unterhalten werden[114]. In Zeiten der Monarchie war die Zivilliste gewiß auch Gehalt des Monarchen, hier des Großherzogs. Sie war aber von ihrem angelsächsischen Ursprung her primär dazu gedacht, die vom Monarchen angestellten Beamten zu bezahlen. So war es auch in Baden. Es wurde deutlich differenziert, was der Großherzog zum eigenen Unterhalt erhielt und was er zur Bestreitung des Regierungsaufwandes einschließlich der (öffentlich-rechtlich zu wertenden)[115] Repräsentation zur Verfügung gestellt bekam. Nach zutreffender herrschender Meinung im staatsrechtlichen Schrifttum war daher die Zivilliste öffentlich-rechtlicher Natur[116].

---

108 W. Klein, Eigentum und Herrschaft, in: Ehrle/Obhof (Hgg.), Die Handschriftensammlung der Badischen Landesbibliothek, Gernsbach 2007, S. 127–144; ebenso Expertenkommission »Eigentumsfragen Baden« (wie Anm. 2), S. 67f.
109 Walz (wie Anm. 7), S. 38; Degen (wie Anm. 92), S. 54.
110 Zivillistengesetz vom 3. März 1954, BRegBl. 1854, S. 43f.
111 Klein, Eigentum und Herrschaft (wie Anm. 108), S. 137ff.; ebenso Expertenkommission »Eigentumsfragen Baden« (wie Anm. 2), S. 133.
112 Zur Wirkung der Widmung, C. Seiler, Examensrepetitorium Verwaltungsrecht, § 3 Rn. 61.
113 http://www.bundesfinanzministerium.de/bundeshaushalt2007/pdf/epl01/s010142101.pdf
114 http://www.bundesfinanzministerium.de/bundeshaushalt2007/pdf/epl01/s010342201.pdf
115 Expertenkommission »Eigentumsfragen Baden« (wie Anm. 2), S. 137 zum Hausfideikommiß.
116 Wielandt (wie Anm. 6), S. 38; Rehm (wie Anm. 29), S. 342f.; von Jagemann (wie Anm. 98), S. 559f.

2) Württemberg

Im Königreich Württemberg hatte sich schon zum Ende des 18. Jahrhunderts eine Trennung von Privat- und Staatsvermögen abgezeichnet. Das Hofdomänekammergut galt als Privateigentum des Hauses Württemberg, während das zur Bestreitung des Regierungsaufwandes bestimmte Kammergut ein öffentlich-rechtliches Gepräge erhielt[117]. Die Verfassung von 1819 bestätigte diese schon zuvor bestehende Aufteilung und erklärte ausdrücklich das Hofkammergut zu Staatsgut[118]. Daneben bestand mit dem Krongut noch Eigentum das der Zivilliste zuzuordnen war[119]. Damit erfolgte in Württemberg schon einhundert Jahre vor der Revolution die Aufteilung des Domänenvermögens in Staats- und Privatgut. Die im Zuge der Revolution von 1918 vollzogene Vermögensauseinandersetzung brauchte hieran nur noch anzuknüpfen. König Wilhelm II. (1848–1921) verzichtete[120] lediglich auf die Nutznießung am Krongut und erkannte damit das staatliche Eigentumsrecht daran an. Das Kammergut blieb ohnehin Staatsgut, während das Hofdomänekammergut unter der Bezeichnung Hofkammergut als ausschließliches Privateigentum des Hauses Württemberg anerkannt wurde[121]. So kommt es, daß die Weingüter des Hauses Württemberg bis heute von der Hofkammer verwaltet werden und die Weinerzeugnisse in Läden der Hofkammer erstanden werden können.

3) Bayern

In Ansätzen zeigte sich ein Prozeß zur Trennung von Privat- und Staatsvermögen Ende des 18. Jahrhunderts auch in Bayern[122]. Bereits im Jahr 1796 hatten sich Herzog Maximilian IV. Joseph (1756–1825) und Herzog Wilhelm (1752–1837) im Ansbacher Hausvertrag auf Grundsätze der Behandlung der Domänengüter verständigt. Dabei wurde vorausgesetzt, daß die Domänen einen wichtigen Teil der *Staatseinkünfte und des Hausfideikommisses* darstellten[123]. Konsequenterweise schränkte man insbesondere die Veräußerung von Domänengütern erheblich ein[124]. Schon wenige Jahre später ging die bis dahin eigenständige Verwaltung der Kabinettsgüter auf die Hofkammer über[125], was einen ersten Schritt zur Kassenvereinigung darstellte. Nachdem es zunächst formell noch bei der Trennung von Kammer- und Staatsvermögen geblieben war, wurden mit der Fideikommißpragmatik vom 20. Oktober 1804 alle Stammgüter, Regalien und Renten mitsamt dem

---

117 E. LOCHER, Das württembergische Hofkammergut, Stuttgart 1925, S. 24.
118 LOCHER (wie Anm. 117), S. 28; in seiner Thronrede vom 5. März 1817 hatte König Wilhelm I. den neuen Verfassungsentwurf vorgestellt und dabei betont *als Besitzer des engeren Familien-Fidei-Commisses für [sich] und [seine] Nachfolger in die Reihe der Privat-Güterbesitzer* zu treten. Dies bestätigte dann § 103 der württ. Verf.-Urk. von 1819, bei PÖLITZ (wie Anm. 27), S. 444.
119 P. FEUCHTE, BWVBl. 1956, S. 20ff.
120 Abkommen zwischen den Vertretern des Königs und dem württembergischen Staat vom 29.11.1918, HStA Stuttgart E 130b, BÜ 66, fol. 32.
121 U. SCHÜREN, Der Volksentscheid zur Fürstenenteignung, Düsseldorf 1978, S. 289.
122 VON SEYDEL, Bayerisches Staatsrecht 1 (wie Anm. 69), S. 132f.
123 Bei SCHULZE 1 (wie Anm. 70), S. 302.
124 Bei SCHULZE 1 (wie Anm. 70), S. 302.
125 Verordnung vom 18.III.1799, bei J.G. VON ARETIN, Der Genius von Baiern unter Maximilian IV. 1, 2. Stück, München/Amberg 1802, S. 67.

Zubehör zu einer einzigen unteilbaren und unveräußerlichen Fideikommißmasse erklärt[126]. Dieser Staats- und Haus-Fideikommiß wurde ausdrücklich von der Privatverlassenschaft getrennt[127]. Das vorgeschriebene grundsätzliche Veräußerungsverbot betraf zunächst alle Rechte der Landeshoheit[128] sowie die Staats- und Kammergüter, ebenso deren Gefälle[129]. Von diesem Verbot waren die Verfügungen des regierenden Fürsten ausgenommen, *welche innerhalb der Gränzen des Ihm zustehenden Regierungs-Rechts, nach dem Zwecke der Wohlfahrth des Staates mit Auswärtigen oder mit Unterthanen im Lande über Stamm- und Staatsgüter vorgenommen worden sind*[130]. Die am gleichen Tage erlassene Schuldenpragmatik brachte die Trennung zwischen fürstlichem Privatvermögen und Staatsvermögen wohl noch deutlicher zum Ausdruck, indem sie verbot, zu privaten Zwecken gemachte Schulden als staatliche anzuerkennen[131]. Beide Rechtsakte erhielten den agnatischen Konsens[132]. Vermögensrechtlich war ab diesem Zeitpunkt vom öffentlichen Eigentum an den Domänengütern auszugehen. Im Jahr 1807 folgte schließlich die verwaltungstechnische Vereinigung von Domänen- und Steuerkassen[133]. Die Verfassungen von 1808 und 1818 inkorporierten die beiden Pragmatiken des Jahres 1804[134]. Dabei reichten Bestimmungen der Verfassungsurkunde von 1818 weiter als die vorangegangenen, indem die von der Fideikommißpragmatik erfaßten Güter ausdrücklich als Staatsgut bezeichnet wurden[135]. Dabei wurde eindeutig auf die gewandelten Verhältnisse Bezug genommen. Das was sich seit 1804 qualitativ gewandelt hatte, war der Wegfall der lehnrechtlichen Bindung dem Kaiser gegenüber, die Erlangung der Souveränität, die Verstaatlichung des Thronfolgeanspruchs und der Erlaß der Verfassung. Daß vor diesem Hintergrund von *Staatsgut*, an anderer Stelle von *Staatsdomänen*[136], die Rede ist, erscheint eindeutig und folgerichtig. Vorbild mag das französische Verfassungsrecht gewesen sein, das die Domänen unzweideutig als Staatseigentum betrachtete[137]. Es ist daher davon auszugehen, daß die Verfassungsschöpfer wußten, was sie taten, als sie den Begriff Staatsgut einführten. Dennoch war und ist Titel III der Verfassungsurkunde, der diese Fragen behandelte, umstritten. Die Mehrheit der Rechtsgelehrten war sich darin einig, daß die Bestimmungen dieses Titels – wenn auch zu den »wenigst gelungenen« der Verfassungsurkunde gehö-

---

126 Churpfalzbaierisches RegBl. 1805, Sp. 164.
127 Churpfalzbaierisches RegBl. 1805, Sp. 166.
128 Churpfalzbaierisches RegBl. 1805, Sp. 167.
129 Churpfalzbaierisches RegBl. 1805, Sp. 170.
130 Churpfalzbaierisches RegBl. 1805, Sp. 172.
131 Churpfalzbaierisches RegBl. 1805, Sp. 209.
132 Churpfalzbaierisches RegBl. 1805, Sp. 212f.
133 Königl.-Baier. RegBl. 1807, Sp. 481f., 974.
134 II. Titel, § 11 der Konstitution von 1808, bei PÖLITZ (wie Anm. 27), S. 98; III. Titel, § 3 der Verf.-Urk. von 1818, PÖLITZ (wie Anm. 27), S. 137.
135 III. Titel, § 3 der Verf.-Urk. *Sämmtliche Bestandteile des Staatsguts sind, wie bereits in der Pragmatik vom 20. October 1804 bestimmt war, aus welcher die nach den veränderten Verhältnissen hierüber noch geltende Bestimmungen in gegenwärtige Verfassungsurkunde übertragen sind, auf ewig und unveräußerlich*, PÖLITZ (wie Anm. 27), S. 137; auch hierzu lag der agnatische Konsens vor, vgl. VON SEYDEL, Bayerisches Staatsrecht 1 (wie Anm. 69), S. 104.
136 III. Titel, § 5 der Verf.-Urk., bei PÖLITZ (wie Anm. 27), S. 137.
137 KLEIN, Die Domänenfrage (wie Anm. 8), S. 53f.

rend[138] – Staats- und Privatrecht getrennt und die Domänen als Staatsgut anerkannt hätten[139]. Obgleich diese Mehrheitsmeinung der Staatsrechtslehre nach der Revolution von 1918 wiederholt in Frage gestellt wurde[140], kann sie sich nicht nur auf Wortlaut und Systematik der Verfassungsbestimmungen zum Staatsgut stützen, sondern wird auch von der soeben dargestellten Vorgeschichte bestätigt. Dabei mag es zutreffen, daß die Bestimmungen unklar gefaßt waren und Widersprüche enthielten. Die Anhaltspunkte, die staatliches Domäneneigentum nahe legen, überwiegen aber.

Auch daß Bayern kein rechtspersönlicher Staat gewesen sein soll, wie behauptet wird[141], ist unzutreffend. Allzusehr wurde das Privatrecht vom Staatsrecht getrennt. Der König wurde Organ des Staates und bildete zusammen mit den anderen Staatsorganen ein organschaftliches Ganzes, das nur als juristische Person erfaßt werden kann. Neben oder über dem Staat stand er nicht mehr, weil er durch die verfassungsrechtliche Selbstbindung sich seiner verfassungsgebenden Gewalt entledigt hatte. Eine Verfassungsaufhebung als umfassendste Form der Verfassungsänderung hätte er rechtmäßig nur unter Berufung auf den fehlenden agnatischen Konsens vornehmen können. Da die Agnaten beigetreten waren, blieb dieser Weg versperrt. Der König hatte sich unwiderruflich in die Staatsorganisation integriert. Daher konnte als rechtliches Zuordnungssubjekt für das Staatsgut nur der Staat selbst in Betracht kommen. Ob die Verfassungswirklichkeit dem entsprach, ist eine andere Frage.

Zum Staatsgut gehörten nicht nur die bereits erwähnten Sammlungen, sondern auch die Münchner Residenz und Schloß Nymphenburg, was sich aus dem Zivillistengesetz von 1834 ergab, für das die gleichen Erwägungen wie für die badische Zivilliste gelten[142]. Streit gab es vor und nach der Revolution von 1918 um die Märchenschlösser König Ludwigs II. (1845–1886). Diese wurden vom Haus Wittelsbach als Privatnachlaß betrachtet

---

138 VON SEYDEL, Bayerisches Staatsrecht 2 (wie Anm. 69), S. 376; F. VON SPIES, Beleuchtung der Verfassungs-Urkunde für das Königreich Bayern 1, Erlangen 1842, S. 62ff.
139 VON SPIES (wie Anm. 138), S. 66; ZACHARIAE, Deutsches Staats- und Bundesrecht 2 (wie Anm. 59), S. 435f. Anm. 2 Ziff. 1; VON SEYDEL, Bayerisches Staatsrecht 2 (wie Anm. 69), S. 376f., von Seydel weist aber darauf hin, daß damit nicht das Königreich Bayern Eigentümer geworden ist, sondern seiner Meinung nach der König als Staatsorgan bzw. der königl. Fiskus, VON SEYDEL, Bayerisches Staatsrecht 2 (wie Anm. 69), S. 369f.
140 K. BEYERLE, Die Rechtsansprüche des Hauses Wittelsbach, München/Berlin/Leipzig 1922, S. 21ff.; VON ARETIN (wie Anm. 37), S. 286ff.
141 VON ARETIN (wie Anm. 37), S. 299.
142 Text bei SCHULZE 1 (wie Anm. 70), S. 354–357. Im Übrigen findet diese Auffassung letztlich auch im Auseinandersetzungsvertrag zwischen dem »Bayerischen Staate und dem vormaligen Bayerischen Königshause vom 24. Januar 1923« ihre Bestätigung. Dort heißt es in § 3 »I Vorbehaltlich der Bestimmungen in § 4a anerkennt das Haus das Eigentum an den Residenzen, Schlössern, Waldungen und sonstigen Grundstücken, die früher zum Hausfideikommiß gehörten, überträgt daher, *soweit ihm noch Eigentum oder sonstige Rechte an diesen Sachen zustehen*, diese auf den Staat und verzichtet seinerseits auf die Geltendmachung wie immer gearteter Rechte an diesen Sachen. II Diese Erklärung bezieht sich insbesondere auch auf die Residenz mit Nebengebäuden ... III Das Haus anerkennt, soweit nicht in diesem Vertrage – §§ 4b und 7 – etwas anderes bestimmt ist, unter Verzicht wie immer gearteter Rechte an diesen Sachen das Eigentum des Staates an der in Tit. III § 2 Ziff. 4, 5 und 7 der Verfassungsurkunde vom 26. Mai 1818 aufgeführten Mobiliarschaft ...«, Verhandlungen des Bayerischen Landtags 1922/23, Beilagen-Band XI., München 1923, S. 498.

und in die Vergleichsverhandlungen mit dem Freistaat Bayern einbezogen. So kommt es, daß etwa Schloß Neuschwanstein Eigentum des Freistaates Bayern ist, während Schloß Hohenschwangau zum Wittelsbacher Ausgleichsfonds gehört[143].

IV. Vermögensfähig oder nicht?

Wie stand es nun um die Vermögensfähigkeit der süddeutschen Fürstentümer vor dem Hintergrund der eingangs skizzierten Kriterien? Die Anfang des 19. Jahrhunderts gegebenen Verfassungen wiesen formale und inhaltliche Unterschiede auf, welche die staatsrechtliche Entwicklung Badens, Bayerns und Württembergs widerspiegelten. Die eher landständisch geprägte Verfassung Badens beschränkte die Befugnisse der Landstände auf enumerativ aufgezählte Fälle und beließ die Stellung des Fürsten dem Staat und seinem Haus gegenüber weitgehend unangetastet. Allerdings enthielt sie im Gegensatz zu den mitteldeutschen Grundgesetzen einen umfassenden Grundrechtskatalog und, das darf nicht unerwähnt bleiben, das fortschrittlichste Wahlrecht im damaligen Deutschland. Gleichwohl achteten der Großherzog und sein Haus darauf, mit den Domänen auch eine eigene Herrschaftsbefugnis an Grund und Boden zu behalten. Damit lebten die patrimonialen Strukturen weiter, und das Privatfürstenrecht behielt, wenn auch nur eingeschränkt, seine Bedeutung bei. Trotz dieser Unklarheiten hatte sich der Großherzog aber als Staatsorgan vom Land abgelöst. Daß es bis 1918 beim privaten Domäneneigentum blieb, ist kein Widerspruch, weil staatliches Eigentum zumindest im Laufe der Zeit Anerkennung fand. Der das patrimoniale Domäneneigentum erhaltende § 59 der Verfassungsurkunde stellte damit eine in diesem Fall beachtliche protestatio facto contraria[144] dar.

In den an der französischen Charte orientierten Staaten Württemberg und Bayern wurden die Beziehungen der Untertanen zum Staat, das Verhältnis von Fürst und Ständen sowie die Stellung des Fürsten als Staatsoberhaupt umfassend geregelt. Die Verfassungen dieser Staaten etablierten nicht nur Organe, mit dem Wandel vom Herrn zum Haupt ging in Bayern und Württemberg auch eine Änderung des Thronfolgeanspruchs einher. Dies brachte die Ablösung des Staatsrechts vom Privatrecht in besonderer Weise zum Ausdruck. Da zugleich die Domänen verstaatlicht und die Kassen vereinigt wurden, blieb den Monarchen zur Herrschaft nur noch die Berufung auf ihre ererbte Legitimation und auf den Staat. Das sah tatsächlich nach einer juristischen Person aus[145], die die Staatsorgane umfaßte und der deren Handeln zuzuordnen war. Der Staat selbst war rechts- und vermögensfähig, ja sogar souverän geworden, während der Landesherr zum Staatsorgan wurde. Übertragen auf die heutigen Verhältnisse bedeutet dies, daß diese Veranstaltung in Räumen stattfindet, die dem Land Baden-Württemberg als juristischer Person gehören und

---

143 § 13 des in Fn. 142 genannten Übereinkommens, Verhandlungen des Bayerischen Landtags 1922/23, Beilagen-Band XI., München 1923, S. 498–501.
144 R. MUSSGNUG, ZNR 24 (2002), S. 302.
145 In Anlehnung an MAYER (wie Anm. 39), S. 59.

nicht dem Ministerpräsidenten. Wir müssen uns also nicht fragen, was passiert, wenn dieser Ministerpräsident[146] eines Tages, aus welchen Gründen auch immer, von einer anderen natürlichen Person abgelöst werden wird.

---

146   Art. 50 der Landesverfassung des Landes Baden-Württemberg legt fest, daß der Ministerpräsident das Land nach Außen vertritt, wobei freilich davon auszugehen ist, daß die Landesregierung das kollektive Staatsoberhaupt des Landes darstellt, der Ministerpräsident selbst also kein Staatsorgan ist, P. FEUCHTE, Verfassung des Landes Baden-Württemberg, Stuttgart/Berlin/Köln/Mainz 1987, Art. 50, Rn. 3.

Herr und Haupt. Zum monarchischen Prinzip in der deutschen Verfassungswirklichkeit des 19. Jahrhunderts

VON CAJETAN V. ARETIN

Wer sich als Unbefangener mit der deutschen Verfassungsgeschichte des 19. Jahrhunderts beschäftigt, gerät leicht in Verwunderung.

Erstens ist dieser zentrale Bereich des deutschen Staatsrechts ganz überwiegend nur unter historischen Aspekten bearbeitet. Selbst die rechtshistorischen Abhandlungen betrachten die Entwicklung des Staatsrechts in erster Linie unter machtpolitischen Gesichtspunkten und damit aus der Perspektive des Historikers.

Zweitens wirkt es merkwürdig, daß die teilweise höchst unterschiedlichen Verfassungen der deutschen Bundesstaaten recht begründungslos unter ein angeblich gemeinsames Dach einer »deutschen« Verfassungsgeschichte zusammengefaßt werden, ohne daß zunächst Gemeinsamkeiten und Unterschiede differenziert werden.

Drittens spielen die Verfassungen selbst eine kaum wahrnehmbare Rolle. Insbesondere bei juristischen Arbeiten fällt auf, daß weder die Verfassungstexte noch deren entscheidende Artikel in einem metierüblichen Maße berücksichtigt werden. Falls ein konkreter Bezug auf einzelne Verfassungen genommen wird, so sind dies meist die (nicht in Kraft getretene, weil abgelehnte) Frankfurter Paulskirchenverfassung von 1848[1], die Preußische Verfassung vom 31. Januar 1850[2] und die Verfassung des Deutschen Reiches vom 16. April 1871[3]. Diese drei Konstitutionen können schon deshalb nicht repräsentativ für das »deutsche« Fürsten- und Staatsrecht sein, weil sie vergleichsweise spät entstanden sind und bereits eine Staatsrechtsentwicklung widerspiegeln, die den Verfassungen des deutschen Frühkonstitutionalismus naturgemäß fremd gewesen ist.

Viertens wird in kaum einer Arbeit zum deutschen Verfassungsrecht des 19. Jahrhunderts das monarchische Prinzip eingehend untersucht oder ausreichend beachtet. Das wirkt umso erstaunlicher, als das monarchische Prinzip die wesentliche formale Gemeinsamkeit der deutschen Verfassungen bot. Die Deutsche Bundesakte vom 8. Juni 1815[4] und

---

1 REICHSGESETZBLATT 1849, S. 101.
2 GESETZ-SAMMLUNG FÜR DIE KÖNIGLICHEN PREUSSISCHEN STAATEN 1850, S. 17ff.
3 BUNDESGESETZBLATT 1871, S. 64 ff. Siehe zu dieser Auswahl der Verfassungen: R. WAHL, Die Entwicklung des deutschen Verfassungsstaates bis 1866, in: Handbuch des Staatsrechts der Bundesrepublik Deutschland I, Heidelberg 1987, S. 3–33, der allerdings die Reichsverfassung von 1871 thematisch nicht bearbeitet. M. BOUVERET, Die Stellung des Staatsoberhauptes in der parlamentarischen Diskussion und Staatsrechtslehre von 1848 bis 1918 (Rechtshistorische Reihe 272), Frankfurt a. M. 2003.
4 K. BINDING, Deutsche Staatsgrundgesetze, Heft III, S. 19.

die Wiener Schlußakte vom 15. Mai 1820[5] schrieben diesen Grundsatz als bindende inhaltliche Vorgabe für alle monarchischen deutschen Verfassungen vor. Dabei definierte das monarchische Prinzip nicht nur die Staatsform, sondern schrieb auch die Grundsätze für die Regierung und die Beteiligung Dritter an der Staatsmacht fest.

Fünftens enthalten sowohl die zeitgenössischen Staatsrechtslehrbücher als auch die verfassungshistorische Literatur in ganz überwiegendem Umfang Bewertungen, die zumindest nicht in sichtbarem Maße aus den Verfassungstexten und den annexen Quellen hergeleitet werden. Bei näherer Betrachtung entpuppen sich eine Reihe dieser Interpretationen als widersprüchlich oder soweit vom Wortlaut der Verfassungen entfernt, daß sie ausführlichere Begründungen erfordert hätten, die regelmäßig fehlen. Stattdessen werden mitunter einmal getroffene Bewertungen in teilweise unkritischer Weise übernommen und weitergetragen. Genannt seien die folgenden zwei Beispiele:

Beispiel 1: Obwohl die Verfassungsurkunde für das Großherzogtum Baden vom 22. August 1818 einseitig von Großherzog Carl dekretiert, also *oktroyiert* wurde[6] und die Einseitigkeit des Vorgangs auch aktenmäßig nachweisbar ist[7], ging bereits die Badische Staatsrechtsliteratur des 19. Jahrhunderts teilweise davon aus, daß die Verfassung wegen der großen Zustimmung, die sie gefunden habe, den Charakter einer mit den Ständen vertraglich vereinbarten Verfassung erhalten habe[8]. Schon auf ersten Blick ist es erstaunlich, eine einseitig empfangsbedürftige Willenserklärung durch Zustimmung des Adressaten in eine zweiseitige Willenserklärung umzudeuten. Kein Nachlaßgericht käme auf den Gedanken, ein Testament im Sinne des § 2147 BGB in einen Erbvertrag nach § 2174 BGB umzudeuten, nur weil ein Erbe die ihm testamentarisch bestimmte Erbschaft angenommen hätte.

Beispiel 2: Nach weit überwiegender Ansicht in der bayerischen Staatsrechtsliteratur habe Bayern mit Titel III § 1 Absatz 1 der Verfassungsurkunde des Königreichs Bayern vom 26. Mai 1818[9] den entscheidenden Schritt vom patrimonialen Staatsverständnis hin zum modernen Staat vollzogen, indem man das Hausgut der Wittelsbacher *auf das Staatsgut verschmolzen* habe. Diese etwas merkwürdige und unscharfe Formulierung, die J. Schmelzing 1820 getroffen hat[10], wurde seitdem von den meisten bayerischen Staats-

---

5 K. BINDING, Deutsche Staatsgrundgesetze, Heft III, S. 37.
6 Präambel, Absatz III der Verfassung lautet: *Von dem aufrichtigsten Wunsche durchdrungen, die Bande des Vertrauens zwischen Uns und Unserm Volke immer fester zu knüpfen, und auf dem Wege, den Wir hierdurch bahnen, alle Unsre Staats-Einrichtungen zu einer höhern Vollkommenheit zu bringen, haben Wir nachstehende Verfassungsurkunde gegeben,* Bad. Staats- u. Regierungsblatt 1818, S. 101.
7 GLA 48/6075 *in toto*, bes. Auftrag an den Staats- u. CabinetsMinister von Reitzenstein, 28. IV.1818 (fol. 3f.); vgl. auch u. a. E. VON JAGEMANN, Das Großherzogtum Baden 1, Karlsruhe 1912, S. 744; K. SCHENKEL, Staatsrecht des Großherzogtums Baden, in: MARQUARDSEN (Hg.), Handbuch des öffentlichen Rechts Band 3/1, Freiburg 1884, S. 3.
8 C. VON ROTTECK/K. WELCKER, Das Staats-Lexikon, Altona 1846, Artikel »Baden« S. 105 f.; E. WALZ, Das Staatsrecht des Großherzogtums Baden, Tübingen 1909, S. 32f.; vgl. WAHL (wie Anm. 3), S. 11 mit weiteren Nachträgen.
9 Bayer. Gesetzblatt 1818, S. 101ff.
10 J. SCHMELZING, Staatsrecht des Königreichs Bayern. 1. Teil: Staats- und Verfassungsrecht. Leipzig 1820, S. 82 FN 3.

rechtlern kolportiert, ohne daß sie jemals eine Begründung gefunden hätte[11]. Betrachtet man die Bayerische Verfassung von 1818 näher, so findet die behauptete Eigentumsübertragung, die in Wert und Umfang zugleich eine entscheidende staatspolitische Bedeutung gehabt hätte, im Wortlaut des Titels III § 1 Absatz 1 keine ausreichende Stütze: *Der ganze Umfang des Königreichs Baiern bildet eine einzige untheilbare unveräußerliche Gesammt-Masse an Landen, Leuten, Herrschaften, Gütern, Regalien und Renten mit allem Zugehör.* Schon auf ersten Blick besitzt die Norm einen feststellenden und keinen rechtsgestaltenden oder gar Verfügungscharakter. Es ist weder das Hausgut der Wittelsbacher noch das Staatsvermögen des Fiskus erwähnt. Selbst wann man aber unter Verweis auf die Überschrift des Titels III (»*Von dem Staatsgute*«) in dem Begriff der *Gesammt-Masse* ein Staatsvermögen sehen möchte, so fällt ins Auge, daß die Auflistung dessen, was zu dieser *Gesammt-Masse* zählt, neben Vermögenswerten auch *Leute* umfaßt, also die bayerischen Untertanen, die wohl kaum als Eigentum des Fiskus bezeichnet werden können. Angesichts dieses Wortlauts erscheint die Interpretation, in Titel III § 1 Absatz 1 der Bayerischen Verfassung von 1818 eine umfassende Vermögensübertragung des staatsbestimmenden Wittelsbacher Hausguts auf den Fiskus zu sehen, auf ersten Blick so fragwürdig, daß sie zumindest eine ausführliche Begründung erfordert hätte. Eine solche Begründung aber liefern weder Schmelzing noch die aufgeführten übrigen Autoren bayerischer Staatsrechtslehrbücher. Statt dessen äußerte der letzte Redaktor des Bayerischen Staatsrechts, Robert Piloty, 1908 deutliche Zweifel an dieser kolportierten These Schmelzings. Als seine diesbezügliche Anfrage vom bayerischen Minister v. Podewils pauschal zurückgewiesen wurde, ließ Piloty seine Ansicht, die *Gesammt-Masse* der Verfassung nicht als Staatsgut, sondern als *Fideikommiß des königlichen Hauses* zu lesen, fallen und die angezweifelten Passagen in der Neuauflage des Seydelschen Standardwerks unverändert[12].

Besonders auffällig ist die Umdeutung historischer oder die unkritische Verwendung modern determinierter Begriffe, die im 19. Jahrhundert eine ersichtlich andere Bedeutung besessen haben. Im Folgenden soll daher anhand der unterschiedlichen Verwendung der Begriffe »Staat«, »Hof« und »Staatsoberhaupt« vor allem in Bayern und Baden gezeigt werden, daß zumindest ein Teil der Literatur zur deutschen Verfassungsgeschichte Begrifflichkeiten verwendet, deren Definitionen nicht einheitlich feststehen.

1. Staat

Obwohl die Definition des Begriffs »Staat« umstritten ist, genügt in dem hier erforderlichen Sachzusammenhang die allgemeine völkerrechtliche Annäherung als eine politische Ordnung, die (nach der Drei-Elementen-Lehre Jellineks) durch die Merkmale des Staats-

---

11 C. Cucumus, Lehrbuch des Staatsrechts der constitutionellen Monarchie Bayerns, Würzburg 1825; L. Dresch, Grundzüge des bayerischen Staatsrechts zum Gebrauche bei Vorlesungen und zum Selbstunterricht, Ulm 1835²; E. von Moy, Lehrbuch des bayerischen Staatsrechts. I./1./I., 1840, S. 121; J. Pözl, Lehrbuch des bayerischen Verfassungsrechts, München 1877⁵; P. von Roth, Bayerisches Civilrecht, Tübingen 1881¹; F.C.K. Schunck, Staatsrechts des Königreichs Bayern, 1824; M. von Seydel, Bayerisches Staatsrecht, Freiburg/Br. 1896¹; M. von Seydel/R. Piloty, Bayerisches Staatsrecht I, Tübingen 1913²; M. von Seydel/J. von Grassmann: Bayerisches Staatsrecht II, Tübingen 1913².
12 Siehe BayHStA MA 93716 *in toto*; von Seydel/Piloty (wie Anm. 11), S. 89, RN 33.

volks, des Staatsgebiets und der Staatsgewalt geprägt ist. Bemerkenswert ist in diesem Zusammenhang eine meist stillschweigend vorausgesetzte Einigkeit, daß nicht nur der moderne Staat, sondern auch der historische Begriff »Staat« begriffsnotwendig ein selbständiges Rechtssubjekt umfasse. So schrieb Gerhard Anschütz 1919: »Vom juristischen Standpunkte bezeichnet man den Staat als Person, d.h. als Rechtssubjekt des öffentlichen Rechts« und sieht diese Auffassung »schon bei den politischen Schriftstellern des klassischen Altertums mit völliger Klarheit ausgesprochen. Dagegen war es der mittelalterlich-germanischen Staats- und Rechtsanschauung eigentümlich, daß (…) der Herrscher nicht als Organ des Gemeinwesens [erschien], sondern als persönlicher Herr.« Unter dem Einfluß der »mittelalterlich-italienischen Doktrin« kehrte »man seit dem 16. Jahrhundert allgemein wieder zu der Auffassung des Staates als eines selbständigen Rechtssubjektes zurück«[13]. Hans Peters definierte im Staatslexikon 1962 den Staat vorsichtiger als ein politisches Gemeinwesen, »<u>zunächst noch</u> in einem weiteren Sinn unselbständige Gebilde mitumfassend. Im 19. Jhd. hat sich dann wissenschaftlich und politisch die heutige Bezeichnung durchgesetzt. Was heute als S. bezeichnet wird, trägt daher in früheren Zeiten andere Namen, z. B. Polis, res publica«[14].

Tatsächlich ist der Begriff »Staat« wesentlich älter als die abstrakte Rechtskonstruktion der »juristischen« Person. Daraus folgt, daß die selbständige Rechtsträgerschaft gerade kein Wesensmerkmal des historischen Staatsbegriffs sein kann. Stattdessen ist der Staat als selbstständiges Rechtssubjekt – zumindest nach dem Verständnis des 19. Jahrhunderts – Wesensmerkmal der Republik, während in der Monarchie der Staat im Monarchen identifiziert ist. Nach dem »monarchischen Prinzip« existierter der monarchische Staat nur in der konkreten natürlichen Person des Monarchen.

Dieser personale Staatsbegriff war bis in das 19. Jahrhundert in Europa auch das »normale« Staatsverständnis. In Deutschland zeigte er sich besonders deutlich an seiner Entwicklung aus der Konstruktion des Heiligen Römischen Reichs heraus. Die Reichsstände besaßen nach der Lehenordnung des Heiligen Römischen Reichs als Mitglieder des Reichs insofern Staatsqualität, als der Fürst die Staatsqualität verkörperte und daher in seiner Person Reichsstand war. Sichtbar wurde dies in der Weise, wie die Reichsstände in das Reich eingegliedert waren. Da sich die Staatsgewalt aus dem persönlichen Lehenseid gegenüber Kaiser und Reich ableitete, ein Eid aber nur von einer natürlichen Person geleistet werden kann, besaßen die Reichsstände ihre Herrschaftsrechte in persönlicher Trägerschaft[15] und nicht für einen abstrakten Staat. Dieses Staatsverständnis bestand bis zum Ende des Reichs, denn die vor Ende des Reichs abgeschlossenen Verträge änderten an dem Status der Reichsstandschaft nichts. Auch der Preßburger Friede gewährte nur die Souveränität, also die Innehabung der Staatsgewalt, in den übertragenen Besitzungen, aber nicht gegenüber dem Reich. So standen die Königstitel Bayerns und Württembergs in Art. VII des Preßburger Friedens unter dem Vorbehalt *ohne jedoch aufzuhören, Glieder des deutschen Bundes zu seyn*, während für Baden die fortdauernde Zugehörigkeit zum Lehenver-

---

13 G. MEYER/G. ANSCHÜTZ, Lehrbuch des deutschen Staatsrechts, 1919⁷, S. 14f.
14 H. PETERS, Artikel »Staat«, I. Wesen und Elemente, in: Staatslexikon VII, Freiburg 1962⁶, S. 519. Eigene Hervorhebung.
15 J.S. PÜTTER, Historische Entwicklung der heutigen Staatsverfassung des Teutschen Reichs, Dritter und letzter Theil von 1740 bis 1786, Göttingen 1787, S. 219f.

band des Reiches schon aus seiner Kurfürstenwürde folgte[16] und damit den Status als Reichsstand unverändert ließ. Die Aufhebung der Reichsstandschaft erfolgte erst mit der der Rheinbundsakte und der Loslösung vom Reich zum 3. August 1806[17].

Erst jetzt bestand rechtlich betrachtet überhaupt die Möglichkeit, auf deutschem Boden Staaten im Sinne einer selbständigen juristischen Person zu gründen[18]. Mit der Neuordnung Deutschlands im Wiener Kongreß stellte sich daher auch die Frage, an welchem Staatsbegriff sich die deutschen Staaten nach 1815 orientieren sollten: Auf der einen Seite erfolgte keine Rückkehr zum Alten Reich mit der Einordnung der Fürsten und Städte als Reichsstände. Auf der anderen Seite stand der in den Revolutionsverfassungen begründete rechtssubjektive republikanische Staatsbegriff, der auf der Idee der Volkssouveränität basierte. Volkssouveränität wurde dabei so verstanden, daß die Staatsgewalt nicht nur vom Volk ausgehe, sondern das Volk auch Träger der Staatsgewalt sei. Damit geriet sie in Konflikt mit dem Anspruch der Monarchen, selbst alleiniger Träger der Staatsgewalt zu sein[19]. Die Fürsten lehnten folglich die Volkssouveränität und damit auch den republikanischen Staatsbegriff ab. Stattdessen wurde unter Metternich mit dem »monarchischen Prinzip« ein alternatives Staatskonzept entwickelt, das das Selbstverständnis der Monarchen mit den politischen Gegebenheiten der nachnapoleonischen Ära und der Moderne verbinden sollte. Das monarchische Prinzip stellte der Volkssouveränität der Revolutionsverfassungen die Fürstensouveränität gegenüber. Wesentliche Neuerung war die Einbettung der Fürstensouveränität in eine monarchische Staatsverfassung und damit die Schaffung der konstitutionellen Monarchie[20]. Über die Funktion von Staat und Monarch sagte beispielsweise Titel II § 1 der Verfassungsurkunde des Königreichs Bayern vom 26. Mai 1818 (BayVU): *Der König ist das Oberhaupt des Staates, vereinigt in sich alle Rechte der Staats-Gewalt, und übt sie unter den von ihm gegebenen in der gegenwärtigen Verfassungs-Urkunde festgesetzten Bestimmungen aus*[21]. Die drei Monate später erlassene Badische Verfassung vom 5. August 1818 (BadVU) formuliert in § 5 BadVU: *Der Großherzog vereinigt in Sich alle Rechte der Staatsgewalt, und übt sie unter den in dieser Verfassungsurkunde festgesetzten Bestimmungen aus*. Auch die Verfassungsurkunde für das Königreich Sachsen vom 4. September 1831 (SächsVU) sagt in ihrem § 4: *Der König ist das souveraine Oberhaupt des Staats, vereinigt in sich alle Rechte der Staatsgewalt und übt sie unter den durch die Verfassung festgesetzten Bestimmungen aus. Seine Person ist heilig und unverletzlich*. Entsprechend formuliert ist die Verfassungsurkunde für das Kurfürstentum Hessen in seinem § 10: *Der Kurfürst ist das Oberhaupt des Staates, vereinigt in sich alle Rechte der Staatsgewalt und übt sie auf verfassungsmäsige Weise aus*. Wesentlich ist die stete Formulierung, daß der Monarch in sich alle Rechte der Staatsgewalt vereinige.

16 Friedenstraktat zwischen Sr. Majestät dem Kaiser der Franzosen, König von Italien und Sr. Majestät dem Kaiser von Oesterreich, 16.XII.1805.
17 Lossagungs-Urkunde mehrerer Reichsstände vom deutschen Reichsverbande, 1.VIII.1806.
18 Vertrag zwischen dem Bevollmächtigten Sr. Majestät des Kaisers der Franzosen, Königs von Italien mit den im Vertrage selbst genannten Bevollmächtigten deutscher Fürsten [»Rheinbundsakte«], 12.VI.1806.
19 Vgl. H. BOLDT, Souveränität im 19. und 20. Jahrhundert, in: Geschichtliche Grundbegriffe, 6, 1990, S. 129ff.
20 Rainer Wahl spricht von der Ausbildung von Traditionslinien, »*die sich nach der ›Erfindung‹ der Verfassung zu einem Ganzen verbinden konnten*«. WAHL (wie Anm. 3), S. 10.
21 Bayerisches Gesetzblatt 1818, S. 101ff.

Dieser Passus bezieht sich auf die Souveränität und weist sie nicht einem neben dem Monarchen existierenden Staat zu, sondern eben dem Monarchen selbst. Souverän war dabei die Person des Fürsten in seiner Funktion als Staat. Damit entsprachen die Verfassungen auch den Vorgaben des Monarchischen Prinzips, wie dies Art. 57 der Wiener Schlußakte (WSA) für die deutschen Verfassungen festgelegt hatte: *Da der deutsche Bund, mit Ausnahme der freien Städte, aus souverainen Fürsten besteht, so muß dem hierdurch gegebenen Grundbegriffe zufolge die gesammte Staats-Gewalt in dem Oberhaupte des Staats vereinigt bleiben, und der Souverain kann durch eine landständische Verfassung nur in der Ausübung bestimmter Rechte an die Mitwirkung der Stände gebunden werden*[22]. Auch in der Deutschen Bundesakte vom 8.Juni 1815 sind es *die souverainen Fürsten und freien Städte Deutschlands*, die übereingekommen sind, *sich zu einem beständigen Bunde zu vereinigen*[23] und keine von ihnen vertretenen Staaten. Besonders deutlich wird der Charakter des Monarchischen Prinzips in der Badischen Verfassung. Hier definierte nicht nur § 5 BadVU den Großherzog als Inhaber der Souveränität, sondern auch § 59 Absatz 1 BadVU, dass *die Domainen nach allgemein anerkannten Grundsätzen des Staats- und Fürstenrechts unstreitiges Patrimonialeigenthum des Regenten und seiner Familie sind.* Die Domänen als Finanzbasis des Staates und die erbliche Trägerschaft der Souveränität lagen damit beim Großherzog und seiner Dynastie – wie es das monarchische Prinzip auch vorsah. Deutlich sagt Winfried Klein, »daß der Charakter der Domänen als Familienprivatgut trotz der Ertragszuweisung an die Staatskasse erhalten bleiben sollte. Damit sollte vor allem dem Eindruck entgegengewirkt werden, die Domänen könnten Staatsgut sein«[24]. Die Verfassung ließ für die Interpretation eines Staates neben dem Großherzog schon deshalb keinen Raum, weil er und seine Familie private Eigentümer des Staatsvermögens waren.

Entscheidend für den Staatsbegriff des 19. Jahrhunderts ist daher zweierlei: Erstens ließ das Monarchische Prinzip eine Staatssubjektivität nicht zu[25]. Zweitens blieben die deutschen Verfassungen in der Frage der Souveränität und der Staatsart trotz der Stürme der 1848er Jahre bis 1918 unverändert. Die von Teilen der Staatsrechtslehre vertretene Wandlung der deutschen Monarchen von souveränen Fürsten in Organe eines über ihnen existierenden Staates[26] widersprach damit in der Regel der Verfassungstheorie. Otto Mayer urteilte daher schon 1908: »Die deutschen Professoren haben, ohne alle Beihilfe, den Staat zur juristischen Person ernannt«[27]. Und Hans Boldt kommt deshalb zu dem

---

[22] Art. 57 Schlußakte der Wiener Ministerkonferenz, 15.V.1820, in: documentArchiv.de [Hrsg.], URL: http://www.documentArchiv.de/nzjh/wschlakte.html, Stand: 2.I.2008.
[23] Präambel Deutsche Bundesakte (08.06.1815), in: documentArchiv.de [Hrsg.], URL: http://www.documentArchiv.de/nzjh/dtba.html, Stand: 2.I.2008.
[24] W. KLEIN, Die Domänenfrage im deutschen Verfassungsrecht des 19. Jahrhunderts (Schriftenreihe zur Verfassungsgeschichte 78), Berlin 2007, S. 210.
[25] Siehe z. B. ZOEPFL, Grundsätze des gemeinen deutschen Staatsrechts, II. Theil, Leipzig 1863, S. 246f.
[26] WAHL (wie Anm. 3), S. 11; P. Laband, Das Staatsrecht des Dt. Reichs, Bd. 1, S. 37; C.F. GERBER, Grundzüge des deutschen Staatsrechts, S. 4, siehe dazu WAHL (wie Anm. 3), S. 16; BOUVERET (wie Anm. 3), S. 333, 341.
[27] O. MAYER, Die juristische Person und ihre Verwertbarkeit im öffentlichen Recht, in: Festgabe für Paul Laband, 1908, S. 1ff. (59). Gerhard ANSCHÜTZ meint zu diesem Diktum, dass die *deutschen Professoren einfach ihre Berufspflicht als Juristen* erfüllt hätten, *als sie diese »Ernennung« vollzogen.* MEYER/ANSCHÜTZ (wie Anm. 13), S. 15f., Anmerkung 9b.

Ergebnis: »Ihren Durchbruch erlebte die Idee der Volkssouveränität in Deutschland erst 1918«[28].

Nichtsdestotrotz wird der Begriff »Staat« für die verschiedenen Epochen des deutschen Staatsrechts häufig nicht klar genug differenziert und allzu oft als juristische Person gebraucht. Bis 1918 fand in den deutschen monarchischen Verfassungen dagegen regelmäßig der monarchische Staatsbegriff Verwendung. Insofern ist Rainer Wahl zuzustimmen, wenn er die Konstruktion von Staat als »abstrakte dritte Größe« nur als »Versuch« benennt, aber nicht als verfassungsrechtliche Realität[29] und – allerdings nur beiläufig – zu dem Ergebnis kommt: »Der Staat, den es zu verfassen galt, war noch nicht vorhanden und in seinen möglichen äußeren Umrissen umstritten«[30].

Der moderne Staatsbegriff unterscheidet sich daher grundlegend von der historischen Begrifflichkeit. Wer den modernen Begriff »Staat« in die Vergangenheit zu übertragen versucht, gibt dem in den Akten verwendeten historischen Wort »Staat« häufig die Bedeutung von »Republik« und verkehrt damit die Aussagen des Verfassungsrechts in den deutschen Staaten des 19. Jahrhunderts in ihr Gegenteil.

2. Hof

Die Fürstenhöfe des 19. Jahrhunderts finden in den Staatsrechtsdarstellungen bestenfalls beiläufige Erwähnung. Das ist insofern wenig erstaunlich, als der Hofstaat für die Aufteilung der staatlichen Machtkompetenzen irrelevant war und daher für die Verfassungen unerheblich. Denn bereits im 18. Jahrhundert hatte sich eine Differenzierung zwischen »Hofstaat« und »Civilstaat« entwickelt, bei der die eigenen Angelegenheit des Fürsten und seiner Repräsentation von den öffentlichen Belangen der Verwaltung unterschieden wurde. Diese Differenzierung hatten die Landesfürsten auch finanziell eingeleitet, in dem sie einen Teil ihrer Domänen (Kabinetts- oder Kammergüter) ausschließlich zur Finanzierung ihrer Familie und des Hofes bestimmten. In den Verfassungsberatungen wurde daher die Finanzierung des Hofes als eigene Angelegenheit des Monarchen verstanden. Im Rahmen der Neuordnung durch die Verfassungen erfolgte dann endgültig eine Abgrenzung der Verwaltungseinheiten Hof (Repräsentationsaufgaben und Ausstattung des Monarchen und seiner Familie) und Staat (Wahrnehmung der Pflichten der Landeshoheit). Da die Ständeversammlungen in den Verfassungen aber regelmäßig die Budgethoheit erhielten, hatten sie auch über die Mittelzuweisungen an den Hof zu entscheiden. Dies erfolgte im Regelfall im Rahmen der Throndotation an den Monarchen, der so genannten »Zivilliste«. Erst in den 1830er Jahren wurden Verfassungsgesetze erlassen, nach denen die Landesfürsten feste jährliche Geldbeträge zur freien Verfügung erhielten und eine abschließend aufgezählte Reihe von Mobilien und Liegenschaften zur Nutzung[31].

---

28 BOLDT (wie Anm. 19), S. 134.
29 WAHL (wie Anm. 3), S. 11.
30 WAHL (wie Anm. 3), S. 17.
31 In Bayern das »Gesetz, eine permanente Civilliste betr. vom 1. July 1834« (BayGbl. 1834, S. 25); in Baden das »Gesetz über die Civilliste vom 2. November 1831« (Grh. Bad. RegBl. Nr. 24, S. 211–214).

Ein Teil der Staatsrechtsliteratur versteht die Zivilliste als Abfindung für die Übertragung des dynastischen Hausvermögens auf den (rechtssubjektiven) Staat, die Hofausstattung als Amtsausstattung des Monarchen als Staatsorgan und die Zivilliste als Besoldung desselben[32]. Winfried Klein sieht diesen Schritt in Baden bereits mit der Einführung der (vorkonstitutionellen) Schuldenpragmatik 1806 vollzogen: »In Baden erhielt der Großherzog seit 1806 sein Einkommen aus dem Staatshaushalt. Dies blieb auch nach 1818 so, obgleich den Domänen offenbar der Charakter eines Familienprivatgutes gegeben worden war«[33]. Diese Interpretation widerspricht, wie schon dargelegt, nicht nur dem Staatsverständnis des monarchischen Prinzips, sondern muß auch aus folgenden Aspekten in Frage gestellt sein:

Erstens machten die Domänenerträge zu Beginn des 19. Jahrhunderts den wesentlichen Teil der regulären Staatseinnahmen aus, so daß fraglich bleibt, wie hier staatliche Mittelzuweisungen aus einem weiterhin privaten Vermögen erfolgt sein sollen. Tatsächlich erhielt der Großherzog kein staatliches »Gehalt«, sondern eine vorbehaltene Eigentumsrente. Das sagt auch § 59 Absatz 1 BadVU, wonach die Domänenerträge nicht vorbehaltlos *der Bestreitung der Staatslasten ferner belassen* werden, sondern nur unter dem zeitlichen Vorbehalt *so lang als Wir Uns nicht durch Herstellung der Finanzen in dem Stand befinden werden* und vor allem dem quantitativen Vorbehalt *außer der darauf radicirten Civilliste und außer andern darauf haftenden Lasten*[34]. Jagemann bezeichnete es deshalb als »töricht«, »das Großherzogliche Haus erhalte aus Staatserträgnissen oder der Besteuerung irgend etwas. Vielmehr überläßt es, (...), jedenfalls umgekehrt zufolge einer selbst gegebenen Norm seit Menschenaltern von seiner ursprünglichen Eigentumsrente große Beträge dem Staat«[35]. Der Staat »besoldete« also nicht ein Staatsorgan, sondern der Monarch bezog seine Einkünfte aus eigenem Recht und verzichtete auf die übrigen Domänenerträge, um die Landesaufgaben zu finanzieren.

Zweitens war die Zivilliste auch kein Staatsbudget für eine Staatsbehörde »Hofstaat«, sondern ein landesfürstlicher Etat, aus dem der Monarch frei seine privaten wie seine öffentlichen Ausgaben betritt. So statuierte Art. IV des bayerischen Zivillistegesetzes, daß daraus bestritten werden *sowohl was die sämmtlichen Bedürfnisse der Hof- und Haushaltung des Königs, die Dotation der Kabinettskasse, den Bedarf der Königin, den Unterhalt der minderjährigen Kinder des Monarchen, den Aufwand für den ganzen Hofstaat, die Ausgaben bei sämmtlichen Hofstäben und Intendanzen – einschließlich der Hausritterorden, die seit dem 1. Oktober 1831 angefallenen und ferner anfallenden Quiescenzgehalte der Hofdienerschaft mit Rücksicht auf die eigene errichtete Hofpensionskasse, als sämmtliche Hofbauten betrifft – sie mögen Neubauten oder bloße Reparaturen an den zum Ge-*

---

32 Jüngst mit weiteren Nachweisen: KLEIN (wie Anm. 24), S. 45.
33 Ders., S. 70.
34 Der volle Wortlaut des § 59 Absatz 1 BadVU lautet: *Ohngeachtet die Domainen nach allgemein anerkannten Grundsätzen des Staats- und Fürstenrechts unstreitiges Patrimonialeigenthum des Regenten und seiner Familie sind, und Wir sie auch in dieser Eigenschaft, vermöge obhabender Pflichten, als Haupt der Familie, hiermit ausdrücklich bestätigen, so wollen Wir dennoch den Ertrag derselben, außer der darauf radicirten Civilliste und außer andern darauf haftenden Lasten, so lang als Wir Uns nicht durch Herstellung der Finanzen in dem Stand befinden werden, Unsere Unterthanen nach Unserm innigsten Wunsche zu erleichtern, der Bestreitung der Staatslasten ferner belassen.*
35 VON JAGEMANN (wie Anm. 7), S. 744.

brauche des Hofes bestimmten Gebäuden seyn. Die Zivilliste umfaßte also erstens das private Einkommen des Königs, zweitens das Budget seiner öffentlichen Funktionen und Verwaltung sowie drittens die Personalkosten dieser Verwaltung. Dabei stand es dem bayerischen König ebenso wie den anderen deutschen Fürsten rechtlich völlig frei, wie er diese Mittel verwendete.

Drittens war der Hofstaat nicht Bestandteil der Staatsorganisation, sondern unterstand ausschließlich dem Monarchen. Die Angestellten und Bediensteten des Hofes wurden nicht vom Staat besoldet und die Hofbeamten waren keine Staatsbeamten. Für sie galten daher auch nicht die Regelungen für Staatsbedienstete, auch wenn sich die Praxis eingebürgert hatte, die Beamtengesetze und Besoldungsordnungen des »Civilstaates« in entsprechender Anwendung auf den »Hofstaat« zu übertragen.

Viertens war der Monarch, da die Höhe der Zivilliste gesetzlich fixiert war, den Kammern über die Mittelverwendung keine Rechenschaft schuldig.

Eine solche Vermischung privater und öffentlicher Belange war auch nach den Vorstellungen des 19. Jahrhunderts kein Merkmal des Staatsbudgets eines dem Staate untergeordneten Staatsorgans, sondern stellte den Monarchen und seine Versorgung außerhalb des Staates. Der Charakter des Hofstaats spiegelt damit am deutlichsten den Anspruch des Monarchen wider, in seiner Person zugleich den Staat darzustellen.

3. Staatsoberhaupt

Der Begriff »Staatsoberhaupt« sagt über die Qualität eines Staates gar nichts aus. Die deutschen monarchischen Staatsverfassungen gebrauchten den Begriff nicht als konkret definierten Fachterminus, sondern dem Wortlaute nach als Bezeichnung für die Position des Monarchen an der Spitze des Staatsaufbaus[36]. Insbesondere der oben zitiert Art. 57 WSA läßt in seiner Formulierung, daß *die gesammte Staats-Gewalt in dem Oberhaupte des Staats vereinigt bleiben* muß, keinen Zweifel daran, daß er mit dem »*Oberhaupte des Staats* den Monarchen als Staat benennt und nicht eine unerwähnte juristische Person. Gleichwohl wird »Staatsoberhaupt« auch im neueren Schrifttum gerne als »Staatsorgan« gelesen, obwohl dafür keine Begründung ersichtlich ist und eine synonyme Verwendung weder sprachlich nahe liegt noch aus historischen Kontexten ablesbar wäre. Winfried Klein hat in seiner im Übrigen bemerkenswerten Dissertation 2007 »Staatsoberhaupt« in »Staatsorgan« umdefiniert und im Folgenden geradezu zum Prüfstein seiner Ausführungen gemacht, ohne diese Gleichstellung zu begründen[37]. Insbesondere stellte er auch bei der Tagung ›Repräsentation im Wandel‹ Mannheim 2007 die Begriffe »Staatsoberhaupt« und »Landesherr« als Gegensatzpaar voraus, ohne die Begrifflichkeiten in dieser erstaunlich neuen Interpretation zu erklären. Diese Lesart übersieht, daß es in einer Monarchie einen Monarchen als Staatsorgan schon aus systematischen Gründen gar nicht geben kann, weil die Monarchie keinen rechtssubjektiven Staat kennt, der durch Organe handeln könnte, sondern nur einen staatsidentischen Monarchen.

---

36 Vgl. BOUVERET (wie Anm. 3), S. 137.
37 KLEIN (wie Anm. 24), S. 40ff.

4. Monarchisches Prinzip und Verfassungswirklichkeit

Die hier genannten Strukturprinzipien der deutschen Länderverfassungen des 19. Jahrhunderts lassen erhebliche Zweifel an der These aufkommen, die deutschen Staaten seien vor 1918 bereits selbständige Rechtspersönlichkeiten gewesen. Diese These kann vor allem nicht erklären, wann die dynastischen Hausvermögen auf diesen rechtssubjektiven Staat übergegangen sein sollen. Da im 19. Jahrhundert die Staatserträge neben dem Steueraufkommen auch auf erhebliche Grundrenten angewiesen waren[38], wären diese Republiken (im Sinne des 19. Jahrhunderts) zur Begründung einer wesentlichen Finanzbasis auf die dynastischen Domänen angewiesen gewesen. Tatsächlich ist eine solche Eigentumsübertragung (bis auf Hessen-Darmstadt, wo nicht nur die Domänenerträge, sondern auch ein Drittel der Domänen zur Schuldentilgung verwendet wurde[39]) regelmäßig nicht erfolgt:

Ronald Hoffmann hat in seiner jüngst erschienenen bemerkenswerten Dissertation nachgewiesen, daß in den beiden Reuß, Sachsen-Altenburg, Sachsen-Meiningen, Sachsen-Coburg und Gotha, Sachsen-Weimar-Eisenach sowie Schwarzburg-Rudolstadt und Schwarzburg-Sondershausen »keine einzige Regelung« bestand, »nach der die Domänen Staatseigentum waren und der Landesherr als Ausgleich eine Zivilliste erhielt«[40].

Auch in Bayern zog nicht nur Robert Piloty das Staateigentum an den Domänen in Frage, sondern die nach der Revolution erstellten Gutachten sowohl der Wittelsbacher wie auch des Staates stellten fest, dass eine rechtlich abschließende Übertragung des Wittelsbacher Hausvermögens bis 1918 nicht erfolgt war. Während Konrad Beyerle im Staatsgut des Titels III BayVU eine Rechtsgemeinschaft von Staatsvermögen und weiterhin privatem Hausvermögen sah und aus deren Wegfall die Herausgabe des Hausvermögens forderte[41], räumte das Gutachten des Justizministeriums den Wittelsbachern nur einen Anspruch auf Schadenersatz in Höhe des Güterwertes ihres Hausvermögens ein[42].

---

38 In der »*Summarische Übersicht des dermaligen Normal-Finanz-Etat des Königreichs Sachsen 1831*« beträgt der Anteil der *Domanial-Einkünfte* an der *Summa der Einkünfte* 17,48 % (HStAD 10026 Geh. Kabinett, Loc. 2519/6), der bis 1917 auf 9,24 % sinkt, siehe Ständische Schriften 1917/18 Nr. 42, 17.V.1918 (HStAD 10711 Min. d. K. Hauses, Loc. 5 Nr. 26).
39 Art. 6 der Verfassungsurkunde für das Großherzogtum Hessen vom 17.XII.1820 (HessVU) lautet: *Ein Drittheil der sämmtlichen Domänen, nach dem Durchschnitts-Ertrag der reinen Einkünfte berechnet, wird, nach der Auswahl des Großherzogs, an den Staat abgegeben, um, mittelst allmäligen Verkaufs, zur Schuldentilgung verwendet zu werden.*
Art. 7 HessVU: *Die übrigen zwei Drittheile bilden das schuldenfreie unveräußerliche Familien-Eigenthum des Großherzoglichen Hauses. Die Einkünfte dieses Familienguts, worüber eine besondere Berechnung geführt wird, sollen jedoch in dem Budget aufgeführt und zu den Staatsausgaben verwendet werden, die zu den Bedürfnissen des Großherzoglichen Hauses und Hofes erforderlichen Summen sind aber darauf vorzugsweise radicirt und, ohne ständische Einwilligung, soll auch von diesem Familiengute nichts verhypothecirt werden.*
40 R. Hoffmann, Die Domänenfrage in Thüringen (Rechtshistorische Reihe 334), Frankfurt a. M. 2006, S. 125; zu den Regelungen in den einzelnen Staaten siehe S. 39 (Reuß ä. L.), S. 45 (Reuß j. L.), S. 52 (Sachsen-Altenburg), S. 61, 75 (Sachsen-Coburg und Gotha), S. 100f. (Sachsen-Weimar-Eisenach), S. 110 (Schwarzburg-Rudolstadt), S. 119 (Schwarzburg-Sondershausen).
41 K. Beyerle, Das Haus Wittelsbach und der Freistaat Bayern, München 1921, vor allem S. 140ff.
42 ORR Alexander Gerber: »Gutachten A: Der Anspruch auf die Zivilliste und die staatliche Umwälzung«, II.1919, S. 33 (BayHStA MJu 13.661), S. 36ff.

In Baden hatte § 59 Absatz 1 BadVU das weiterhin fortbestehende Familienprivateigentum an den Domänen bestätigt, so daß die Übertragung des Hausvermögens (mangels anderer Regelungen) nur mit dem Zivillistegesetz hätte erfolgen können. Dafür fehlt es jedoch an jedem Indiz:

Erstens ist das badische Zivillistegesetz ein Ausführungsgesetz, das die in § 59 Absatz 1 BadVU vorbehaltene Zivilliste näher konkretisiert und ausgestaltet. Eine Eigentumsübertragung an den Domänen würde sich aber nicht an die Ausführungsvorgaben des § 59 Absatz 1 halten, sondern stünde in offenem Gegensatz zu dessen Wortlaut, der ein Privateigentum des Regenten und seiner Familie an den Domänen statuiert.

Zweitens legt das badische Zivillistegesetz weder in seinem Wortlaut noch in einer denkbarer Auslegung einen Eigentumsübergang fest. Stattdessen bestimmt es in Art. 1 kurz: *Die Civilliste besteht für die Dauer Unserer Regierung in jährlichen 650,000 fl. in Geld und der Benutzung der in der Anlage verzeichneten, zur Hofausstattung gehörigen Gebäude, Grundstücke und Rechte*, während Art. 2 die Aufgaben und damit die Kostenstellen des Hofes festlegt. Der (abschließende) Art. 3 regelt nur das Inkrafttreten.

Drittens ist das Zivillistegesetz von 1831 zeitlich befristet, denn es bezieht sich auf Großherzog Leopold persönlich und galt nach Art. 1 nur *für die Dauer Unserer Regierung*. Nach dem Tode Leopolds 1852 wurde daher eine Neufassung des Gesetzes erforderlich und die Zivilliste daher 1854 in eine permanente umgewandelt. Ein zeitlich befristetes Gesetz kann keine dauernde Vermögensübertragung begründen.

Viertens hätte eine solche Eigentumsübertragung zugleich die Ersetzung des Souveränitätsverständnisses und damit die Gründung eines selbständigen Staates über dem Großherzog als bisherigem Souverän bedeutet. Das heißt, diese im Gesetzeswortlaut verschwiegene Staatsumwälzung hätte sich an der Verfassung vorbei vollzogen, die auch weiterhin in § 5 alle Rechte der Staatsgewalt in der Person des Großherzogs vereinigt sah und in § 59 die Domänen auch weiterhin als Patrimonialeigentum des Regenten und seiner Familie bezeichnete.

Es widerspricht jeder Vorstellung von Interpretierbarkeit, einem Gesetz, das in einer lapidaren Kürze von drei Artikeln die Höhe und Verwendung von Krongut und -dotation behandelt, den Charakter einer neuen Staatsverfassung zu geben, die unter Fortgeltung der alten Verfassungsurkunde im übrigen einen neuen Staat schaffen soll.

Für zehn der deutschen Bundesstaaten kann somit nachgewiesen werden, dass die dynastischen Hausvermögen bis 1918 weiterhin Familienprivatgut der Herrscherfamilien geblieben waren.

Haben sich Staatsrechtler seit dem 19. Jahrhundert über die Verfaßtheit der deutschen Staaten seit der Restauration grundlegend geirrt? Die Antwort ist sehr komplex.

Die ersten Jahrzehnte des 19. Jahrhunderts waren von einer stürmischen politischen Entwicklung geprägt, die die Regierungen nicht dauerhaft in gewünschte Richtungen lenken konnten. Die faktische Machtentwicklung vollzog sich an den Verfassungen vorbei. Entgegen den Absichten Metternichs erwies sich das in Art. 57 WSA niedergelegte monarchische Prinzip auf Dauer nicht als richtungweisend. Im tatsächlichen Machtgefüge verlagerten sich die politischen Kompetenzen sehr rasch weg von der vorgesehenen quasi-absoluten und nur durch Verfassungen eingerahmten Fürstenmacht und verlagerte sich immer stärker zu den Ständeversammlungen, die sich zu Landtagen entwickelten. Das

Budgetrecht und die Mitspracherechte in der Gesetzgebung trugen faktisch den Keim zu einer Ausdehnung der parlamentarischen Befugnisse in sich. Auch die Regierungen sahen sich immer stärker auf eine Zusammenarbeit mit den Ständeversammlungen angewiesen, auch wenn sie rechtlich nur dem Landesfürsten gegenüber verantwortlich waren. Im Ergebnis lag bereits Jahrzehntelang vor der Revolution der Schwerpunkt der Macht bei den Parlamenten, während sich die Monarchen immer mehr auf ihre repräsentativen Aufgaben beschränkten. Mit der Verlagerung der Staatsmacht auf die Volksvertretungen ging auch die Staatsgewalt und damit die faktische Souveränität vom Landesfürsten auf das vom Parlament repräsentierte Volk über. Zugleich emanzipierte sich damit auch allmählich der Fürstenstaat zum rechtsubjektiven Staat. Die Paulskirchenverfassung zeigte 1848, wie weit sich die Vorstellungen von der richtigen Verfaßtheit des Staates von den Vorgaben der Wiener Schlußakte entfernte hatte[43]. Mit der auf Wilhelm Eduard Albrecht 1837 zurückgehenden Idee von der Staatssouveränität[44] entstand in der Vorstellung von der Staatsgewalt eine Alternative für die Antipoden Volks- oder Fürstensouveränität. Die Staatssouveränität bot den Monarchen einerseits die Möglichkeit, die nicht mehr zeitgemäß erscheinende monarchische Staatlichkeit auf eine neue Grundlage zu stellen und zu festigen, andererseits stand sie im Widerspruch zum monarchischen Prinzip und legitimierte auch eine Staatsverwaltung, die sich nicht nur als ausführende Organe eines herrscherlichen Willens, sondern auch als Wahrer der Staatsinteressen gegenüber dem Monarchen sahen. Doch diese Vorstellung entsprach nicht dem Staatsverständnis der Verfassungen.

Damit entstand im Laufe der Verfassungsentwicklung ein immer größer werdendes Problem: Je mehr sich die Verfassungswirklichkeit der Idee des rechtspersönlichen Staates und der Staatssouveränität annäherte, um so mehr entfernte sie sich vom Inhalt der Verfassungen. Das eigentliche Problem bestand darin, daß Verfassungen trotz einer gewissen Interpretationsbreite in ihren Grundprinzipien nicht durch Auslegung umdeutbar sind. Auch wenn einzelne Formulierungen der Verfassungen in verschiedener Weise ausgelegt werden konnten und damit auch zum Ausdruck brachten, daß die frühen deutschen Verfassungen in einem Übergangszeitalter entstanden waren, so ergab sich doch aus dem Gesamtcharakter der Normen ein einheitliches Verfassungskonzept, das ohne grundlegende Änderung des Wortlauts nicht veränderbar war. So mußte die isolierte Umdeutung einzelner Aussagen und Begriffe notwendig zu Widersprüchlichkeiten mit dem Gesamtganzen führen. Das einfachste Mittel, den monarchischen Staatsverfassungen den Stempel der Volkssouveränität aufzudrücken, war die Umdeutung des Begriffes »Staat«. Wie oben gezeigt, meinten die Verfassungen zwar den Fürstenstaat, doch der abstrakt gebrauchte Begriff »Staat« konnte isoliert betrachtet auch als rechtssubjektiver Staat gelesen werden. Begünstigt wurde diese Interpretation durch die Unschärfe, mit der der Begriff gebraucht worden war. Da sich das Staatsrecht in den Jahrzehnten nach der französischen Revolution im Umbruch befand, hatte der Begriff »Staat« verschiedene Deutungen erfahren, die verschiedene Auslegungen zuließen. Doch die Ersetzung des Fürstenstaatsbegriffs in den Verfassungen durch den fehlerhaften Begriff des rechtssubjektiven Staates führte bei an-

---

43 Vgl. BOUVERET (wie Anm. 3), S. 36–45, 99f.
44 W.E. ALBRECHT, Rezension über Maurenbrechers Grundsätze des heutigen deutschen Staatsrechts, in: Göttinger gelehrte Anzeigen, Göttingen 1837, S. 1489ff., 1508ff.; vgl. W. PAULY, Der Methodenwandel im deutschen Spätkonstitutionalismus, 1993 (Habil.), S. 79.

deren Aussagen der Verfassung zu Widersprüchlichkeiten. So ließ sich z. B. in Baden der Charakter der »oktroyierten« Verfassung nicht in das neue Staatsverständnis einpassen.

Deutlichster Ausdruck dieser entstehenden Selbstwidersprüchlichkeit war im 19. Jahrhundert die »Domänenfrage«. Wenn man den Begriff »Staat« in der Verfassung in eine juristische Person umdeutete, so blieb in Frage, wie dieser im Interpretationswege erfundene Staat das Eigentum am wesentlichen Herrschaftskapital, den Domänen, erworben hatte. Da die Fürsten nicht gewillt waren, sich vorbehaltlos ihr Hausvermögen und damit zugleich ihre Monarchien weginterpretieren zu lassen, war die politische Staatsliteratur darauf angewiesen, das öffentliche Eigentum an den Domänen zu fordern und zu behaupten, die Domänen seien bereits Eigentum des selbst definierten rechtssubjektiven Staates. In Bayern behauptete daher erstmals Julius Schmelzing 1820, in der Verfassung von 1818 habe König Max I. Joseph das Wittelsbacher Hausvermögen *auf das Staatsgut verschmolzen*[45]. Auf ersten Blick scheint die Überschrift »Von dem Staatsgute« zu Titel III der Verfassung diese Interpretation insofern zu unterstützen, als der unterlegte republikanische Staatsbegriff hier auch ein Eigentum eines rechtssubjektiven Staates nahelegt. Bei näherer Betrachtung aber kann eine solche Interpretation in den Wortlaut des Titel III § 1 Absatz 1 BayVU nicht hineingelesen werden[46]. In Baden wies § 59 Absatz 1 BadVU eine klare Eigentumszuweisung auf, so daß die Staatsliteratur darauf angewiesen war, *die Domainen* trotz der umfassenden Formulierung zwischen dem (angenommenen) rechtssubjektiven Staat und dem Haus Baden aufzuteilen[47] oder spätere Eigentumsübergänge vorzuschlagen. Den zivilrechtlichen Übertragungsakt ersetzt ein solches Verfahren nicht. Weder in Baden noch in Bayern aber hat es einen solchen Übertragungsakt in der Zeit der Monarchie gegeben. Es kann ihn auch nicht gegeben haben, denn die Übertragung des Herrschaftskapitals vom Landesfürsten auf einen eigentumsfähigen, also rechtssubjektiven Staat hätte eine völlige Umwälzung des Staatsverständnisses bedingt und damit eine umfassende Verfassungsrevision erfordert. Da solche Verfassungsrevisionen unterblieben, blieb nur die Möglichkeit der Auslegung.

Diese mitunter erstaunlichen Interpretationsversuche an den monarchischen Staatsverfassungen wurden von den Dynastien häufig genug als »fiskalische Staatsauffassung« beklagt[48]. Doch dahinter stand keine Illoyalität der Bürokratie und Staatsrechtslehre, sondern die Fortentwicklung der deutschen Staaten in die Moderne, in der schon nach wenigen Jahren das hochkonservative monarchische Prinzip kein Verständnis mehr fand. Der Landesfürst wurde im Laufe des 19. Jahrhunderts faktisch und besten Gewissens als Staatsorgan begriffen und im Geschäftsgang der Ministerien auch so behandelt. Es ist daher zu vermuten, daß die Ministerialbürokratie zumindest in den größeren deutschen Staaten sich schon um die Mitte des 19. Jahrhunderts den Staat schlechterdings nicht mehr als Funktion des Monarchen vorstellte, sondern in ihrem eigenen Staatsverständnis selbstverständlich von der Rechtssubjektivität des Staates ausging und die heute überzogen

---

45 SCHMELZING (wie Anm. 10), S. 82 Anmerkung 3.
46 Ausführungen vgl. Beispiel 2 auf S. 64f.
47 Vgl. insbes. W. DEGEN, Das Eigentumsrecht an den Domänen im Großherzogtum Baden, Heidelberg 1907 (Diss).
48 So z. B. im Rahmen der Vermögensauseinandersetzung in Bayern durch die Prinzen Franz und Georg von Bayern. Siehe »Vortrag des Justizrats Freiherrn von Stengel vor den Prinzen des Königlichen Hauses und deren Vertretern«, 18.III.1922 (WAF GV I/1).

wirkenden monarchischen Formen als historische Reminiszenz betrachtet. Auch die diesbezüglichen Verfassungsaussagen traten in den Hintergrund.

Mit der Abschaffung der Monarchien in der Revolution 1918 vollzog Deutschland damit verfassungstheoretisch einen Entwicklungssprung, den die Verfassungswirklichkeit zu großen Teilen längst gelebt hatte. Die ungelöste »Domänenfrage« ließ erst in den Vermögensauseinandersetzungen mit den ehemaligen Fürsten das ursprüngliche Verständnis der monarchischen Verfassungen wieder sichtbar werden und führte dort regelmäßig zur Notwendigkeit, Vergleiche zu schließen, weil auf der einen Seite die Eigentumsansprüche der gestürzten Herrscherfamilien rechtlich kaum ernsthaft bestritten werden konnten[49], auf der anderen Seite Vermögenswerte in Frage standen, die in ihrer Höhe für die neu gegründeten Republiken unerschwinglich waren – und teilweise längst als Staatseigentum gegolten hatten.

Dieses Dilemma der deutschen Verfassungsgeschichte zwischen geschriebenem Verfassungsrecht und gelebter Verfassungswirklichkeit erscheint nur schwer lösbar: Einerseits sind Grundprinzipien von Verfassungen nicht faktisch änderbar. Insbesondere kann man in eine monarchische Staatsverfassung keinen Staat neben dem Landesfürsten hineininterpretieren. Andererseits lebte das Staatsrecht des 19. Jahrhunderts längst diesen an den Verfassungen vorbei entwickelten Staat als reale Gegenwart. Auf diese Weise können auch heute noch Winfried Klein[50] und Ronald Hoffmann[51] für das Großherzogtum Sachsen-Weimar-Eisenach zu verschiedenen Ansätzen gelangen.

Die Revolutionen 1918 hätten die Möglichkeit geboten, das Problem für die Staatsrechtsgegenwart zu verabschieden und der Verfassungsrechtsgeschichte anzuvertrauen. Doch die Entscheidung der neuen Republiken und des Reichsgerichts, die gestürzten Herrscherfamilien rechtsstaatlich zu entschädigen, ließ die Problematik über die Frage wieder lebendig werden, was als Familienprivatgut der ehemaligen Dynastien denn zu verstehen war. Es ist bezeichnend für die Unlösbarkeit der »Domänenfrage«, daß in keiner der ehemaligen deutschen Monarchien eine andere Lösung gefunden wurde als ein Vergleich, bei dem die Rechtsgrundlagen der Auseinandersetzung wieder in den Hintergrund treten konnten.

Wie die Beispiele in Baden und Sachsen zeigen, wirkt die Frage nach dem Eigentum an den Hausvermögen der ehemaligen Dynastien noch heute nach.

---

49 In Bayern siehe A. Gerber: »Gutachten A: Der Anspruch auf die Zivilliste und die staatliche Umwälzung«, II.1919, S. (BayHStA MJu 13.661), S. 36ff.
50 KLEIN (wie Anm. 24), S. 114–146, 210ff.
51 HOFFMANN (wie Anm. 40), S. 95–101.

Adel und Hof im 19. Jahrhundert

VON EWALD FRIE

1. Adel

Das 19. Jahrhundert hat lange als Jahrhundert der Adelskrise gegolten. Dafür gab es gute Gründe. Denn die Modernisierungsprozesse dieses Jahrhunderts liefen der Herrenschicht der ständischen Gesellschaft direkt zuwider:
- Eine funktional differenzierte Gesellschaft mit Berufsrollen entsprach nicht dem Universalherrschaftsanspruch der ständischen Elite;
- Die Reichtumsentwicklung außerhalb der klassischen Adelsdomänen von Landwirtschaft, Militär und Administration, die im Jahrhundert der Industrialisierung, des Welthandels und der ersten Globalisierung möglich wurde, schränkte die Macht des Adels ein und führte zu einer neuen bürgerlichen Elite, die dem Adel an ökonomischer Potenz nicht mehr nachstand;
- Die Entwicklung von prinzipiell nach Leistung auszuwählenden – und sozial mobilen – Eliten in verschiedenen gesellschaftlichen Feldern widersprach dem adligen Selbstverständnis, ein Geburtsstand zu sein;
- Im Jahrhundert des Fortschritts und der Zukunft wirkte die wichtigste adelige Legitimationsressource – (Familien)Geschichte – wenig überzeugend.

Es ist daher theoretisch leicht, das 19. Jahrhundert als Jahrhundert der finalen Adelskrise zu konzipieren. Freilich, die Empirie fügt sich dieser Konstruktion nicht wirklich. Merkwürdigerweise nämlich war der Adel seit Beginn der Frühen Neuzeit – jedenfalls in den Augen der Historiker – stets und ständig in der Krise und dem Untergang geweiht. Er unterlag der Monopolisierung der physischen Gewalt durch die Territorialherrscher, er unterlag den Staatsbildungsprozessen, dem Absolutismus, der Aufklärung, der französischen Revolution, er unterlag den preußischen und rheinbündischen Reformen, er unterlag in den Industrialisierungs- und Demokratisierungsprozessen des 19. Jahrhunderts. In diesem Kontext stellt sich natürlich die Frage, hat Ronald G. Asch vor kurzem etwas maliziös bemerkt, »warum ein so lange währender scheinbar kontinuierlicher Niedergang eines Standes nicht zum vollständigen Verschwinden dieser sozialen Gruppe führte, und dieser Zustand trat offenbar nicht ein«[1].

---

1 R.G. ASCH, Zwischen defensiver Legitimation und kultureller Hegemonie. Strategien adliger Selbstbehauptung in der Frühen Neuzeit, in: zeitenblicke 4 (2005), Nr. 2 [28.6.2005].

Schon seit dem späten 19. Jahrhundert ist denn auch – umgekehrt – über das überlange Verbleiben von Adligen in Führungspositionen geklagt worden. Klassisch hat Friedrich Naumann diese These formuliert, und dabei insbesondere den ostelbischen Adel zur Zielscheibe seiner Kritik gemacht: »Sie haben politischen Korpsgeist, politische Disziplin, stellen ihre Söhne in den Staatsdienst, kümmern sich um Staatsfragen, haben durchaus nicht die Schlaffheit der bürgerlichen Oberschichten gegenüber den öffentlichen Angelegenheiten und erreichen eben dadurch, daß sie im Staatswesen ungeheuer viel mehr bedeuten, als sie ihrer Zahl und ihrem Besitz nach zu beanspruchen hätten.« Doch ihre Zeit sei abgelaufen. »Jene alte konservative Oberschicht kann auf die Dauer die Führung eines kapitalistisch und industriell gewordenen Volkes nicht mehr in den Händen halten. [...] Der Grundadel wächst nicht mehr. Es wächst die Industrie und die Demokratie«[2]. An Naumanns – und auch Max Webers – Beobachtung von der zähen politischen Selbstverteidigung einer eigentlich überlebten Elite knüpft die mittlerweile in die Jahre gekommene Rede vom Deutschen Sonderweg an. In etwas anderer Weise hat Arno J. Mayer aus der Beobachtung, daß der Adel sich lange in Führungspositionen hielt, in den 1980er Jahren ein Argument für die generelle Krise Europas am Ende des 19. Jahrhunderts gemacht[3]. Bei diesen Autoren ist der Adel nicht, oder doch nur teilweise, selbst in der Krise. Er scheint vielmehr die Gesellschaftskrise durch seinen Erfolg, durch sein Beharrungsvermögen zu verursachen.

Die Forschung der letzten Jahre tendiert dahin, den Gegensatz der Thesen von »Adelskrise« und »Adelsbeharrung« durch eine genauere Beobachtung dessen, was »Adel« ist, zu entschärfen. Dann beschreiben die Leitbegriffe der ersten These weniger eine »Krise« denn eine »Transformation« des Adels:
- Zwar entsprach die funktional differenzierte Gesellschaft mit Berufsrollen nicht dem Universalherrschaftsanspruch der ständischen Elite. Doch vielen Adeligen gelang es recht gut, Kenntnisse, Fähigkeiten und Ansehen aus der ständischen Gesellschaft in den Wettbewerb um Spitzenpositionen in Funktionssystemen herüberzuretten. Das war besonders deutlich im Militär, in der Landwirtschaft und in der Politik.
- Zwar schränkte die Reichtumsentwicklung außerhalb der klassischen Adelsdomänen von Landwirtschaft, Militär und Administration im Jahrhundert der Industrialisierung, des Welthandels und der ersten Globalisierung die Macht des Adels ein. Doch immer noch konnte vor allem die Landwirtschaft vor 1876 Reichtum großen Ausmaßes erzeugen. Wo Adelige sich in landwirtschaftsnahen Industriebereichen engagierten, wenn sie nicht gar wie in England jede Scheu vor dem Industriekapitalismus vermissen ließen, konnten sie auch nach den 1870er Jahren Reichtum erwerben oder erhalten, der die neue bürgerliche Konkurrenz nicht zu scheuen brauchte. Noch 1914 befanden sich unter den elf reichsten Personen Preußens sechs Adelige[4].

2 F. NAUMANN, Das politische Erbe Bismarcks, in: DERS., Die Politik der Gegenwart. Wissenschaftliche Vorträge, gehalten in Hamburg und Heidelberg, Berlin 1905, S. 3–11, hier S. 8–10. Zu Naumann vgl. H. CYMOREK, »Das Werdende schon erleben, ehe es geworden ist«: Friedrich Naumann, in: Jahrbuch zur Liberalismus-Forschung 15 (2003), S. 133–145; DERS., Und das soll Naumann sein? Wege zu einer Biographie Friedrich Naumanns, in: Jahrbuch zur Liberalismus-Forschung 14 (2002), S. 245–257.
3 A.J. MAYER, Adelsmacht und Bürgertum. Die Krise der europäischen Gesellschaft 1848–1914, München 1984.
4 Vgl. H. REIF, Adel im 19. und 20. Jahrhundert, München 1999, S. 73.

- Die Entwicklung von prinzipiell nach Leistung auszuwählenden – und sozial mobilen – Eliten in verschiedenen gesellschaftlichen Feldern widersprach in der Tat dem adligen Selbstverständnis, ein Geburtsstand zu sein. Doch der Verweis auf Geburt und Herkunft konnte auch im 19. Jahrhundert noch Legitimation generieren. Vor allem im lokalen Bereich beförderte der Verweis auf das Herkommen Ansehen. Wir sehen Adelige in vielen Regionen Deutschlands, aber auch Italiens und Frankreichs, als Vertreter der Region gegen die Zumutungen des zentralen Staatsapparates.
- Im Jahrhundert des Fortschritts und der Zukunft wirkte die wichtigste adelige Legitimationsressource – (Familien)Geschichte – auf den ersten Blick in der Tat wenig überzeugend. Andererseits aber wurde Geschichte gerade wegen des Auseinandertretens von Vergangenheit und Zukunft zu einem wichtigen Thema des bürgerlich-industriellen Zeitalters. Daran konnten Adelige anknüpfen. In verschiedenen Adelsgruppen gewann eine Selbstbeschreibung über (männliche) Stammbäume gegenüber den beide Geschlechter einbeziehenden Ahnenproben an Bedeutung. Adelige konnten sich so als Rückgrat der männlichen Nation darstellen[5]. Außerdem engagierten sich zahlreiche Adelige in Geschichtsvereinen, hier erneut die Eigenständigkeit von Regionen gegenüber dem neuen zentralen Nationalstaat betonend[6].

Die Transformation hat es dem Adel ermöglicht, sich in der Mitte des 19. Jahrhunderts neu im Land zu verankern. Christopher A. Bayly hat einen weltweiten Trend zur Wiederkehr der alten Eliten Mitte des 19. Jahrhunderts ausgemacht, den während der gewaltsamen Auf- und Ausbrüche des ausgehenden 18. Jahrhunderts wohl kaum jemand für möglich gehalten hätte. In diesen Trend fügt sich die deutsche Adelsgeschichte ganz gut ein. Freilich ist zu betonen, daß es sich um eine Transformation handelte. Nicht der Adel des 18. Jahrhunderts kehrte wieder, sondern Adelige verankerten sich neu im Land, eben weil sie sich an die neuen Verhältnisse hatten anpassen können. In dem Zusammenhang ist darauf hinzuweisen, daß auch der Adelsstand seine Gestalt änderte. In den ständischen Gesellschaften hatte er sich über spezifische Partizipations-, Herrschafts- und Ehrenvorrechte definieren können. Die wurden zwischen 1789 und 1919 sukzessive abgebaut. An ihre Stelle traten Selbstorganisationen wie Familienverbände oder regionale, konfessionelle und nationale Adelsbünde. Ein schönes Beispiel bietet der Gothaische Hofkalender, der eigentlich in die Reihe der Hof- und Staatskalender des 18. Jahrhunderts gehört. Ende des 18. Jahrhunderts machte er die Sammlung zuverlässiger Nachrichten über den europäischen Adel zu seinem Markenzeichen. Er avancierte damit eine Zeit lang zu einer Art ›Welt-Staatshandbuch‹, bevor die Lockerung des Zusammenhangs zwischen Adel und Administration beziehungsweise Staat ihn zu einem Teil adliger Selbstorganisation wer-

---

5 Vgl. W.D. GODSEY, Vom Stiftsadel zum Uradel. Die Legitimationskrise des Adels und die Entstehung eines neuen Adelsbegriffs im Übergang zur Moderne, in: A.V. HARTMANN u. a. (Hgg.), Eliten um 1800. Erfahrungshorizonte, Verhaltensweisen, Handlungsmöglichkeiten (Veröff. d. Instituts für Europ. Geschichte Mainz. Abt. für Universalgeschichte 183; Historische Beiträge zur Elitenforschung 1), Mainz 2000, S. 371–391.
6 G.C. CLEMENS, Ancestors, Castles, Tradition. The German and Italian Nobility and the Discovery of the Middle Ages in the Nineteenth Century, in: Journal of Modern Italian Studies 8 (2003), S. 1–15; DIES., Katholische Traditionsbildung und Geschichtskultur. Der Historische Verein für den Niederrhein im preußischen König- und deutschen Kaiserreich, in: Annalen des Historischen Vereins für den Niederrhein 207 (2004), S. 81–124.

den ließ[7]. Der Herrschaftsstand Adel wurde zu einer Gesellschaft in der Gesellschaft – wie erfolgreich und wie dauerhaft, das ist derzeit Gegenstand der Forschung. Sie geht davon aus, daß die erfolgreiche Transformation des Adels aus der ständischen in die funktional differenzierte Gesellschaft nicht dauerhaft trug. Im letzten Drittel des 19. Jahrhunderts setzte ein forcierter Industrialisierungs- und Partizipationsschub den Adel erneut unter Druck und zwang ihn zu neuen Anpassungsleistungen. In der politischen Arena verloren die adeligen Honoratioren – etwa im Zentrum oder bei den agrarkonservativen Massenvereinen – gegenüber bürgerlichen Berufspolitikern an Boden. Für das Militär konnten sie den Offiziernachwuchs, der infolge der Hochrüstung in immer größerer Zahl benötigt wurde, nicht mehr liefern.

Die Transformation des Adels im 19. Jahrhundert ist damit einerseits nur eine von vielen Transformationen, die die Adelsgeschichte kennzeichnen. Immer hatten Adelsgruppen ums »Oben-Bleiben« gekämpft, dabei die veränderten Umfeldbedingungen teils erleidend, teils nutzend. Die Rede von der Adelskrise beschreibt diese Transformationsprozesse aus der Sicht derjenigen, die beim Herkommen verbleiben wollten, und ist daher einseitig. Was das 19. Jahrhundert vom Bisherigen unterschied, war, daß der Adel selbst infrage gestellt wurde. Der Kampfplatz »Oben« wurde für Gruppen geöffnet, die weder adlig waren noch darauf abzielten, es zu werden. Adlig zu sein, war über weite Strecken des 19. Jahrhunderts ein Vorteil in diesem Kampf – aber es hörte auf, eine Bedingung zu sein.

2. Hof

Die Geschichte der Höfe hängt mit der Adelsgeschichte eng zusammen und hat wie sie in den letzten Jahrzehnten Konjunktur. Dabei löste sie sich allmählich von der Konzentration auf das Versailles Ludwig XIV. einerseits, und auf die Interpretamente des Soziologen Norbert Elias andererseits. Denn die Strahlkraft des französischen Hofes war zwar groß, aber nicht unbegrenzt. Peter-Michael Hahn operiert in diesem Zusammenhang mit der aufschlußreichen Metapher der »Dialekte«. Die höfische Zeichensprache kannte nicht nur eine Grammatik, eine Syntax und eine Semantik. Vielmehr existierten vor allem im 18. Jahrhundert mehrere verwandte, aber eigenständige Dialekte nebeneinander, die mit den Leitsprachen der großen Höfe Versailles und Wien in Beziehung standen, durchaus aber eigene Akzente setzten. Hahn konnte mithilfe dieser Metapher zeigen, daß auch der preußische Soldatenkönig Friedrich Wilhelm I. in der höfischen Logik des 18. Jahrhunderts verblieb[8]. Für unseren Zusammenhang ist wichtig, daß schon vor 1800 hinter den Begriffen »Hof« und »höfische Gesellschaft« keine einheitlichen Wirklichkeiten standen.

Ende des 18. Jahrhunderts litten die höfischen Zeichensysteme darunter, daß ihr Bezugssystem, die ständische Gesellschaft und die europäische Adelswelt, an Prägekraft

---

7 Vgl. V. BAUER, »Prachtliebe« und »Publicität«. Thüringische Hof- und Staatskalender des 18. Jahrhunderts, in: K. SCHEURMANN/J. FRANK (Hgg.), Neu entdeckt: Thüringen – Land der Residenzen (1485–1918), Bd. 3, Mainz 2004, S. 134–145.
8 P.-M. HAHN, Pracht und Selbstinszenierung. Die Hofhaltung Friedrich Wilhelms I. von Preußen, in: F. BECK/J. H. SCHOEPS (Hgg.), Der Soldatenkönig. Friedrich Wilhelm I. und seine Zeit, Potsdam 2003, S. 69–99.

verloren. Vielerorts schalteten die Hofchargen gewissermaßen den »Autopiloten« ein, orientierten sich einseitig am Herkommen und fragten nicht mehr nach gegenwärtigen Zeitumständen[9]. Gleichzeitig trugen nichtadelige Untertanen ihre Erwartungen an das Königshaus und seinen Hof heran. Doch diesen neuen potentiellen Resonanzkörper wußten die höfischen Akteure zunächst nicht zu nutzen. Vielerorts reagierten sie mit Abwehr. Der preußische König Friedrich Wilhelm III. verbat sich Suppliken an seine Person, nachdem schon die öffentlichen Huldigungen angesichts seiner Thronbesteigung 1797 ihn unangenehm berührt hatten. Zeitgleich mit Friedrich Wilhelm III. zog sich eine ganze Generation von Monarchen um 1800 ins Private zurück, trennte einen kleiner werdenden Hof von den zunehmenden und zunehmend strukturierter werdenden Staatsgeschäften, wie von den Geräuschen einer sich dem Höfischen entwindenden Öffentlichkeit. In Dresden verließ die höfische Gesellschaft im letzten Drittel des 18. Jahrhunderts die öffentlichen Maskenbälle des Karnevals, den sie einst selbst geprägt hatte. Der Hof zog sich »in das exklusive Refugium geschlossener Maskenbälle zurück«[10].

Wie für den Adel insgesamt waren allerdings auch für den Hof die Krisensymptome um 1800 nicht das Ende, sondern der Beginn einer neuen, einer transformierten höfischen Geschichte. Höfe und Hofgesellschaften haben das ganze 19. Jahrhundert hindurch weiter bestanden. In den letzten Jahren wird vermehrt nach ihrer Bedeutung gefragt. Dabei sind sehr unterschiedliche Ergebnisse zutage gefördert worden. In Wien ist der Hof nach 1789 ein letztes Mal seiner frühneuzeitlichen Integrationsfunktion gerecht geworden. Hier fanden viele Emigranten ihren Platz[11]. Wien spielte eine zentrale Rolle als Fluchtburg für Aristokraten, deren Heimat durch politische Umstände verloren gegangen war (vgl. Jakobiten nach 1688). »The émigrés contributed to the last revival of the age-old ruling alliance between magnates and Crown that had been such a feature of early modern Hapsburg history and that even the advent of ›absolutism‹ had not ended. The talents of its newly assimilated members certainly give the lie to the old myth of the aristocracy's early enfeeblement"[12]. Für die beidseitig erfolgreiche Geschichte der Adelsemigration nach Wien stehen Namen wie Clemens Fürst von Metternich, ein linksrheinisch depossedierter Verlierer der napoleonischen Zeit, Graf Henri Bombelles, Sproß einer französischen Hofadelsfamilie und Erzieher des Kaisers Franz Joseph, sowie Graf Theodor Baillet de Latour, dessen Familie bis zu den Revolutionskriegen in Luxemburg ansässig gewesen war. Von den drei hier Genannten hatte Baillet de Latour nach einer erfolgreichen Karriere, die ihn bis an die Spitze des Kriegsministeriums führte, das unglücklichste Ende. Er wurde im Herbst 1848 von der revolutionären Wiener Volksmenge an einem Laternenmast aufgeknüpft. Die beiden anderen verloren während der Revolution von 1848 nur ihren Posten, nicht aber ihr Leben.

Die Integrationsleistung des Wiener Hofes hatte, darauf weisen diese Geschichten hin, durchaus Grenzen. Erstens fanden Adelsgesellschaften, deren Funktionsprinzipien nicht

---

9 H. Büschel, Untertanenliebe. Der Kult um deutsche Monarchen 1770–1830, Göttingen 2006.
10 Vgl. U. Rousseaux, Freiräume. Unterhaltung, Vergnügen und Erholung in Dresden (1694–1830), Köln u. a. 2007, S. 85–97, hier S. 97.
11 Vgl. W.D. Godsey, »La société était au fond légitimiste«. Émigrés, Aristocracy, and the Court at Vienna, 1789–1848, in: EHQ 35 (2005), S. 63–93.
12 Godsey, société (wie Anm. 11), S. 84.

zum Wiener Hofreglement passen wollten, keinen Zugang. Teile des norditalienischen Adels etwa, von denen nie verlangt worden war, daß sie in männlicher wie weiblicher Linie adelsintern heirateten, konnten die strengen Ahnenproben der Wiener Hofgesellschaft nicht erfüllen und wurden deshalb nicht zugelassen. Von dieser Brüskierung aus fanden viele norditalienische Adelige den Weg in die liberale antihabsburgische Bewegung[13]. Zweitens zog die Integration des regionalen hohen Adels nicht mehr die Integration der Region nach sich. In Ungarn wie in Polen fühlte sich der mittlere und Kleinadel nicht durch habsburgfreundliche Magnaten gebunden. Im Alten Reich hatte sich die Bevölkerung aus dem ständischen Gehäuse ohnehin gelöst, so daß die Integration des Adels für die Integration der Bevölkerung wenig Folgen hatte. Der Adel war nicht mehr die politisch allein relevante Gesellschaft. Das wurde spätestens 1848 deutlich. Insofern war der Wiener Hof des 19. Jahrhunderts zwar eine prachtvolle, eine durchaus beeindruckende Veranstaltung. Aber er begann politisch ins Leere zu laufen.

Für das Alte Reich und seine Nachfolgeterritorien nach 1806 war bedeutsam, daß seit der Französischen Revolution der höfisch-aristokratische Zeichenraum Altes Reich/Frankreich[14] zerfiel. Eine der beiden Leitsprachen, von denen sich die Hahnschen höfischen Dialekte des 18. Jahrhunderts ableiteten, ging verloren. Das machte die Dialekte freier, aber auch orientierungsloser. Nach 1815 sehen wir in Württemberg oder Bayern letzte Versuche, die Sprache des 18. Jahrhunderts wiederzubeleben – im Zeremoniell, im Mobiliar[15]. Noch einmal wurden höfische Repräsentation, Staatszeremoniell und fürstliche Person zusammengezwungen. Doch das war nicht mehr zukunftsträchtig. Die Höfe auf dem Gebiet des Alten Reiches mussten und konnten bald eine neue Rolle suchen, weil sie schwere Bürden abgeworfen, gleichzeitig aber auch orientierende Leitsemantiken verloren hatten. Der Fürst war nicht mehr die reale Verkörperung der Herrschaft. An seinem Körper und seinem ganz handgreiflichen Agieren wurde nicht mehr das Ganze von Herrschaft gemessen. Damit wurden ›zwanglose‹ Begegnungen zwischen Herrschern wieder möglich, die wegen der Überlastung des Begegnungszeremoniells mit Ransprüchen Ende des 18. Jahrhunderts ganz ausgefallen waren[16]. Der Fürst war auch nicht mehr der Staat. Letzterer besaß in Administration und Parlament alternative Symbolisierungsmög-

---

13 Vgl. M. MERIGGI, Der lombardo-venezianische Adel im Vormärz, in: A. VON REDEN-DOHNA/R. MELVILLE (Hgg.), Der Adel an der Schwelle des bürgerlichen Zeitalters (Veröff. d. Instituts für Europ. Geschichte Mainz, Abt. Universalgeschichte, Beih. 10), Stuttgart 1988, S. 225–236; T. KROLL, Dynastische Adelspolitik und gesellschaftlicher Wandel im Italien des Risorgimento. Der toskanische Adel in der bürokratischen Monarchie 1800–1860, in: E. CONZE/M. WIENFORT (Hgg.), Adel und Moderne. Deutschland im europäischen Vergleich im 19. und 20. Jahrhundert, Köln u. a. 2004, S. 19–39.
14 Zu diesem Raum vgl. U.-C. PALLACH, Materielle Kultur und Mentalitäten im 18. Jahrhundert. Wirtschaftliche Entwicklung und politisch-sozialer Funktionswandel des Luxus in Frankreich und im Alten Reich am Ende des Ancien Régime (Ancien Régime, Aufklärung und Revolution 14), München 1987.
15 Vgl. B. LANGER, Pracht und Zeremoniell – Die Möbel der Residenz München, in: Dies. (Hg.), Pracht und Zeremoniell – Die Möbel der Residenz München, München 2002, S. 10–27; E. FRITZ, Knecht, Kutscher, Koch, Kammerdiener, König. Zur Sozialgeschichte des königlichen Hofes in Württemberg (1806–1918), in: Zeitschrift für Württembergische Landesgeschichte 66 (2007), S. 249–292.
16 Vgl. J. PAULMANN, Pomp und Politik. Monarchenbegegnungen in Europa zwischen Ancien Régime und Erstem Weltkrieg, Paderborn u. a. 2000, S. 46–47.

lichkeiten. Preußische Bauern nahmen dies durchaus wahr, wenn sie seit den 1850er Jahren ihre Suppliken zunehmend an das Parlament, und nicht mehr an den König richteten[17]. Auch wenn die Monarchie das ganze 19. Jahrhundert hindurch als die gegebene Staatsform erschien – die neuen Staaten auf dem Balkan oder in Skandinavien erhielten immer eine monarchische Spitze und Frankreich wurde nach 1870 nur mangels monarchischer Alternative eine Republik – erschien der Hof mehr und mehr als eine mögliche Symbolisierung von Nation und Staat. Um in der Hahnschen Metapher zu bleiben: Gab es im 18. Jahrhundert mehrere höfische Dialekte, so wurde nun der Hof selbst zu einem – wenn auch bevorzugten – Dialekt, in dem der nationale Staat sich ausdrücken konnte.

In diesem Zusammenhang ist eine Untersuchung des ausgehenden 19. Jahrhunderts von besonderer Bedeutung. Forcierte Industrialisierung und das Heraufziehen der Staatsbürgergesellschaft hatten den Adel nach seiner transformierten Wiederkehr Mitte des 19. Jahrhunderts erneut in Schwierigkeiten gebracht. Bürgerliche Eliten bedrängten den Adel auch dort, wo er sich bisher hatte sicher fühlen können[18]. In dieser Situation verabschiedeten sich mehrere Höfe von der bisher als gegeben angesehenen Gleichung Hof = Adel. In Württemberg verlor die Hofetikette an Strenge und Verbindlichkeit. Wilhelm II. öffnete seinen Wohnsitz auch für die bürgerliche Oberschicht[19]. Beim Wiederaufbau des Ostflügels des Sigmaringer Schlosses nach dem Brand von 1896 beschäftigte die hohenzollernsche Fürstenfamilie einen der wichtigsten Architekten des Münchner Großbürgertums. Er bediente sich eklektisch und unbefangen der historischen Stile. Damit wurde einerseits die Gegenwart zum Höhe- und Endpunkt der Historie. Andererseits aber verblassten die Unterschiede zwischen der Bauaufgabe Schloß und der Bauaufgabe bürgerliche Villa[20].

Der preußische König und deutsche Kaiser Wilhelm II. machte den Hof und seine eigene Person in ganz neuer Weise zur Projektionsfläche der Moderne, in die sein Land voller Enthusiasmus und Selbstzweifel aufbrach. Vom sparsamen Soldatenhof seines Großvaters Wilhelm I. unterschied sich der Hof Wilhelms II. durch eine offensive Prachtentfaltung, die nicht nur rückwärtsgewandt war, sondern Insignien der Moderne wie Auto, Film und Flugzeug einbezog. Wilhelm II. machte den Hof wieder zu einem »kulturelle[n] und gesellschaftliche[n] Zentrum«[21], das nicht mehr nur dem Adel offen stand. Nicolaus Sombart hat von der »grandiosen imperialen Show« des »Herrn der Mitte« gesprochen[22]. Das mag man für übertrieben halten. Aber daß der preußisch-deut-

---

17 Vgl. P. WAGNER, Bauern, Junker und Beamte. Lokale Herrschaft und Partizipation im Ostelbien des 19. Jahrhunderts, Göttingen 2005.
18 M. WIENFORT, Adelige Handlungsspielräume und neue Adelstypen in der »Klassischen Moderne« (1880–1930), in: GG 33 (2007), S. 416–438.
19 Vgl. FRITZ (wie Anm. 15), S. 249–292.
20 Vgl. K.A. KUGEL, »Vom königlichen Kabinett zur Weltausstellungsware«. Das Weltbild der Hohenzollern im Spiegel der fürstlichen Wohnkultur 1785–1914, in: M. HENGERER u. a. (Hgg.), Adel im Wandel. Oberschwaben von der Frühen Neuzeit bis zur Gegenwart, Bd. 1, Ostfildern 2006, S. 461–474.
21 K. URBACH, Diplomat, Höfling und Verbandsfunktionär. Süddeutsche Standesherren 1880–1945, in: G. SCHULZ/M.A. DENZEL (Hgg.), Deutscher Adel im 19. und 20. Jahrhundert, St. Katharinen 2004, S. 353–375, hier S. 363.
22 N. SOMBART, Wilhelm II. Sündenbock und Herr der Mitte, Berlin 1996. Vgl. E. FRIE, Das Deutsche Kaiserreich, Darmstadt 2004, S. 69–81.

sche Hof mehr war als eine operettenhafte Inszenierung, daß sich in ihm Träume und Sehnsüchte einer Epoche widerspiegelten, der Wilhelm den Namen gab, dürfte unstrittig sein. Überdies trug auch »die internationale Politik vor dem Ersten Weltkrieg einen theatralischen Charakter«[23]. Rücksichtnahmen auf den politischen Massenmarkt, die Wiederentdeckung des Reisekönigtums sowie das Bedürfnis der Bevölkerung nach Inszenierung der Nation im Monarchen kennzeichneten nicht nur die preußisch-deutsche, sondern die europäische Hof- und Monarchiegeschichte des ausgehenden 19. Jahrhunderts. Insofern war das berühmteste Diktum Wilhelms II. *Ich kenne keine Parteien mehr, ich kenne nur noch Deutsche*, auch ein Höhepunkt wilhelminischer Höflichkeit. Der Kaiser und seine Entourage versuchten, das Ganze zu symbolisieren, die Einheit über und in der Verschiedenheit, die der moderne Staat, die moderne politische Struktur, und die moderne funktionale Gesellschaft hervorbrachten. Diese große Aufgabe wurde dadurch erleichtert, daß der preußische Hof – wie der württembergische und ganz anders als der Wiener Hof – keine tiefen historischen Wurzeln besaß, die ihn an die europäische Hochadelswelt der Frühen Neuzeit banden. Das hatte sich beim ziemlich mißglückten Versuch Wilhelms I. gezeigt, sein Königtum 1861 durch eine Erbhuldigung und schließlich durch eine Krönung historisch zu legitimieren[24]. Wilhelms II. historische Kostümierungen und seine rastlose Reisetätigkeit standen viel eher im Einklang mit seiner Zeit als die verunglückten Anleihen seines Großvaters beim frühneuzeitlichen Zeremoniell. Die vielbeschworene preußische Traditionslosigkeit war ein Startvorteil beim höfischen Aufbruch in die Hochmoderne.

Indem sich der wilhelminische Hof mit der Epoche, die seinen Namen trug, ganz verbunden hat, war es nur folgerichtig, daß er mit dem Zusammenbruch des Wilhelminischen Reiches im Ersten Weltkrieg unterging. Es erscheint aber wenig sinnvoll, die Wertmaßstäbe der Weimarer Zeit zu übernehmen und die Höfe des ausgehenden 19. Jahrhunderts als funktionslose operettenhafte Schauspiele abzutun. Vielmehr wird gefragt werden müssen, welche Funktion sie übernehmen konnten, nachdem sich die frühneuzeitliche Verschmelzung von Fürst, Staat und Hof gelöst hatte. Wie in der Adelsgeschichte ist der Begriff der Krise auch in der Hofgeschichte als Analyseinstrument nicht sehr geeignet, weil er einseitig den Blick auf Bedeutungsverluste gegenüber dem Versailler Hof richtet, und dabei einerseits die exzentrische Stellung von Versailles, andererseits die Möglichkeiten unterschlägt, die in der Befreiung der Höfe aus den überlasteten Bedeutungszuschreibungen der Frühneuzeit bestanden. Für die Adels- wie für die Hofgeschichte erscheint es sinnvoller, mit zwei anderen Begriffen zu operieren: dem der Transformation und dem des Dialekts. Damit gewinnen wir eine Metaphorik, die uns helfen mag, Höfe und Adel vom Vorurteil des Anachronismus zu befreien und in ihrer Bedeutung für die Geschichte des 19. Jahrhunderts ernst zu nehmen.

---

23 PAULMANN (wie Anm. 16), S. 406.
24 Vgl. R. ELZE, Die zweite preußische Königskrönung (Königsberg 18. Oktober 1861), München 2001.

Der Fürstenhof als Kulturobjekt: Ehemalige Residenzen in der Pfalz

VON HANS AMMERICH

Zu Beginn des 19. Jahrhunderts hatten zahlreiche pfälzische Residenzen ihre einstige Funktion als Repräsentationsort eines Herrschers verloren und erhielten im Zuge staatlicher Neuordnungen eine andere Bestimmung: Der Fürstenhof wurde zum Kulturobjekt.

Was ist ein Kulturobjekt? Dieser Begriff ist vor dem Hintergrund der Bedeutung von Kultur als »etwas zu Schaffendes« zu verstehen. Spricht man im 19. Jahrhundert von Kultur, so geht es nicht mehr ausschließlich um die Pflege der inneren Anlagen eines Menschen, sondern um Güter, die geschaffen wurden und eine Haltung zum Ausdruck bringen. Dabei handelt es sich um Gegenstände, »zu deren Wertung und Pflege wir uns mehr oder weniger verpflichtet fühlen«[1].

Der Fürstenhof wird zum Kulturobjekt: Drei Beispiele aus der Pfalz sollen diesen Wandel verdeutlichen. Zunächst wird nach dem Verhältnis von König Ludwig I. zur Pfalz gefragt, dann die Frage nach einem privaten Wohnsitz des bayerischen Königshauses in der Pfalz gestellt. Hier rücken das Hambacher Schloß und die Villa Ludwigshöhe bei Edenkoben – freilich wurde sie erst Mitte des 19. Jahrhunderts errichtet – ins Blickfeld. Was aber der Verlust höfischer Repräsentation für das Schloß und darüber hinaus für eine Residenzstadt und deren Umland bedeutet, läßt sich am Fall Zweibrückens aufzeigen.

I.

Der bayerische Staat führte im 19. Jahrhundert unter Max I. Joseph (1799–1825) Tendenzen fort, die weniger aus der bayerischen Geschichte selbst als vielmehr aus der dynastischen Tradition des Hauses Pfalz-Birkenfeld erwachsen sind. »Das wird im Personellen am deutlichsten sichtbar: Pfalz-Zweibrücken hat dem bayerischen Staat nicht nur das Herrschergeschlecht gegeben, das bis 1918 regierte und das in der Wesensart der beiden ersten Könige unübersehbar noch die Merkmale pfälzischer Herkunft zeigt, nicht nur der persönliche Hofstaat Max Josephs war aus Zweibrückern oder Elsässern zusammengesetzt, nicht nur viele Offiziere aus den beiden französischen Fremdenregimentern [Royal Deuxponts und Royal Alsace] haben in der bayerischen Armee eine Rolle gespielt – vor

---

1 H. RICKERT, Kulturwissenschaft und Naturwissenschaft [1899], Text der 6. und 7. durchgesehenen und ergänzten Auflage von 1926, Stuttgart 1986, S. 39.

allem ist das politische System des neuen bayerischen Staates weitgehend durch Persönlichkeiten bestimmt worden, die entweder aus Zweibrücken kamen oder durch die Schule der pfalz-zweibrückischen Politik oder Verwaltung gegangen waren«[2].

Die bedeutendste politische Persönlichkeit des frühen Bayerischen Staates war Maximilian Joseph Freiherr (seit 1809 Graf) von Montgelas, Max Josephs leitender Minister bis 1817. Hervorragende Diplomaten wie Anton (seit 1812 Freiherr von) Cetto, Friedrich Christian Karl Graf von Luxburg, Christian Hubert von Pfeffel und Karl Ernst von Gravenreuth sind von Zweibrücken nach München gekommen[3]. Johann Ludwig Christian R(h)einwald hatte als Kabinettssekretär großen Einfluß auf Max Joseph in dessen ersten Regierungsjahren ausgeübt[4]. Später war der Kabinettssekretär Karl August von Ringel – er hatte seine politische Laufbahn als Privatsekretär des pfalz-zweibrückischen Staatsministers Ludwig Friedrich von Esebeck begonnen – der maßgebende Mann hinter den Kulissen[5]. So mögen diese wenigen Beispiele zeigen, »daß man in der Tat in den Anfängen des bayerischen Königreichs von einem ›Zweibrücker System‹ sprechen kann"[6]. Das gilt insbesondere für die Regierungszeiten Max I. Josephs und Ludwigs I.

König Ludwig I. (1825–1848) galt zunächst als fortschrittlich; später war er jedoch ein typischer Vertreter der Restauration. Ursache für diesen Wandel mögen die freiheitlichen Bestrebungen sein, wie sie als Folge der Pariser Juli-Revolution von 1830 auch in Deutschland aufkamen. Ein markantes Beispiel ist das Hambacher Fest, bei dem am 27. Mai 1832, dem bayerischen Verfassungstag, bürgerliche Freiheitsrechte gefordert worden waren. Der tief verletzte König reagierte darauf sehr hart. Wenige Tage danach setzten Unterdrückungsmaßnahmen der bayerischen Regierung ein[7]. Zahlreiche Redner des Hambacher Festes und viele Sympathisanten der liberalen Bewegung wurden verhaftet, angeklagt und zu längeren Gefängnisstrafen verurteilt. Andere Beteiligte hatten sich durch rechtzeitige Flucht ins Ausland retten können. »Obwohl die pfälzische Bevölkerung sowohl in regionaler als auch sozialer Hinsicht nicht gleichmäßig von der Freiheitsbewegung erfasst worden war, so war doch das Verhältnis zwischen dem Mutterland und der Pfalz durch die Ereignisse nachhaltig gestört worden«[8]. »Das Verhältnis zum Hause Wittelsbach mag der Mehrheit der rheinbayerischen Bevölkerung bei ihrem tagtäglichen Kampf um die Sicherung der unmittelbaren Lebens- und Nahrungsbedürfnisse relativ gleichgültig gewesen sein«[9]. Doch gab es auch Kreise, die die gestörten Beziehungen zwischen dem

---

2 K. BAUMANN, Das Herzogtum Pfalz-Zweibrücken. Umrisse einer Landesgeschichte, in: K. ANDERMANN (Hg.), Von Geschichte und Menschen in der Pfalz. Ausgewählte Aufsätze von K. Baumann (Veröffentlichungen der Pfälzischen Gesellschaft zur Förderung der Wissenschaften in Speyer, Bd. 73), Speyer 1984, S. 45–64, hier S. 60.
3 H. AMMERICH, Landesherr und Landesverwaltung. Beiträge zur Regierung von Pfalz-Zweibrücken am Ende des Alten Reiches (Veröffentlichungen der Kommission für Saarländische Landesgeschichte und Volksforschung XI), Saarbrücken 1981, S. 206.
4 BAUMANN, Herzogtum (wie Anm. 2), S. 60.
5 BAUMANN, Herzogtum (wie Anm. 2), S. 60; AMMERICH, Landesherr und Landesverwaltung (wie Anm. 3), S. 206.
6 BAUMANN, Herzogtum (wie Anm. 2), S. 60f.
7 J. KERMANN, Das Hambacher Schloß als Hochzeitsgeschenk der Pfälzer an Kronprinz Maximilian von Bayern (1842), in: Mitteilungen des Historischen Vereins der Pfalz 80 (1982), S. 199–240, hier S. 199.
8 KERMANN (wie Anm. 7), S. 199.
9 KERMANN (wie Anm. 7), S. 199.

Königshaus und der Pfalz wieder normalisieren wollten. So bot die im Jahr 1842 bevorstehende Hochzeit des Kronprinzen Maximilian mit der preußischen Prinzessin Marie die Gelegenheit, durch ein opulentes Hochzeitsgeschenk das Verhältnis zu dem Hause Wittelsbach zu verbessern[10].

In den ersten Jahren seiner Regierungszeit widmete sich Ludwig I. vor allem Projekten in Bayern[11]. München wurde zu einer glanzvollen Residenzstadt umgestaltet: Der Königsplatz und die Ludwigstraße entstanden, die Pinakothek und die Glyptothek wurden gegründet. Verkehrstechnische Neuerungen erfolgten auf seine Initiative hin, so der Bau des Main-Donau-Kanals (»Ludwigskanal«) und die 1835 eröffnete erste Eisenbahnlinie in Deutschland zwischen Nürnberg und Fürth. Im gleichen Jahr gründete Ludwig I. die Bayerische Hypotheken- und Wechselbank, die den Kapitalbedarf des Mittelstandes decken sollte. In den 1840er Jahren folgten dann zahlreiche Unternehmungen Ludwigs in der Pfalz: der Bau einer Eisenbahnlinie von der Rheinschanze, dem späteren Ludwigshafen, nach Bexbach (»Ludwigsbahn«), der Ausbau des nach ihm benannten Rheinhafens »Ludwigshafen«, der Ausbau der Festung Germersheim, die Errichtung eines neuen Westbaues und die Ausmalung des Speyerer Doms. Auch gab es Pläne für den Wiederaufbau der Burg Trifels, der jedoch erst ab 1938 in völlig anderer Form erfolgte. Eines seiner Hauptanliegen stellte die Errichtung einer Sommerresidenz in der Pfalz dar. Dieses Vorhaben war ein Teil des politischen Programms, mit dem Ludwig I. seine Hinwendung zur Pfalz unter Beweis stellen wollte.

II.

Betrachten wir zunächst die Pläne für den Wiederaufbau des Schlosses Hambach, einst Residenz der Speyerer Bischöfe. Nach dem Pfälzischen Erbfolgekrieg befand sich das Schloß in ruinösem Zustand. »Königin der Ruinen in der Pfalz« wurde dieser Bau von Jakob von Hartmann, dem Adjutanten des bayerischen Kronprinzen Maximilian, genannt.

Da es keinen privaten königlichen Wohnsitz in der Pfalz gab, lag es nahe, daß die Pfälzer anlässlich der Vermählung des Kronprinzen Maximilian mit der preußischen Prinzessin Marie (1842) als Hochzeitsgeschenk ein Schloß oder ein Grundstück zum Bau einer königlichen Villa auswählten. Dadurch hofften sie, einen engeren Kontakt zwischen der Pfalz und dem Münchener Hof zu erreichen. So wurden in der Pfalz mehrere Objekte als königlicher Wohnsitz in Erwägung gezogen, insbesondere die Hardenburg, die Abteiruine Limburg bei Bad Dürkheim, die Madenburg und der Trifels[12]. Unabhängig von allen offiziellen Gremien brachte der frühere Mannheimer Oberbürgermeister Valentin Möhl (wohnhaft in Mußbach) in einem Schreiben vom 4. Juli 1842 an Ludwig I. die Hambacher Ruine ins Spiel. Sie sei auch der Beweis, *daß die Richtung vom Mai 1832 nicht*

---

10   KERMANN (wie Anm. 7), S. 199.
11   A. ALLROGGEN-BEDEL, Villa Ludwigshöhe (Edition Burgen, Schlösser, Altertümer Rheinland-Pfalz Führungsheft 13), Regensburg 2005, S. 5.
12   H.-J. KOTZUR, Forschungen zum Leben und Werk des Architekten August von Voit. Diss. Masch., Heidelberg 1977, 2 Bde., hier Bd. 2, S. 44–47.

mehr bestehe[13]. »Mit dieser Anspielung auf das Hambacher Fest traf er [Möhl] offenbar den Nerv des Königs, der mit sicherem Gespür die Symbolwirkung dieses Vorschlags begriff: ein bayerisches Königsschloß auf den Trümmern der demokratischen Erhebung als ›Entsühnung dieses durch die stattgehabten Vorfälle der jüngeren Vergangenheit übel berufenen Ortes‹, wie Ludwig an den pfälzischen Regierungspräsidenten von Wrede schrieb«[14]. Ein Anhänger der Hambacher Bewegung forderte in der Mannheimer Abendzeitung jedoch, die Ruine durch einen Verein zu erwerben und damit »dem Streben jener wackern Männer, die dort ihr freies Wort erschallen ließen, gewissermaßen Anerkennung [zu] zollen«[15].

Kronprinz Maximilian schien anfangs von der Wahl des Geschenkes noch wenig überzeugt. Bis 1844 ließ er wiederholt nach Alternativen suchen. Es sollte ein Objekt gefunden werden, das den Anforderungen nach angenehmem Klima, verkehrsgünstiger Lage und landschaftlicher Schönheit entsprach[16]. Außer den erwähnten südpfälzischen Ruinen standen beispielsweise die Ebernburg bei Bad Kreuznach, die Klosterruine Disibodenberg, die Burgen in Alt- und Neuleiningen, die Wolfsburg bei Neustadt, die Burg Spangenberg oder die Waldmannsburg auf dem Prüfstand. In die engere Wahl kamen schließlich außer Hambach der Diemerstein bei Frankenstein sowie das Haardter Schloß[17]. Diese Überlegungen waren aber umsonst: Maximilians Vater Ludwig hatte sich bereits für die Hambacher Schloßruine entschieden (Abb. 1).

Maximilian wollte einen neugotischen Schloßbau. Er sollte in der Art der rheinischen Schlösser seiner preußischen Verwandten, wie Rheinstein oder wie Stolzenfels, das für seinen Onkel Friedrich Wilhelm IV. errichtet worden war, erbaut werden[18]. Maximilian hatte sich einige Jahre zuvor Schloß Hohenschwangau bei Füssen nach seinem Geschmack ausbauen lassen. Den dort tätigen Architekten Georg Friedrich Ziebland (1800–1873) beauftragte er mit dem Wiederaufbau der Schloßruine Hambach[19]. Als Ziebland das Projekt aus gesundheitlichen Gründen aufgeben mußte, übernahm August Voit (1801–1870), der vor seiner Berufung zum Professor an der Königlichen Akademie in München als Zivilbauinspektor in Speyer arbeitete, diese Aufgabe[20]. Voit konnte »nicht nur die Vielfalt der stilistischen Wünsche seiner königlichen Auftraggeber zwischen Klassizismus, Rundbogenstil, Neugotik und Neurenaissance befriedigen, sondern erwarb sich auch Ruhm

---

13 Lasp (Landesarchiv Speyer), Best. H 1 Nr. 94 Bl. 55f. – Das Schreiben ist abgedruckt bei Kermann (wie Anm. 7), S. 213f.
14 G.P. Karn, Ein Traumschloß der Wittelsbacher – das Hambacher Schloß als Maxburg, in: Die Hambacher, Heft 30 (2007), S. 11–13, hier S. 11; Kermann (wie Anm. 7), S. 217.
15 Korrespondentenbeitrag in der Mannheimer Abendzeitung vom 8. September 1842, Nr. 211, S. 849; Kermann (wie Anm. 7), S. 217f.; Karn (wie Anm. 14), S. 11.
16 Kotzur (wie Anm. 12), S. 46; Karn (wie Anm. 14), S. 11.
17 Kotzur (wie Anm. 12), S. 47; Karn (wie Anm. 14), S. 11.
18 Karn (wie Anm. 14), S. 11.
19 Kotzur (wie Anm. 12), S. 46f. (dort ausführliche Beschreibung des Bauprojektes Hambacher Schloß); J. Straub, Neuere Untersuchungen zur Baugeschichte des Hambacher Schlosses, in: Landratsamt Neustadt/Weinstrasse (Hg.), Hambacher Schloß, ein Denkmal der deutschen Demokratie. Beiträge zur Erneuerung des Hambacher Schlosses 1968/69, Neustadt 1969, S. 43–133 (mit umfangreichem Bild- und Dokumentationsteil); Karn (wie Anm. 14), S. 11.
20 Kotzur (wie Anm. 12), S. 47; Karn (wie Anm. 14), S. 11.

mit modernen technischen Lösungen wie den Eisen-Konstruktionen des Glaspalastes [1931 abgebrannt] oder des Wintergartens auf der Residenz in München«[21].

Vor dem Beginn der Bauarbeiten am Schloß war bei der Ruine ein Landschaftsgarten von dem Neustadter Kunstgärtner und später bekannten Pomologen Friedrich Jacob Dochnahl (1820–1904) angelegt worden[22]. »Zeitweilig wurde für die Planung ›ein besserer Gärtner, etwa der von Heidelberg‹, ins Gespräch gebracht, vermutlich Gartendirektor Johann Metzger (1789–1852), der die Anlagen an der Heidelberger Schloßruine vollendet hatte und durch seine Gärten um die Klosterruinen Limburg und Disibodenberg in der Region als Fachmann ausgewiesen war. Maximilian hatte bereits sein Schloß in Hohenschwangau mit einem Landschaftsgarten des preußischen Hofgartendirektors Peter Josef Lenné umgeben lassen, auf den auch die englische Anlage um Schloß Stolzenfels zurückgeht«[23].

Dem Ausbau des Hambacher Schlosses ging zudem die Erforschung der mittelalterlichen Ruine voraus. Detaillierte Bestandspläne wurden angefertigt, die wichtige Aufschlüsse über die Baugeschichte bis zur Zerstörung im 16. Jahrhundert gaben. Anregungen für seine Entwürfe[24] sammelte Voit, dem die Abwesenheit von München nur während der Semesterferien gestattet war, auf ausgedehnten Reisen zu *allen an zwischen Speyer und Köln am Rhein gelegenen Burgen*. Für die Einrichtung suchte er gleichzeitig zwischen Elsaß, Baden und dem Rheinland *nach Möbelzeugen, Vorhangstoffen, Teppichen, Marmorplatten zu Treppen und Kaminen*[25]. Darüber hinaus nahm er Kontakt zu Sulpiz Boisserée in Köln auf, dem berühmten Sammler und Kenner mittelalterlicher Kunst. Dieser empfahl ihm neben originalen Vorbildern Darstellungen aus der Tafelmalerei sowie englische Kupferstichvorlagen[26]. Nachdem die anfangs auf 174 000 Gulden errechneten Baukosten den Rahmen bei weitem gesprengt hatten, erstellte Voit 1845 einen reduzierten Kosten- und Zeitplan, der bis 1847 Ausgaben von 94 300 Gulden vorsah. Aus Ersparnisgründen sollte das dritte Stockwerk vorerst im Rohbauzustand verbleiben[27].

Für den Wiederaufbau der Ruine wollte Voit grundlegende Veränderungen am mittelalterlichen Bestand vornehmen. »Der unregelmäßige, dem Felsplateau angepasste Grundriß wurde annähernd rechtwinklig überformt. Dafür sollte der ›Hohe Mantel‹ mit seinen Buckelquadern völlig abgebrochen werden. Während in einer ersten Entwurfsphase an seiner Stelle eine Scheinfassade mit repräsentativen Fenstern und hofseitigen Galerien vorgesehen war, kam in der Ausführungsplanung ein südlicher Flügel hinzu, der die Wohnräume des Kronprinzen umfassen sollte«[28]. Zu seiner Errichtung kam es aber nicht. »Nord- und Ostflügel blieben zwar teilweise erhalten, wurden jedoch klassizistischem Ordnungsstreben unterworfen. Die Fassaden erhielten regelmäßige Fensterreihen, der Kapellenerker der Schauseite wurde klappsymmetrisch verdoppelt und zum Balkon uminterpretiert. Voit übernahm die Form der Spitzbogenfenster, unterteilte sie jedoch an-

---

21 KARN (wie Anm. 14), S. 11f.
22 KARN (wie Anm. 14), S. 12.
23 KARN (wie Anm. 14), S. 12.
24 Abbildungen der Entwürfe Voits in: Pfälzisches Museum 40 (1932), nach S. 144.
25 KOTZUR (wie Anm. 12), S. 48; KARN (wie Anm. 14), S. 12.
26 KOTZUR (wie Anm. 12), S. 48; KARN (wie Anm. 14), S. 12.
27 KOTZUR (wie Anm. 12), S. 47; KARN (wie Anm. 12), S. 12.
28 KARN (wie Anm. 12), S. 12.

stelle der ursprünglichen Pfosten mit zierlichem Maßwerk. Zinnenkränze, Söller, Erker und Türme gaben dem etwas nüchternen, kastenförmigen Baukörper schließlich die für Burgen charakteristische malerische Silhouette [...]«[29] (Abb. 2). Italienische, englische sowie flämische Vorbilder waren für Voit richtungsweisend[30].

Schwerpunkt der Anlage sollte der wieder aufgebaute Bergfried auf der Westseite werden, dessen Vorgänger bereits im Mittelalter verschwunden war. Oberhalb der Tordurchfahrt waren darin die Kapelle und ein stattlicher Saal untergebracht, deren aufwändig konstruierte Holzdecken englischen Mustern folgten. Blickfang der Anlage sollte jedoch der zweigeschossige Vorbau an der Südostecke mit dem gewölbten Rittersaal sein, dessen Arkaden offen bleiben und eine Aussicht ins Tal gewähren sollten (Abb. 3). Doch wurde nur ein Teil der Vorhalle im Erdgeschoß mit den neugotischen Portalen und einem reich profilierten Pfeiler darüber verwirklicht[31]. Das Innere sollte mit Vertäfelungen, Kassettendecken, Malereien, bunten Glasfenstern, Figuren und neugotischen Möbeln ausgestattet werden[32].

Nach dem 1845 erfolgten Baubeginn gingen die Arbeiten zunächst planmäßig voran. Ein nahe der Baustelle eingerichteter Steinbruch gewährleistete den Nachschub an Material. Schwierigkeiten ergaben sich durch den Einbau der Keller unter dem Nordflügel. Unterfangungsarbeiten sowie die Schließung eines Risses wurden notwendig. Im Jahr 1846 erhielten der Ost- und der Nordflügel ihre Dächer[33]. Dann verlangsamte sich der Geldfluß aus München und versiegte Ende 1846 endgültig. Das Schloß blieb im Rohbauzustand (Abb. 4).

Über die Gründe der Einstellung der Baumaßnahme ist immer wieder spekuliert worden[34]. Eine Überschreitung der Baukosten war Voit nicht vorzuwerfen. »Lag es am Mißtrauen gegenüber dem traditionellen Widerspruchsgeist der Pfälzer, der sich 1848/49 erneut regen sollte? Vielleicht hatte sich Maximilian, der die Alpen liebte, nie wirklich mit dem von seinem Vater ausgesuchten Bauplatz anfreunden können. Und als Ludwig I. 1846 bei Edenkoben den Bau der Villa Ludwigshöhe begann, war dem um seine Eigenständigkeit ringenden Kronprinzen das Schloßprojekt offenbar vollends verleidet«[35].

Den unterschiedlichen Temperamenten von Vater und Sohn entsprach der Kontrast zwischen der in klassizistisch-antikischen und italienischen Renaissanceformen gehaltenen, von Weinbergen umgebenen Villa Ludwigshöhe und dem geplanten romantisch-neugotischen Hambacher Schloß des Kronprinzen[36]. Da half es auch nichts, daß Voit in seinen Briefen die Lage der Maxburg im Vergleich zur Ludwigshöhe pries und beteuerte, *solche Manichfaltigkeit und Abwechslung der Aussicht biethet der von Seiner Majestät gewählte Platz zu einer Villa nicht*[37]. Das Schloß blieb Baustelle. Erst im 20. Jahrhundert (1952 und 1980/81) wurde der Ausbau in ganz anderer Form fortgesetzt, und noch in der Gegenwart finden Umbau- und Renovierungsarbeiten statt. »Für den sonst so erfolgrei-

29 KARN (wie Anm. 12), S. 12f.
30 KARN (wie Anm. 12), S. 13.
31 KARN (wie Anm. 12), S. 13.
32 Aquarellierte Zeichnungen des Inneren im Nachlaß Voit (TU München, Architekturmuseum).
33 KARN (wie Anm. 12), S. 13.
34 KOTZUR (wie Anm. 12), S. 49f.
35 KARN (wie Anm. 12), S. 13.
36 KARN (wie Anm. 12), S. 13.
37 Zitiert nach KARN (wie Anm. 12), S. 13.

chen Architekten August Voit bedeutete das Scheitern letztlich eine persönliche Tragik. Als gegen Ende seiner Laufbahn auch sein Schloß von Feldafing am Starnberger See in den Anfängen stecken geblieben war, hatte er keines seiner ehrgeizigen königlichen Schloßprojekte zu verwirklichen vermocht«[38].

III.

Den Entschluß, die Villa Ludwigshöhe (Abb. 5) auf dem »Breitenbühl« bei Edenkoben erbauen zu lassen, soll Ludwig I. 1843 anläßlich einer Reise durch die Pfalz gefaßt haben, auf der ihn Maximilian und dessen Frau Marie begleiteten[39]. 1845 wurde der Bauplatz bestimmt und bald darauf die Grundstücke von den Gemeinden Edenkoben und Rhodt angekauft. Nach einigen unterschiedlichen Entwürfen erfolgte die endgültige Planung durch den Hofarchitekten Friedrich von Gärtner (1792–1847)[40]. Seit 1819 war er Professor der Baukunst in München, später auch Generalinspektor der Bayerischen Kunstdenkmale und Direktor der Akademie in München. Auf ihn gehen zahlreiche, das Stadtbild prägende Bauten in München zurück. Des weiteren schuf er Entwürfe für die Residenz in Athen und für das Pompejanum in Aschaffenburg. Gärtner war auch mit der Restaurierung des Speyerer Domes beauftragt[41].

Den Wunsch, *eine Villa italienischer Art, nur für die schöne Jahreszeit bestimmt und in des Königreichs mildestem Teil* zu errichten, hatte Ludwig I. schon 1826 geäußert[42]. Seine Begeisterung für die Länder der Klassischen Antike war groß. Im Jahr 1804 reiste er erstmals nach Italien, wo er sich in Rom im Kreis deutscher Künstler aufhielt. Weitere Reisen nach Italien folgten. 1827 erwarb er die Villa Malta in Rom als Treffpunkt deutscher Künstler und Gelehrter[43]. »Die Wahl des Standorts bei Edenkoben, umgeben von Kastanienwäldern und Weinbergen, in beherrschender Lage am Hang und mit weitem Blick über die Rheinebene, war sicherlich durch die Ähnlichkeit mit Italien bedingt«[44] (Abb. 6).

An der Villa gibt es weder einen Garten noch einen Park. Dies geht auf einen ausdrücklichen Wunsch Ludwigs I. zurück: *Ein besonderer Garten ist überflüssig, alles Land rings*

---

38 KARN (wie Anm. 12), S. 13.
39 ALLROGGEN-BEDEL (wie Anm. 11), S. 67. Zur Baugeschichte der Villa Ludwigshöhe sehr ausführlich K. SINKEL, Pompejanum in Aschaffenburg. Villa Ludwigshöhe in der Pfalz, Aschaffenburg 1984; kurze Geschichte des Baues bei C. FALTERMANN, Die antiken Vorbilder der Wandmalereien in Schloß »Villa Ludwigshöhe« bei Edenkoben, in: Mitteilungen des Historischen Vereins der Pfalz 93 (1995), S. 181–345, hier S. 286–288; A. ALLROGGEN-BEDEL/E. FINKE/S. GENSICHEN, Pompeji in der Pfalz: Die Wand- und Deckenmalereien der Villa Ludwigshöhe bei Edenkoben. Mit einem Exkurs zur Villa Denis in Diemerstein, in: Mitteilungen des Historischen Vereins der Pfalz 105 (2007), S. 269–314 (mit umfangreichem Abbildungsteil).
40 SINKEL (wie. Anm. 39), S. 18. Zu den Entwürfen Gärtners und zur Architektur des Baues: ebd., S. 20–26, S. 37–53.
41 ALLROGGEN-BEDEL (wie Anm. 11), S. 67.
42 SINKEL (wie Anm. 39), S. 17; F. SCHMITT, *Eine Villa italienischer Art in meines Königreichs mildestem Teil*. König Ludwig I. von Bayern und sein Schloß in der Pfalz, in: Mitteilungen des Historischen Vereins der Pfalz 105 (2007), S. 235–268.
43 ALLROGGEN-BEDEL (wie Anm. 11), S. 10.
44 ALLROGGEN-BEDEL (wie Anm. 11), S. 10.

herum, so weit das Auge reicht, ist ein großer Garten[45]. Bis auf die angepflanzten Eßkastanien ist die Umgebung fast unverändert. Wie bei der Walhalla ist auch der weite Blick ins Land einbezogen.

Der Grundstein für die Villa Ludwigshöhe wurde am 18. Mai 1846 gelegt[46]. Am 21. April 1847 verstarb Friedrich von Gärtner. Sein Nachfolger war Leo von Klenze (1784–1864), seit 1816 Hofbaumeister, dann Leiter der königlichen Hofbau-Intendanz und Chef der obersten Baubehörde in München, wo unter anderem der Königsplatz nach seinen Entwürfen entstand[47]. Die Planung für die Villa Ludwigshöhe wurde nach Gärtners Tod aufrecht erhalten[48].

Nachdem Ludwig I. 1848 abgedankt hatte, kam es zu einer Unterbrechung der Bauarbeiten. Bis zum Herbst 1848 ruhten die Arbeiten. Als Folge davon mußte die Firma Niederhöfer, die im Edenkobener Tal eine mit Wasserkraft betriebene Furniersägerei betrieb und Fußböden und Möbel für die Villa lieferte, 25 Schreinergesellen entlassen. Dies allein zeigt schon die wirtschaftliche Bedeutung der Villa für die Region[49]. Eine weitere Unterbrechung der Bauarbeiten gab es, als die Gemeinde Edenkoben 1849 den angrenzenden Kastanienwald roden und Weinberge anlegen wollte, um damit größere Gewinne zu erwirtschaften. Ludwig I. wollte die Grundstücke kaufen, um den Kastanienwald als Umgebung für die Villa zu erhalten. Der geforderte Kaufpreis erschien ihm aber zu hoch; er drohte, die Bauarbeiten einzustellen. Die Gemeinde Edenkoben gab schließlich nach[50].

Am 6. Juli 1852 konnte Ludwig I. zusammen mit seiner Gemahlin Therese und seiner Tochter Mathilde, der Großherzogin von Hessen-Darmstadt, die Villa Ludwigshöhe als Sommerresidenz beziehen (Abb. 7). Bis zu seinem Tod (1868) kam er jedes zweite Jahr hier her, um seinen Geburtstag am 23. August zu feiern[51].

Ursprünglich bestand die Anlage aus drei Gebäuden: dem »Königsbau« auf dem höchsten Punkt des Hanges unterhalb der Ruine der Rietburg, dem nördlich davon etwas niedriger gelegenen »Cavalierbau« für das Personal und den Hofstaat (auch als »Prinzenbau« bezeichnet) und dem Marstall mit Remisen und Stallungen für 72 Pferde[52]. »Während heute vor allem das schloßähnliche Hauptgebäude die Landschaft beherrscht, war früher, als die Bäume weniger hoch waren, die gesamte Gebäudegruppe sichtbar – auch hierin antiken Vorbildern ähnlich«[53].

Im Jahr 1952 wurden der Marstall und der Cavalierbau verkauft. Der Marstall wurde abgerissen und durch den Neubau der Sportschule Edenkoben ersetzt. Der Cavalierbau

---

45 Zitiert nach ALLROGGEN-BEDEL (wie Anm. 11), S. 11.
46 ALLROGGEN-BEDEL (wie Anm. 11), S. 7; FALTERMANN (wie Anm. 39), S. 287.
47 W. NERDINGER unter Mitarbeit von S. Hildebrand, U. Steiner und T. Weidner (Hg.), Leo von Klenze, Architekt zwischen Kunst und Hof 1784–1864, München/London/New York 2000.
48 SINKEL (wie Anm. 39), S. 26; FALTERMANN (wie Anm. 39), S. 287.
49 SINKEL (wie Anm. 39), S. 49; ALLROGGEN-BEDEL (wie Anm. 11), S. 8; FALTERMANN (wie Anm. 39), S. 287.
50 SINKEL (wie Anm. 39), S. 32; ALLROGGEN-BEDEL (wie Anm. 11), S. 9.
51 SINKEL (wie Anm. 39), S. 37; ALLROGGEN-BEDEL (wie Anm. 11), S. 9; FALTERMANN (wie Anm. 39), S. 287.
52 Allroggen-Bedel (wie Anm. 11), S. 11.
53 Allroggen-Bedel (wie Anm. 11), S. 11.

wurde völlig umgebaut, »so daß nur noch die Grundstruktur des ursprünglichen Gebäudes mit den beiden seitlichen Querbauten erkennbar ist«[54].

Die Standortfrage zur Errichtung einer Residenz für die bayerischen Könige in der Pfalz ist auch im Zusammenhang mit den Ereignissen des Hambacher Festes zu sehen. Der Neubau sollte ursprünglich auf den Ruinen des Hambacher Schlosses errichtet werden. Die nach dem bayerischen Kronprinzen benannte »Maxburg« war als neugotisches Schloß geplant, das jede Erinnerung an das Hambacher Fest auslöschen sollte. Dieses Vorhaben wurde aber 1846 aufgegeben, nachdem Ludwig I. sich für den Bau der Villa Ludwigshöhe entschieden hatte. »Insofern besteht eine enge Beziehung zwischen dem Hambacher Schloß und der Villa Ludwigshöhe, deren beherrschende Lage in der Landschaft nicht nur künstlerisch zu interpretieren ist. Die weithin sichtbare Villa demonstriert bis heute die Präsenz der bayerischen Monarchie in der Pfalz. Die Villa Ludwigshöhe ist daher nicht nur eine königliche Sommerfrische in schöner Landschaft, nicht nur die Realisierung eines königlichen Wunschtraums und eine der schönsten klassizistischen Anlagen in der Pfalz, sondern auch eine der Antworten Ludwigs I. und der bayerischen Monarchie auf das Hambacher Fest und auf die demokratischen Bestrebungen in der Pfalz«[55]. Mit dem Bau von Schloß Ludwigshöhe war die Residenzfrage des bayerischen Königshauses in der Pfalz um die Mitte des 19. Jahrhunderts gelöst.

IV.

Als König Max I. im Juni 1816 zum ersten Mal die neue Provinz, die Pfalz, besuchte, wurde er gerade in Zweibrücken »mit einer Begeisterung aufgenommen, die an Irrsinn grenzte«, wie er selbst berichtete[56]. Der Jubel galt sicher nicht zuletzt den Zusicherungen des Königs, in der neuen Provinz an der Fortdauer der Gesetze und liberalen Institutionen aus der Franzosenzeit nicht zu rütteln. Ganz gewiß galt die Begeisterung auch der Aussicht, daß Zweibrücken, das seine zentralörtliche Stellung in administrativer wie in wirtschaftlicher Hinsicht nahezu vollständig verloren hatte, Sitz des Appellationsgerichts, das zunächst in Kaiserslautern eingerichtet wurde und die wichtigste Behörde neben der »Kreisregierung« war, werden könnte. Eine königliche Verordnung vom 10. Juli 1816 (»Bekanntmachung, die Versetzung des Appellhofes von Kaiserslautern nach Zweibrücken betreffend«), die am 18. Juli im »Amtsblatt für die königlich-bairischen Gebiete auf dem linken Rheinufer« veröffentlicht wurde, löste die Versprechungen ein und setzte fest, daß das oberste Gericht für die neue Provinz mit Wirkung vom 1. August 1816 seinen endgültigen Sitz im Zweibrücker Schloß bekommen sollte[57]. Dieses hatte bereits im 18. Jahrhundert seine Funktion verloren, als Herzog Karl II. August (1775–1795) in den

---

54 Allroggen-Bedel (wie Anm. 11), S. 11.
55 Allroggen-Bedel (wie Anm. 11), S. 49.
56 K. Baumann, Das pfälzische Appellationsgericht in der Zeit von 1815–1871. Die pfälzische Justiz im Kampf um den modernen Rechtsstaatsgedanken, in: Andermann, Von Geschichte und Menschen in der Pfalz (wie Anm. 2), S. 227–229, hier S. 238; W. Dury, Zweibrücken – Die pfälzische Residenz des Rechts, in: C. Glück-Christmann, Zweibrücken 1793 bis 1918: Ein langes Jahrhundert, Blieskastel 2002, S. 151–173, hier S. 152.
57 Baumann, Appellationsgericht (wie Anm. 56), S. 238; Dury (wie Anm. 56), S. 152–156.

späten siebziger Jahren des 18. Jahrhunderts – dem Vorbild anderer Fürsten folgend – seinen Sitz aus dem Zweibrücker Stadtschloß (Abb. 8) in die für ihn erbaute weitläufige Schloßanlage auf dem Karlsberg bei Homburg/Saar verlegte. Die Verwaltung jedoch blieb in Zweibrücken[58].

Der Bau, der sich im nördlichen Teil der alten Schloßanlage befand, wurde am 15. November 1725 bezogen und nacheinander von den Herzögen Gustav Samuel Leopold († 1731), Christian III. († 1735), Christian IV. († 1775) und von Karl II. August in seinen ersten Regierungsjahren bewohnt. Auch der spätere König Max I. Joseph von Bayern verbrachte hier seine Jugendjahre. Am 3. August 1793 wurde es durch französische Truppen bis auf die Umfassungsmauern zerstört[59]. Die Ruine übergab Napoleon auf Bitte des Bischofs Colmar von Mainz im Mai 1807 der Stadt. Auf dem Grundstück des Schlosses sollte eine katholische Pfarrkirche errichtet werden[60]. Die Baumaßnahmen konnten jedoch erst zehn Jahre später in Angriff genommen werden. Der Mittelbau des Schlosses wurde als Kirche, der Ostflügel als Wohnung für die Geistlichen und der Westflügel als Quartier für den bayerischen König eingerichtet. 1820 wurde die Maximilianskirche geweiht (Abb. 9), 1840 an der Ostseite des Schlosses ein Glockenturm angebaut[61] (Abb. 10). Das Gebäude erwies sich aber schon bald als baufällig[62].

Der Jurist Ludwig Molitor, bekannt geworden als Erforscher der Zweibrücker Geschichte[63], entwickelte den Gedanken, die Maximilianskirche dem Staat zur Erstellung eines Justizgebäudes zum Kauf anzubieten und aus dem Erlös eine neue Kirche zu erbauen[64]. 1866 wurde das Gebäude vom bayerischen Staat übernommen, der ihm nach Umbaumaßnahmen eine neue Bestimmung als Gerichtsgebäude gab[65]. Am 14. März 1945

---

58 H. AMMERICH, Zweibrücken und Karlsberg. Residenzen des Herzogtums Pfalz-Zweibrücken, in: K. ANDERMANN (Hg.), Residenzen. Aspekte hauptstädtischer Zentralität von der frühen Neuzeit bis zum Ende der Monarchie (Oberrheinische Studien, Bd. 10), Sigmaringen 1992, S. 337–364, hier S. 357.

59 O. FREIERMUTH, Das Herzogschloß in Zweibrücken, Worms 2005, S. 9.

60 H. AMMERICH, Vom Simultaneum zu Heilig Kreuz – Grundlinien der Geschichte der katholischen Gemeinde in Zweibrücken im 19. Jahrhundert, in: C. GLÜCK-CHRISTMANN, Zweibrücken 1793 bis 1918: Ein langes Jahrhundert, Blieskastel 2002, S. 358–377, hier S. 364.

61 Der Glockenturm ist auf einer um 1850 entstandenen Lithographie von M. Theodosius Veiel (1787–1856) mit der Aussicht des Schloßplatzes von Süden her zu sehen. Die Kunstdenkmäler der Stadt und des ehemaligen Landkreises Zweibrücken. Die Kunstdenkmäler des Kreises Pirmasens, Teil 2, bearbeitet von H. DELLWING und H.E. KUBACH (Die Kunstdenkmäler von Rheinland-Pfalz, Bd. 7), München/Berlin 1981, Bd. 1, S. 193, Abb. 134; AMMERICH, Simultaneum (wie Anm. 60), S. 364.

62 H. AMMERICH, Zweibrücken und Karlsberg. Residenzen des Herzogtums Pfalz-Zweibrücken, in: K. ANDERMANN (Hg.), Residenzen. Aspekte hauptstädtischer Zentralität von der frühen Neuzeit bis zum Ende der Monarchie (Oberrheinische Studien, Bd. 10), Sigmaringen 1992, S. 337–364, hier S. 357.

63 Ludwig Molitor war seit 1852 Bezirksrichter, seit 1865 Rat am Appellationsgericht und seit 1859 Mitglied des Fabrikrates, was dem heutigen Verwaltungsrat einer Kirchengemeinde im Bistum Speyer entspricht. H. AMMERICH, Ludwig Alois Molitor (1817–1890), in: Stimme der Pfalz 42 (1991), Heft 4, S. 3–6.

64 L. MOLITOR, Das Herzogschloß in Zweibrücken. Seine Entstehung, seine Geschichte und seine Zukunft. Denkschrift, veröffentlicht durch den Fabrikrath der Zweibrücker Maximilianskirche 1861, Zweibrücken 1861, S. 33–41.

65 Die Planungen des Umbaues des Schlosses werden mit August von Voit in Verbindung gebracht. FREIERMUTH (wie Anm. 59), S. 11f.; KOTZUR (wie Anm. 12), S. 245.

wurde das Schloß zerstört, der Wiederaufbau erfolgte zwischen 1960 und 1965. Das ehemalige Residenzschloß beherbergt seit Januar 1965 das Pfälzische Oberlandesgericht.

Für Zweibrücken war der Einschnitt zwischen dem 18. und dem 19. Jahrhundert sehr gravierend[66]. Der Verlust der Residenzfunktion war für die wirtschaftliche Entwicklung der Stadt ein schwerer Schlag, der bis weit in das 19. Jahrhundert nachwirkte. Die noch im 18. Jahrhundert gesellschaftlich und kulturell tragende Bevölkerungsschicht war im 19. Jahrhundert so gut wie verschwunden. Die aufgrund der Revolutionskriege erfolgte Verlagerung der pfalz-zweibrückischen Regierung und damit auch der höfischen Kultur über Mannheim nach München hat so manche bedeutende Persönlichkeit von Zweibrücken fortgezogen, beispielsweise die leitenden Beamten der Regierung. Doch kam es nach 1816 zu einer gewissen Wechselwirkung, ausgelöst durch die Bedeutung des Appellationsgerichts und des Zweibrücker Gymnasiums.

Zweibrücken ist im wesentlichen eine Beamtenstadt geworden. Die durch landesherrliche Initiative gegründeten Unternehmen haben die Herzogszeit nicht überlebt; keines von ihnen hat aus eigener Kraft weiter existiert. Erst in den 30er und 40er Jahren des 19. Jahrhunderts entstanden wieder einige Betriebe, die im gewerblichen Leben der Stadt eine besondere Stellung einnahmen und im Laufe der Zeit größere Bedeutung erlangten[67]. Der technische und ökonomische Wandel war viel zu rasch vor sich gegangen, so daß radikale Reaktionen ausgelöst werden mußten. Hier entstanden die Gedanken und Stimmungen, die zum Hambacher Fest führten und Zweibrücken die Ungnade von König Ludwig I. eintrugen, so daß er viele Jahre lang die Stadt mied.

Meinungsbildend und tonangebend waren nun die Juristen des Appellationsgerichts, des späteren Oberlandesgerichts. »Sie waren zum Teil auch die politischen Wortführer der Pfalz, wenigstens ihrer radikalen Kreise, in dem jungen parlamentarisch-konstitutionellen Leben des bayerischen Staates«[68]. Zweibrücken stellte als Mittelpunkt oppositioneller Bestrebungen in der Pfalz gewissermaßen einen Gegenpol zu Speyer dar, wo sich unter dem Einfluß der Regierung und der kirchlichen Kreise konservative Strömungen durchsetzten[69]. Ein großer Teil vor allem der in Zweibrücken am Gericht tätigen Advokaten hat sich im politischen Leben des Vormärz stark engagiert – etwa Christian Cullmann, Friedrich Schüler, Joseph Savoye – und in der Zeit des Hambacher Festes eine große Rolle gespielt. Nach den dreißiger Jahren und nach dem schweren Rückschlag des Jahres 1849 entwickelte sich auch in Zweibrücken ein »Achtungsverhältnis« zum bayerischen Staat und zur Dynastie; die Garnison und eine zielbewußte Personalpolitik haben sicherlich

---

66 BAUMANN, Herzogtum (wie Anm. 2), S. 63; C. GLÜCK-CHRISTMANN, Eine Einführung in 650 Jahre Stadtgeschichte, in: C. GLÜCK-CHRISTMANN, Zweibrücken 1793 bis 1918: Ein langes Jahrhundert, Blieskastel 2002, S. 13–35, hier S. 26–31.
67 GLÜCK-CHRISTMANN (wie Anm. 66), S. 31ff.; H. REICHLING, Zweibrücken und die Industrielle Revolution, in: C. GLÜCK-CHRISTMANN, Zweibrücken 1793 bis 1918: Ein langes Jahrhundert. Blieskastel 2002, S. 71–111, hier S. 71–81.
68 BAUMANN, Herzogtum (wie Anm. 2), S. 62; GLÜCK-CHRISTMANN (wie Anm. 66), S. 29–31.
69 BAUMANN, Herzogtum (wie Anm. 2), S. 63; GLÜCK-CHRISTMANN (wie Anm. 66), S. 30f.; M. BAUS, »In hiesiger Gegend ist alles fortwährend ruhig«. Vormärz und Revolution in Zweibrücken, in: C. GLÜCK-CHRISTMANN, Zweibrücken 1793 bis 1918: Ein langes Jahrhundert, Blieskastel 2002, S. 175–203.

viel dazu beigetragen[70]. »Vollends nach der Reichsgründung wurden die bestehenden Spannungen mehr und mehr abgebaut«[71].

Resümee

Schloß Hambach und Villa Ludwigshöhe waren königliche Bauprojekte, die den Herrschaftsanspruch des bayerischen Königshauses dokumentieren und die Präsenz des Landesvaters zeigen wollten. Da es zunächst keinen privaten königlichen Wohnsitz in der Pfalz gab, lag es nahe, als Hochzeitsgeschenk anläßlich der Vermählung des Kronprinzen Maximilian mit der preußischen Prinzessin Marie (1842) ein Schloß oder ein Grundstück zum Bau einer königlichen Villa auszuwählen. Auf diese Weise wollte man einen engeren Kontakt zwischen der Pfalz und dem Münchener Hof erreichen. So wurden in der Pfalz mehrere Objekte in Erwägung gezogen. Schließlich wurde von Ludwig I. die Schloßruine Hambach ausgewählt. Die nach dem Kronprinzen benannte Maxburg sollte nach den Plänen des Architekten August von Voit ein repräsentatives Königsschloß werden. Doch das Projekt scheiterte – über die Gründe können nur Mutmaßungen angestellt werden. Stattdessen wurde ein Grundstück in der Nähe von Edenkoben erworben und Friedrich von Gärtner beauftragt, einen Entwurf zu einer »Villa italienischer Art« zu erstellen.

Strittig war noch eine andere Frage: »Wo soll der Sitz der Regierung der Pfalz sein?« Zweibrücken oder Speyer – diese Frage wurde bereits seit Anfang des Jahres 1815 erörtert. Die Wahl fiel schließlich auf Speyer. Diese Entscheidung bedeutete eine herbe Enttäuschung für die Zweibrücker. Behörden und Garnisonen brachten für die Stadt keinen vollwertigen Ersatz. Das Schloß wurde nach dem Verlust höfischer Repräsentation zu anderen Zwecken – Kirche, vorübergehender königlicher Wohnsitz, Appellationsgericht – genutzt. Bauliche Umgestaltungen wurden vorgenommen, die letzlich zur Baufälligkeit führten.

Hambach, Villa Ludwigshöhe, Zweibrücken – drei Schloßbauten, die heute auf ihre Weise kulturelle Zentren darstellen: Das Hambacher Schloß, die Wiege der Demokratie, ist eine Begegnungsstätte für den politisch-gesellschaftlichen Dialog und Vorzeigeobjekt bei Besuchen von Staatshäuptern verschiedener Nationen. Die im »Landschaftsgarten Pfalz« gelegene Villa Ludwigshöhe bietet einen idealen Raum für Bildende Kunst und Musik. Das nach dem Zweiten Weltkrieg wieder aufgebaute Zweibrücker Schloß beherbergt mit dem Oberlandesgericht das Herzstück der pfälzischen Justiz. Alle ehemaligen Residenzen sind heute Zeichen einer gelungenen Umwandlung einstiger Repräsentationsbauten zu Kulturobjekten des Landes Rheinland-Pfalz.

---

70 BAUMANN, Herzogtum (wie Anm. 2), S. 63; GLÜCK-CHRISTMANN (wie Anm. 66), S. 30f.
71 BAUMANN, Herzogtum (wie Anm. 2), S. 63.

Abb. 1 Die Ruine des Hambacher Schlosses, um 1832, Zeichnung von Verhas

Abb. 2   August von Voit, Aufriß der Fassade mit Skizzierung der Türme

Abb. 3 Fiktive Ansicht des geplanten Hambacher Schloßbaus, um 1846, Kupferstich

Abb. 4 Ansicht des Hambacher Schlosses nach Einstellung des Schloßausbaues im Jahr 1846, Fotografie

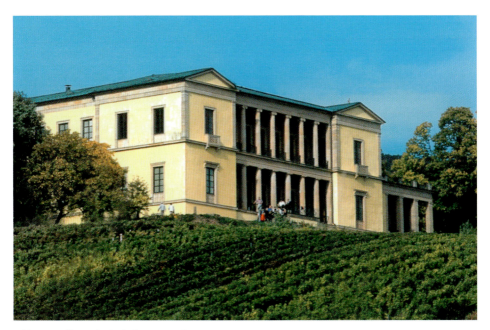

Abb. 5   Villa Ludwigshöhe von Südosten

Abb. 6   Ansicht der Villa Ludwigshöhe mit dem Cavalierbau und dem Marstall, Stahlstich

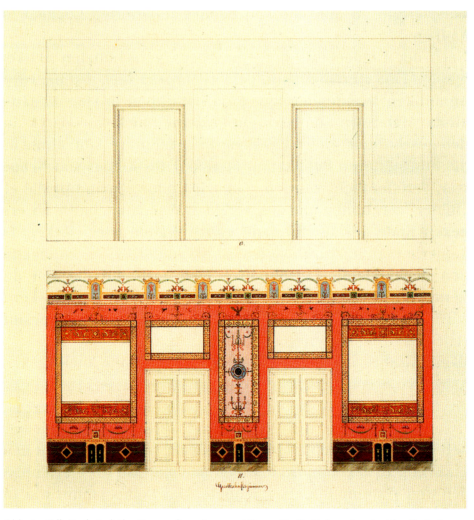

Abb. 7 Villa Ludwigshöhe, Entwurf von Leo von Klenze für die Dekoration des Gesellschaftszimmers, um 1849

Abb. 8   Schloß Zweibrücken, Hoffassade. Kachelbild von 1840 nach dem um 1780 entstandenen Aquarell Leclercs

Abb. 9   Maximilianskirche im Jahr 1818, Untertitel: »Herzogliches Schloß in Zweybrücken. Erstand aus seinen Ruinen zur katholischen Maximilians-Kirche 1818«, Lithographie

Abb. 10   Schloßplatz von Süden, Zeichnung von Th. Veiel, nach 1840

Die Folklorisierung von Macht? Karlsruher Hof und Residenz im Mittelpunkt öffentlicher Feiern[1]

Prof. Dr. Christoph Daxelmüller zum 60. Geburtstag

VON BRIGITTE HECK

Es war Dienstag, der 11. Februar 1913, halb vier Uhr am Nachmittag, als die badische Großherzoginwitwe Luise (1838–1923) mit der deutschen Kaiserin Auguste Viktoria (1858–1921) vom hinteren Ausgang des Karlsruher Schlosses dem großherzoglichen Fasanengarten entgegenging. Dabei wurde sie von dort lagernden Fotografen überrascht und abgelichtet. Durch einen ihrer Hoflakaien ließ sie diese zudringlichen Personen entfernen und äußerte gegenüber der eingeschalteten Polizei den Wunsch: »Sie wolle in Zukunft nicht mehr photographiert werden«[2].

›Paparazzi‹ nennt man heute diese Bildlieferanten der ›Regenbogenpresse‹, die ein schier unersättliches Interesse am Schicksal fürstlicher Familien mit immer neuen Impressionen aus deren Alltag zu stillen versuchen. Für das frühe 20. Jahrhundert sind solche Berichte eher selten in den Akten zu finden und weder quantitativ erfaßt noch qualitativ bewertet.

Die historische Aussage, die sich hinter diesem eher oberflächlich anmutenden Geschehen des Jahres 1913 verbirgt, ist weniger banal. Sie zeugt von einem tiefgreifenden Wandel im Verhältnis von Monarchie und Öffentlichkeit. Der im Alten Reich noch herausgehobene Monarch war im Verlauf des konstitutionell-monarchischen 19. Jahrhunderts zu einem Bestandteil der bürgerlichen Gesellschaft geworden. Er nutzte diese politische, gesellschaftliche und zunehmend mediale Öffentlichkeit häufig sogar zum Zweck der Selbstprofilierung und Popularisierung. Da er nun jederzeit im Fokus des öffentlichen Interesses stand, bildete sich andererseits auch ein sakrosankter, privater Bereich heraus[3]

---

1 Die Untersuchung der Festkultur ist seit Ende der 1980er Jahre ein Forschungsanliegen vieler geisteswissenschaftlicher Disziplinen und wird sukzessive um regionale Studien erweitert. Transformations- und Folklorisierungsprozesse untersuchen dabei in interdisziplinären Ansätzen die historische Anthropologie wie die Kulturanthropologie/Volkskunde. »Folklorisierung« meint hier die Übertragung von Bereichen der fürstlichen Lebenswelt in Alltagsrituale anderer Bevölkerungsgruppen. Vice versa werden solche Transformationsprozesse natürlich auch in umgekehrter Richtung betrachtet und veränderte Gewohnheiten des Adels analysiert.
2 GLA 56/3410.
3 Alexa Geisthövel beobachtet dieses Phänomen bei Kaiser Wilhelm I., S. 166. In: A. GEISTHÖVEL, Wilhelm I. am ›historischen Eckfenster‹: Zur Sichtbarkeit des Monarchen in der zweiten Hälfte

und damit ein Bewußtsein von ›Privatsphäre‹ in bürgerlichem Sinn, die es zu verteidigen galt.

Großherzogin Luises Reaktion steht für diesen Prozeß. 1913 schien die Großherzogin ›nahbar‹ geworden zu sein. Die bürgerliche Gesellschaft Badens hatte ihr großherzogliches Haus inkorporiert – sie nahm ihren Monarchen in Anspruch. Wie ein Politiker stand auch die badische Großherzogin im Fokus der Öffentlichkeit und mußte in modernem Verständnis gesprochen um ihr Persönlichkeitsrecht ›kämpfen‹.

Am Beispiel der öffentlichen monarchischen Feiern und der damit verbundenen Popularisierung des Karlsruher Fürstenhauses läßt sich die Entwicklung hin zu diesem Kulminationspunkt im Jahr 1913 aufzeigen.

Wie an anderen fürstlichen Höfen gab es auch in Karlsruhe bestimmte Gelegenheiten für höfische Feste und öffentliche monarchische Feiern. Dies waren die Inthronisation des neuen Fürsten, dessen Hochzeit[4], die Geburt eines fürstlichen Kindes, Leichenbegängnisse, Regierungsjubiläen, Regentengeburtstage und Denkmalerrichtungen[5], der Besuch eines anderen Monarchen, militärische Manöver und Paraden sowie später im 19. Jahrhundert Nationalfeiern wie der Kaisergeburtstag[6] und der Sedanstag[7]. Bei diesen Anlässen kam es zu öffentlichen Auftritten des Fürsten, wobei der Wandel von Art des Auftritts und Gestaltung des zeremoniellen Rahmens aufschlußreich ist für die Veränderung der fürstlichen Selbstpräsentation und Repräsentation der Monarchie. Er ist auch aufschlußreich für das Selbstverständnis des badischen Herrscherhauses und seines jeweils regierenden Fürsten.

Ein konzentrierter Blick auf drei markante Stationen im Verlauf des 19. Jahrhunderts soll die Entwicklung monarchischer Feiern im Großherzogtum Baden zwischen 1803 und 1902 aufzeigen.

Es handelt sich um Einritt und Huldigung des Kurfürsten Karl Friedrich (1728/1803–1811) in Mannheim 1803, um den Einzug des neu vermählten Hochzeitspaares Großher-

---

des 19. Jahrhunderts, in: J. ANDRES/A. GEISTHÖVEL/M. SCHWENGELBECK (Hgg.), Die Sinnlichkeit der Macht: Herrschaft und Repräsentation seit der Frühen Neuzeit, Frankfurt am Main 2005, S. 163–185.

4 Siehe dazu auch Martin Furtwänglers frühe Arbeit: M. FURTWÄNGLER, Herrschaftliche Selbstdarstellung hochadliger Untertanen. Die Hochzeitsfeierlichkeiten des Hauses Fürstenberg in der ersten Hälfte des 19. Jahrhunderts, in: E.O. BRÄUNCHE/H. HIERY (Hgg.), Geschichte als Verantwortung. Festschrift für Hans Fenske zum 60. Geburtstag, Karlsruhe 1996, S. 47–63.

5 Dazu zählten auch die Centennarfeiern für verstorbene Fürsten. So etwa das »Säkularfest« zum 100. Geburtstag des Großherzogs Karl Friedrich, das in Form eines Festzugs mit Grundsteinlegung für das noch heute dort stehende Fürstendenkmal begangen wurde. Dazu GLA 53/23.

6 In Baden feierte man schon früher ›Kaisergeburtstag‹, so etwa 1810 den von Kaiser Napoleon. F. VON WEECH, Karlsruhe. Geschichte der Stadt und ihrer Verwaltung. Bd. I. 1715–1830, Karlsruhe 1895, S. 229.

7 Dazu fehlen noch regionale Studien zum Großherzogtum Baden. Verwiesen sei hier auf den jüngsten Beitrag von G. RIEDERER, Feiern im Reichsland. Politische Symbolik, öffentliche Festkultur und die Erfindung kollektiver Zugehörigkeiten in Elsaß-Lothringen (1871–1918), Trier 2004; auf U. SCHNEIDER, Einheit ohne Einigkeit. Der Sedantag im Kaiserreich, in: S. BEHRENBECK/S. NÜTZENADEL (Hgg.), Inszenierungen des Nationalstaats. Politische Feiern in Italien und Deutschland seit 1860/71, Köln 2000, S. 27–44; sowie auf F. SCHELLACK, Sedan- und Kaisergeburtstagsfeste, in: D. DÜDING/P. FRIEDEMANN/P. MÜNCH (Hgg.), Öffentliche Festkultur. Politische Feste in Deutschland von der Aufklärung bis zum Ersten Weltkrieg, Hamburg 1988, S. 278–297.

zog Friedrich I. (1826/1852–1907) und Luise durch Mannheim und Karlsruhe 1856 sowie um die Feiern des 50jährigen Regierungsjubiläums Friedrichs I. 1902.

»In demselben Augenblicke wurden in Mannheim alle Glocken geläutet, und hundert Kanonen gelöset«[8]

1803 – Ein Fürst nimmt ›sein‹ Land in Besitz

Am 5. Mai 1803 hatte Markgraf Karl Friedrich von Baden-Durlach (1728/1746–1811) entsprechend der Regelungen des Reichsdeputationshauptschlusses die Kurfürstenwürde angenommen. Dies wurde in Karlsruhe mit einem Hoffest und durch die Stadt mit der Errichtung einer Ehrenpforte, der Schaustellung von Transparenten und Inschriften sowie der Veranstaltung von Illuminationen[9] gefeiert (städtische Festbeleuchtungen als Gegenstück zum höfischen Feuerwerk). Unmittelbar darauf begannen Karl Friedrichs Vorbereitungen für Huldigungsfeierlichkeiten in der Kurpfalz, die dem neu konstituierten badischen Staatsgebiet zugeschlagen worden war. Bereits am 16. Mai wurden die ersten Personenlisten für die Reise nach Mannheim erstellt und am 28. Mai die Detailplanung abgeschlossen[10]. Die Feierlichkeiten begannen am 2. Juni 1803 mit dem »adventus« Karl Friedrichs, dem Einzug des Fürsten in sein Herrschaftsgebiet zu dessen Inbesitznahme, die mit der zeremoniellen Huldigung der Bevölkerung einherging. Dieser hochsymbolische Akt spiegelt sich in archivalischen Quellen[11] wie auch einer ›panegyrisch‹ anmutenden Darstellung der Geschehnisse aus dem Umfeld des Karlsruher Hofes[12].

Nach dynastischem Rang geordnet, zogen am 2. Juni 1803 in hierarchischer Folge zuerst der badische Herrscher selbst, seine Agnaten[13] und die Familie (seine Schwiegertochter, die Markgräfin Amalie, nebst seiner zweiten Frau, Luise Karoline, Reichsgräfin von Hochberg) sowie ein Großteil der Hofangehörigen ein, flankiert von »Garde du corps« und Militär. Bis Neckarau gönnte sich der 75 Jahre alte Regent einen bequemen Sitz in der Kutsche. Von da ab jedoch ritt der »Serenissimus Elector«[14] auf seinem »Apfelschimmel

---

8 Der Moment, in dem Kurfürst Karl Friedrich die Stadtgrenze Mannheims erreichte, wurde per Signal allen Stadtbewohnern bekannt gegeben. In: DIE HULDIGUNGSFEYER DER BADISCHEN PFALZGRAFSCHAFT, Mannheim 1803, S. 17.
9 VON WEECH (wie Anm. 6), S. 179f.
10 GLA 56/1800. Bis in die Feinabstimmung der 102 zugeteilten Kutsch- und Handpferde hinein wurde für den Zug der hierarchische und zeremonielle Platz jedes Mitgliedes des Karlsruher Hofes bestimmt.
11 GLA 56/1800: »Als seine kurfürstliche Durchlaucht von Baaden, in Mannheim die Huldigung einzunehmen, und Höchstdero Rheinpfälzische Lande Heidelberg, Schwezingen und Bruchsal auch den Ort Baaden zu bereißen geruhten. Im May, Juny und July 1803«.
12 HULDIGUNGSFEYER (wie Anm. 8). Mit dieser Feier griff man auf die ›Huldigung‹ eines Königs zurück, die als symbolischer Akt die letzte Station des im Heiligen Römischen Reich Deutscher Nation durch die Goldene Bulle festgeschriebenen Krönungszeremoniells darstellte.
13 Ihm beigeordnet sein nächster Erbe und Enkel Karl, danach sein zweitgeborener Sohn Ludwig und danach die morganatisch geborenen drei Söhne aus zweiter Ehe, die Grafen Leopold, Wilhelm und Maximilian.
14 Übertragen: Zur Wahl des Königs/Kaisers berechtigte »Fürstliche Durchlaucht«.

Alerte [...] nach Mannheim«[15], wo er nach etwa zwei Stunden eintraf. Der Einritt hoch zu Ross wie auch die kurfürstliche Titulatur zeigen eine zu Zeiten Karl Friedrichs noch deutliche Überhöhung der Person des Monarchen. Glockengeläut und Kanonenschüsse signalisierten die Ankunft des Karlsruher Hofstaats. Abordnungen und Bürgerwehren der passierten Städte sowie die Honoratioren der abseits der Route liegenden Städte Heidelberg, Schwetzingen und Bruchsal geleiteten den Kurfürsten an die Stadtgrenze von Mannheim. Dort wurde er durch hiesige Honoratioren und Bürgerwehren, davon allein »dreyhundert Landleute zu Pferde«[16], empfangen und zum Schloß begleitet (Abb. 1).

Fünf Tage danach, am 7. Juni 1803, huldigten im Mannheimer Schloßhof die Deputierten der drei kurpfälzischen Hauptstädte Mannheim, Heidelberg und Schwetzingen in feierlichem Zeremoniell mit Schwurgeste und unter Nachsprechen der Eidesformel dem Badischen Kurfürsten auf dem »unter dem Balkon im Schloßhofe errichteten Throne«[17]. Ein feierliches »te deum« in der Schloßkapelle beendete den Rechtsakt.

Der zeremonielle Einritt nach Mannheim, die standesgemäße Begleitung durch den Karlsruher Hof, der Fürst zu Pferd und der Empfang durch die städtischen Honoratioren in ihren Kutschen, die Ehrengarden und die Devotion der Bürger – das alles sind noch Gesten einer traditionellen, auf Distanz zum Volk ausgelegten Monarchie, wenngleich Karl Friedrich als einer von wenigen aufgeklärten Fürsten des Spätabsolutismus galt. Die Symbolhaftigkeit des Geschehens war deutlich ausgeprägt und stand im Vordergrund. In mittelalterlicher Tradition praktizierte Karl Friedrich einen »Umritt des Landesherrn zum Zweck der Huldigungseinnahme«[18], während er in persönlichem, unmittelbarem Kontakt mit ›seinen‹ Untertanen damit dieses neue Herrschaftsgebiet samt dessen Einwohnern vereinnahmte. Das Spalier der ständisch aufgereihten, jubelnden Bevölkerung schien Akklamation dieses Vorgangs zu sein, und der Schwurakt der Autoritäten der kurpfälzischen Hauptstädte vor dem kurfürstlichen Thron kam als »pars pro toto« einer Eidesleistung aller Untertanen auf den neuen Herrscher gleich, der diesem profanen Akt im feierlichen Lobgesang des »te deum« noch sakrale Weihen verlieh.

Ungewöhnlich ist die Verlegung dieses Zeremoniells aus dem Schloß heraus in den öffentlichen Raum, fand eine solche Huldigung doch gemeinhin in den Thronsälen der Residenzschlösser statt[19]. In der Gestaltung der Reise als »adventus« bilden der Aufbruch in Karlsruhe und die Huldigung in Mannheim Anfang und Ende eines symbolischen Akts der Landnahme und Devotion und gehören insofern zusammen.

Doch auch wenn die Mannheimer Stadtbürgerschaft dies ganz im Gegensatz zur Karlsruher hoffte[20]: Karl Friedrich entschied sich nicht dafür, seine Residenz von Karlsruhe

---

15 GLA 56/1800. Die Auflistung der Zugteilnehmer verzeichnet sogar die namentlich identifizierbaren Pferde.
16 HULDIGUNGSFEYER (wie Anm. 8), S. 19.
17 HULDIGUNGSFEYER (wie Anm. 8), S. 8. Der Thron stand wohl im Ehrenhof.
18 A. HOLENSTEIN, Die Huldigung der Untertanen. Rechtskultur und Herrschaftsordnung (800–1800), Stuttgart/New York 1991, S. 436.
19 So etwa die Huldigung der von Württemberg 1806 mediatisierten Grafen und Fürsten vor König Friedrich I. von Württemberg (1754/1806–1816) am 6. Januar 1807 im Weißen Saal des Stuttgarter Residenzschlosses. Siehe dazu A. SCHINDLING/G. TADDEY (Hgg.), 1806 – Souveränität für Baden und Württemberg. Beginn der Modernisierung?, Stuttgart 2007, Abb. 8.
20 C. WAGNER, Von der Stadtgründung zur großherzoglich badischen Haupt- und Residenzstadt, in: STADT KARLSRUHE – STADTARCHIV (Hg.), Karlsruhe – Die Stadtgeschichte, Karlsruhe 1998,

nach Mannheim zu verlegen. Das Mannheimer Schloß behielt von 1803 an die Funktion einer Zweit-, Zweig- bzw. Nebenresidenz. Die Alte Residenzstadt Mannheim wurde formal eine von mehreren ›Hauptstädten‹ in einem neuen Großherzogtum. Auch nach der Inthronisation von Großherzog Karl (1786/1811–1818) blieb der badische Hof in Karlsruhe, obwohl dieser mit seiner Frau Stéphanie de Beauharnais (1789–1860) zuvor von 1806 bis 1811 im Mannheimer Schloß als erbgroßherzoglichem Quartier residiert hatte. Nach dem Tode von Großherzog Karl war das Schloß von 1819 bis 1860 Witwensitz der Großherzogin Stéphanie[21]. Erst durch deren Tod 1860 verlor Mannheim dann auch noch diesen dynastischen (neben)residenzlichen Status[22]. Die ständige Hofhaltung wurde aufgelöst, lediglich ein kleines Quartier blieb dem Großherzoglichen Haus zur unregelmäßigen Nutzung vorbehalten, das Mannheimer Schloß wurde eines unter vielen und partiell als Behördensitz verwendet[23]. Dennoch verlor es nicht seinen Charakter als Kulisse mit (macht)symbolischem Wert. Dies erklärt, warum das Schloß auch nach 1860 eingebunden blieb in die städtische Öffentlichkeit und deren bürgerliche Festrituale. Nationale militärische und patriotische Feiern bezogen auch in Mannheim das Schloß als ehemaliges Zentrum politischer Macht mit ein. So paradierte etwa das 2. Badische Grenadierregiment Kaiser Wilhelm I. Nr. 110 regelmäßig zu den Kaisergeburtstagen und zum Großherzoglichen Geburtstag im Mannheimer Schloßhof[24]. Auch zur patriotischen Feier des Sedanstages figurierte das Mannheimer Schloß als Kulisse, so etwa am 14.8.1890[25].

War nun auf der einen Seite das Mannheimer Schloß zunehmend weniger ein fürstlicher Hof, so erwuchs auf der anderen Seite der Karlsruher Schloßanlage, die noch einer vitalen Hofhaltung diente, eine städtische Konkurrenz.

Denn nachdem gesichert war, daß die Residenz in Karlsruhe blieb, etablierten sich in den kommenden Jahrzehnten dort eine Kommune und eine stadtbürgerliche Öffentlichkeit, die zum nahezu souveränen Partner des badischen Hofes aufstieg. Von 1807 bis 1825 baute der badische Star-Architekt Friedrich Weinbrenner den städtischen Marktplatz aus, der damit ein »bürgerliches Gegenzentrum zum Hof«[26] bildete und durch eine »via triumphalis« mit diesem verbunden war. Dieser Marktplatz wurde nun zum Ziel vieler Ausfahrten der Hofgesellschaft aus dem Schloß hinaus, und in gleicher Weise band sich der Schloßvorplatz als Veranstaltungsort immer stärker in den kommunalen Raum ein (Abb. 2).

S. 187 sowie von WEECH (wie Anm. 6), S. 187, 201.
21 Dazu W. WIESE, Die Zweigresidenz Badens im frühen 19. Jahrhundert, in: STAATLICHE SCHLÖSSER UND GÄRTEN BADEN-WÜRTTEMBERG (Hg.), Barockschloß Mannheim. Geschichte und Ausstattung, Petersberg 2007, S. 99–119.
22 In der Regierungszeit von Großherzog Ludwig (1763/1818–1830) hatte Stéphanie in Mannheim als erste Dame Badens vielfältige repräsentative Aufgaben zu erfüllen.
23 Siehe K. RÖSSLER, Vom Adelsschloß zum Bürgerschloß: Umnutzung ab 1860, in: STAATLICHE SCHLÖSSER UND GÄRTEN BADEN-WÜRTTEMBERG (wie Anm. 21), S. 163–182.
24 GLA 56/3735.
25 GLA 56/3666.
26 S. ASCHE, Residenzstadt – Bürgerstadt – Großstadt: Auf dem Weg von der Residenz zum Industrie- und Verwaltungszentrum 1806–1914, in: STADT KARLSRUHE – STADTARCHIV (wie Anm. 20), S. 192.

Kulminationspunkt dieses Prozesses der räumlichen Integration des Schloßareals in die Gesamtanlage der wachsenden Stadt Karlsruhe war die Eingemeindung des Hofbezirks am 5. Juni 1884[27].

Die ritualisierte Fahrt zur Machterhebung und Huldigung Kurfürst Karl Friedrichs 1803 wie auch die skizzierte wechselhafte Geschichte des Schlosses Mannheim im 19. Jahrhundert einerseits und der residenzstädtischen Entwicklung Karlsruhes andererseits berühren scheinbar nur am Rand das Phänomen der »Repräsentation im Wandel«, das ja zunächst von den Residenzschlössern selbst als Zentren und Zeichen von Macht ausgeht.

Auch das Schloß Karlsruhe war Machtzentrale einer sich ab 1803 neu strukturierenden Landesherrschaft und zugleich Mittelpunkt eines monarchischen Selbstinszenierungsprogramms. Das hier verortete und hiervon ausgehende Handeln des Fürsten hatte jedoch einen äußeren Bezugsrahmen und wirkte unmittelbar in die Residenzstadt und das Land hinein – insbesondere dann, wenn der Aktionsrahmen des Fürsten und seines Hofes sich nach außen erweiterte, in den öffentlichen Raum zielte, und es so zu einer persönlichen Kommunikation zwischen Monarchen und Bevölkerung kam. Dies verweist auf zweierlei: Das Geschehen in den Schlössern wie auch das, was sich davor abspielt, gehört zu einem Konzept, gestaltet sich komplementär und ist aufeinander bezogen – Schloß und Residenz (hier im Sinn des öffentlich-städtischen Raums) als Bedingungsraum. Denn zur Repräsentationskultur von Dynastien gehört im 19. Jahrhundert zunehmend die Öffentlichkeit, gehören politische Feste und monarchische Feiern, festliche Auftritte und herrscherliche Gesten, also die Nutzung öffentlicher Räume und die Schaffung öffentlicher Rituale, in denen der Regent situativ kommuniziert. Dazu kommt eine sich im 19. Jahrhundert immer stärker ausdifferenzierende mediale Kommunikation und hier vor allem die Nutzung moderner Bildmedien zur Repräsentation und Fürstenpropaganda.

Bei den großen öffentlichen Inszenierungen der Erhebungen Karl Friedrichs zum Kurfürst 1803 und zum Großherzog 1806 und bei den jeweiligen Übertragungsritualen in der Kurpfalz (1803) und im Breisgau (1806)[28] war die Bevölkerung als akklamierendes Publikum in die Pracht- und Machtentfaltung mehr dekorativ eingebunden[29].

Erst mit der Regierungszeit Großherzogs Friedrich I. änderte sich dies grundlegend.

»Vom frühen Morgen an stieg die Menschenmasse von Stunde zu Stunde«[30]

---

27 GLA 56/3240 und 56/3241. Der Schloßvorplatz war schon zuvor immer wieder zur Veranstaltung von Volksfesten, wie dem 1853 (GLA 53/41), genutzt worden, oder als Veranstaltungsort für »Volksvergnügungen« unterschiedlichster Art wie Magier- oder Zirkusunternehmungen von der badischen Hofverwaltung freigegeben worden.
28 Als die Amtsstadt Freiburg samt dem Breisgau 1806 Baden zugeschlagen wurde, feierte Karl Friedrich seine »kurbadische Landes- und Erbhuldigung« am 30.6.1806 im Freiburger Münster. GLA 56/1678.
29 Dies handhabten auch Karl Großherzog von Baden (1786/1811–1818) und Ludwig Großherzog von Baden (1763/1818–1830) so. Erst unter Großherzog Leopold von Baden (1790/1830–1852) fand eine Lockerung des Protokolls und Einbeziehung der Bevölkerung statt. Dazu GLA 53/32.
30 F.J. Schunggart (Hg.), Gedenkbuch zur bleibenden Erinnerung an die Verlobung und Vermählung Seiner königlichen Hoheit des Durchlauchtigsten Großherzogs Friedrich von Baden mit Ihrer Königlichen Hoheit der Durchlauchtigsten Prinzessin Luise von Baden, Karlsruhe 1856, S. 196. Vergleichbare Schilderung bei von Weech (wie Anm. 6) Bd. 3, 1. Hälfte, S. 19.

1856 – Monarchiefeiern als Massenveranstaltungen

Kurz nach Übernahme der Großherzogswürde[31] und der Feier seines 30. Geburtstags[32] heiratete Friedrich I. von Baden am 20. September 1856 die preußische Prinzessin Luise Marie Elisabeth (1838–1923), Tochter des späteren Deutschen Kaisers Wilhelm I. (1797/1871–1888). Die Hochzeit selbst fand in Berlin statt[33] und glich zunächst einem überdimensionalen Familienfest mit großem Pomp. Die folgenden Tage bis zur Abreise nach Karlsruhe am 24. September waren eine Abfolge von dynastischen und diplomatischen Empfängen, höfischen Feiern und Opernbesuchen[34]. Am preußischen Königshof blieben die an den Festlichkeiten Teilnehmenden noch auf den inneren Hofzirkel, auf diplomatische Abordnungen und hochadlige Gäste beschränkt (Abb. 3).

Ganz anders entwickelten sich die Feiern im Land des Bräutigams, im Großherzogtum Baden. Dies wurde schon bei der Anreise des neu vermählten Paares nach Karlsruhe über die Stationen Köln, Koblenz, Mainz und Mannheim deutlich. In Mannheim betrat das Großherzogliche Paar erstmals badischen Boden, wohin es von Köln ab über den Rhein auf dem Dampfboot »Hohenzollern« angereist war. Die Spaliere der Bevölkerung reichten von den Mannheimer Rheinhafenbassins bis zur Innenstadt. Große Abordnungen von Vertretern der Stadt, Bürgerwehren, Zünften und Vereinen, von Gastronomie und Gewerbe und schließlich auch der Fabrikanten und Arbeiter sowie die Schulkinder Mannheims erwarteten den jungen Herrscher und seine Frau. Ein enormer Zug von Gespannen, Kutschen, berittenen Offizieren und dem restlichen Hofstaat zu Fuß unter Begleitung der städtischen Honoratioren, ebenfalls sich in Kutschen, auf Pferden und zu Fuß voranstellend, strebte dem Mannheimer Schloß entgegen. Dies und die nochmalige abendliche Durchfahrt des Brautpaares durch die illuminierte Stadt beeindruckte Beteiligte und Chronisten gleichermaßen. Der badische Hof hatte in 200 Chaisen Platz genommen und

---

31 Friedrich, der nach dem Tod von Großherzog Leopold 1852 zunächst nur als »Regent« die Regierungsgeschäfte übernommen hatte, wurde am 5.9.1856 anstelle des hoffnungslos erkrankten Thronfolgers, seines Bruders Ludwig II. (1824–1858), zum Großherzog ernannt – sicher nicht zuletzt im Hinblick auf die anstehende dynastische Verbindung zum Preußischen Königshaus. Ein biographischer Umstand, der Großherzog Friedrich I. von Baden mit seinem Schwiegervater, dem späteren Deutschen Kaiser Wilhelm I. (1797/1871–1888), verband. Dieser hatte 1858 für seinen erkrankten Bruder Friedrich Wilhelm IV. König von Preußen (1795/1840–1858) die Regentschaft übernommen und war – allerdings erst nach dessen Tod – 1861 zum König von Preußen gekrönt worden.
32 Am 9. September.
33 Im Protokoll dieser Veranstaltung finden sich einige Besonderheiten wie z. B., daß das Brautpaar im Kreis der königlichen Familie unmittelbar nach der Trauung an Spieltischen Platz nahm, die seitlich des Throns unterhalb des Thronhimmels aufgestellt waren, um dort beim königlichen (Glücks)Spiel die Huldigung – die sogenannte »Cour« – des Hofstaates entgegenzunehmen. Bei diesem Zeremoniell trug übrigens nicht etwa der König von Preußen, Friedrich Wilhelm IV., die königlich preußische Krone, sondern seine Nichte Luise präsentierte sie als ›Brautkrone‹. Erst nach Ende des Festessens und zeremoniellen Fackeltanzes gab Luise die Krone zurück, zerschnitt und verteilte ein symbolisches Strumpfband und ward samt Gemahl in ihre Privatgemächer entlassen. Siehe GLA 56/129.
34 Gleichzeitig wurden im Großherzogtum Baden in einer Vielzahl von Städten am 20. und 21. September Dankgottesdienste, Feuerwerke und Volksfeste gefeiert sowie Straßen und Plätze festlich dekoriert. Hofchronist Franz Josef Schunggart schildert dies ungemein ausführlich in seinem »Gedenkbuch« (wie Anm. 30), S. 116–144.

durchfuhr von 9 Uhr abends bis Mitternacht die Mannheimer Innenstadt, die solche Pracht wohl seit 1778 nicht mehr erlebt hatte: »Die Stadt schwamm in einem wahren Feuermeer [...] während mehr denn 60.000 Menschen sich in allen Straßen bewegten«[35], notierte Chronist Franz Josef Schunggart, hoher Beamter am badischen Hof, in einer Denkschrift, in der er akribisch auch alle Lobgedichte, Gesänge und Aufschriften der Transparente wiedergab.

Von Mannheim setzte das Brautpaar Tags darauf seine Reise mit dem Zug nach Karlsruhe fort. Dort wiederholte sich dieses außerordentliche Spektakel eines zeremoniellen Brauteinzuges durch die Stadt, wobei – wie zuvor in Mannheim – das Schloß Ausgangs- und Endpunkt zugleich war. Ablauf und Symbolik von Einzug des Paares wie auch dessen zeremonieller Umfahrt, waren in Mannheim und Karlsruhe identisch: Glockengeläut und 101 Kanonenschüsse als Ankunftssignal, begrüßende Deputationen der Stadt, Geleit in die Stadtmitte, bürgerschaftliches Spalier und Ankunft am Schloß.

Das herrschaftliche Paar an der Spitze des Hofstaats bewegte sich durch den öffentlichen Raum dem Residenzzentrum, dem Schloß, zu. Es nutzte den Anlaß zur Selbstpräsentation und Demonstration höfischer Pracht über die schiere Menge der Wagen. Allein für sich genommen war die Fahrt des Brautpaares in einer sechsspännigen Kutsche schon eine Aufsehen erregende Erscheinung.

Aus der Perspektive der beiden Städte Mannheim wie Karlsruhe war in Wirklichkeit jedoch der Weg durch die Stadt das Ziel, nicht das Schloß. Denn auf dem Weg zum Residenzschloß waren Fürst und Hofstaat wiederum der außergewöhnlich großen Menge von Menschen ausgesetzt, die ihren Weg säumten[36]. Städtische Ehrenpforten, Transparente, Dekorationen und Illuminationen waren Gunstbeweise auf Zeit und temporäre Denkmale im öffentlichen Raum. Damit gerierte sich das Stadtbürgertum als dem Herrscher ›angemessen‹. Die auf fürstlicher Seite monarchische Gewalt und Prachtentfaltung fand so auf Seiten der größten Städte Mannheim und Karlsruhe ihren Widerpart in kommunaler Souveränität, quantitativer Präsenz und ästhetischem Glanz. Man kann annehmen, daß auf beiden Seiten alle gleichermaßen beeindruckt waren von diesem Moment. »Freudenjubel und Glanz des 27. September haben Herz und Sinne mit Macht ergriffen« schreibt Schunggart auf die Karlsruher Geschehnisse bezogen dazu[37].

Bereits 1856 zeigt sich, was den Charakter der späteren monarchischen Feiern in der Ära Friedrichs I. prägen sollte: Die »Ausweitung eines privaten Festes in den Raum kommunaler Öffentlichkeit«[38] sowie eine Verzahnung und Einbindung von städtischen, wirtschaftlichen, gesellschaftlichen und kirchlichen Institutionen in dieses Ereignis. Auch alle Glaubensgemeinschaften banden sich in das Herrscherlob ein, die badischen Stadt- und Gemeindevertreter entsandten Delegationen und organisierten mitunter sogar gemeinsame Festgaben. Gewerbe, Handel und Wirtschaft schenkten und stifteten dem Großher-

---

35 SCHUNGGART (wie Anm. 30), S. 169.
36 Hierfür nennen weder Schunggart noch Weech eine Größenordnung, doch die Besucher dürften nach Karlsruhe noch zahlreicher angereist sein als nach Mannheim.
37 SCHUNGGART (wie Anm. 30), S. 197.
38 Dies stellt Hermann Bausinger als signifikant für die Rituale der dörflichen Gemeinschaft heraus: H. BAUSINGER, Anmerkungen zum Verhältnis von öffentlicher und privater Festkultur, in: DÜDING/FRIEDEMANN/MÜNCH (wie Anm. 7), S. 390–404, hier S. 392. Die stadtbürgerliche Gesellschaft kann diese Totalität kaum erreichen, sich ihr in diesen außergewöhnlichen Momenten monarchischer Feste jedoch annähern.

zoglichen Haus, und auch viele Bürger brachten Geschenke dar, was symbolisch der vormals üblichen Huldigungsgeste durchaus gleichzustellen ist (Abb. 4).

Auf der Seite des großherzoglichen Hauses symbolisierte die Geste des Beschenkens und Auszeichnens ein herrschaftliches Privileg: Man begnadigte und amnestierte, zeichnete aus und stiftete. Verdienstmedaillen und Orden vom Zähringer Löwen belohnten für treuen Dienst, und die aus Einlagen verschiedener Versicherungsgesellschaften und einzelnen Geldgeschenken auf Initiative des fürstlichen Brautpaares errichtete »Luisenstiftung« half fortan bedürftigen Brautpaaren[39].

Der Verlauf der öffentlichen Feiern von 1856 wies eine überraschende Dynamik auf, die die Ausbildung einer Herrscher- oder Staatspropaganda in Baden begünstigte: Zunächst feierte die preußische, dann die badische Hofgesellschaft hinter den jeweiligen Schloßmauern die eigentliche Eheschließung als Familienfest. Anschließend huldigten dort die Deputierten, Repräsentanten und Gesandten dem preußischen und badischen Thron. Bis zu diesem Punkt des Protokolls war noch das Schloß alleiniger und zentraler Ort der Repräsentation und Demonstration von Macht. Was auf dieser Seite an Exklusivität bestach, beeindruckte jedoch auf der andern Seite als schiere Masse, denn im Moment der Schaustellung des neu vermählten Paares in der Öffentlichkeit war die Teilnahme der städtischen und aus dem Umland hinzu gestoßenen Bevölkerung bei Einfahrt und Umfahrt durch Mannheim und Karlsruhe außerordentlich groß. Der enorme Zuspruch, den diese beiden Kutschfahrten 1856 hervorgerufen hatten, scheint dazu beigetragen zu haben, daß sich der Karlsruher Hof jenseits der Schloßmauern in den öffentlichen Raum zunehmend öfter einbinden ließ – und dies scheint auch ›systemimmanent‹ logisch: Denn erst mit dem öffentlichen Auftritt des Fürsten außerhalb des Schlosses, seinem Erscheinen vor aller Augen, wurde die monarchische Feier sinnstiftend, mehr noch: identitätsstiftend. Dieser Zusammenhang war unabhängig von der Größe der gesellschaftlichen Gruppierung gegeben, die der Fürst mit seiner Anwesenheit beehrte, seien dies nun Ausstellungseröffnungen, Theateraufführungen, Vereinsempfänge, die er aufsuchte oder die vielfachen Besuche der Städte und Gemeinden des Großherzogtums.

Vor allem die Massenauftritte wurden gezielt zur Repräsentation des Hofes und zur Demonstration fürstlicher Macht[40] genutzt. Von 1856 bis 1906 nahmen Friedrich und Luise dynastische Ereignisse weit häufiger als ihre Vorgänger zum Anlaß für zeremonielle öffentliche Auftritte[41].

Dies gilt vor allem für jene Feiern von 1881 und 1885 aus Anlaß von Ehejubiläen und Hochzeiten sowie für die Feier des 70. Geburtstags des Großherzogs im Jahr 1896. Hier zelebrierte man eine besondere Festform, den Historischen Festzug. Sämtliche dieser drei Festzüge wurden von der Stadt Karlsruhe organisiert. Es handelte sich um Veranstaltungen von ungewöhnlicher Größe, denn für den Festzug von 1881 etwa sind 100.000 Zu-

---

39 Zur Geburt des Erbgroßherzogs am 9.8.1857 errichtete das badische Haus dann noch die »Erbgroßherzog-Friedrich-Stiftung«. Bezogen auf den späteren Großherzog, Friedrich II. (1857/1907–1918/1928).
40 Wobei im Verlauf des 19. Jahrhunderts die Frage immer virulenter wurde, wie viel politische »Macht« der Monarch faktisch überhaupt noch ausübte und damit auch verkörperte.
41 »An allen großen Festlichkeiten, die in der großherzoglichen Familie gefeiert werden, nimmt es (das Volk, d. V.) innigen Anteil«, schreibt Julius Steinhoff in seiner Festschrift »Großherzog Friedrich von Baden zur Feier seines siebzigsten Geburtstages« 1896, S. 89.

schauer in Karlsruhe belegt. Damit feierte man freilich nicht nur den mittlerweile hochwürdigen Fürsten, sondern auch sich selbst und sein potentes Bürgertum. Allerdings darf nicht übersehen werden, daß zwar die Initiative dieser Veranstaltungen von der Stadt ausging, die »Inszenierungshoheit«[42] des gesamten Programms der jeweiligen Jubiläumsfeiern aber beim Großherzoglichen Haus lag. Die Chronistin Alberta von Freydorf bemerkt zum Festzug des Jahres 1896: »Das Schauspiel eines bedeutungsvollen Zuges, der sich durch verschiedene festlich geschmückte Straßen einer großen Stadt bei den Klängen der Musik langsam dahin bewegt, kann von Tausenden und Abertausenden gesehen, bewundert und verstanden werden. An Arm und Reich zieht er gleichmäßig vorüber und wer eben keinen guten Platz hatte, holt es eine halbe Stunde später an anderer Straßenecke wieder nach«[43] (Abb. 5).

An den Berichterstattungen über diese besonderen monarchischen Feiern des Hauses Baden in den überregionalen Zeitungen und vor allem in Journalen wird schon für das Jahr 1881 deutlich, daß der badische Großherzog eine jener Persönlichkeiten mit »erhöhter Sichtbarkeit«[44] und damit Teil einer überregionalen, ja nationalen Öffentlichkeit geworden war (Abb. 6).

»[...] ein großes Familienfest mit dem ganzen Lande und Volks [...]«[45]

1902 – Das Land nimmt ›seinen‹ Fürsten in Besitz[46]

Bei solchen monarchischen Feiern im öffentlichen Raum kam den ausrichtenden Städten[47] bzw. dem städtischen Bürgertum eine besondere Rolle in der Gestaltung des Rahmens zu, nämlich in der konkret ästhetischen und emotionalen Ausstattung des kommunalen Raumes, den der Fürst mit seiner Anwesenheit adelte. Dazu paßt, daß im Wandel der monarchischen Feiern die Dekoration des öffentlichen Raumes – manche Festarchitektur, Transparentgestaltung und Fensterschmuck – aus heutiger Sicht so bemüht und ›gedrechselt‹ erscheint, als würde der Fürst dabei in die ›gute Stube‹ der Stadt eintreten, wenn er den Marktplatz überquert. Und tatsächlich nutzte Großherzog Friedrich I. dieses typisch Bürgerliche, Häusliche und Familiäre an der Situation sowie deren emotionale Aufgeladenheit – allesamt Topoi der bürgerlichen Familie im 19. Jahrhundert –, um sich selbst zu

---

42 M. SCHWENGELBECK, Monarchische Herrschaftsrepräsentationen zwischen Konsens und Konflikt: Zum Wandel des Huldigungs- und Inthronisationszeremoniells im 19. Jahrhundert, in: ANDRES/GEISTHÖVEL/SCHWENGELBECK (wie Anm. 3), S. 140.
43 A. v. FREYDORF, Etwas vom Jubiläums-Festzug. Plaudereien, Karlsruhe 1896.
44 M. KOHLRAUSCH, Monarchische Repräsentation in der entstehenden Mediengesellschaft: Das deutsche und das englische Beispiel, in: ANDRES/GEISTHÖVEL/SCHWENGELBECK (wie Anm. 3), S. 92.
45 Danksagung des Großherzoglichen Paares am Ende der Feierlichkeiten im Jahr 1881, in: Karlsruher Zeitung vom 30.9.1881, Titelseite.
46 M. WIENFORT, Monarchie in der bürgerlichen Gesellschaft. Deutschland und England von 1640 bis 1848, Göttingen 1993, S. 169ff. Wienfort schildert ähnliche Prozesse vergleichend in Preußen und Bayern.
47 S. MERGEN, Entstehung und Entwicklung von Monarchiejubiläen in Sachsen und Bayern im 19. Jh., in: W. MÜLLER (Hg.), Das historische Jubiläum. Genese, Ordnungsleistung und Inszenierungsgeschichte eines institutionellen Mechanismus, Münster 2004, S. 219–243, hier S. 235, beobachtet dieses Phänomen für das frühe 19. Jahrhundert am Beispiel der Städte Dresden und München.

stilisieren: Der Landes*vater* besucht ›seine‹ Landes*kinder*, die sich ungeheuer befleißigen, ihm den festlichen Augenblick zu verschönern[48].

Der Staat als Familie. Von der Aufklärung ideologisch eingeleitet, war dieses Bild im 19. Jahrhundert Teil des Erfolges der bürgerlichen Gesellschaft geworden und mitten im deutschen Adel angekommen[49]. So pflegte auch Friedrich I. ein sich in vielen deutschen Monarchien im 19. Jahrhundert durchsetzendes patriarchalisches Verständnis von Staatsvolk als Familie und dessen Monarchen als Vater (Abb. 7). Die sich emotional zugewandte bürgerliche Kleinfamilie wurde im Verlauf des 19. Jahrhunderts zum gesellschaftlichen Ideal und als Keimzelle des Staates ideologisiert. Ähnlich ›harmonisierend‹ wirkten auch die in der Staatsform der konstitutionellen Monarchie verwendeten Termini von »Fürst« und »Volk«. Beide Begriffe setzten den Monarchen und die Gesellschaft miteinander in Verbindung, ließen jedoch die divergierenden politischen und gesellschaftlichen Gruppierungen unerwähnt und kaschierten die Gesellschaft zur homogenen Masse, die idealtypischer Weise mit dem Fürsten eine Einheit, den Staat, bilden sollte[50]. Diese in weiten Kreisen der monarchischen Gesellschaft populäre Ideologie verband sich mit der Persönlichkeit Friedrichs I. von Baden und seiner liberal-konstitutionellen Ausrichtung. Ein hohes Maß an intellektueller Aufgeschlossenheit, Disziplin und bürgerlichem Arbeitsethos prägten sein Selbstverständnis. Und tatsächlich wurden die wirtschaftlichen Erfolge, die politische Entwicklung und gesellschaftliche Konsolidierung Badens seit 1852 auch in hohem Maß öffentlich mit seiner Person in Beziehung gesetzt. Mit Friedrich I. verband sich in Baden das Phänomen des »Kulturkönigtums«[51], wie es sich in vielen deutschen Monarchien allgemein seit Mitte des 19. Jahrhunderts ausbildete. So verwundert es nicht, daß zu den exponierten Geburtstagen (70.) 1896 und Regierungsjubiläen (50.) 1902 eine Vielzahl von Biographien und resümierender landeshistorischer Werke zur Ära dieses Fürsten erschienen. Weit entfernt von der alten Herrscherlegitimität des Gottesgnadentums[52] und absolutistischer höfischer Prunksucht wurden neue Tugenden des Regenten herausgestellt: Tüchtigkeit, hohe Moralität, Gerechtigkeit und als Attribut des alternden Großherzogs auch Weisheit und Güte. Dieses Bild Großherzog Friedrichs I. entsprach – trotz bestehender gesellschaftspolitischer Gegenentwürfe in Bürgertum und Arbeiterschaft – der außerordentlich positiven Herrscherwahrnehmung in der badischen Bevölkerung[53]. Wie in vielen anderen Monarchien, avancierte auch im Großherzogtum Baden die

---

48 In diese »Poesiealbumidylle« paßt auch der Umstand, daß viele Akten der Hofbehörden, die Grußadressen an den Großherzog enthalten, Zuschriften von kleinen Leuten auf mit Blütendekoren geprägten »Luxuspapier« aufweisen, ebenso Postkarten und Glückwunsch- oder Grußkarten als Massendruckware. So etwa in: GLA 60/992.
49 Dazu P. MÜNCH, Fêtes pour le peuple, rien par le peuple. Öffentliche Feste im Programm der Aufklärung, in: DÜDING/FRIEDEMANN/MÜNCH (wie Anm. 38), S. 25–45.
50 WIENFORT (wie Anm. 46), S. 194–203.
51 Das »Kulturkönigtum« als Typus des 19. Jahrhunderts thematisierten Tagung und Tagungsband »Zwischen Tradition und Modernität«, hgg. von W. MÜLLER/M. SCHATTKOWSKY, Leipzig 2004, S. 187.
52 Friedrich I. reklamierte das »Gottesgnadentum« nur noch nominell für sich – in seiner offiziellen Titulatur: »Friedrich, von Gottes Gnaden Großherzog von Baden.....«.
53 Darauf verweist auch die neueste biographische Studie Friedrichs I. bei U.A. OSTER, Die Großherzöge von Baden (1806–1918), Regensburg 2007, der auf S. 156 von Friedrich I. als »der ewige Landesvater« spricht.

Großherzogliche Familie zum Idealbild der bürgerlichen Gesellschaft und Friedrich I. zum idealen »Landesvater«.

Freilich ist es schwer, die Singularität mancher in den Akten erhaltenen Vorgänge zu verallgemeinern, wie es problematisch ist, einzelne materielle Zeugnisse eines Herrscherkults (wie in Museumssammlungen konservierte Festgaben und Geschenke) statistisch ›breit zu rechnen‹ und sie zu Indizien für ungebremste Popularität zu erklären[54]. Andererseits war das Bürgertum als Hauptträger dieser ›gefühlig-monarchischen Grundstimmung‹ die breiteste gesellschaftliche Gruppierung, so daß gerade hier die Dialektik der Herrscherverehrung sichtbar wird: Herrscherlob war verbunden mit dem Streben nach dem eigenen Profit, nämlich gesellschaftlicher und politischer Partizipation des Bürgertums, und so kann im Nachhinein beides aus der Popularität der badischen Monarchie in bürgerlichen Kreisen geschlossen werden: Sie diente als Instrument und sie war Ausdruck eines authentischen Gefühls. Der Kult um die Monarchen war folglich auch die »Bühne der Bürger«[55].

Ein Höhepunkt der Fürstenverehrung und monarchischen Staatspropaganda war zweifelsohne 1902 erreicht (Abb. 8).

Von Freitag, dem 25. April, bis Montag, den 28. April, feierte der Badische Hof und die Öffentlichkeit das 50. Regierungsjubiläum von Großherzog Friedrich. Das Programm sah die Eröffnung einer Jubiläumsausstellung, den Empfang unterschiedlichster Abordnungen, den Besuch des deutschen Kaisers, Militärparaden, Galadiners und Festbankette, Theatervorstellungen oder etwa die Entgegennahme öffentlicher Huldigungen durch Vereinigungen, Vereine und Verbände vor. An zwei Tagen, Samstagabend und Sonntagvormittag, waren auch große Rundfahrten durch die Stadt Karlsruhe sowie im Anschluß daran durch die Mannheimer Innenstadt vorgesehen. Die Choreographie der jeweils mehrstündigen Fahrten war vom Hof vorgegeben, die Begegnung mit der Bevölkerung exakt geplant. Man hatte sich professionalisiert und die einzelnen Veranstaltungspunkte wie bei den großen Jubiläen davor (1877, 1881, 1885 und 1896) mit der Stadt minutiös abgesprochen. Ein Wegeführungsplan wie auch ein Plan zur Spalierbildung der Zuschauer (Abb. 9) zeigt, wie man seitens des Hofes versucht hatte, die erwarteten Menschenmassen zu lenken und zu organisieren. Andererseits war für den Monarchen bei einer solchen Planung berechenbar geworden, was ihn am Straßenrand erwartete.

Zwischenzeitlich hatte auch die Gestaltung von Festdekorationen einen hohen professionellen Grad erreicht. Dafür sorgte nicht zuletzt, das als künstlerische und handwerkliche Vorlage dienende Kompendium der Karlsruher Professoren Bischoff und Mayer[56]. 1902 waren der städtische Marktplatz und die großen Straßenzüge als ›Gesamtkunstwerk‹ gestaltet. In aufwendigen Planungen wurde seitens der Stadt wie des Hofes von der Fensterdekoration bis zur Gestaltung von Ehrenpforten jedes Detail festgelegt (Abb. 10, 11). Großherzog Friedrich überließ ebenfalls nichts dem Zufall: Potentielle Schenker wurden bereits früh auf die 1879 gegründete »Großherzog Friedrichs Jubiläums Stiftung« verwiesen, die zugleich Hinterbliebenenkasse für die Familien von Staatsdienern war und ledi-

---

54 Insofern sind die methodischen Vorbehalte Hubertus Büschels sicherlich angebracht: H. Büschel, Untertanenliebe. Der Kult um deutsche Monarchen 1770–1830, Göttingen 2006, S. 347–352.
55 Büschel (wie Anm. 54), S. 295.
56 E. Bischoff/F.S. Meyer (Hgg.), Die Festdekoration in Wort und Bild, Leipzig 1897.

gen Töchtern verdienter Staatsbürger Unterstützung gewährte[57]. Nicht minder aufwendig waren die Planungen in anderen badischen ›Hauptstädten‹, so auch in Mannheim.

Die Resonanz auf die Jubiläumsfeiern war gewaltig: Über 2.860 Grußadressen finden sich alleine in den Glückwunschakten zu diesem Ereignis[58]. Zudem wurde eine große Reihe künstlerischer Arbeiten, Kompositionen und Lobgedichte (Gelegenheitslyrik als Huldigungsritual[59]) sowie eine Vielzahl kunsthandwerklich mehr oder weniger anspruchsvoller Geschenke überreicht. Teilweise fanden diese Eingang in die Kunstsammlungen, teilweise verblieben sie auch in Privatbesitz des Hauses Baden, bis sie 1995 auf der spektakulären Sotheby's-Auktion in Baden-Baden von Generallandesarchiv, Schlösser- und Gärtenverwaltung sowie dem Badischen Landesmuseum in Karlsruhe erworben wurden.

Unter dieser Vielzahl von »Liebesgaben« befinden sich auch anrührende Objekte, die deutlich machen, wie populär der 1902 bereits 76 Jahre alte Monarch war. »Wir möchten auch ein Andenken haben an den Tag, den wir grad' so gut gefeiert haben wie die andern« schreibt am 21. Juni 1902 der Sextaner August Kuntzemüller aus Baden-Baden[60]. Er war sichtlich enttäuscht, nicht wie die Schüler der andern städtischen Schulen großherzogliche Souvenirs (Nadeln, Schleifen und Broschen, wie sie erstmals 1881 verteilt wurden) erhalten zu haben. August Kuntzemüller begehrte ein Erinnerungsstück, ein kleines privates Denkmal zu diesem Tag, der ihn offensichtlich tief beeindruckt hatte. Das Bittgesuch beschäftigte in Folge sogar das Großherzogliche Bezirksamt Baden-Baden, das um Stellungnahme zum Leumund des kessen Schülers gebeten wurde. Die erbetene Schleife (Abb. 12) erhielt der Junge, Sohn des bekannten Baden-Badener Hoffotografen, zwar nicht. Dafür jedoch die Jubiläumsschrift von Wilhelm Glock, »Großherzog Friedrich von Baden«, mit Begleitschreiben des Großherzogs.

Eine Geschichte am Rand des Geschehens, aber voller aussagekräftiger Informationen.

Die Bürgerschaft hatte Ansprüche an das Großherzogliche Haus, artikulierte zu den Regierungsjubiläen allerdings auch Bewunderung und Dankbarkeit – ganz so, als würde man dem eigenen Großvater als ehrwürdigem Mitglied der Familie gratulieren und eigene Wünsche abzuringen versuchen. Je älter Friedrich I. wurde, um so besorgter war man um seinen Gesundheitszustand, und das schon die Jüngsten: »Zu Ihrem 50jährigen Jubiläum wünsche ich viel Glück, Gesundheit und recht langes Leben. Herzlichen Gruß und Kuß«, schreibt sentimental der neunjährige Andreas Guth seinem »liebe(r)n Herrn Großherzog«[61].

Für das Jahr 1902 ist auch – wie seit 1881 bei allen Feiern üblich – eine Massenproduktion von Erinnerungsstücken kennzeichnend. Ein Umstand, der die Manifestation dieses Ereignisses im kollektiven Gedächtnis sicherstellte. Unzählige Bildpostkartenmotive, Anstecknadeln und Jubiläumsschriften wurden vertrieben und belegen eine hohe Popularität des Großherzoglichen Hauses, aber auch den symbolischen Wert, den dieses monar-

---

57 GLA 60/1434.
58 GLA 60/990–994.
59 Dazu J. ANDRES, »Auf Poesie ist die Sicherheit der Throne gegründet«. Huldigungsrituale und Gelegenheitslyrik im 19. Jahrhundert, Frankfurt a. M. 2005.
60 GLA 56/1684.
61 Schreiben vom 26.4.1902, in: GLA 60/992.

chische Ereignis für die eigene Biographie mancher Bürger besaß. Es wurde zu einem bewußten Teil eigener Historizität, und zu eben dieser Historisierung des Ereignisses trugen nachhaltig auch die Festschriften und Chroniken bei, die 1902 aus Anlaß des Jubiläums erschienen waren. Es war gerade die um 1902 ausklingende Ära des »Historismus«, die diesem individuellen Bedürfnis nach Erinnerung einen gesamtgesellschaftlichen Rahmen verlieh. In der zweiten Hälfte des 19. Jahrhunderts bildete sich der Historismus nicht nur als ›stilkünstlerische‹ Bewegung aus, sondern hatte sich zu einem prägenden gesellschaftlichen Phänomen entwickelt. Die gesellschaftliche war eine historische Selbstvergewisserung geworden[62], mit einer breiten privaten wie öffentlichen Erinnerungskultur: Eine rationale wie zugleich sentimentale Zuwendung zur Eigen- und Nationalgeschichte förderte die Gründung historischer Vereine, öffentliche Denkmalsetzungen und im Kleinen auch das massenhafte Aufkommen von Herrscherbildern. Und nicht zuletzt dieses ›Herrscherbild‹ – ob als Postkarte im Westentaschenformat oder als großes Wandbild – trug erheblich zur Popularität Großherzog Friedrichs I. bei (Abb. 13).

An dem Grad an Öffentlichkeit, den das Großherzogliche Haus nach 1902 erreicht hatte, fällt eines auf: Sie diente der Repräsentation des Fürsten, aber zunehmend auch jener hochgestellter und gesellschaftlich exponierter Teilnehmer, die sich durch die Aura der ›VIP‹, wie wir sie heute nennen, selbst geschmückt und ausgezeichnet sehen. Diese, ob Stiftleiterin oder Burschenschafter, forderten ihren Platz an der Seite der Macht ein, oder – wie im Karlsruher Beispiel – ihren Platz im ›inner circle‹, im innern Hofareal. Und selbst die privilegierte Teilnahme (durch die größere räumliche Nähe zum Monarchen) an den Feiern auf dem inneren Schloßplatz ließ noch die individuellen Ansprüche an solche Veranstaltungen wachsen. So beschwerten sich Studenten darüber, anläßlich des Kaiserbesuchs vom 28.4.1904 durch Militärkadetten bedrängt und von der Schloßwache rüde behandelt gewesen zu sein. Oder die Vorsteherin der Städtischen Viktoria-Schule schlug die ihr von Großherzogin Luise persönlich zugegangene Einladung zur Teilnahme am Begrüßungsspalier im innern Schloßhof mit der lapidaren Feststellung aus, ihre Schule und Schülerinnen nicht durch ausreichend Platz gewürdigt zu sehen[63].

Dies schließt den Kreis zum eingangs angeführten Problem Großherzogin Luises, ihrer Vereinnahmung durch unterschiedliche gesellschaftliche Gruppierungen: Der Karlsruher Hof und das Großherzogliche Haus boten Identifikationsmöglichkeiten, wurden dafür aber auch wie ein Familienteil mit hohen Erwartungen konfrontiert. Eine für schlecht befundene Organisation nahm man der Großherzogin wohl persönlich übel und sanktionierte dies mit Nichtteilnahme an einem Empfang[64].

Es war der Raum um das Karlsruher Schloß herum, der Distanz schuf, zugleich aber auch erst Nähe zuließ. Die richtige Entfernung und Nähe auszuloten, hatten Fürst und Untertan nicht mehr viel Zeit. Nur fünf Jahre nach Luises unangenehmer Konfrontation mit den zudringlichen Medien 1913 hatte sie mit dem politischen Umbruch am 14. November 1918 als nun ganz und gar bürgerlich gewordene »Frau von Baden« das vormalige Residenzschloß verlassen.

---

62 Zu diesem gesellschaftlichen Prozeß: J. ASSMANN, Kollektives Gedächtnis und kulturelle Identität, in: J. ASSMANN/T. HÖLSCHER (Hgg.), Kultur und Gedächtnis, Frankfurt a. M. 1988, S. 9–19.
63 GLA 56/3410.
64 GLA 56/3410.

»Menschliche Grösse finden wir auf dem Thron und an der Hobelbank [...]«[65]

Hundert Jahre später – Ein Resumée:

Zur »Repräsentation im Wandel« gehört zweifelsohne der gewandelte Nutzen der Residenzschlösser wie auch der Wandel in der Repräsentation der Residenzstädte. Die maßgebliche Veränderung monarchischer Repräsentation und Legitimation besteht im 19. Jahrhundert jedoch darin, daß die Monarchen das Schloß verlassen und sich die gesellschaftliche und damit politische Öffentlichkeit erschließen[66]. Außerhalb ihrer Residenzschlösser suchen sie im Verlauf des 19. Jahrhunderts weniger Huldigung, als vielmehr die Möglichkeit, die Öffentlichkeit zur Repräsentation zu nutzen.

Auf der andern Seite bestand aber auch die städtische und ländliche Öffentlichkeit nicht mehr wie zu Anfang nur aus einem staunenden Publikum, sondern nahm mehr und mehr verantwortlich Anteil und gestaltete den Präsentationsrahmen dieser fürstlichen Auftritte, den kommunalen Raum, maßgeblich mit[67].

Es wären in diesem Zusammenhang auf Seiten der adligen wie der bürgerlichen Lebenswelt vielerlei Transformationsprozesse und Folklorisierungsphänomene[68] zu beobachten, von denen hier nur wenige thematisiert werden konnten.

Feste und Politik gingen im 19. Jahrhundert eine erfolgreiche Verbindung ein, und kaum etwas schien zur Loyalitäts- und Identitätsstiftung der Beteiligten so geeignet wie Feste[69]. Auch Staat und Monarchie bedienten sich ihrer zur Legitimitätssteigerung und

---

65 Aus der Ansprache des Stadtverordneten E. Frungs/Frings (?) an Großherzog Friedrich II. zur Feier des Kaisergeburtstages am 27.1.1910 auf dem Bankett der Karlsruher Bürgerschaft. Nicht zuletzt wohl wegen solcher Formulierungen führte die Rede auf Seiten des Großherzogs zu großer Verstimmung, in: GLA 60/975. Dieses Zitat illustriert aus bürgerlicher Mentalität heraus, wie nah sich Adel und Bürger schon gekommen waren: Menschliche Größe oder Leistung, bzw. konkretes Handeln ›nobilitieren‹ ebenso wie die soziale Herkunft – eine Sichtweise, die zu Anfang des 19. Jahrhunderts noch undenkbar war, allerdings auch zu Beginn des 20. Jahrhunderts in aristokratischen Kreisen noch auf heftigen Widerspruch stieß.
66 »Herrschaftslegitimation bestand hier wesentlich in einer spezifischen Darstellungsleistung«, so deutet dies Schwengelbeck (wie Anm. 42), S. 124.
67 Nicht zuletzt schuf sich das Stadtbürgertum dazu die Möglichkeit, indem es Räume unterhielt, bzw. indem die Stadt diese z. B. 1915 in Form der Stadthalle baute, wo der Großherzog ›empfangen‹ werden konnte. Dafür standen bereits in der ersten Hälfte des 19. Jahrhunderts die Säle und Lokalitäten der 1784 resp. 1835 gegründeten Karlsruher Gesellschaften »Museum« und »Eintracht« bereit. Siehe dazu I. Brunner-Schubert, 1865 – »Wie man leben muß, um leben zu können«. Die kleinen Beamten in der großherzoglich-badischen Haupt- und Residenzstadt, in: Alltag in Karlsruhe: Vom Lebenswandel einer Stadt durch drei Jahrhunderte. Karlsruhe 1990, S. 128–161, hier insbesondere S. 146/147 und C. Wagner, Von der Stadtgründung zur großherzoglich badischen Haupt- und Residenzstadt, in: Stadt Karlsruhe – Stadtarchiv (wie Anm. 20), S. 66–189, insbesondere S. 146–155. Ich danke Isolde Brunner-Schubert für diesen Hinweis.
68 Weitere Transformationen auf bürgerlicher Seite wären etwa die absichtsvolle Benennung von Kindern nach Mitgliedern des regierenden Fürstenhauses oder die Übernahme eines Fürstenbildnisses in den eigenen Lebensbereich, quasi zur profanen ›Andacht‹. Auf Seiten des Adels wäre hier das situationsbezogene Tragen bürgerlicher Kleidung anstelle militärisch- uniformer Symbole des Oberbefehlshabers zu nennen.
69 G. Riederer, Feiern im Reichsland. Politische Symbolik, öffentliche Festkultur und die Erfindung kollektiver Zugehörigkeiten in Elsaß-Lothringen (1871–1918), Trier 2004. Die Arbeit Rie-

Herrschaftssicherung, und Friedrich I. von Baden (Abb. 14) gehört gewiß zu den ersten unter den deutschen Fürsten, der diesen Prozeß gewandelter Repräsentation wie auch die gesellschaftlichen Transformationsprozesse am nachhaltigsten für seine Selbstdarstellung[70] zu nutzen verstand.

derers setzt hier neue Standards, denn sie rezipiert auf mustergültige Weise interdisziplinäre Ansätze und kann dies zudem vergleichend auf Grundlage einer besonders guten Kenntnis der französischen Forschung.
70 Auf das Selbstbild im engeren Sinn, die Art seines Herrscherporträts, nahm Friedrich unmittelbar Einfluß. So wählte er etwa anläßlich des 25. Regierungsjubiläums 1877 jene fotografischen Porträtaufnahmen selbst aus, die (als Holzschnitt nach dem Foto) über Drucke und Postkarten popularisiert wurden. Dazu GLA 56/1681.

Abb. 1 Empfang des Kurfürsten Karl Friedrich von Baden am 2. Juni 1803 durch Mannheimer Honoratioren und Bürgerwehren an der Stadtgrenze, Aquarell von Ludwig Neureuther (1775–1830)

Abb. 2 »Volksbelustigungen« auf dem Karlsruher Schloßplatz am 4. und 5.10.1853 aus Anlaß des Musikfestes. Kolorierter Stich

Abb. 4 Schmuckrahmen. Anonymes Geschenk an das Großherzogliche Brautpaar, Karlsruhe 1856 (BLM, 95/1189)

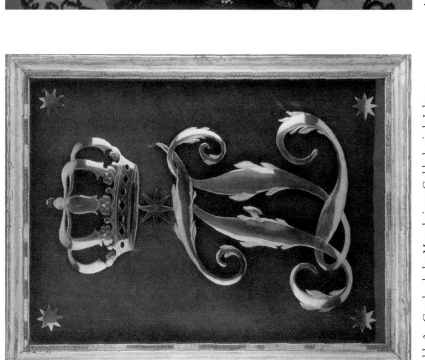

Abb. 3 Geschenk des Mannheimer Goldschmieds Johann Georg Keller an das Großherzogliche Brautpaar zum »Andenken des feierlichen Einzuges Ihrer Königlichen Hoheiten […] in Mannheim den 26. September 1856 […]«. (BLM, 95/1213)

Abb. 5 Fritz Reiss (1857–1916): Historischer Festzug vom 22. September 1881

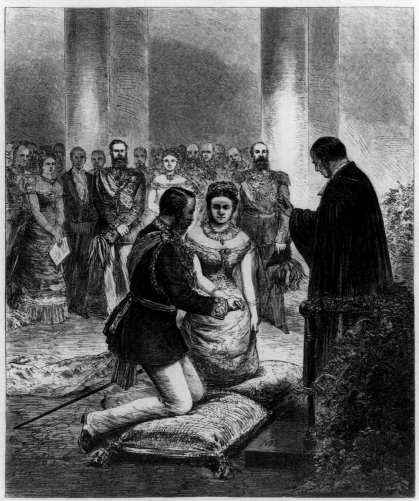

Abb. 6 Titelseite der »Illustrierten Zeitung« mit Impressionen der Karlsruher Feier 1881 (Einsegnung des Großherzoglichen Silberhochzeits-Paares am 20.9.1881 in der Karlsruher Schloßkirche)

Abb. 7 Die Großherzogliche Familie in vier Generationen: Das Großherzogspaar Friedrich I. und Luise mit ihrer Tochter, Prinzessin Victoria (1862–1930), deren Sohn Gustav der VI. Adolf, dem späteren König von Schweden (1882/1950–1973), dessen Frau Margaret (1882–1920) sowie deren erstgeborenem Sohn Gustav Adolf (1906–1947), Postkarte, 1906

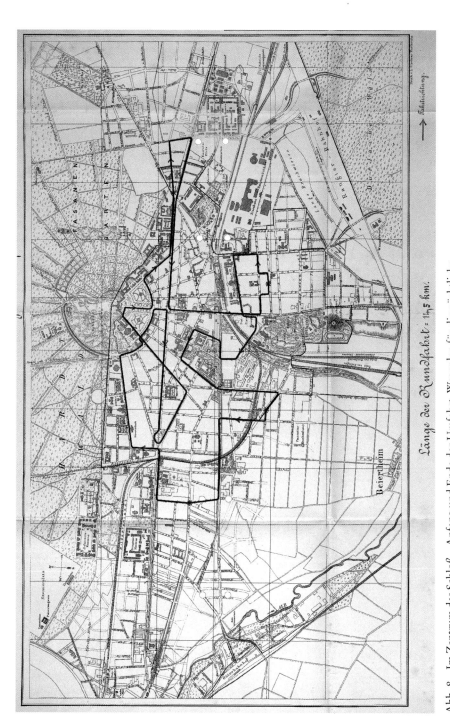

Abb. 8 Im Zentrum das Schloß – Anfang und Ende der Umfahrt. Wegeplan für die nächtliche Rundfahrt durch die illuminierte Stadt am 26. April 1902 (GLA 59/135)

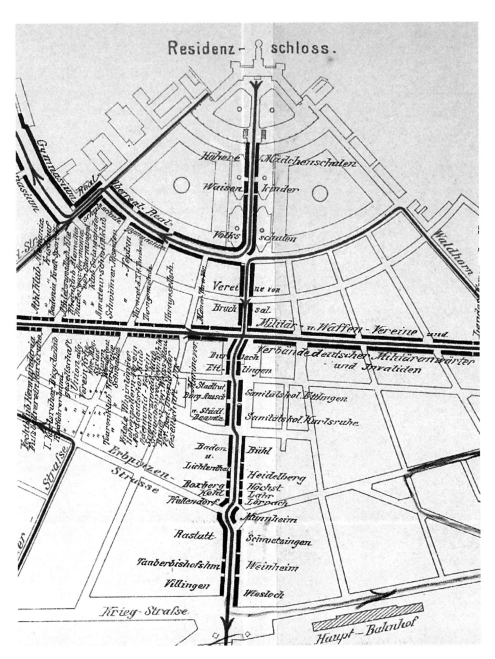

Abb. 9 Plan zur Spalierbildung für die morgendliche Rundfahrt am 27. April 1902, Detail (GLA 59/135)

Abb. 10 Impressionen vom Bürgerspalier anläßlich der Rundfahrt durch Karlsruhe am 27. April 1902 (GLA 69 Baden, Sammlung F I 58)

Abb. 11 Impressionen vom Empfang des Großherzoglichen Paares in Mannheim im Juni 1902 (GLA 69 Baden, Sammlung F I 58)

Abb. 12 Kokarde zum Regierungsjubiläum 1902 (GLA 56/3240)

Abb. 13 Postkarte zum Jubiläum 1902 aus einem privaten Karlsruher Nachlaß

Abb. 14   Großherzog Friedrich I. als Spaziergänger im Wald bei Villingen 1905, Postkarte

Fürstliche Repräsentation im Wandel – Zu Raumfolge, Bildprogrammen und zur Ausstattung deutscher Residenzen zwischen 1815 und 1871[1]

VON PETRA TÜCKS

»[...] Herrschaft und Macht, Ansehen und Rang einer Dynastie symbolisch zu konstituieren«[2], war seit jeher Anliegen und Ziel der europäischen Fürstenhöfe. Wissenschaftliche Untersuchungen zu diesen »Symbolen« und damit verbundenen »Zeichensystemen« liegen vor allem für das späte Mittelalter und die frühe Neuzeit bis zum 18. Jahrhundert vor. Aus kunsthistorischer Sicht stellt das »Ancien Régime« wohl die fruchtbarste Zeitspanne des internationalen Vergleichs dar. Ausgehend vom Hofe Ludwigs XIV. und der Architektur seiner Residenzen, vor allem des Schlosses in Versailles, haben die Disposition und Ausstattung der Appartements, die dort stattfindenden höfischen Feste, Bälle und Inszenierungen und nicht zuletzt das Tafelzeremoniell bis in jüngste Zeit in zahlreichen Studien Aufmerksamkeit gefunden. Daneben ist das spanische Hofzeremoniell und seine Auswirkung auf die Raumfolge zu erwähnen, das, vertreten durch den Wiener Hof, für Deutschland noch wichtiger war als das französische. Mehr noch als die Einzelaspekte der Residenzbildung und des Hofzeremoniells war es laut Hahn vor allem das insgesamt dichte und eng miteinander verzahnte Gefüge von personalen, politischen und künstlerischen Bedingungen, das einerseits Vergleichbarkeit ermöglicht, das jedoch andererseits auf einer gemeinsamen »Zeichen«-Grundlage auch spezifische Differenzen offenbart. Diese an künstlerische Potentiale, ökonomische Ressourcen und Haustraditionen gebundenen Voraussetzungen führten schließlich dazu, daß sich durch die teilweise »sehr unterschiedlichen Bedingungsgefüge dynastischer Lebenswelten eine Vielzahl regionaler

---

1 Der folgende Beitrag basiert auf dem Vortrag »Schloßausstattungen zwischen 1840 und 1871. Traditionalismus und Nationalstil als Herrschaftslegitimation?«, den ich am 12.10.2007 während der Mannheimer Tagung »Repräsentation im Wandel« gehalten habe. Die hier vorgenommenen Ergänzungen beruhen zum Teil auf Fragen und Anregungen von Tagungsteilnehmern, denen ich an dieser Stelle herzlich dafür danken möchte. Mein Dank gilt außerdem den Staatsarchiven in Hannover und Darmstadt sowie den Graphischen Sammlungen der Museumslandschaft Hessen Kassel und des Württembergischen Landesmuseums für die Bereitstellung ihres Bild- und Planmaterials.
2 P.-M. HAHN, Fürstliche Wahrnehmung höfischer Zeichensysteme und zeremonieller Handlungen im Ancien Régime, in: RUDOLSTÄDTER ARBEITSKREIS ZUR RESIDENZKULTUR (Hg.), Zeichen und Raum. Ausstattung und höfisches Zeremoniell in den deutschen Schlössern der Frühen Neuzeit (Rudolstädter Forschungen zur Residenzkultur 3), bearb. von P.-M. Hahn und U. Schütte, München/Berlin 2006, S. 9–37, hier S. 9.

Dialekte«³ herausbilden konnten. Weiterhin unterlagen sowohl die symbolischen Handlungsformen als auch die künstlerisch geformten Zeichensysteme einem steten Wandel. »Selten überdauerte eines der ebenso kunstvollen wie zeichenhaften Lösungsmodelle höfischer Selbstdarstellung in seiner Ursprungsform in Gänze ein Menschenalter«, wobei diese jedoch keineswegs ihren kommunikativen Wert verloren[4].

Im folgenden soll nun untersucht werden, inwiefern sich die Symbole und Zeichen innerhalb der Disposition und der Ausstattung von Schlössern des 19. Jahrhunderts verändert haben, ob sie weiterhin ihren »kommunikativen Wert« behalten und welche »Dialekte« möglicherweise auftreten. Als Ausdrucksformen der fürstlichen Selbstdarstellung und Repräsentation werden drei Aspekte hinterfragt: 1. Die Raumabfolge und das damit verbundene Raumverständnis, 2. die zur Ausstattung gehörenden Bildprogramme, 3. der Stil, in dem die Räume ausgestattet wurden. Die Untersuchungen werden sich dabei auf Schlösser und Palaisbauten in größeren Residenzstädten beschränken, Landsitze und Sommerschlösser bleiben wegen ihrer eigenen Gestaltungsregeln außen vor. Während die beiden ersten Aspekte zeitlich unmittelbar 1815 ansetzen, wird bei der stilistischen Betrachtung das Neurokoko ab 1840 im Mittelpunkt stehen. Schließlich soll danach gefragt werden, inwiefern die gewählten Ausdrucksformen an Traditionen gebunden und als Symbol der Herrschaftslegitimation zu lesen sind.

1. Der Wandel in der Raumfolge

Nach dem napoleonischen Intermezzo und der territorialen Neuordnung Europas im Wiener Kongreß 1814/15, Ereignisse, die für zahlreiche Fürsten der deutschen Staaten eine lange ersehnte Standeserhöhung mit sich gebracht hatten, entbrannte in vielen Residenzstädten eine regelrechte Bauwut. Diese ist in der Planung und Errichtung neuer Residenzschlösser sowie im Um- und Ausbau bestehender Gebäude zu verzeichnen, beispielsweise der Chattenburg in Kassel (unausgeführte Planung), dem Braunschweiger Stadtschloß (Neubau), der Ehrenburg in Coburg (Umbau) oder der Münchner Residenz (Ausbau).

Bei dem hier näher betrachteten Residenzpalais in Kassel handelte es sich um die Verbindung eines Neubaus mit einem bestehenden Palais[5]. Das als Prinzenpalais für Kurprinz Wilhelm (II.; 1777/1821–1847) eingerichtete Weiße Palais am Friedrichsplatz wurde von Johann Conrad Bromeis (1788–1855) ab 1816 durch das sogenannte Rote Palais erweitert (Abb. 1). Der Neubau hob sich zwar durch die Inschrift am Portikus, den Stil und die Farbe seiner Architektur von der umgebenden Bebauung ab, doch ordnete er sich – mit zwei Binnenhöfen, aber ohne Cour d'honneur – in seinen Dimensionen in die Platzarchitektur ein. Im Inneren verbanden sich die beiden äußerlich so unterschiedlichen Gebäude zudem zu einem funktional zweigeteilten Gesamtkomplex. Während das Weiße Palais die Gesellschafts- und Privatgemächer – und bis zur Vollendung des Neubaus auch

---

3 Hahn (wie Anm. 2), S. 10.
4 Hahn (wie Anm. 2), S. 10.
5 Zum Kasseler Residenzpalais siehe zuletzt R. Bidlingmaier, Das Residenzpalais in Kassel. Der Architekt Johann Conrad Bromeis und die Raumkunst des Klassizismus und Empire in Kurhessen unter Kurfürst Wilhelm II., Regensburg 2000.

ein Thron- und Audienzzimmer – aufnahm, war das Rote Palais ganz der fürstlichen Repräsentation verpflichtet (Abb. 2–4).

Insgesamt sind in der Beletage des Residenzpalais' fünf Raumfolgen auszumachen[6]. Im Roten Palais führte das von einem Fahnensaal flankierte Vestibül zum Treppenhaus. Im Obergeschoß betrat man zunächst das Aufwartungs- oder Entréezimmer, dem zur Straße hin das Staatsappartement folgte, bestehend aus einem Vorsaal (dem »Rosa Kabinett« oder der »Kleinen Galerie«), zwei Sälen (dem Blauen und dem Grünen (Cour-)Saal) und dem Thronsaal[7]. Zur Rückseite des Roten Palais lagen im Anschluß an das Entréezimmer die Gemächer für festliche Anlässe mit dem sogenannten Pariser Saal, der Speisegalerie und dem im Zentrum des Gesamtkomplexes positionierten Tanzsaal. Die langwierige Fertigstellung dieser Festräume im Roten Palais führte zur Einrichtung eines zweiten Festapparates im Weißen Palais. Über dessen Treppenhaus, die Gelbe Galerie und die Stuckgalerie, die durch ein kleines Oberlichtkabinett getrennt waren, gelangte man ebenfalls in den Tanzsaal. Die Gesellschaftszimmer im Weißen Palais, die im Coursaal (»Roter Empfangssaal«) endeten, und die Privatgemächer des Kurfürsten waren von einem gemeinsamen Vorsaal und dem »Roten Balkonzimmer« aus zu erreichen. Das »Goldkabinett«, das als letzter Raum der Privatgemächer bereits im Roten Palais lag, bot direkten Zugang zum Thronsaal[8]. Insgesamt verdeutlicht die Wegführung, daß alle fünf Raumfolgen in sich abgeschlossen waren und voneinander getrennt betreten werden konnten; so auch der Staats- und Festapparat mit seinen jeweiligen Zielpunkten Thronsaal und Festsaal, die zwar durch eine Tür miteinander in Verbindung standen, jedoch jeweils End- und Höhepunkt einer separaten Raumfolge waren[9].

Daß diese Neuordnung auch in bereits bestehenden Residenzen umgesetzt wurde, zeigt das Beispiel des Leineschlosses in Hannover[10]. Die ab 1816 vornehmlich in der Hand von Georg Ludwig Friedrich von Laves (1788–1864) liegende Umbauplanung des Schlosses, das seit der hannoverschen Personalunion mit Großbritannien weitgehend vernachlässigt worden war[11], bestätigt in mehreren Entwurfsphasen die konsequente Tren-

---

6   Diese kamen durch die lange Bau- und Ausstattungszeit allerdings nur schrittweise zur vollen Ausbildung, da die Räume erst unter Kurfürst Friedrich Wilhelm (1802/1831–1875) zwischen 1848 und 1852 fertiggestellt wurden.
7   BIDLINGMAIER (wie Anm. 5), S. 284 und Anm. 26, 27: Mit dieser Raumdisposition habe man sich eng »am Pariser und Wiener Zeremoniell, wie es sich in den Tuilerien oder der Wiener Hofburg herausgebildet hatte«, orientiert. Wie an den Höfen in Paris und Wien reglementierte auch in Kassel die Zeremonialordnung, 1819 von Kurfürst Wilhelm I. (1743/1785–1821) in Kraft gesetzt und bis 1866 gültig, das »Entgegenkommen« des Kurfürsten und den Zutritt der Besucher unterschiedlichen Ranges zu bestimmten Gemächern. Waren so einzelne Raumfolgen von vornherein festgelegt, gab die Kasseler Zeremonialordnung jedoch keine Auskunft über die mobile Ausstattung der Gemächer, wie es in anderen Reglements dieser Art zum Teil der Fall war. Der 1821 zur Regierung gekommene Kurfürst Wilhelm II. legte auch das Tafelzeremoniell nach seinem Gusto fest.
8   In dem hier abgebildeten Grundriß ist die in historischen Fotografien zu erkennende Tapetentür nicht eingezeichnet.
9   Im Kasseler Residenzpalais existierten keine Gästeappartements. Gäste wurden in Schloß Wilhelmshöhe unterbracht. Siehe BIDLINGMAIER (wie Anm. 5), S. 283.
10 Zum Leineschloß siehe zuletzt TH. DANN, Die königlichen Prunkappartements im hannoverschen Leineschloß. Untersuchungen zu Raumfolgen in der 1. Hälfte des 19. Jahrhunderts, Hannover 2000.
11 Das Schloß war 1698 weitgehend vollendet und erfuhr danach, abgesehen vom Wiederaufbau des Kammerflügels nach einem Brand im Jahr 1741, kaum noch Veränderungen. Umbaupläne von

nung der Raumfunktionen. Nach verschiedenen Planvariationen[12] und dem nach 1817 erfolgten Neubau des Leineflügels (Abb. 5) war in den mit »Endgültiges Projekt« bezeichneten Entwürfen zunächst folgende Raumdisposition angelegt: In der Beletage sollten die beiden Empfangsappartements sowie die Gesellschafts- und Privaträume untergebracht werden (Abb. 6). Die Haupttreppe (a) führte über den Vorsaal für die Leibgarde (b) und zwei weitere Vorzimmer (c, d) in den Thronsaal (e). Diese Gemächer lagen als geschlossene Raumfolge im westlichen Querflügel[13]. Gegenläufig war im östlichen Querflügel der Audienzsaal (9) der Königin mit drei Vorsälen (5, 7, 8) untergebracht, erreichbar über das runde Treppenhaus (12). Das auf halbovalem Grundriß angelegte Treppenhaus (u) im neuen Leineflügel führte in die kleine Speisegalerie (s), die sowohl die genannten Thronappartements als auch die Gesellschafts- und Privaträume des Königspaares im neuen Leinflügel verband. Das zweite Obergeschoß (Abb. 7) war den Festräumen vorbehalten, mit langgestreckten Speisesälen (g, f) zur Flußseite, einem Tanzsaal (d) im westlichen und dem historischen Rittersaal (h) im östlichen Querflügel.

Mit dem Abbruch des Regierungsflügels im Jahr 1825 und der Verlegung des Haupteingangs östlich der Schloßkirche wurde das Thronappartement des Königs zunächst um 180 Grad gedreht und die Raumabfolge teilweise verändert (Abb. 11). Diese wie auch die nachfolgende Planänderung von 1829/30, die unter anderem vom Abbruch des Theaters ausging, änderten jedoch nichts an der generellen Zuordnung der Raumfunktionen zu den beiden Hauptgeschossen: Die bereits in den ersten Entwürfen eingeführte geschoßweise Trennung von Staats- und Festapparat blieb grundsätzlich erhalten[14], auch als Laves 1830 die Mitteilung erhielt, daß Ernst August nicht länger beabsichtige, das Leineschloß als Wohnsitz zu beziehen. Es sollte vielmehr als Ort der Staatsrepräsentation dienen, während das Königspaar im gegenüberliegenden Alten Palais Wohnung bezog.

Das Prinzip der »funktionalen Raumtrennung« läßt sich auch an einem Beispiel des Übergangs vom späten Klassizismus zum frühen Historismus aufzeigen, dem zwischen 1837 und 1842 entstandenen Wiesbadener Stadtschloß[15]. Nach Entwürfen des Darmstäd-

---

Friedrich Weinbrenner und Peter Joseph Krahe aus dem Jahr 1802 blieben unausgeführt. Siehe DANN (wie Anm. 10), S. 36f. Von 1803 bis 1813 wurde das Schloß als Kaserne genutzt und war in völlig verwahrlostem Zustand, als Laves Anfang 1816 von Prinzregent Georg (IV.) den Auftrag zur Neugestaltung erhielt. H. HAMMER-SCHENK/G. KOKKELINK (Hgg.), Laves und Hannover. Niedersächsische Architektur im neunzehnten Jahrhundert, Hannover 1989, S. 141.

12 Laves legte 1816 drei Entwurfsreihen mit unterschiedlich starker Veränderung der Bausubstanz vor, die im sog. »Endgültigen Projekt« zusammengefaßt wurden; zwei weitere stammen von seinem Onkel Heinrich Christoph Jussow aus Kassel. 1826 und 1830 entwarf Laves modifizierte Raumdispositionen, die durch den Abbruch des »Regierungsflügels« bzw. einen Raumverteilungsplan der Schloßbaukommission notwendig geworden waren. Letzte Umbauentwürfe von Laves stammen aus den 50er Jahren, also bereits aus der Regierungszeit Georgs V. Siehe DANN (wie Anm. 10), S. 37–58.

13 Zum Zeremoniell am hannoverschen Hof um 1850 siehe DANN (wie Anm. 10), S. 229–239; TH. DANN, Die Appartements des Leineschlosses im Spiegel höfischen Zeremoniells der Zeit um 1700 bis 1850, in: Hannoversche Geschichtsblätter, Neue Folge 52 (1998/99), S. 171–196.

14 In der Umbauphase der 1840er Jahre wurde das Thronappartement schließlich ins 2. Obergeschoß verlegt.

15 Zum Wiesbadener Stadtschloß siehe zuletzt U. VAN DEN BERGH, Der Hessische Landtag. Ein Schloß als Parlamentssitz (Politische und parlamentarische Geschichte des Landes Hessen 13), Königstein 1995.

ter Hofbaumeisters Georg Moller (1784–1852) von Richard Goerz (1811–1880) ausgeführt, steht es in einer besonderen städtebaulichen Situation, nämlich als Eckkomposition ohne Cour d'honneur oder ähnliche Abgrenzung direkt am Marktplatz (Abb. 8, 9). Eine Rotunde fungiert dabei als »Gelenk« zwischen den beiden Flügeln, an deren Enden sich Tore zu zwei rückwärtigen Durchfahrten öffnen, die in einer zweiten Rotunde zusammentreffen. In die Diagonale der Anlage ist eine eingeschossige Treppenanlage als Verbindung zum Hauptbau eingefügt, die dem Herzog – ungesehen und trockenen Fußes – alltäglichen Zugang ins Schloß bot. Nur bei höchst offiziellen Anlässen betrat man das Gebäude durch den Vordereingang. Hier gelangte man zunächst in den Fahnensaal, und das anschließende, nicht mittels natürlicher Lichtquellen beleuchtete Vestibül diente als Verteiler zum Haupttreppenhaus beziehungsweise in die Seitenflügel. Im zur Marktkirche gelegenen »Ostflügel« waren im Erdgeschoß die Privatgemächer des Herzogs, in der Beletage jene der Herzogin eingerichtet, im »Westflügel« zum Alten Rathaus im Erdgeschoß Gästeappartements, in der Beletage die Gesellschafts- und Festräume. Dabei diente der runde Salon im Obergeschoß als Empfangsraum, der anschließende Rote Salon als Tee- und Gesellschaftszimmer; es folgte der Gelbe Damastsalon als kleines Speise- oder Frühstückszimmer, und der letzte Raum dieser Enfilade war als Tanzsaal geplant. Genutzt wurde er aber vornehmlich als repräsentativer Speisesaal, weil sich der ursprünglich dafür konzipierte Rotundenraum im hinteren Bereich des Schlosses durch seine ganz eigene Akustik vielmehr zum Tanzen eignete. Der hinter dem Schloß und dem benachbarten Hofmarschallamt eingestellte Gebäudetrakt beherbergte in der Beletage einen weiteren Festsaal mit Gesellschaftszimmern im Anschluß an die genannte hintere Rotunde[16].

Auffallend ist, daß im gesamten Wiesbadener Stadtschloß ein speziell ausgewiesener Zeremonialapparat fehlte. Es ist bekannt, daß Herzog Adolph von Nassau (1817/1839–1866/1905) einen Thronsessel[17] besaß, den er zur Eröffnung der Landstände im Schloß benutzte, die in der kleinen Empfangsrotunde im Obergeschoß stattfand. Insgesamt waren die Räume aber betont auf die herrschaftliche Tafel ausgelegt. Durch die Gliederung des Schlosses in einen »Privatflügel« und einen »Gesellschaftsflügel« wurde außerdem ein weiterer Schritt in der Trennung der Raumfunktionen vollzogen: diese verteilen sich hier nicht mehr nur auf die verschiedenen Geschosse, sondern auf unterschiedliche Gebäudeteile.

Hinsichtlich des Wandels in der Raumfolge kann zusammenfassend festgehalten werden, daß zu Beginn des 19. Jahrhunderts neue Schwerpunkte in der Grundrißdisposition gesetzt wurden. Besaß im barocken Raumverständnis jeder Raum seinen festen Platz und war als Ergebnis einer vom höfischen Zeremoniell bestimmten Abfolge untrennbar mit anderen Räumen verbunden, woraus sich ein fast universelles und auch am Außenbau ablesbares System ergab, so läßt sich in den hier vorgestellten Schlössern eine funktionale

---

16 Im Erdgeschoß befanden sich neben den Stallungen, Remisen und einer großen Reithalle die Funktions- und Wirtschaftsräume, womit das Stadtschloß zu einem vollkommen autarken Gebäudekomplex zusammengefaßt war.
17 »Zur Eröffnung der Landstände, die zunächst jeweils im Ständehaus, später im runden Saal des neuen Stadtschlosses stattfand, nahm der Herzog auf einem Thronsessel Platz. Wahrscheinlich wurde hierzu in späteren Jahren der gezeigte prachtvolle Sessel verwendet.« Thronsessel, Holz, geschnitzt und vergoldet; Bezug roter Samt (erneuert); Verwaltung Staatl. Schlösser und Gärten Hessen, Bad Homburg, in: V. EICHLER (Bearb.), Herzogtum Nassau 1806–1866. Politik – Wirtschaft – Kultur, Ausst.-Kat., Wiesbaden 1981, S. 434, Kat.-Nr. C 47.

Gliederung in separate Raumeinheiten feststellen. Der fließenden, überwiegend symmetrischen Abwicklung der barocken Appartementfolge steht jetzt die abgeschlossene, in sich meist asymmetrisch angelegte Raumgruppe gegenüber[18]. Lediglich das verbindende Element der Enfilade bleibt weiterhin erhalten. Das dem Klassizismus zugrunde liegende Raumverständnis unterstützt dieses Prinzip des Separierens. Im Vergleich barocker Treppenhäuser, wie diejenigen in Würzburg, Brühl oder Mannheim, beispielsweise mit dem klassizistischen im hannoverschen Leineschloß wird deutlich, wie das Separieren auch bei Einzelräumen das Fließend-Verbindende ersetzt (Abb. 10, 11). So war das Treppenhaus in Hannover[19] nicht nur gegen die es umgebenden Räume abgeschlossen, sondern zusätzlich in einzelne Raumkompartimente unterteilt, die nur schrittweise und zudem in unterschiedlichem Licht erfahrbar waren und nicht mehr als gleichmäßig heller Gesamtraum wie im barocken Treppenhaus erschienen. Die architektonischen Motive, hier entsprechend der klassischen Stilrezeption angewandt, trugen mit den tonnengewölbten Decken und den eng begrenzenden Wandflächen ebenso zu diesem Eindruck bei wie die streng geometrischen Grundformen in der Raumform.

Der Wandel in der Raumdisposition kommt also im Prinzip des Separierens zum Ausdruck. Dabei werden die einzelnen Gemächer entsprechend ihrer Funktion als Staats-, Fest-, Gesellschafts- und Privaträume zusammengefaßt, um dann als Gruppe gegen andere Funktionsbereiche abgetrennt zu werden. Jede Raumgruppe ist für sich erfahrbar. Blieb die Raumabfolge innerhalb der Staatsgemächer meist dem Zeremoniell und damit einer bestimmten Anzahl von Räumen verpflichtet, deren Höhepunkt – falls vorhanden[20] – der Thronsaal war, fand innerhalb des Repräsentationsapparates eine Neuordnung statt. Dies geschah durch die Loslösung des Festsaales aus seiner traditionellen Verbindung mit dem Haupttreppenhaus und häufig auch aus dem Zentrum des Gebäudes, in dem er an das Ende einer Flucht von Repräsentations- oder Gesellschaftsräumen verlegt wurde. Neben dem hier vorgestellten Wiesbadener Stadtschloß wäre auch das Darmstädter Neue Palais zu nennen, bei dem der zweigeschossige Ballsaal fast den gesamten Nordflügel des Gebäudes einnahm[21]. Sich über Erdgeschoß und erstes Obergeschoß erstreckend, konnte er

---

18 Vor allem in den französischen »Hôtels« des 18. Jahrhunderts war diese Entwicklung wie auch die Zusammenfassung von »appartements de parade«, »appartements de société« und »appartements de commodité/privé« unter dem Prinzip der »commodité« bereits vorweggenommen. Allerdings legte man auch hier weiterhin besonderen Wert auf symmetrische Anordnung der Raumgruppen, was zu teilweise komplizierten Grundrißlösungen führte. Siehe dazu z. B. A. Röver, Bienséance. Die ästhetische Situation im Ancien Régime. Pariser Privatarchitektur, Hildesheim 1977, S. 134–146.
19 Es handelt sich hierbei um das in den 1820er Jahren neu angelegte Haupttreppenhaus im Leinstraßenflügel östlich der Schloßkirche.
20 In den meisten Residenzen war er nach wie vor vorhanden. Ausnahmen bilden das genannte Wiesbadener Stadtschloß, aber auch das Neue Palais in Darmstadt; hier wurde bei offiziellen Anlässen der Thronsaal im Residenzschloß genutzt.
21 Das Neue Palais wurde 1863–1866 von dem Mainzer Architekten Conrad Kraus für Prinz Ludwig (IV.) von Hessen und bei Rhein und Prinzessin Alice von Großbritannien erbaut. Außer dem Festsaal befand sich im Nordflügel nur noch eine große Galerie zum Garten hin. Der Festsaal wurde nach dem Amtsantritt Ludwigs IV. (1837/1877–1892) zugunsten kleinerer Funktionsräume in beiden Geschossen aufgegeben. Siehe dazu P. Tücks, Das Darmstädter Neue Palais. Ein fürstlicher Wohnsitz zwischen Historismus und Jugendstil (Quellen und Forschungen zur hessischen Geschichte 148), Darmstadt 2005.

durch Türen vollkommen vom restlichen Gebäude abgetrennt werden. Daß für Festräume sogar gesonderte Gebäudetrakte erbaut wurden, sei am Beispiel der Münchner Residenz erwähnt, die zwischen 1832 und 1842 einen eigenständigen »Festsaalbau« durch Leo von Klenze erhielt. Durch die Lösung der Verbindung von Haupttreppe und Festsaal und den damit verbundenen Verlust ihrer traditionellen Funktion erlangten auch die Treppenhäuser eine neue Bedeutung. Beispiele wie das Treppenhaus im Neuen Palais in Darmstadt, das formal als höfische Prunktreppe gestaltet ist, jedoch »nur« in die Privatgemächer des Fürstenpaares führt, betonen die Individualität dieser Treppenräume und ihre gleichzeitige Loslösung aus dem höfischen Zeremoniell. Die genannten Veränderungen der Raumdisposition zogen letztendlich den Verlust der Lesbarkeit von Schloß- und Palaisbauten im Klassizismus und dann auch im Historismus nach sich. Das gewohnte System, in dem sich die innere Anlage am Außenbau zu erkennen gab, differierte nun ebenso wie das oftmals zurückhaltende äußere und prachtvolle innere Erscheinungsbild der Residenzen.

Unter den Aspekt des Separierens fällt letztlich auch die Ausgliederung ehemals zentraler Einrichtung des Residenzschlosses wie dem Hoftheater, den Kunstsammlungen der Herrscher und der Verwaltung. Theater, Museen und Regierungsgebäude entwickelten sich seit dem späten 18. Jahrhundert zu eigenständigen Bauaufgaben. Die Entwicklung kulminierte nicht zuletzt darin, daß selbst die verbleibenden Funktionen »Repräsentieren« und »Wohnen« voneinander getrennt wurden und die Regenten, wie am Beispiel Ernst Augusts von Hannover bereits erwähnt, nun aus den großen Stadtschlössern in kleinere Palaisbauten umzogen. Während dieser Aspekt häufig als Rückzug des Herrschers in die Privatheit, ins Bürgerliche gewertet wird, sind die beschriebenen Beispiele des Separierens von Räumen und die Auslagerung ehemals genuin höfischer Einrichtungen aus dem Schloß als Analogie zur Trennung von Staat und Fürstenhaus sowie zur allgemeinen Veränderung der Gesellschaft und als offensichtlicher Verlust herrschaftlicher Macht gesehen worden[22]. Zwar konnten sich die Fürsten trotz häufig stark restaurativer Züge ihrer Regierung dem gesellschaftlichen Wandel nicht vollends entziehen, doch wurde der nach außen vermittelte Machtverlust durch andere Zeichen und Symbole kompensiert.

2. Der Wandel im Bildprogramm

Auch in der dekorativen Gestaltung der Räume trat zu Beginn des 19. Jahrhunderts ein Wandel ein. Daß hierbei nicht mehr ein übergeordnetes Bildprogramm galt, sondern Einzelthemen für jeden Raum separat und häufig mit ganz unterschiedlichen Inhalten entworfen wurden, läßt sich am Beispiel des Kasseler Residenzpalais' aufzeigen. Das von dem Bildhauer Christian Daniel Rauch (1777–1857) vorgeschlagene Skulpturenprogramm für das Treppenhaus sollte ursprünglich Liebespaare aus Ovids Metamorphosen thematisieren. Noch vor der Ausführung fand eine »Programmänderung« in griechische Gottheiten als Allegorien des prosperierenden Landes statt, die der Architekt Bromeis als passen-

---

22   Z. B. BIDLINGMAIER (wie Anm. 5), S. 300–301; C. KEIM, Städtebau in der Krise des Absolutismus. Die Stadtplanungsprogramme der hessischen Residenzstädte Kassel, Darmstadt und Wiesbaden zwischen 1760 und 1840 (Studien zur Kunst- und Kulturgeschichte 7), Marburg 1990, S. 60.

der für ein Residenzschloß empfand. Die ebenfalls von Rauch entworfenen Statuen blieben unausgeführt. Geliefert wurden nur die Sockel aus carrarischem Marmor, auf denen 1829 schließlich Gipsabgüsse antiker Statuen aufgestellt wurden[23] (Abb. 12, 14). Die Wanddekoration über der von jeweils zwei ionischen Säulen gerahmten Tür zum Aufwartungszimmer beschrieb Bromeis folgendermaßen: *Der PortalAufsatz oder der oberer Theil dieser Façade würde bestehen aus einer halbzirkelförmigen Archivolte und verschiedenartigen StuckRosetten, verbunden durch Attribute Jupiters (durch Donnerkeile mit Blitzen). In der vorgedachter Archivolte angeschlossen[en] halbrund[en] BogenNische im Mittel über der GlasEingangsthüre und den 4 Saeulen würde die Aufstellung von 2 in weißem Stuck horsrelief bearbeiteten Genien, welche einen Lorbeerkranz, in welchem die Buchstaben W[ilhem] K[urfürst] II. und über denselben die k[urfürstliche] Krone befindlich, halten, am passendsten seyn. Der übrige Theil der halben Zirkelfläche um die Architvolte herum würde am schönsten mit Spiegel zu begleiten seyn [...]*[24].

Bromeis griff bei dem Motiv der Genien, die das umkränzte Monogramm halten, auf eine Darstellung aus dem »Recueil de Décorations Intérieures ...« von Percier und Fontaine[25] zurück, und zwar auf ein Lünettenmotiv aus dem Venussaal des Pariser Louvre (Abb. 13). Auch die Donnerkeile und Blitze Jupiters erscheinen mehrfach in besagtem Werk als Detail der Dekoration von Wänden und Decken. Eine historische Fotografie des Kasseler Treppenhauses zeigt die Gestaltung dieser Wand mit den von Bromeis genannten Dekorationen, allerdings ohne das Genien-Relief, das nicht ausgeführt wurde[26] (Abb. 14).

Das Bildprogramm für den Grünen Saal unterlag ebenfalls mehrfach dem Änderungswunsch des Kurfürsten. Dieser wollte, obwohl er sie bereits genehmigt hatte, für die Bildszenen im Fries plötzlich doch keine historischen Darstellungen aus der römischen Geschichte mehr, sondern mythologische Themen. Ausgeführt wurden jeweils zwei um eine Fruchtschale angeordnete Schwäne im Wechsel mit Chimären, die Vasen begleiten, umrahmt von Arabesken und Rosetten. Auch die Deckengestaltung wurde nach mehreren Alternativentwürfen, einer davon zeigt die Menschwerdung des Prometheus im Zentrum und anschließende figürliche Bildfelder, durch Ornamente ersetzt, die der Künstler erneut dem »Recueil« entnahm. Lediglich die Wandgestaltung samt Tapisserie wurde nach Bromeis' Vorentwurf ausgeführt, allerdings ergänzt durch wandgliedernde korinthische Pilaster[27].

Das in beiden Räumen beibehaltene »Rahmenprogramm«, basierend auf Empire-Motiven, und die Austauschbarkeit des jeweils gewählten Themas für die figürliche Dekoration machen deutlich, daß die Inhalte mit einer gewissen Flexibilität gehandhabt wurden. Gleichzeitig ist dies ein Beleg dafür, daß die einzelnen Räume unabhängig von einem übergeordneten Gesamtprogramm gestaltet wurden. Anders im Speisesaal, für den Wil-

---

23 BIDLINGMAIER (wie Anm. 5), S. 209.
24 J.C. Bromeis, *Beschreibung über den innern Ausbau und Verzierung des Neubaus am ResidenzPalast seiner Königlichen Hoheit des Kurfürsten* (1824), zit. nach BIDLINGMAIER (wie Anm. 5), S. 44 (Ergänzungen in Klammern durch den Autor).
25 C. PERCIER/P.F.L. FONTAINE, Recueil de Décorations Intérieures, comprenant tout ce qui a rapport à l'ameublement, Paris 1812, Tafel 69.
26 BIDLINGMAIER (wie Anm. 5), S. 213–214.
27 BIDLINGMAIER (wie Anm. 5), S. 235–240.

helm II. von Anfang an *die [...] Wandfelder [...] nach der Zeichnung mit Bildern und Arabesquen aus der Loge Raphaels, in lebendigen Farben, gemalt, geziert*[28] sehen wollte, wozu er dem beauftragten Maler Friedrich Müller sogar einen Studienaufenthalt in Rom zubilligte. Dieser verfremdete die Motive Raffaels jedoch so sehr, daß der Kurfürst ihn entließ. Einmal mehr wurden detailgetreue Kopien nach Kupferstichen ausgeführt, hier aus dem 1772–1777 erschienenen Stichwerk »Le Loggie di Raffaele« von Volpato und Ottaviani (Abb. 15, 16). Die Lünetten waren ebenfalls nach historischen Kupferstichvorlagen gestaltet und zeigten den »Triumph der Galathea« nach Raffael sowie Guido Renis »Apoll mit dem Sonnenwagen«. Für die Deckengestaltung wählte Bromeis die Darstellung des offenen Himmels mit Grillagen, ein Motiv, das sich bei Rokokodekorationen großer Beliebtheit erfreute[29].

Im Thronsaal herrschte hingegen eine betont auf den Herrscher ausgelegte Ikonologie, die in verschiedenen Hoheitszeichen – vor allem der Königskrone, dem Monogramm »WK II« und dem kurhessischen Wappen – im architektonischen Rahmen, in der textilen Ausstattung und im Mobiliar zum Ausdruck kam (Abb. 17). Sie erschienen in den Türfüllungen, im Fries und in der Deckengestaltung, wo sie von den Herrschertugenden, symbolisiert durch die Gottheiten Jupiter (Allmacht), Mars (Kriegsglück), Minerva (Weisheit) und Ceres (Fruchtbarkeit), begleitet wurden. Als unmittelbare Vorlage hierzu diente die Deckenansicht von Napoleons Schlafzimmer in den Tuilerien aus dem »Recueil« (Abb. 18), während die Lorbeerkränze in den Pilastern an die Tapisseriegestaltung im Thronsaal Napoleons angelehnt sind[30] (Abb. 19).

Das Wiesbadener Treppenhaus besitzt zum einen die bereits für das hannoversche Treppenhaus festgestellte räumliche Autarkie[31], zum anderen ein in sich abgeschlossenes Bildprogramm (Abb. 20). Sind die beiden davorliegenden Schloßräume, Fahnensaal und Vestibül, bereits kostbar mit Marmor- und Parkettfußböden ausgestattet, bleiben ihre bemalten oder mit Stuckmarmor bekleideten Wände und Decken doch rein ornamental in ihrer Dekoration. Im Treppenhaus steigert sich die Farbigkeit wie auch die plastisch-figürliche Ausgestaltung in Intensität und Menge. Die Raumschale wird von marmorierten Wänden bräunlichen Stuckmarmors und einem reichornamentierten Tonnengewölbe eingefaßt. Auf der Ebene der Beletage öffnen sich Nischen im Wechsel mit verzierten Wandfeldern zwischen Pilastern. In diesen Nischen stehen sechs von Ludwig Schwanthaler (1802–1848) aus München (wie bestellt!) gearbeitete Marmorskulpturen: Apoll, Aphrodite und Dionysos auf der einen, Pan, Demeter und Artemis auf der anderen Seite – Götterstatuen, die hier nicht ausschließlich als Allegorien der Herrschertugenden oder des blühenden Herzogtums zu lesen sind, sondern auch die Annehmlichkeiten des Lebens und die schönen Künste verkörpern sollen[32]. Herrschaftliche Zeichen finden sich an zwei Stellen im Treppenhaus: Das herzogliche Wappen in der Mitte des oberen Treppen-

---

28 Bromeis, *Beschreibung*, zitiert nach BIDLINGMAIER (wie Anm. 5), S. 45.
29 BIDLINGMAIER (wie Anm. 5), S. 274–278.
30 PERCIER/FONTAINE (wie Anm. 25), Tafeln 48 und 53; BIDLINGMAIER (wie Anm. 5), S. 247–249 und 255–256.
31 Diese entsteht wie in Hannover durch das Zusammenspiel von Lichtführung und architektonischen Elementen wie den beiden Säulen und den geschlossenen Seitenwänden, die den Antrittslauf des Treppenhauses markieren beziehungsweise flankieren.
32 Die Darstellung Apolls mit Leier oder des von den Folgen ausschweifender Exzesse noch unberührten Dionysos weisen darauf hin. Lediglich Artemis wird in Rüstung dargestellt.

geländers und im Fries Adler, die Lorbeerketten und -kränze halten. Es ist dies in der Reihe der Gesellschafts- und Festräume der einzige Ort im Wiesbadener Stadtschloß, an dem die Herrschersymbole erscheinen.

Die anschließenden Gemächer bezaubern durch ihre mannigfaltige und sich von Raum zu Raum steigernde Dekoration im pompeijanischen Stil, deren Deckengestaltung formal Bezug zu der reichen Musterung der Parkettböden nimmt. Das Bildprogramm des Tanzsaales (Abb. 21) ist schließlich ganz auf dessen Funktion ausgerichtet, von den Tänzerinnen in den Wandmalereien bis hin zu den Musikinstrumenten in den Kapitellen; ebenso jenes des Konzertsaales mit musizierenden Putten, der Allegorie der Musik und Porträts berühmter Komponisten in den Deckenmedaillons. Liest man Personen-Charakterisierungen Herzog Adolphs von Nassau, unter dem das Schloß vollendet wurde, dann möchte man darin die Ideengrundlage für die Ausstattung des Gebäudes sehen: Es heißt, er habe Zeit seiner Jugend einen ausgeprägten Hang zum Lebensgenuß und zur Jagd besessen, beides weitaus mehr als zum Regieren. Legte er beispielsweise während seiner Studienzeit in Wien »bei den wissenschaftlichen Studien nur mäßigen Eifer an den Tag, so fühlte er sich auf Empfängen, Soireen und Bällen ganz in seinem Element«[33].

Eine nochmals andere Stellung nehmen jene Bildprogramme ein, die unabhängig von der Bildwelt der Raumdekoration entweder durch mythologische oder durch Themen aus der Landesgeschichte historische Bezüge schaffen. Im 1826 begonnenen Königsbau der Münchner Residenz wünschte König Ludwig I. von Bayern (1786/1825–1848/1868) abgesehen von der allgemeinen Ausstattung der *Gemache [in] Alt-Italienischer Art*[34] hohe gewölbte Räume, die mit Fresken versehen werden sollten. Eingefaßt waren die Bildszenen von mehr oder weniger stilreiner pompeijanischer Wanddekoration. Vermischt mit Grotesken nach dem Vorbild italienischer Renaissanceräume gingen sie »unmittelbar auf Vorbilder in der Art von Raffaels Farnesinasälen zurück«[35].

Die übergeordneten Themen der bildnerischen Darstellung erstreckten sich meist über mehrere Räume. Während die Festgemächer im zweiten Obergeschoß mit mythologischen Szenen, wie beispielsweise dem Parisurteil im Spielsalon, oder Darstellungen von Festen in Landschaften, im Ballsaal noch ergänzt durch tanzende Figuren, gestaltet waren und damit erneut ein Bezug zur Raumfunktion hergestellt wurde, kam in den Prunkappartements im ersten Obergeschoß das Thema der Dichtung zur Ausführung. Im Appartement des Königs waren Szenen aus der griechischen Dichtung dargestellt, in dem der Königin Werke deutscher Dichter. Meist an den Decken der Räumen befanden sich vereinzelt allegorische Figuren, die allerdings in neuartiger Zusammenstellung ohne traditionellen Bezug verwendet wurden[36].

Auf das östliche Treppenhaus, die »Gelbe Treppe«, beschränkt blieb das einzige unmittelbar auf den König bezogene Bildprogramm, die Darstellung der Prosperität des

---

33 W. Schüler, Das Herzogtum Nassau 1806–1866. Deutsche Geschichte im Kleinformat, Wiesbaden 2006, S. 136f.
34 Zitiert nach G. Hojer, Die Prunkappartements Ludwigs I. im Königsbau der Münchner Residenz. Architektur und Dekoration, München 1992, S. 14.
35 Hojer (wie Anm. 34), S. 18.
36 So z. B. im Thronsaal der Königin, wo Allegorien der Tugenden in Form römischer und deutscher Frauengestalten erscheinen (Majestät und Kinderliebe, Frömmigkeit und Wohltätigkeit) oder in der Gegenüberstellung des Hercules Bavaricus mit dem Helden Achill und dem Dichter Pindar im Thronsaal des Königs. Siehe Hojer (wie Anm. 34), S. 24–25.

Landes Bayern unter der Herrschaft Ludwigs I. mit der thronenden Bavaria, umgeben von Personifikationen der Berufsstände. Im Gewölbe befanden sich Allegorien und Symbole der Wissenschaften, der Künste sowie jene von Krieg und Frieden und im Zentrum das Monogramm L I. Über dem Portal zu den königlichen Appartements stand der Wahlspruch »Gerecht und Beharrlich« geschrieben, personifiziert durch zwei Karyatiden, die der Dike links und rechts die der flügellosen Nike apteros. In fünf Sälen im Erdgeschoß, in denen der König Visiten abhalten und Abgesandte der Öffentlichkeit empfangen wollte, entstand »ein großes und ernstes Werk der Malerey«[37], nämlich die Fresken der Nibelungensage nach Entwurf von Julius Schnorr von Carolsfeld (1794–1872)[38]. Das Nibelungenlied erhielt um 1806 eine ganz neue Aktualität und folglich eine vermehrte Wiederaufnahme in der deutschen Kunst, da man in Siegfried offenbar den Helden gefunden hatte, der allem Übermächtigen trotzen konnte[39]. Im Anschluß an die Befreiungskriege und inmitten der Versuche zur Einigung der deutschen Nation, in der idealisierten Begeisterung für das Mittelalter der deutschen Romantik generell »wurde es möglich, daß eine im Kern heidnische Sage, die im Mittelalter mit einigen christlichen Versatzstücken versehen worden war, sich in der ersten Hälfte des 19. Jahrhunderts nahtlos in das Bildungsgut des christlichen Abendlandes deutscher Nation einweben ließ«[40].

Unterbrochen wurde die Ausführung der Nibelungensäle durch ein neues Projekt des Königs, der Schnorr von Carolsfeld 1835 damit beauftragte, die drei Säle zwischen dem Ballsaal und dem Thronsaal im neuen Festsaalbau mit Szenen aus dem Leben der deutschen Kaiser auszumalen. Der Künstler entwarf ein Gesamtprogramm, in dem er von den engen Beziehungen zur deutschen Geschichte durch die Einbindung alttestamentarischer Szenen zu einer »weltgeschichtlichen« Darstellung kommen wollte. Gewissermaßen als Auftakt zum Thronsaal, in dem überlebensgroße Erzfiguren der Wittelsbacher Ahnen nach Entwurf von Ludwig Schwanthaler aufgestellt waren, sollten im letzten Saal neben Heinrich I. und Friedrich Barbarossa auch Otto von Wittelsbach und Ludwig der Bayer dargestellt werden. Der König lehnte dies wie auch sämtliche ahistorische Inhalte ab und forderte die einfache Darstellung der wichtigsten Ereignisse aus dem Leben Karls des Großen, Friedrich Barbarossas und Rudolf von Habsburgs, von denen jedem nun ein Saal zugesprochen wurde (Abb. 22). Sowohl in den Nibelungensälen als auch in den Kaisersälen legte Schnorr von Carolsfeld großen Wert darauf, daß die Details möglichst historisch korrekt dargestellt wurden. Er befaßte sich nicht nur intensiv mit der deutschen Geschichte, sondern auch mit den Kleidungs- und Bewaffnungsgewohnheiten des Mittelalters.

Bis zur Fertigstellung der Säle waren sowohl der Stil als auch das romantisch motivierte, mittelalterliche Staatsbild überkommen. Für König Ludwig I. tat dies wenig zur Sache, denn »gemäß den Konzepten der politischen Romantik versinnbildlichte Schnorr in den historischen Szenen die Monarchie in ewiger Wahrheit, womit er den Interessen

---

37 Schornsches Kunstblatt 1829, zitiert nach I. Nowald, Die Nibelungenfresken von Julius Schnorr von Carolsfeld im Königsbau der Münchner Residenz. 1827–1867 (Schriften der Kunsthalle Kiel Heft 3), Kiel 1978, S. 12.
38 Ursprünglich waren hier Illustrationen der Odyssee geplant.
39 Siehe dazu W. Storch, Die Nibelungen. Bilder von Liebe, Verrat und Untergang, München 1987.
40 Nowald (wie Anm. 37), S. 15.

seines königlichen Auftraggebers entgegenkam und ein bedeutendes Monument der Spätromantik schuf«[41]. Ein weiterer Saal im Anschluß an den Ballsaal war mit Schlachtendarstellungen aus den Napoleonischen Feldzügen ausgestaltet[42].

Die kurzen Ausführungen zu den Bildprogrammen der ersten Hälfte des 19. Jahrhunderts haben gezeigt, daß sich auch darin ein Wandel vollzog. Die Staats-, Repräsentations- und Gesellschaftsräume barocker Schlösser unterstanden in der Regel einem übergreifenden ikonologischen Programm, das die Legitimierung und Verherrlichung des Regenten, seine erstrebenswerten Tugenden und Eigenschaften, seine politischen Errungenschaften und seine Wohl- und Heldentaten für das Land manifestierte[43]. Nicht nur die malerische Ausstattung der Räume, sondern auch die komplexen skulpturalen Bildprogramme, präsent in der Bauplastik am Außenbau bis in die Stukkaturen der Innenräume, verbanden sich zu einem Gesamtprogramm.

Im Gegensatz dazu nahmen seit dem frühen 19. Jahrhundert die Malerei, die plastische und die übrige dekorative Ausstattung immer häufiger bezug zur Funktion der einzelnen Räume. Sie ordneten sich dabei nicht mehr einem auf die Verherrlichung des Regenten ausgelegten Gesamtprogramm unter, was die Veränderung und Austauschbarkeit einzelner Elemente aus den Bildprogrammen belegte. Herrscherinsignien wie das Wappen und das Monogramm blieben auf die Zeremonialräume beschränkt. Für die Fest- und Gesellschaftsräume wurde ebenfalls eine thematisch dazu passende Ausgestaltung gewählt. Daß diese Darstellungen, wie es in der Literatur immer wieder angemerkt wird, »keine tiefere Bedeutung im Sinne eines ikonographischen Programms mehr«[44] besitzen und dadurch häufig »thematisch nichtssagend und unverbindlich«[45] werden, läßt sich an einzelnen Beispielen durchaus nachvollziehen, ist allerdings insgesamt sehr generalisierend und pejorativ formuliert. Alles übergreifende Gesamtprogramme, wie sie die Gestaltung barocker Residenzen bestimmten, würden weder mit dem kunsthistorischen noch mit dem historischen Wandel übereingehen. Die neuen Bildprogramme entstanden häufig nach den Vorstellungen und Wünschen der Herrscher und waren alleine deshalb nicht willkürlich gewählt. Inhaltlich können sie zwei Richtungen zugeordnet werden:

a. Einer *historisierenden Richtung*, deren Bildprogramme sich bereits im Klassizismus (wie im späteren Historismus) an historischen Stilen und Vorbildern orientierten. Beispiele dafür finden sich vor allem in Ausstattungen im Empire oder im pompejanischen

---

41 S. Fastert, Zwischen Romantik und Historismus. Das Geschichtsbild von Julius Schnorr von Carolsfeld, in: S. Seeliger (Hg.), Julius Schnorr von Carolsfeld. Aus dem Leben Karls des Großen. Kartons für die Wandbilder der Münchner Residenz, Ausst.-Kat., Dresden 1999, S. 48–55, hier S. 55.
42 Diese Darstellungen sind heute in den Vorzimmern des Königsbaus zu sehen.
43 Es waren meist szenische Darstellungen wie die Taten des Herkules, des Aeneas und des Apoll, gerahmt von Trophäen und Wappen und begleitet von weiteren antiken Gottheiten sowie von Allegorien der Jahres- und Tageszeiten, der Künste und Wissenschaften, der Länder und Flüsse u.v.m.
44 Bidlingmaier (wie Anm. 5), S. 300, für das Kasseler Residenzpalais und für weitere Beispiele wie das Wiesbadener Stadtschloß.
45 W.-G. Fleck/F.J. Talbot, Neues Schloß Stuttgart 1744–1964 (Veröffentlichungen der Deutschen Burgenvereinigung, Reihe A: Forschungen, Band 5), Braubach 1997, S. 99, für die unter König Wilhelm I. und König Karl initiierten thematischen Veränderungen der Räume im Stuttgarter Neuen Schloß.

Stil. Durch Vorlagenwerke zum Allgemeingut geworden, zu einer internationalen Mode, ist hierbei eine gewisse Uniformität und Austauschbarkeit der Bildprogramme nicht zu verleugnen, da immer wieder auf die gleichen Motive und Themen zurückgegriffen wird. Diese werden zum Teil ohne tieferen Sinnbezug zur Raumfunktion rein dekorativ oder aber diese unterstützend gewählt, wie an Beispielen von Thronsälen im Empirestil oder Tanzsälen im pompejanischen Stil aufgezeigt werden konnte. Die meist als exakte Kopien ausgeführten oder zumindest stark an originale Vorbilder angelehnten Motive der Raumdekoration werden gleichzeitig zum Zeichen der persönlichen Einflußnahme und damit der – häufig dilettantischen – Kunstkennerschaft des Regenten. Anstelle eines ausgesprochenen Herrscherprogramms tritt, wie im Treppenhaus im Wiesbadener Schloß verwirklicht, die neuartige Präsentation der in Nischen aufgestellten Skulpturen, wodurch es beinahe wie ein Schauraum für die Sammlung des Herzogs wirkt, fast museale Züge erhält und dies an zentraler Stelle im Gebäude.

b. Einer *historischen Richtung*, die analog zur Historienmalerei des 19. Jahrhunderts eine Vielzahl bekannter mythologischer Themen wiederaufgreift und neue, so die Nibelungensage, hervorbringt. Vor allem aber die Darstellungen aus der deutschen und der jeweiligen Landesgeschichte, die nun nicht mehr dem regierenden Herrscher, sondern den großen Vorfahren huldigen, die nicht mehr mit allegorischen, sondern mit historischen Figuren und Ereignissen arbeiten, zeugen von der aktiven Auseinandersetzung mit der eigenen Vergangenheit. So fallen sie thematisch unter den Aspekt der Selbstdarstellung des regierenden Fürsten und sind eng verbunden mit der Suche nach Traditionen und der Legitimation ihrer Herrschaft. Diese historischen Bildprogramme werden nun – ganz dem Prinzip des Separierens folgend – in einzelnen Räumen oder in kleineren Raumgruppen präsentiert. Innerhalb der obengenannten historistischen Ausstattung sind sie in zahlreichen Residenzen in entsprechend benannten Themensälen oder »Freskenzimmern« vertreten[46]. Gerhard Hojer bestätigt mit seiner Begründung für den Wandel in den Bildprogrammen des Königsbaus der Münchner Residenz das Prinzip des Separierens: »Nach Abschaffung der absoluten Herrschergewalt durch die Verfassung mußte jeder Palast eines konstitutionellen Monarchen zum bloßen Repräsentationsbau werden, da das Zeremoniell des Herrschers mit dem des Staates nicht mehr kongruent war. Politik wurde im Landtag, nicht in der Residenz gemacht, die Gewalt war von Volkes, nicht von Gottes Gnaden. Diese Hintergrundbedingungen erklären, warum die Bilderwelt des Königsbaues soviel wie keinen Bezug mehr auf den Herrscher aufweist«[47]. Der Wandel äußert sich also darin, daß die Bildprogramme ihren ikonologisch übergreifenden Anspruch, wie er im Barock vorhanden war, verloren haben. Dafür stimmen sie inhaltlich jetzt ganz mit dem Geschichtsverständnis der Romantik (und auch des Historismus) überein und sind damit alles andere als nichtssagend und unverbindlich.

---

46 Als weitere Beispiele für solche historischen Bildprogramme seien neben den Münchner Räumen die Freskenzimmer im Leineschloß in Hannover mit dem Triumphzug des Bacchus, dem Argonautenzug und der dem Meer entsteigenden Aphrodite genannt wie auch die Darstellungen aus der württembergischen Geschichte im Stuttgarter Neuen Schloß.
47 HOJER (wie Anm. 34), S. 10.

3. Die Wahl des Stils

Der Stil der Ausstattung ist der wohl schnellebigste Aspekt des Wandels, da er den steten Veränderungen der Moden unterlegen, aber auch leichter zu vollziehen war, weil er sich zum großen Teil auf mobile Objekte bezieht. In den bisher vorgestellten deutschen Residenzen bevorzugte man bis weit in die erste Hälfte des 19. Jahrhunderts den durch Napoleon eingeführten Empire-Stil[48]. Verwurzelt in der griechisch-römischen Bildwelt und sich zusätzlich Motiven der ägyptischen Skulptur bedienend, bot er den mannigfaltigen Zweigen des Kunsthandwerks ein breites Betätigungsfeld. Neben aufwendigen Schnitzarbeiten und Vergoldungen sowohl an Möbeln als auch der wandfesten Ausstattung waren es üppige und kunstvolle Stoffdraperien, die in »ägyptischen«, »orientalischen« oder »türkischen« Zimmern zum Einsatz kamen. Der Begriff »Empire« war nach dem »Louis-Seize« die letzte festdefinierte Umschreibung für einen einheitlichen internationalen Ausstattungsstil.

Zeitgleiche und nachfolgende Stile, wie einerseits der Restaurationsstil und das Louis-Philippe in Frankreich, das Regency in England sowie das Biedermeier in Deutschland und Österreich, andererseits aber auch die verschiedenen Varianten der ebenfalls international vertretenen Neurenaissance, waren zum Teil stark von regionalen Einflüssen geprägt. Die wandfeste Ausstattung und die Möbel variierten dabei zwischen sehr reichen und äußerst einfachen Ausformungen. Der in den dreißiger Jahren in der Wanddekoration immer stärker aufkommende pompejanische Stil erfreute vor allem die Dekorationsmaler. Als Möbelstil empfahl sich dazu die italienische Neurenaissance, wie aber das Mobiliar des Wiesbadener Schlosses zeigt, ordneten sich auch Elemente des Neurokoko durchaus bruchlos in diese Gestaltung ein. So hatten um 1840 alle klassischen Stilvarianten die Innenraumgestaltung durchlaufen. Daneben trat verstärkt die Neugotik, angeregt vor allem durch englische Ausstattungen seit dem späten 18. Jahrhundert, so daß mit dem Beginn des Historismus die ganze Bandbreite an Einrichtungsstilen zur Verfügung stand.

Verbreitet wurden die aktuellen Moden durch Publikationen wie Möbelmagazine, sogenannte »Dictionnaires d'ameublement«, also Sammelwerke zum Ausstattungswesen, Stich- und Vorlagenwerke sowie durch Kataloge der Möbelhersteller selbst. Von vollständig eingerichteten Räumen über Darstellungen von Wand- und Fensterdekorationen bis hin zu Einzelmöbeln war in diesen meist als Bildbänden gestalteten Werken alles zur Einrichtung Gehörende vertreten.

Seit den dreißiger Jahren fanden Gewerbeausstellungen statt, die einen länderweiten Vergleich am Original boten. 1851, mit der ersten Weltausstellung in London, war erstmals eine internationale Gegenüberstellung in unmittelbarer Anschauung möglich. Dabei wurde immer deutlicher, daß Frankreich nicht mehr allein das Maß aller Dinge war. Langsam aber sicher etablierte sich auch London als Zentrum neben Paris. Residenzstädte wie Berlin und Wien, aber auch Mannheim und Mainz besaßen alteingesessene Handwerksbetriebe, die international als Hofmöbellieferanten für die Herrscherhäuser tätig waren und oftmals ihre eigene Handschrift in die Möbelkunst einbrachten[49].

48 In Frankreich galt das Empire bereits als unmodern, bevor es in Deutschland überhaupt rezipiert wurde, denn es war unter Louis XVIII. (reg. 1814–1824) und Charles X. (reg. 1824–1830) verpönt.
49 Zu Mannheim siehe R. STRATMANN-DÖHLER/W. WIESE, Ein Jahrhundert Möbel für den Fürstenhof. Karlsruhe, Mannheim, St. Petersburg 1750–1850, Ausst.-Kat. Karlsruhe, Sigmaringen 1994;

Um 1840 kam es dann vor allem im höfischen Bereich zu einer neuen Blüte des sogenannten »Zweiten Rokoko«. Auch hier gingen drei große Höfe stilbildend als Leithöfe voraus, nämlich jene in Wien und Paris sowie der preußische Hof.

In der Wiener Hofburg wurden die Interieurs des 18. Jahrhunderts insgesamt kaum verändert[50]. Louis-Seize und Empire blieben unbedeutende Intermezzi, die heimische Variante des Biedermeier hielt zwar Einzug in die höfischen Appartements, vorzugsweise jedoch in die Privatgemächer. Als unter Kaiser Ferdinand I. (1793/1835–1848/1875) nach dem Tode Franz' I. (1768/1804–1835)[51] die Renovierung des Zeremonialappartements im Leopoldinischen Trakt der Hofburg anstand, sollte diese im Stil des 18. Jahrhunderts geschehen, wie er unter der hochverehrten Kaiserin Maria Theresia modern war und den man *des allerhöchsten Hofes angemessen* befand[52]. Zwar fand diese Renovierung unter Kaiser Ferdinand nie statt, doch wurden in zahlreichen anderen Gemächern bei Bedarf die raumfesten Bestandteile wie Boiserien und Stuckverzierungen im sogenannten »blondel'schen Styl« erneuert oder ergänzt, was »zum einen aus pietätvoller Rücksichtnahme auf die vorhandene Wanddekoration des 18. Jahrhunderts« geschah. »Zum anderen wurde der durch Legitimationsbestrebungen motivierte Rückgriff auf die Formenwelt Maria Theresias als spezifischer Repräsentationsform Kaiser Ferdinands auch durch die Spargesinnung der Hofadministration bestimmt«[53].

Unter Kaiser Franz Joseph I. wurden die Renovierungsarbeiten in der Hofburg fortgesetzt. Nun wurde auch die Erneuerung des Zeremonialappartements in Angriff genommen, wobei das Vorzimmer anstelle der alten Renaissancedecke einen Plafond *im gleichen Stile [...] der blondellschen bestehenden Bouaserien* erhielt. So wurde nicht nur das Vorhandene erhalten, sondern auch Uneinheitliches stilistisch angepaßt. Der nun bereits über mehrere Generationen beibehaltene Dekorationsstil des 18. Jahrhunderts fand über die Hofburg hinaus auch in den anderen kaiserlichen Residenzen Anwendung. »Eine Gruppe von Hofhandwerkern [...] führte sukzessive die Ausstattungsaufgaben des Wiener Hofes in den Formen des Neorokoko aus, das zum gleichsam selbstverständlichen Wohnstil des Kaisers geworden ist«[54].

Vergleichbares vollzog sich auch in den Pariser Residenzen, allerdings erst unter König Louis Philippe (1773/1830–1848/1850). Ließen seine Vorgänger den Empire-Stil Napoleons aus den von ihnen übernommenen Räumen eliminieren, so zog es Louis Philippe vor, gar nicht erst jene seiner Vorgänger zu nutzen. Der nach ihm benannte gemäßigte Rokostil, der seine Gemächer bestimmte, war das Ergebnis von bewußten und dadurch zum Teil idealisierten Restaurierungen. Erhaltene Räume wurden mit historischem Mobiliar

zu Mainz siehe H. ZINNKANN, Mainzer Möbelschreiner der ersten Hälfte des 19. Jahrhunderts, Frankfurt a. M. 1985.
50 E.B. OTTILINGER/L. HANZL, Kaiserliche Interieurs. Die Wohnkultur des Wiener Hofes im 19. Jahrhundert und die Wiener Kunstgewerbereform (Museen des Mobiliendepots 3), Wien/Köln/Weimar 1997.
51 Den Titel als Kaiser des Heiligen Römischen Reiches Deutscher Nation legte Franz (II.) am 6. August 1806 ab. Seit 1804 trug er aber bereits als Franz I. den Titel des Kaisers von Österreich, nachdem er die habsburgischen Länder in das »Erbkaisertum Österreich« umgewandelt hatte.
52 OTTILINGER/HANZL (wie Anm. 50), S. 260.
53 OTTILINGER/HANZL (wie Anm. 50), S. 260. Seit etwa 1880 wurde der bis dahin als »Blondel'scher Stil« bezeichnete Stil dezidiert »Maria-Theresien-Stil« genannt.
54 OTTILINGER/HANZL (wie Anm. 50), S. 265.

aus den Depots ergänzt, während die Hofmöbelmanufakturen gleichzeitig nachgearbeitete Möbel vor allem im Stil Louis-Quatorze lieferten.

Dieses Vorgehen setzte sich auch unter Kaiser Napoleon III. (1808/1852–1870/1873)[55] und Kaiserin Eugénie (1826–1920) fort. Bei der Einrichtung zahlreicher Räume in St.-Cloud wurden beispielsweise originale Möbel und Wanddekorationen des 18. Jahrhunderts mit neugeschaffenen Objekten kombiniert. Zwar besaß Eugénie eine besondere Vorliebe für den »Marie-Antoinette-Stil«, doch fand sich in den Gemächern des Königspaares meist die ganze Bandbreite der französischen »Königsstile«[56].

Der preußische Hof wurde unter Friedrich Wilhelm IV. (1795/1840–1861) trotz der langen Schinkel-Tradition und der Italienbegeisterung des Herrschers auch berühmt für die Wiederaufnahme des Rokoko. Bereits in der Jugend interessierte sich der Prinz für seinen Vorfahren Friedrich II. (1712/1740–1786) in besonderem Maße. Auf eigenen Wunsch hin durfte er 1815 dessen Wohnräume im Berliner Stadtschloß beziehen, die in den 1820er Jahren durch Karl Friedrich Schinkel (1781–1841) als Kronprinzenwohnung neu ausgestattet wurden. Von den klassizistischen Neuerungen ausgeschlossen blieb dabei allerdings nur das Arbeitszimmer Friedrichs des Großen. Eine echte Wiederbelebung des friderizianischen Rokoko erfolgte erst nach dem Regierungsantritt Friedrich Wilhelms IV. im Jahr 1840 und diese vornehmlich in Sanssouci. Er wählte das dortige Schloß als seinen bevorzugten Wohnsitz und ließ es durch den Architekt Ludwig Persius (1803–1845) renovieren. Auch hierbei kam es zu der bereits bekannten Vorgehensweise, daß der Bestand des 18. Jahrhunderts mit Objekten des Neurokoko ergänzt wurde. Neuzuschaffende Gemächer wurden nach dem Vorbild der erhaltenen Einrichtung und jener in Schloß Charlottenburg recht authentisch gestaltet, wobei der König eine exakte Rekonstruktion beispielsweise des Arbeitszimmers in Schloß Sanssouci wieder verwarf, weil ihm die vorhandenen Entwürfe und Unterlagen nicht detailliert genug erschienen[57]. Das Motiv für das immense Interesse Friedrich Wilhelms IV. am friderizianischen Rokoko war nach Weickardt seine »vielschichtige Identifikation mit der Figur und Person Friedrichs des Großen. In ihr sah er wohl seine Vorstellung von einer Monarchie und der Rolle des Regenten verwirklicht«[58]. Bereits als Kronprinz war er aktiv an den Bauvorhaben in Sanssouci beteiligt, wodurch er die Tradition des berühmten Vorfahren fortsetzte. »Vielleicht hoffte er aber auch, durch die Adaption der Person Friedrichs II., die ihm fehlende Seite eines starken absolutistischen Monarchen ›zu erben‹«[59] – und damit schließlich seine ei-

---

55 Charles Louis Napoléon Bonaparte war von 1849 bis 1852 bereits französischer Präsident. Nach einer Volksbefragung zur Wiedereinführung des Kaisertums, die mit einer Zustimmung endete, ließ er sich am 2. Dezember 1852 zum Kaiser ausrufen.
56 Siehe dazu C. SAMOYAULT-VERLET, Les Appartements des souverains en France aux XIXe siècle, in: K.F. WERNER (Hg.), Hof, Kultur und Politik im 19. Jahrhundert (Akten des 18. Deutsch-französischen Historikerkolloquiums Darmstadt vom 27.–30. September 1982), Bonn 1985, S. 121–137.
57 Siehe dazu U.-G. WEICKARDT, Zweites Rokoko in Sanssouci, in: STIFTUNG SCHLÖSSER UND GÄRTEN POTSDAM-SANSSOUCI (Hg.), Potsdamer Schlösser und Gärten. Bau- und Gartenkunst vom 17. bis 20. Jahrhundert, Ausst.-Kat., Potsdam 1993, S. 190–192.
58 WEICKARDT (wie Anm. 57), S. 191. Zum Selbstverständnis Friedrich Wilhelms IV. als Regent siehe auch die Beiträge von D. BLASIUS, D.E. BARCLAY und F.-L. KROLL in: STIFTUNG PREUSSISCHE SCHLÖSSER UND GÄRTEN BERLIN-BRANDENBURG (Hg.), Friedrich Wilhelm IV. Künstler und König. Zum 200. Geburtstag. Ausst.-Kat. Potsdam-Sanssouci, Frankfurt a. M. 1995.
59 WEICKARDT (wie Anm. 57), S. 192.

Abb. 1 Kassel, Residenzpalais – Ansicht des Roten Palais'

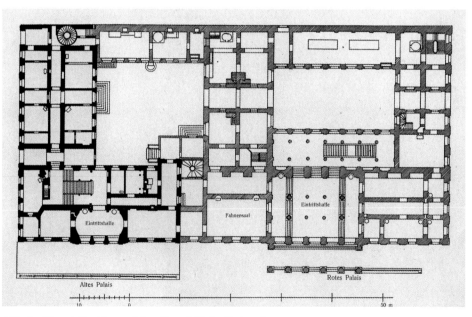

Abb. 2 Kassel, Residenzpalais – Grundriß des Erdgeschosses

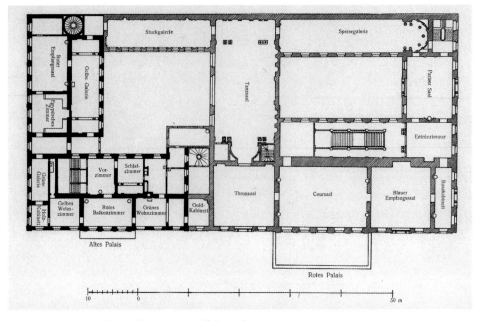

Abb. 3   Kassel, Residenzpalais – Grundriß der Beletage

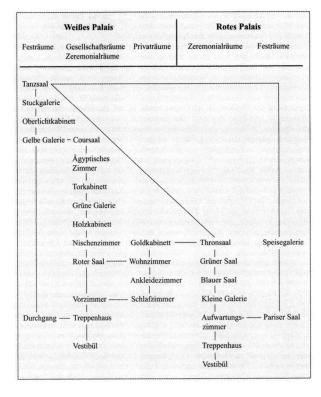

Abb. 4   Die Raumfolgen im Residenzpalais

Abb. 5   Hannover, Leineschloß – Ansicht des Leineflügels

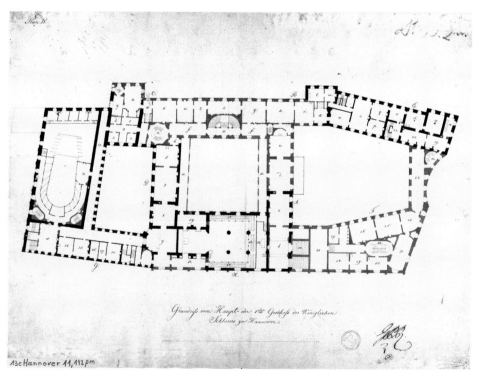

Abb. 6   Hannover, Leineschloß – Grundriß des ersten Obergeschosses, »Endgültiges Projekt«, 1816 von G.L.F. Laves (NHStAH, 13c Hannover 11/142 pg)

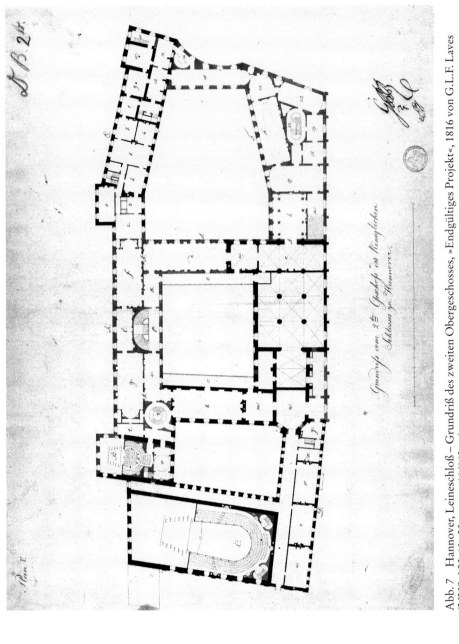

Abb. 7 Hannover, Leineschloß – Grundriß des zweiten Obergeschosses, »Endgültiges Projekt«, 1816 von G.L.F. Laves (NHStAH, 13c Hannover 11/143 pg)

Abb. 8   Wiesbaden, Stadtschloß – Ansicht

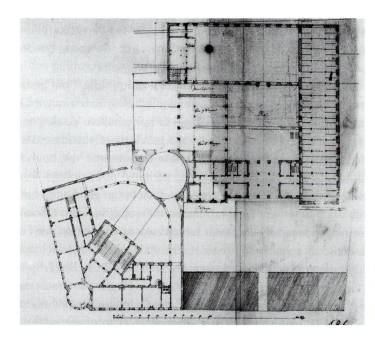

Abb. 9   Wiesbaden, Stadtschloß – Erdgeschoß – Grundriß der Gesamtanlage von G. Moller (Bamberger Mappe D 48/186)

Abb. 10 Hannover, Leineschloß – Haupttreppenhaus

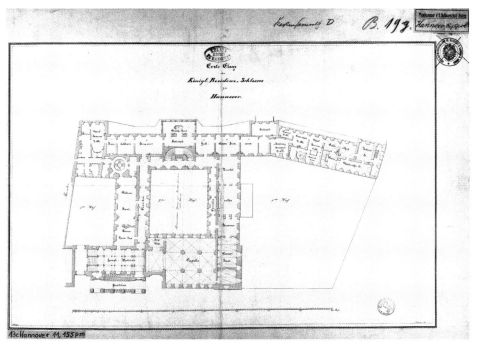

Abb. 11 Hannover, Leineschloß – Grundriß des ersten Obergeschosses, 1843, Nachzeichnung von Chr. H. Tramm (NHStAH, 13c Hannover 11/155 pm)

Abb. 12 Kassel, Residenzpalais – Aufriß der Schmalwand des Treppenhauses gegen das Entréezimmer, 1823 von J.C. Bromeis (mhk – Graphische Sammlung Marburger Depositum, Nr. 231, Neg.-Nr. G83248)

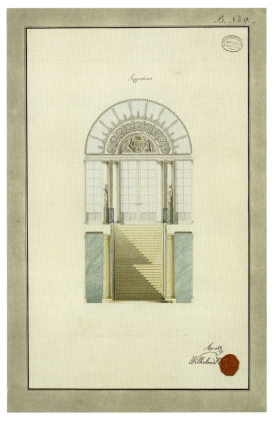

Abb. 13 Lünette aus dem Venussaal des Pariser Louvre

Abb. 14   Kassel, Residenzpalais – Treppenhaus im Roten Palais

Abb. 15 Kassel, Residenzpalais – Aufriß zur Dekoration der Rückwand der Speisegalerie, 1828 von J.C. Bromeis (mhk – Graphische Sammlung Marburger Depositum, Nr. 239, Neg.-Nr. G83250)

Abb. 16　Kassel, Residenzpalais – Speisegalerie im Roten Palais

Abb. 17   Kassel, Residenzpalais – Thronsaal im Roten Palais

Abb. 18   Schlafzimmer Napoleons im Palais des Tuileries – Detail der Decke

Abb. 20 Wiesbaden, Stadtschloß – Ansicht des Haupttreppenhauses

Abb. 19 Thronsaal Napoleons im Palais des Tuileries

Abb. 21   Wiesbaden, Stadtschloß – Ansicht des Tanzsaales

Abb. 22   München, Festsaalbau der Residenz – Saal Karls des Großen (Ostwand)

Abb. 23 Stuttgart, Neues Schloß – Sommersaal, um 1866 von Wilhelm Murschel

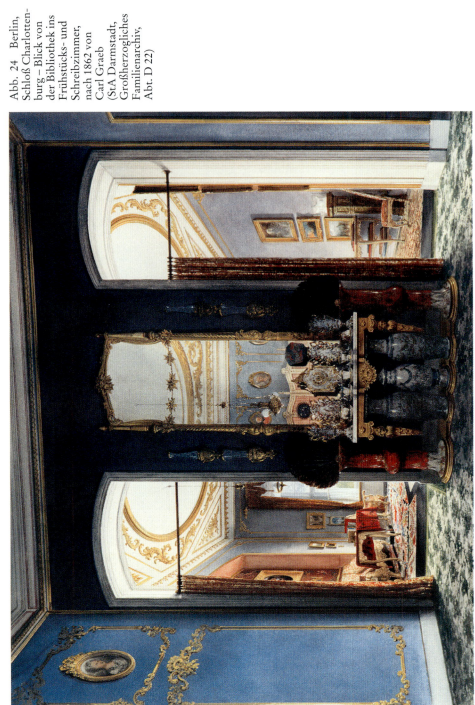

Abb. 24 Berlin, Schloß Charlottenburg – Blick von der Bibliothek ins Frühstücks- und Schreibzimmer, nach 1862 von Carl Graeb (StA Darmstadt, Großherzogliches Familienarchiv, Abt. D 22)

gene Herrschaft zu legitimieren. Um 1848 relativierten sich allerdings die nahezu pedantisch-denkmalpflegerischen Bestrebungen Friedrich Wilhelms IV. zugunsten einer weniger kritisch reflektierten Stilübernahme des Rokoko, wie sie auch die Innenräume der ab 1851 von Persius im italienischen Renaissancestil erbauten Neuen Orangerie zeigen. Die im Bereich der Gästeappartements »noch einmal aufgenommenen Rokokoelemente können nur noch als Ausklang angesehen werden, als Bestandteil des in der Mitte des 19. Jahrhunderts verbreiteten Stilpluralismus«[60].

Daß die bewußte Wiederaufnahme des Rokoko nicht nur an den großen europäischen Höfen geschah, kann schließlich auch am Beispiel des Stuttgarter Residenzschlosses aufgezeigt werden. Unmittelbar nach dem Regierungsantritt König Karls von Württemberg (1823/1864–1891) entstanden im Gartenflügel des Neuen Schlosses unter der Leitung von Joseph von Egle (1818–1899) zahlreiche neue Gemächer für das Herrscherpaar, im Erdgeschoß jene für den König, in der Beletage die für seine Gattin Olga (1822–1892). Die beiden Wohnungen waren über Treppen miteinander verbunden. Der sogenannte Sommersaal im Mittelpavillon des Gartenflügels (Beletage) wurde gegenüber seiner letztmaligen Ausstattung durch Nikolaus von Thouret (1767–1845) am stärksten verändert (Abb. 23). Ursprünglich war der Saal ganz in weiß und mit nur wenigen Trophäen, Statuen und Büsten gestaltet und durch einen Korridor vom Vestibül mittels einer Zwischenwand abgetrennt. Diese wurde durch Egle entfernt, so daß ein dem Quadrat angenäherter Raum mit abgeschrägten Ecken entstand. Stilistisch beruhten die Wandgliederung und ein Großteil der Ornamentik auf klassischen Motiven, ebenso die prächtigen Kamine, deren *Kaminmäntel [...] liegende Statuen aus kararischem Marmor trugen, Anklänge an die herrlichen Medizäer Gräber Mich. Angelos, und treffliche Werke von Meister Kopf, den Ihre Majestät die Königin damit beauftragte. Diese Arbeiten lassen den hohen Maßstab erkennen, welchen die kunstsinnige erhabene Fürstin bei ihren Bestellungen anlegt*[61].

Die Raumgestaltung mit ihren gebrochenen Ecken, der Deckenkehlung und der illusionistischen Malerei des Deckenbildes zeugen von der Vorbildlichkeit des Barock. Sie erinnert an die Gestaltung des Marmorsaals im Corps de Logis, der unter Herzog Carl Eugen (1728/1744–1793) ab 1760 durch Philippe de La Guêpière (1725–1773) ausgestattet wurde. Das Mobiliar des Sommersaals ist ebenfalls im Rokokostil ausgeführt, wobei sich die Sitzmöbel durch die Knöpfung der Rückenlehnen und Sitzpolsterungen hier als Neuschöpfungen verraten. Im Blauen und im Grünen Salon wie auch im Boudoir der Olga kommen die traditionellen Formen noch besser zum Ausdruck – Formen, die bei detailliertem Vergleich zurückzuführen sind bis auf jene Leopoldo Rettis (1704–1751) und die Anfänge der Stuttgarter Schloßausstattung. In diesen neugeschaffenen Räumen ist »die Anlehnung an das von La Guêpière in der Aeneasgalerie, in den Ludwigsburger Attikazimmern und im Schloß Solitude praktizierte Rokoko so eindeutig, daß bei flüchtiger Betrachtung der Eindruck entstehen könne, die Räume seien in den 60er Jahren des 19. Jhs. nur ›verrestauriert‹ worden, doch ist dies nicht der Fall«[62]. Allerdings verrät sich der Historismus beispielsweise im Boudoir durch eine Neurenaissance-Decke mit einer dem Rokoko angepaßten Farbfassung. Daß die neue Ausstattung damals als höchst gelungen

---

60 WEICKARDT (wie Anm. 57), S. 192.
61 F.C. Leins, zitiert nach M. WENGER (Hg.), 250 Jahre Neues Schloß in Stuttgart. Entwürfe und Ausstattung von Herzog Carl Eugen bis König Wilhelm II., Ausst.-Kat., Stuttgart 1996, S. 81.
62 FLECK/TALBOT (wie Anm. 45), S. 90.

angesehen wurde, bekräftigt die lobende Würdigung des Hofarchitekten Leins: *So fremdartig bei einer Wanderung durch den stattlichen Bau restaurierte Räume in's Auge fallen, bei deren nachträglicher Dekoration eine völlige Gleichgültigkeit gegen den Einklang der Formen mit denen der ursprünglichen Konzeption, oder das Hineintragen einer ganz fremden Stilgattung auffällt, so wohltätig wirkt eine Restauration, die sich harmonisch mit der alten gediegenen Pracht verwebt, und dieses Verdienst kommt den ebenerwähnten Räumen zu*[63].

König Karl selbst soll die Anweisung gegeben haben, *die Restauration dem äusseren Style des Schlosses entsprechend, aber unter strenger Vermeidung aller innerhalb desselben möglichen Uebertreibungen, auszuführen*[64]. Dies bezeugt erneut die Ehrerbietung für den Geschmack der Vorfahren, aber nicht für den der unmittelbar vorausgegangenen Generationen, sondern für jenen Herzog Carl Eugens von Württemberg, der mit Erbauung des Schlosses seine lange, glanzvolle Regierungszeit krönte. Gleichzeitig war es aber offenbar auch der Wunsch nach einer Vereinheitlichung des äußeren und inneren Stils des Schlosses, wie es dem »dogmatischen« Historismus seit den 1860er Jahren eigen war. Karl und Olga hatten eine solche Stileinheit bereits ein Jahrzehnt vorher, inmitten der Phase des Stilpluralismus also, in ihrem Sommersitz, der Villa Berg, eindrucksvoll umgesetzt, die als Neubau im italienischen Renaissancestil ganz nach ihrem persönlichen Geschmack gestaltet worden war[65].

Anhand der übersichtsartig dargestellten Stilentwicklung wurde deutlich, daß sich nach einer langen Dominanz des Empire-Stils und der fast nahtlos daran anschließenden Neurenaissance seit den vierziger Jahren eine starke Tendenz zum Neurokoko in der höfischen Ausstattung herausbildete. Daß sich der Rückgriff auf die Formen des 18. Jahrhunderts gerade in dieser Zeit einer ausgesprochen großen Beliebtheit erfreute, ist nicht zuletzt zurückzuführen auf die wechselvolle Zeitspanne zwischen Restauration, Revolution, Reaktion und erneutem Aufbegehren der bürgerlichen Bewegung, die sich schließlich auch den an den Höfen modernen Neurenaissancestil zu eigen gemacht hatte. Es war ein bewußtes Anknüpfen an Traditionen innerhalb der Epoche des Wandels, und in all den politischen Auseinandersetzungen besannen sich die Herrscher um so mehr auf ihre traditionellen Wurzeln, positionierten sich in der geregelten »alten Ordnung«. Und wo sonst, wenn nicht in Erhaltenem, was die Höhen und Tiefen und den Sturz des alten Systems überdauert hatte, in den Residenzen samt ihrer Innenausstattung in jenem Stil, der Zeichen, ja Symbol für das Ancien Régime des 18. Jahrhunderts geworden war, lag das geeignete Mittel zur Festigung dieser Herrschaft. Die Selbstdarstellung durch Verehrung der »großen« Vorfahren und gleichsam eines idealen Bildes der Monarchie war dabei maßgebend. In der für die Herrscherhäuser politisch unsicheren ersten Hälfte des 19. Jahrhunderts wurde der stilistische Rückgriff neben den bereits erwähnten Bildmotiven zur Aus-

---

63 F.C. Leins, zitiert nach WENGER (wie Anm. 61), S. 83.
64 G. Wochner, zitiert nach WENGER (wie Anm. 61), S. 78.
65 Die von F.C. Leins zwischen 1846 und 1853 erbaute Villa Berg wurde fast vollständig im Renaissancestil ausgestattet, wobei innerhalb der Einheitlichkeit des Stils Variationen auftraten, z. B. die italienische Früh- und Hochrenaissance wie auch die englische Frührenaissance. Zur Villa Berg siehe zuletzt U. GOHL, Die Villa Berg und ihr Park. Geschichte und Bilder, Stuttgart 2007; außerdem: C.-W. SCHÜMANN, »Olga wohnt himmlisch«. Studien zur Villa Berg in Stuttgart, in: Jahrbuch der Staatlichen Kunstsammlungen in Baden-Württemberg 10 (1973), S. 49–87.

drucksform der gesicherten Herrschaft, ihrer historischen Verwurzelung und damit der Legitimation ihres Standes. Wie ernst diese Stil-Symbolik genommen wurde, belegen die Bemühungen um die Erhaltung noch existierender Gemächer und eine recht detailgenaue Ergänzung und Wiederherstellungen von Räumen, wodurch eine vollendete Atmosphäre vergangener Zeiten geschaffen wurde.

4. Zusammenfassung

Wenn in den vorangegangenen Ausführungen vom Wandel der Raumfolge, der Bildprogramme und des Ausstattungsstils als Form der fürstlichen Selbstdarstellung und Repräsentation die Rede war, so muß abschließend gefragt werden, welcher Personenkreis mit diesem veränderten Zeichensystem erreicht werden sollte. Denn auch um die Mitte des 19. Jahrhunderts war es nicht üblich, daß einem breiten Publikum Zutritt zu den Residenzen gewährt wurde. So muß davon ausgegangen werden, daß die regierenden, aber auch die mindermächtigen Fürsten zunächst ihresgleichen als Zielgruppe ansprechen wollten. Dabei kam es zu einer neuartigen Zurschaustellung luxuriöser Räume und Ausstattungsgegenstände, deren Art der Präsentation in vielen Fällen einen nahezu musealen Charakter innehatte (Abb. 24). Gleichzeitig war es gang und gäbe, tunlichst alles etwas pointierter, etwas überladener, um nicht zu sagen »stilechter« als das Original darzubieten. Galt dies in erster Linie hinsichtlich des Stils der Ausstattung, so gibt auch die neue Raumanordnung einen Hinweis darauf. Hierfür soll exemplarisch nochmals die veränderte Lage der Festsäle genannt sein. In vielen Residenzen mußte man zuerst zahlreiche Vorräume durchschreiten, um in den Festsaal zu gelangen, da es den kurzen Weg in direkter Verbindung mit dem Treppenhaus nicht mehr gab. Dies bot dem Hausherrn die Gelegenheit, die davorliegenden Gemächer ebenso prächtig und zudem in ihrer Ausstattung sich steigernd gestalten zu lassen, um möglichst viel an Reichtum und Luxus noch vor dem Erreichen des Höhepunktes der Raumfolge zu demonstrieren. So trug auch die neuartige Raumanordnung neben der Ausstattung zu dieser Zurschaustellung bei. Mit den erwähnten Mitteln galt es nun, sowohl die gleichrangigen Standesgenossen als auch die höherrangigen zu beeindrucken. Als Beispiel sei nochmals Herzog Adolph von Nassau genannt. Zeit seiner Regierung war er stets um sein Renommee besorgt. Zum ersten Mal kam dies bei seiner Vermählung mit der russischen Großfürstin Elisabeth (1826–1845) zum Vorschein. Nach der Trauungszeremonie am 31. Januar 1844 in St. Petersburg hielt das Paar im März des Jahres Einzug in Wiesbaden. Umrahmt wurde die Heimkehr von einer fünftägigen Festfolge, bei der dafür gesorgt worden war, daß neben dem ortsansässigen Adel auch Gäste von auswärts und sogar hoffähige bürgerliche Personen eingeladen waren, um *die großen Räume zu füllen* und damit den *Abstand von den Petersburger Feten nicht also groß* werden zu lassen[66]. Insgesamt übte Herzog Adolph eher Zurückhaltung in seinen Kontakten und verkehrte fast ausschließlich mit der engeren Verwandtschaft, legte aber gerade deshalb sehr großen Wert darauf, daß seine Residenzen prachtvoll und nach der neuesten Mode ausgestattet waren, auch wenn keiner »von dem Kleinstaat Nassau den gleichen

---

66 Staatsminister von Dugern, zitiert nach W. SCHÜLER, Der Herzog und sein Hof, in: EICHLER (wie Anm. 17), S. 53–73, hier S. 69.

höfischen Aufwand wie von den Mittelstaaten [...] oder gar den Großmächten Österreich und Preußen«[67] erwartete. Die Konkurrenz war also stets im Bewußtsein und wurde neben gegenseitigen Besuchen beispielsweise durch Interieurdarstellungen, die als handliche Aquarelle häufig in Alben gesammelt wurden und als Geschenke oder Mitgiften Verbreitung fanden, weiter angeregt. Auch im 19. Jahrhundert waren Pracht und Luxus also das Symbol der Selbstdarstellung schlechthin.

Wie die allgemeine Tendenz an den europäischen Fürstenhöfen gezeigt hat, eignete sich dazu am besten das Neurokoko. Gefördert wurde die Beibehaltung dieses Stils auch von anderer Seite, nämlich durch die Hofmöbellieferanten. Diese besaßen meist große Werkstätten, in denen fast alles hergestellt wurde, was zur Innenausstattung gehörte. Sie und ihre Angestellten waren nicht nur Möbelschreiner, sondern auch Polsterer und Posamentierer, Vergolder und »Tapezierer«, die sich mit allem beschäftigten, was zur textilen Ausstattung von Räumen gehörte. Die üppigen Stile des 18. Jahrhunderts auf der Grundlage der französischen Königsstile, die im 19. Jahrhundert als »tous-les-Louis« auch häufig untereinander und mit regionalen und individuellen Merkmalen der Hersteller gemischt wurden, boten dabei die besten Voraussetzungen für eine gute Auftragslage. Die nicht zu unterschätzende Vorbildfunktion der Regenten auf die übrigen Adelshäuser wie auch auf das gehobene Bürgertum hinsichtlich der Stil- und Geschmacksbildung tat ihr übriges. So lag es letztlich im besonderen Interesse der Möbelfabrikanten, ihren Kunden gerade den aufwendig luxuriösen Neurokokostil anzupreisen, was damals bereits durch werbeträchtige Schauräume und Kataloge geschah.

Dennoch kann auch während der größten Verbreitung dieses Stils nicht von einem Nationalstil gesprochen werden[68]. Denn einerseits repräsentierten gerade die genuin französischen »Louis«-Stile seit 1840 den universellen höfischen Ausstattungsstil. Andererseits enthält der übergeordnete Stilbegriff »Neurokoko« nicht zu unterschätzende regionale Varianten, die sich sehr deutlich am Wiener Zweiten Rokoko oder dem friederizianischen Neurokoko aufzeigen lassen, aber auch an den technischen und materiellen Errungenschaften der Handwerkskunst sowie den individuellen Anforderungen der Auftraggeber an die Hersteller. So wird hinsichtlich dieses Stils der eingangs zitierte Begriff der »Dialekte« besonders gut greifbar, zumal die regionalen Dialekte ja bereits in den Originalen des 18. Jahrhunderts, also im Stil der Vorfahren, angelegt waren. Deshalb sollte das Neurokoko zwischen 1840 und 1871 weniger unter nationalen als vielmehr unter den Aspekten der Kontinuität und der Legitimation der Herrschaft betrachtet werden. Insgesamt zeigen die vorausgegangen Ausführungen, daß es innerhalb der Phase des Wandels im 19. Jahrhundert durch das Prinzip des Separierens in Verbindung mit der Traditionssuche weiterhin möglich war, mit alten und neuen Zeichen fürstlicher Selbstdarstellung und Repräsentation, die trotz zahlreicher Dialekte ihren kommunikativen Wert behalten haben, »[...] Herrschaft und Macht, Ansehen und Rang einer Dynastie symbolisch zu konstituieren«[69].

---

67 Schüler (wie Anm. 66), S. 69f.
68 Am Beispiel Wien läßt sich aufzeigen, daß der Begriff des »Maria-Theresien-Stils« eine Schöpfung der späthistoristischen Phase nach 1871 war, in der das Nationale eine weitaus höhere Stellung einnahm als davor (vgl. Anm. 53).
69 Hahn (wie Anm. 2), S. 9.

»Die von Rastadt anhero gebrachten Kunststücke in einem derer Cabinete der Fürstl. Bibliothek«
Zur Entstehung der Museen in Karlsruhe

VON ULRIKE GRIMM

Der Gang zum Schloß als Gang zum Museum ist heute vertraute Realität, die niemanden überrascht. Da sind zum einen die Museumsschlösser, deren Konzept nach Abdankung der Monarchien in den 1920er Jahren geschaffen und vor allem von den staatlichen Schlösser- und Gärtenverwaltungen in Bayern und Preußen beispielhaft verwirklicht wurden.

Zum andern ist dem Schloßbesucher von heute aber auch das Schloß als Sitz eines großen kunst- oder kulturgeschichtlichen Museums vertraut, das nicht allein der Pflege der höfischen Kultur dient, sondern auf die Darstellung der übergreifenden kunst- und kulturgeschichtlichen Zusammenhänge zielt.

Wie im Karlsruher Schloß die Anfänge dieser Idee vom Museum im letzten Viertel des 18. Jahrhunderts begann und sich im Laufe des 19. Jahrhunderts entwickelte, soll im folgenden aufgezeigt werden. Der Focus der Darstellung soll auf den Umgang mit den Objekten der angewandten Kunst gerichtet sein. Die Archivalien erlauben einen recht genauen Überblick über die unterschiedlichen Maßnahmen, mit denen die aus dem Rastatter Schloß stammenden Kleinkunstwerke in die Karlsruher Museumsprojekte im Laufe des 19. Jahrhunderts eingegliedert wurden. Dabei tritt deutlich der grundlegende Wandel im Verständnis von der Aufgabe der Kunstsammlungen hervor, mit dem die Großherzöge von Baden ihr kostbares Erbe der Öffentlichkeit erschlossen[1].

A. Die Hofbibliothek

Markgraf Carl Friedrich von Baden (1728/46–1811) hat mit der Errichtung der Hofbibliothek die Jahrhunderte alte Kunstpflege im Hause Baden als fürstliches Privileg aufgegeben und die Anfänge öffentlicher Kunstpflege in Karlsruhe begründet. Der 1761 begonnene Bibliotheksbau am Ende des östlichen Schloßflügels sollte neben der Büchersammlung auch ein Kunstkabinett, das Münzkabinett, ferner die Naturaliensammlung und die Hof-

---

1 Die Darstellung basiert im Wesentlichen auf meinen Untersuchungen zur Sammlungsgeschichte des Badischen Landesmuseums. U. GRIMM, Das Badische Landesmuseum in Karlsruhe. Zur Geschichte seiner Sammlungen, Karlsruhe 1993. Die im folgenden hier angeführten Literatur- und Quellenangaben sind daher als Ergänzungen zu verstehen.

apotheke aufnehmen. Die weite Verbreitung, die solche Bibliotheken mit integrierter Kunstkammer im 17. und 18. Jahrhundert hatten, spiegelt sich zum Beispiel in einem der bedeutendsten Werke zur Museumsgeschichte, der »Museographia« von C.F. Neickel (1727). Die entscheidende Anregung zu der Institution hatte der bedeutendste Berater im Umkreis des Landesherrn, Geheimrat Johann Jakob Reinhard, in einem Memorandum am 8. April 1759 unterbreitet.

Schon im ersten Band der »Historia Zaringo-Badensis« des Johann Daniel Schöpflin, die ebenfalls 1761 erscheint, wird die Pflege von Kunst und Wissenschaft unter Markgraf Carl Friedrich als »*Spes maxima Badae*«, größte Hoffnung im Lande Baden gefeiert (Abb. 1). Aus dem vierten (1766 erschienen) Band der badischen Chronik erfahren wir: «Die Hofbibliothek, die von den meisten für mittelmäßig gehalten wurde, hat Karl Friedrich Tag für Tag vergrößert, ausgestattet und mit Büchern aller Wissenschaften und Künste vermehrt, um verschiedene Teile zu einem Ganzen zusammenzufügen. Der Zugang zu dieser Bibliothek stand allen offen«.

Ende des Jahres 1770 hatte Carl Friedrich in einem Statut die Benutzung für diejenigen, *die sich dem Studium der Wissenschaften und der Künste verschrieben haben*, genau geregelt. Leiter der Hofbibliothek war seit 1764 Friedrich Valentin Molter (1722–1808), dessen Amt nach seinem Tode Sohn Friedrich Molter übertragen wurde. Erst im Mai 1789 ist die Einrichtung der Bibliothek vollendet, nurmehr vereinzelt werden in den darauffolgenden Jahren noch Lieferungen von Kunstobjekten in den Quellen dokumentiert.

In Theodor Hartlebens Stadtführer aus dem Jahr 1815 ist zu lesen:»Die vorhandenen Kunstwerke und Alterthümer von Gold, Elfenbein u.s.w. sind sehr mannichfaltig, da man nicht eine Sammlung zum Zwecke hatte«. Rund 50 Jahre nachdem mit der Einrichtung begonnen worden war, wird also die Kostbarkeit und Vielfalt der Sammlungen gerühmt und die Hofbibliothek als angesehene Einrichtung in der Residenz empfohlen (Abb. 2).

Der Bestand an Kunstgegenständen in der Karlsruher Hofbibliothek war in den Bestand der Bücher- und Handschriftensammlung und des Münzkabinetts integriert. Und auch wenn die Kunstschätze in allgemein zugänglichen Räumen aufbewahrt wurden, so kann von einer musealen Präsentation im heutigen Sinn, nicht gesprochen werden. Aus zeitgenössischen Briefen erfährt man nur, daß *an der Vorderwand jedes Kabinetts ein antiker marmorner Kopf auf einer vergoldeten Konsole* stand. Wie die Aufstellung im Einzelnen aussah, wissen wir bisher noch nicht.

Da allein die Münzen im 1781 erschienenen Katalog vom Leiter der Hofbibliothek Friedrich Valentin Molter erfaßt worden waren, ist auch eine detaillierte Würdigung des gesamten Kunstbestandes, der hier im Schloß zu besichtigen war, kaum möglich[2]. Von den Altertumssammlungen, aber auch aus den Beständen der Bibliothek, des Münzkabinetts und der Kunstkammer der Markgrafen von Baden-Durlach, die in den Jahren 1764/65 vom Markgräflichen Hof in Basel zurückgeführt wurden, kennen wir nur einzelne Sammlungsstücke. Die Kunstkammer aus der Durlacher Karlsburg war 1688 nach Basel ausgelagert worden und wurde in der ersten Jahrhunderthälfte mehrfach zwischen Basel und Karlsruhe hin- und hertransportiert. Bekannt ist, daß dazu Objekte gehörten »wie etwa der Hansl mit der Schell«, die zu den ältesten erhaltenen Zeugnissen markgräf-

---

[2] Zur Bibliothek zuletzt L. Syré, Die badische Landesbibliothek im Zweiten Weltkrieg – Untergang und Neuanfang, in: ZGO 154 (2006), S. 493–515, bes. S. 494f.

lichen Sammelns zu zählen sind³. Die vielen Transporte sind jedoch auch ein wesentlicher Grund, daß unsere Kenntnisse über diese Zusammenhänge immer noch lückenhaft sind, aber immer wieder bei Einzelrecherchen verbessert werden können⁴. Die Übersicht des Baden-Durlacher Bestandes war offenbar schon für J.F. Molter mangelhaft gewesen, denn am 30. Oktober 1772 berichtet er *die in dem zweyten Cabinete befindlichen und mit dem im Jahr 1765 geschehenen Transport der Basler Bibliothek anher gekommene Kunststücke, weil keine Orginal Consignation sich vorgefunden hat, in ein gleichmäßiges Verzeichnis gebracht, welches Euer Fürstl. Durchlaucht wir devotest zu Füßen legen*⁵. Leider ist dieses Verzeichnis bisher nicht auffindbar.

Erhalten hat sich jedoch das zum gleichen Zeitpunkt erstellte *Inventarium über die von Rastatt in die Fürstliche höchst: Bibliothek nach Carlsruhe gebrachten Kunst Stücke und pretiosa arte facta*. Indem J.F. Molter *die aus Rastadt anhero gebrachten Kunststücke in einem der Cabinete der Fürstl. Bibliothek aufgestellt* und vergleichermaßen *in unseren Gewahrsam genommen, auch anliegendes Verzeichnis angefertigt* hat⁶, wurde die Regelung umgesetzt, die schon 1765 bei Abschluß des Erbvertrags zur Vereinigung der seit 1535 getrennten badischen Linien festgelegt worden war.

Das Verzeichnis mit 190 Nummern erfaßt Kunstobjekte aus dem Rastatter Residenzschloß, die Markgräfin Sibylla Augusta von Baden-Baden (1675–1733) nicht zum Hoffideikommiß 1733 bestimmt hatte und, wie uns die Verweise zum Rastatter Inventar von 1740 zeigen, noch unter Ludwig Georg in der Rastatter Residenz aufgestellt waren⁷. Im Rheinischen Antiquarius, dem aus der Mitte des 18. Jahrhunderts meistgelesenen Reiseführer, wird Fremden die Besichtigung der Rastatter Appartements wegen deren außergewöhnlicher Pracht empfohlen⁸. Die Pretiosa, nahezu alle von der Gemahlin des Türkenlouis zum Schmuck in den Prunkgemächern aufgestellt, waren also unter ihrem Sohn Markgraf Ludwig Georg schon als repräsentative Zeugnisse der Kunstpflege im Hause Baden-Sachsen-Lauenburg für Reisende zu besichtigen.

Sibylla Augustas Festlegungen zu ihrem Hoffideikommiß von 1733 bildeten die Grundlage für die Auswahl der Rastatter Objekte, welche 1772 in die öffentlich zugängliche Bibliothek nach Karlsruhe kamen. Bestimmend war ihre Intention der Erhaltung ihrer Sammlungen und nicht die einer bewußt getroffenen Auswahl »zum Studium der Kunst und Wissenschaft« für die Aufstellung dieser Rastatter Bestandsgruppe.

---

3   H. Vey, Die Gemälde der Markgrafen von Baden-Durlach nach den Inventaren von 1688, 1736 und 1773, in: Jahrbuch der Staatlichen Kunstsammlungen in Baden-Württemberg, Bd. 39 (2002), S. 7–72, bes. S. 9f. zur Geschichte der baden-durlachschen Residenz in Basel.
4   H. Siebenmorgen (Hg.), »Für Baden gerettet«, Karlsruhe 1995, z. B. Kat. Nr. 9.
5   GLA 47/1977, fol. 61.
6   GLA 47/1977, fol. 17–57; A.M. Renner, Die Kunstinventare der Markgrafen von Baden-Baden, Bühl 1941, S. 133f. Die Autorin hat zum ersten Mal das Inventar vorgestellt. Ihre Angaben sind jedoch im Detail zu revidieren. So ist z. B. das Inventar des Transports von 1772 nicht identisch mit dem Rastatter Inventar von 1740. Aufgelistet sind sowohl Objekte, die keine Verweise auf ältere Inventarnumerierungen haben, als auch solche, deren Numerierung im Fürstschen Inventar nicht zu finden ist.
7   GLA 47/1996 (Johann Heinrich Fürst 1740).
8   J.H. Dielhelm, Rheinischer Antiquarius, Frankfurt 1744, S. 358–360.

Beim Blick in Molters Verzeichnis läßt sich ein weiteres wesentliches Merkmal erkennen: Die Eingliederung in die neue Karlsruher Einrichtung eröffnete zwar jedermann den Blick auf die Prunkstücke aus der Rastatter Residenz, mit der Transferierung aus dem ursprünglichen Umfeld ging jedoch zugleich das Wissen über die Zusammengehörigkeit von Objekten und ihrer Geschichte verloren. So ist zum Beispiel der prächtige Tischaufsatz, den die Markgräfin ihrem Gemahl in Augsburg hatte fertigen lassen, noch 1740 in seinen Einzelteilen verzeichnet, aber in Molters Inventar von 1772 deren Zusammengehörigkeit offensichtlich nicht mehr bekannt[9]. Gänzlich in Vergessenheit geraten war noch ein weiteres wesentliches Merkmal zur Geschichte des Tischaufsatzes: Daß nämlich der Tischaufsatz zusammen mit der unter Nr. 35 aufgelisteten großen *Schlag Uhr das Gefäß rund von Elfenbein ziemlich groß von einem Stück* zum opulenten Namenstagsgeschenk gehörte, das Sibylla Augusta ihrem Gemahl verehrt hatte. Mit Bedauern liest man aber auch, daß 1772 noch zu den *zwei Pyramiden von Silber vergoldt* eine *große silbern vergoldt Säul, worauf Jupiter auf einem Adler sitzend* gehörte. Wann dieses Mittelstück aus dem Rastatter Aufsatz, aber auch die zugehörigen Lederfutterale verlorengingen, wissen wir bisher nicht.

Mit der Hofbibliothek, erklärtermaßen nach den Vorbildern an anderen Fürstenhöfen ins Leben gerufen, hat Carl Friedrich von Baden eine Einrichtung geschaffen, um mit Teilen des eigenen Besitzes an geschriebenen, gedruckten und Bildzeugnissen das allgemeine Interesse des Bürgers auf die Vergangenheit zu lenken. Daß bei der Aufstellung in der Bibliothek, wie uns die erhaltenen Verzeichnisse zeigen, wesentliche Zusammenhänge zur fürstlichen Herkunft der Objekte in Vergessenheit gerieten, war sicher nicht zuletzt darin begründet, daß das Interesse über die ursprüngliche Bestimmung dieser Kunstwerke eben von untergeordneter Bedeutung war. Zusammengeführt auch mit Exponaten, die nicht aus fürstlichem Kunstbesitz stammten, ja nicht einmal Kunstsinn verrieten, wie zum Beispiel die Funde aus Badenweiler, sollten dem Bibliotheksbesucher vor allem anschauliche Zeugnisse zur Vergangenheit Badens gezeigt werden. Ebenso wie die vom Markgrafen Carl Friedrich initiierte Herausgabe der großen Chronik Historia Zaringo-Badensis förderte der Landesherr damit die Legitimation der eigenen Herrschaft aus der eigenen Vergangenheit.

B. Die großherzogliche Kunsthalle

Noch der greise Carl Friedrich hatte kurz vor seinem Tode 1811 die Planungen für eine weitere Institution zur öffentlichen Präsentation von Kunstwerken begonnen. Erst im Jahre 1830, mit dem Regierungsantritt Großherzog Leopolds (1790/30–1852) wurden die Pläne wieder aufgenommen. Nach anfänglichen Ausbauten des alten Akademiegebäudes erfolgte im Juli 1837 der Beschluß zum Bau eines *Neuen Academie Gebäudes*.

Bei der Einweihung am 1. Mai 1846 hatte der vollendete Neubau den Namen Kunsthalle erhalten und wurde als *Vorbote neuer Kunstentfaltung* gefeiert. An der von Großherzog Leopold den Künsten gewidmete Kunsthalle wurden Besucher am Eingang von

---

9 U. GRIMM, Erwerbungen für die Staatlichen Schlösser in Baden, in: Jahrbuch der Staatlichen Kunstsammlungen in Baden-Württemberg, Bd. 53 (1998), S. 183–186; SIEBENMORGEN (wie Anm. 4), Kat. Nr. 62, 67, 68.

Abb. 1. Daniel Schöpflin, Historia Zaringa Badensis

Abb. 2 Hofbibliothek, Schloß von Südosten mit Kutsche und Wachsoldaten, Johann-Baptist Haas nach Peter Perez Burdett, um 1710, Kupferstich

Abb. 3   Staatl. Kunsthalle Karlsruhe

Abb. 4   Vereinigte Sammlungen (heute Naturkundemuseum)

den Personifikationen von Skulptur und Malerei begrüßt und diente der *Hebung der Residenz* und sollte dem Publikum zur *erfreuenden* und mehr noch *zur belehrenden Anschauung, d. h. zur Verschönerung und Gesittung des Lebens* dienen (Abb. 3).

Galeriedirektor Carl Ludwig Frommel (1789–1863) war im Wesentlichen an den konzeptionellen Aufgaben und dem Sammlungsausbau beteiligt, um in Karlsruhe ein bis ins kleinste Detail modernes Museum zu errichten, das nach den Maßstäben der ersten großen Museen in München, Berlin und Dresden ausgerichtet sein und als ebenbürtige Einrichtung gelten konnte. Im ersten 1847 erschienenen Katalog hatte er auch die Ziele zum Ausbau der Sammlung vorgestellt. Wegen der größeren bestehenden Gemäldebestände mit den bereits bestehenden Sammlungsschwerpunkten war eine historische Aufstellung, wie in der Abteilung der Graphik, nicht möglich gewesen. Angestrebt sei dieses Ziel jedoch für den Ausbau der plastischen Sammlung, die bisher allein die Anfänge der Gipsabgußsammlung sowie die antiken Vasen und Terrakotten der Sammlung Maler umfaßten.

Die Arbeiten um den Ausbau der Sammlungen waren durch die Wirren der Revolution zunächst erschwert und wurden im Sommer 1847, als die Radikalisierung in Baden bedrohliche Ausmaße angenommen hatte, schließlich ganz in den Hintergrund gedrängt. Erst im August 1849, als Großherzog Leopold aus dem Exil in Koblenz zurückgekehrt war, wurde die weitere Einrichtung des Museums wieder aufgenommen.

Den Anfang machte man mit der Überführung der Elfenbeinsammlung, die am 4. Juli 1850 von der Hofbibliothek in die Kunsthalle gebracht wurde und im Atelier des Galeriedirektors zur Inventarisation bereitgestellt war. Nachdem C.L. Frommel das *Inventarium der Elfenbein-Sammlung* vorgelegt hatte, wurde schließlich die Hälfte der 102 Stücke zählenden Sammlung rechts vom Eingang in einer Vitrine bei den Malerschen Vasen aufgestellt[10]. Drei Jahre später wurden aus dem Schloß noch einmal weitere 34 Stücke zu diesem Bestand in der Kunsthalle hinzugefügt. Als Sehenswürdigkeit der Kunsthalle wurde in Johannes Baders Stadtführer das Elfenbeinkabinett »mit kostbaren Pokalen, Figuren und Basreliefs aus dem Mittelalter« zur Besichtigung empfohlen.

Von grundsätzlicher Bedeutung für die weitere Entwicklung war, daß mit der Aufstellung in der Kunsthalle der Rastatter Bestand erneut aufgeteilt worden war[11]. Es handelte sich dabei keineswegs nur um Elfenbeinarbeiten, dazu zählten vielmehr auch die Prunkstücke der Augsburger Goldschmiedekunst, Reliefs in Holz und Stein, ja sogar die gravierte Muschel und die Wachsreliefs aus Sibylla Augustas Sammlung, also typische Werke der Kleinkunst, die wir meist aus Kunstkammerbeständen kennen. Deutlich zeigt Frommels Inventar aber auch, daß die Kenntnisse über die Geschichte der Exponate offenbar noch weiter in Vergessenheit gerieten. So war zum Beispiel vom oben genannten ehemals fünfteiligen Tischaufsatz nur mehr die Elfenbeinstatuette der Diana in der Kunsthalle zu sehen.

Erstaunlich ist, daß am Ende der Regierungszeit von Großherzog Leopold in der Karlsruher Kunsthalle Werke der angewandten Kunst und Vaterländisches unter einem Dach mit der Gemäldegalerie, der Skulpturensammlung und den Grafiken vereint werden. Im Louvre war auf diese Weise noch die Einheit der »großen« Kunst mit den Werken

---

10 Frommels Inventar fand sich im Archiv des Badischen Landesmuseums; auch hierzu findet man ergänzende Angaben in der Sammlungsgeschichte, GRIMM (wie Anm. 1), bes. S. 42, 78.
11 Im einzelnen ist hier nicht auf den in dem Inventar von 1854 erfaßten Bestand einzugehen.

der »niederen«, also angewandten Kunst, verwirklicht. Das »Musée Napoléon« hat der kunstsinnige Großherzog bei seiner Parisreise 1814 sicherlich besichtigt. Möglicherweise hat man sich in Karlsruhe bei der Suche nach einer Lösung für die Unterbringung der Werke der angewandten Kunst daran erinnert. Jedenfalls gab es in der ersten Hälfte des 19. Jahrhunderts in Deutschland für diese anstehenden Fragen noch kein entsprechendes Vorbild. Schinkel hatte für das Alte Museum die Aufstellung solcher Werke aufgegeben und in München wurden solche Zielsetzungen mit der Gründung des Wittelsbacher Museums verfolgt.

Die Aufstellung der »Elfenbeinsammlung«, mit der ja erst 1850 begonnen worden war, gehörte vermutlich nicht zum ursprünglichen Konzept bei Planung und Einrichtung der Kunsthalle. Eine tragfähige und damit eine Regelung, die auch räumlich dem umfangreichen Erbe der markgräflichen Kunstkammerbestände angemessen war, hat erst unter Großherzog Friedrich I. (1826/1852–1907) mit dem Bau der Vereinigten Sammlung und der Einrichtung des Zähringer Museums stattgefunden.

C. Die Vereinigten Sammlungen und das Zähringer Museum

Für die Sammlungsbereiche, für die in der Badischen Residenz nach einer angemessenen Lösung gesucht werden mußte, war im Jahr 1859 das Bayerische Nationalmuseum in München eingerichtet worden. Im gleichen Jahr war für die öffentliche Präsentation der antiken Altertümer, Ethnografica, Schnitzwerke und Kunstarbeiten in Elfenbein, Holz, Stein, Metall sowie eine Waffensammlung, die zu den noch nicht öffentlich ausgestellten Teilen des Markgräflichen Besitzes gehörten, Großherzog Friedrich I. der Plan zur Gründung eines neuen Museums unterbreitet worden. Das neue Karlsruher Museum sollte sich grundlegend von der Einrichtung seines Vorgängers unterscheiden. Wie das Münchner Vorbild sollte in Karlsruhe ein neuer Ort geschaffen werden, in dem die Darstellung von Kunst und Geschichte und zugleich auf der breiten Basis der naturwissenschaftlichen Sammlungen, der Bibliothek, der numismatischen und der Altertumssammlungen das Traditionsbewußtsein der Bevölkerung geweckt und gefördert wurden. Dies für das 6. Jahrzehnt des 19. Jahrhunderts sehr fortschrittliche Verständnis von den Aufgaben eines Museums hat den eigenen Vorstellungen Friedrichs I. entsprochen. Ohne seine großzügige Förderung wäre die Errichtung des neuen Museums für »Kunst und Wissenschaft« nicht möglich gewesen.

Die Vereinigten Großherzoglichen Sammlungen wurden nach den Plänen und unter der Leitung von Joseph Berckmüller (1800–1879) am Friedrichplatz im Stil der Renaissance erbaut (Abb. 4).

Die Vereinigung der verschiedenen Bestände und ihre Verteilung im neuen Gebäude entwickelten sich schon in der Bauzeit zum zentralen Problem. Dies geschah, obwohl die höchst anspruchsvolle Planung mit einem Wettbewerb, für den die bedeutendsten Architekten deutscher Museumsbauten als Preisrichter gewonnen wurden und trotz des Erfahrungsaustauschs, den man Architekten und Bibliotheksdirektor während eines Londonaufenthalts im Britischen Museum ermöglicht hatte.

An den Überlegungen nahm Großherzog Friedrich I. bis ins Detail Anteil und hat so auch in der Frage, wie und wo die Elfenbeinsammlung in der Kunsthalle künftig aufgestellt werden sollte, mitentschieden. Noch im Februar 1871 berichtet August von Bayer: *das gleichsam unter unsere Verwaltung gestellt wordende Elfenbeinkabinett erhält nach der Aufstellung in den Pulttischen Raum E*[12]. Drei Jahre später wurde diese Zuordnung der Elfenbeinsammlung auf Anweisung des Großherzogs zurückgezogen. Nur eine kleine Auswahl von 20 wertvollen Objekten kam ins neu eingerichtete Museum[13].

Die Änderung der Entscheidung war zweifellos begründet in der schon damals Gestalt annehmenden Vorstellung Großherzog Friedrichs I. im Schloß ein *»Zähringer Museum«* einzurichten. Ein Vorhaben, das fünf Jahre später von Professor Karl Koellitz verwirklicht wurde. Damit kehrten die Rastatter Bestände wieder zurück, wohin sie 1772 ausgeliefert worden waren.

1883 legt Koellitz *Das Beschreibende Inventar (Katalog) der Allerhöchsten Privatsammlung kunstgewerblicher Gegenstände (Zähringer Museum), aufgestellt in den Räumen des ehemaligen Großherzoglichen Naturalienkabinetts* vor. Das handschriftliche Verzeichnis umfaßt 521 Nummern[14]. Was Besucher, denen an zwei Tagen der Woche das »Zähringer Museum« offenstand, im Einzelnen besichtigen konnten, bedarf einer künftigen Darstellung. Festzuhalten ist jedoch, daß neben den bereits in der Kunsthalle gezeigten Beständen des Kunsthandwerks nun auch weitere Exponate aus den großherzoglichen Schlössern für diese neue Einrichtung des Landesherrn ins Karlsruher Schloß gebracht worden waren. Insbesondere in der 90 Stücke umfassenden Abteilung der Keramik, finden wir nun viele der kostbarsten frühen Porzellane aus Schloß Favorite. Charakteristisch ist die Präsentation vieler Miniaturen, mit der sozusagen eine kleine Ahnengalerie der Markgrafen von Baden gegenwärtig war. Schließlich aber auch, daß zum Zähringer Museum keine Exponate aus der Gegenwart gehörten.

Zum 40. Regierungsjubiläum von Großherzog Friedrich I. am 24. April 1892 erscheint die Festschrift »Die Kunstkammer im Grossherzogl. Residenzschlosse zu Karlsruhe«. Marc Rosenbergs aufwendige Publikation mit kenntnisreichen Texten und prächtigen Abbildungen, die nur in kleiner Auflage und nicht zum öffentlichen Verkauf hergestellt wird, konstituiert »die bisher wenig bekannte Kunstsammlung im Schloß zu Karlsruhe« als öffentliche Einrichtung zum Ruhme des Hauses Baden.

Damit waren die pretiösen Objekte aus der Rastatter Residenz nicht mehr Medium fürstlicher Repräsentation, die Sibylla Augusta von Baden-Baden in den Paradezimmern des Rastatter Schlosses präsentierte und aus den Galanterie-Kasten zur Freude ihrer selbst als auch zur curtoisen Unterhaltung ihrer Gäste hervorholen konnte[15]. Vielmehr dienten die Rastatter Schatzkammerstücke vereint mit anderen kostbaren Zeugnissen markgräflichen Sammelns der dynastischen Legitimation des Großherzogs. Das »Zähringer Museum« – die Kunstkammer im Großherzoglichen Residenzschloß – war wie eine Ahnen-

---

12 GLA 235/6533 (9.2.1871). Dem Leiter der Altertumssammlungen war zunächst die Sammlungskonzeption anvertraut. Mit der Berufung von Dr. Ernst Wagner am 2. Mai 1875 oblag diese Aufgabe dem »Conservator der Alterthümer und der mit ihnen vereinigten Sammlungen«.
13 U. Grimm (wie Anm. 1), bes. S. 42, 78 (mit Anmerkungen).
14 Handschriftliches Verzeichnis als MS erhalten im Badischen Landesmuseum. Wie das Zähringer Museum aussah und welche Bestände hier gezeigt wurden, bedarf noch einer künftigen, detaillierten Untersuchung.
15 D. Syndram, Zwischen Intimität und Öffentlichkeit – Pretiosenkabinette und Schatzkammern im Barock, in: B. Marx/K.-S. Rehberg, Sammeln als Institution. Von der fürstlichen Wunderkammer zum Mäzenatentum des Staates, München/Berlin 2007, S. 93–100, bes. S. 97.

galerie aber auch die Burgen und Schlösser selbst, der Öffentlichkeit zum Nachweis der historischen Vergangenheit und sichtbaren Audruck der markgräflichen Standesansprüche vorgestellt.

Repräsentation und Identitätsbildung:
Die Sammlungen im Mannheimer Schloß

VON KATRIN RÖSSLER

Einführung

Mit der zunehmenden Verweltlichung der Gesellschaft seit der frühen Neuzeit suchte die privilegierte feudale Schicht die Möglichkeit, mit Luxus ihren Status zu demonstrieren. Wirtschaftlicher Aufschwung ging einher mit Erkenntnisstreben und brachte gleichzeitig ein weiteres Feld mit sich, das Raum für mehr Luxus schuf, was sich unter anderem in den entstehenden Sammlungen niederschlug. Sammlungen waren, ähnlich wie heute, dem Geschmack, dem Wissenshorizont und Moden unterworfen, folgten gleichzeitig aber auch einer verbreiteten Gestaltungsform. Seit der frühen Neuzeit sind die Sammlungen an die sich zunehmend künstlerisch präsentierenden Orte der Fürstlichkeit gebunden. Damit wurden sie Teil des Fürstensitzes mit seiner Ausstattung und wichtiger Bestandteil der Demonstration von Macht und Selbstverständnis.

Im Jahre 1565 formulierte Samuel Quicceberg[1] das Ideal eines Sammeltypus, den man als »Kunst- und Wunderkammern« bezeichnete. Noch bis ins 18. Jahrhundert hinein prägte dieser Typus die Sammlungen an den Fürstenhöfen. Mit Quiccebergs Schrift »Inscriptiones vel tituli theatri amplissimi« wurde die erste bekannte Methodologie eines Museums festgelegt und eine erste Gliederung in Klassen vorgenommen[2]. Kunst- und Wunderkammern waren Ausdruck des wachsenden Interesses an der Umwelt, zum einen an der Natur mit ihren Erscheinungen, vor allem an als Kuriositäten empfundenen Objekten, als auch an von Menschen künstlerisch Entworfenem, denen eine hohe Virtuosität in der Verarbeitung der Werkstoffe immanent war. In dem System der Wunderkammern spiegelte sich das fürstliche Bestreben wider, in diesem abgeschlossenen kleinen Kosmos, die Dinge der Natur und des Menschen regeln und leiten zu können; dieses ›Bild‹ korrespondierte mit den gesellschaftspolitischen Verhältnissen. Den Sammlungen war ein enzyklopädischer Ansatz eigen, so verkörperten sie auch allgemein den Wunsch »das Wissen und die Neugier einer Epoche gegenständlich zusammenzuführen«. Es war ihnen die Idee

---

1 H. ROTH (Hg.), S. Quicceberg, Der Anfang der Museumslehre in Deutschland. Das Traktat »Inscriptiones vel Tituli Theatri Amplissimi«, Berlin 2000.
2 H. BREDEKAMP, Antikensehnsucht und Maschinenglauben. Die Geschichte der Kunstkammer und die Zukunft der Kunstgeschichte (Kleine kulturwissenschaftliche Bibliothek 41), Berlin 1993, S. 33–35. Die Unterteilung sah fünf Klassen vor.

von der »Konservierung des Weltbildes und der Weltdeutung« zu eigen[3]. Die Kammern der kleinen und großen Wunderlichkeiten wurden von Anfang an präsentiert. Sie waren aber nur privilegierten Gästen zugänglich, die man beeindrucken wollte, denn die Wunderkammern waren vor allem Herrschaftsattribute, Statussymbole.

Mit dem Ende des 17. und im Laufe des 18. Jahrhunderts entwickelten sich die Sammlungen an den Höfen zu spezialisierten Sammlungen, die verschiedene Schwerpunkte präsentierten und dabei oft eine hohe Qualität anstrebten. Hinzu kam ein belehrendes Moment, in dem man damit vor allem auch naturwissenschaftliche Erkenntnisse demonstrieren wollte, ein allgemeiner Trend der Geistesgeschichte des 18. Jahrhunderts. Keineswegs jedoch waren Sammlungen ab diesem Zeitpunkt rein interessengeleitet, sondern weiterhin obligatorischer Bestandteil des höfischen Organismus und Statussymbol. Die Zurschaustellung war selbstverständliche höfische Praxis.

Fokus des Beitrages sollen die Fragen nach Veränderungen bilden, die der Wandel in der Repräsentation des 19. Jahrhunderts für die Sammlungen im Mannheimer Schloß brachte. Wo lagen die Ambitionen der Regenten und wie veränderte sich deren Verständnis zu den Sammlungen? Inwiefern nahm die Stadt daran Anteil und welche Rolle spielten sie für die Mannheimer Bevölkerung?

I. Sammlungen unter Kurfürst Carl Theodor

Unter Kurfürst Carl Theodor (1724/42–1799) ging die Förderung von Sammlungen im Vergleich zu Zeitgenossen über das allgemeine Maß hinaus. Es entsprach auch seinen ganz persönlichen Neigungen und Interessen, die sich seit seiner frühen Jugend gebildet hatten. Seine Demonstration von Macht und Selbstverständnis fand über die intensive Förderung der Künste, Wissenschaften und auch der Wirtschaft statt. Sicher war er sich bewußt, daß er mit militärischer Stärke und Machtdemonstration nicht mit Preußen und anderen Staaten hätte mithalten können und wohl auch nicht wollte.

Sieht man sich die Sammlungen in der kurpfälzischen Residenz Mannheim in der Mitte des 18. Jahrhunderts an, so zeigen sie eine damals zumeist übliche Einteilung in die Bereiche: Gemäldesammlung, Kupferstichkabinett, Antikensammlung (Abb. 1), Naturalienkabinett und Münzsammlung sowie eine Hofbibliothek, die über eine sehr umfangreiche Büchersammlung verfügte[4]. Aus einem Teil der fürstlichen Repräsentation und höfischen Prachtentfaltung wurde eine Art öffentliche Bildungseinrichtung als Carl Theodor sich entschloß, sie in einem eigenen Galerieflügel, im Ostquerflügel (Abb. 2), unterzubringen und für ein interessiertes, wenn auch immer noch eingeschränktes, Publikum zu

---

3 D. Syndram, Zwischen Intimität und Öffentlichkeit im Barock – Pretiosenkabinette und Schatzkammern im Barock, in: B. Marx/K.-S. Rehberg (Hgg.), Sammeln als Institution. Von der fürstlichen Wunderkammer zum staatlichen Mäzenatentum, München/Berlin 2007, S. 93.

4 Auf das Physikalische Kabinett und die Sternwarte, die über eine Vielzahl technischer Instrumente verfügte, wird hier nicht eingegangen. Siehe dazu K. Budde, Die naturwissenschaftlichen Interessen des Kurfürsten, in: A. Wieczorek/H. Probst/W. König (Hgg.), Lebenslust und Frömmigkeit, Regensburg 1999, Bd. 1, S. 362–365, auch Bd. 2, S. 471–478. Zur Antikensammlung gehörte auch die außerhalb des Schlosses aufbewahrte Abgußsammlung.

öffnen⁵, was ab den 1760er Jahren geschah⁶. Ab Mitte der 1750er Jahre waren schmuckreiche Sammlungsräume im Rokoko-Stil entstanden (Abb. 3).

Ein stetig wachsender Umfang an Sammlungsobjekten zeichnete diese Sammlungen über Jahrzehnte aus. Auch mit Antritt der Erbfolge Carl Theodors in München 1778 wurden den Bereichen weiterhin Finanzmittel zur Verfügung gestellt⁷, dadurch wuchsen die Sammlungen im Schloß weiter⁸. Der frühe Abtransport der Münzsammlung im Jahre 1781 hatte vor allem einen praktischen Grund: Es sollte Raum für die Bibliothek geschaffen werden, die 1780 im großen Saal der Hofbibliothek räumlich an ihre Grenzen gelangt war⁹.

II. Mannheim wird badisch

Das 19. Jahrhundert beginnt für die historische Kurpfalz mit deren Auflösung. 1802 wird die Neuordnung der politischen Landkarte begonnen, die 1803 mit dem Reichsdeputationshauptschluß niedergelegt wird. Für die Kurpfalz, die zum Teil der ehemaligen Markgrafschaft und dem nun zum Kurfürstentum aufgestiegenen Land Baden zugeschlagen und damit aus dem Territorium des Landesverbandes Pfalz-Bayern herausgelöst wird, beginnt eine neue Zeit. Damit begann auch die Suche nach einer neuen Identität, die mit der Suche nach Bestand und Neuerung einherging.

Für die Sammlungen der ehemaligen kurpfälzischen Residenz war das Schicksal endgültig besiegelt. Sie wurden abtransportiert und bis 1803 fast vollständig nach München überführt. Verantwortlich für die große Umzugswelle 1802/03 war Max IV. Joseph von Bayern (1756/99–1825), der die Nachfolge des ohne erbberechtigte Kinder verstorbenen Carl Theodors 1799 in München angetreten hatte. Max Joseph war sich der Mannheimer Sammlungsqualität sehr wohl bewußt und so wollte er 1802 die Sammlungen endgültig nach München überführen und in die dortigen Sammlungen integrieren. In den 1790er Jahren wurde wegen der drohenden Gefahr durch die Franzosenkriege bereits die komplette Gemäldesammlung sowie das gesamte Kupferstichkabinett nach Bayern transportiert; 1802/1803 nun schließlich die weiteren Sammlungen.

In der ehemaligen Residenz beließ man nur einige Sammlungsreste. Etwa 3.000 Bücher der Hofbibliothek, die ursprünglich bis zu 100.000 Bücher¹⁰ umfaßte, bevölkerten noch

---

5 1763 war die Hofbibliothek allgemein zugänglich gemacht worden, aber nur Mitglieder der Akademie der Wissenschaften und privilegierte Höflinge konnten Bücher entleihen. K. ELLWARDT, Die Sammlungen am kurpfälzischen Hof, in: STAATLICHE SCHLÖSSER UND GÄRTEN BADEN-WÜRTTEMBERG (Hg.), Barockresidenz Mannheim. Geschichte und Ausstattung, Petersberg 2007, S. 72; W. SCHIBEL, Die Hofbibliothek Carl Theodors und ihr Umfeld, in: WIECZOREK/PROBST/KÖNIG (wie Anm. 4), S. 329f.
6 K.L. HOFMANN, Die kurfürstliche Gemäldegalerie in Mannheim – von der Fürstensammlung zur Bildungseinrichtung, in: WIECZOREK/PROBST/KÖNIG (wie Anm. 4), S. 241.
7 HOFMANN (wie Anm. 6), S. 242.
8 Für die Kupferstichsammlung wurde zum Beispiel jährlich 1.000 fl. zur Verfügung gestellt. ELLWARDT (wie Anm. 5), S. 79.
9 ELLWARDT (wie Anm. 5), S. 74.
10 Die Anzahl der um 1800 in der Hofbibliothek befindlichen Bücher ist nicht ganz gesichert. Vgl. dazu SCHIBEL (wie Anm. 5), S. 326; ELLWARDT (wie Anm. 5), S. 73f.

die Regale (Abb. 4). Die Antikensammlung[11] war ebenfalls zum größten Teil nach München verbracht worden. Nur einige Objekte, wie die schweren etruskischen Asche-Urnen, Geschenke von Papst Pius VI. an Kurfürst Carl Theodor, ebenso die Negativformen der Abgußsammlung verblieben in Mannheim. Von den Gemälden Carl Theodors wurden Jahre später zwei Holztafelgemälde von David Teniers d. J. gefunden, die sicher nur aus Unachtsamkeit bereits zuvor zurückgelassen worden waren[12]. Große Teile des Naturalienkabinetts, vor allem wertvolle Stücke, wie ein bereits von A. Collini beschriebener und später als Flugsaurier erkannter Fund[13], wurden ebenso nach München verbracht.

Die in Mannheim 1803 noch verbliebenen Sammlungsteile schenkte Max Joseph zwei Jahre später, 1805, schließlich offiziell der Stadt und kommentierte dies so: »[...] dass aus diesem ehrsamen Überbliebsel ehemaliger Kunst- und wissenschaftlicher Anstalten wiederum ein ganzes entstehen möge«[14]. Diese Sammlungsreste bildeten den Grundstock der Sammlungen, die von dem neuen badischen Regenten in Teilen wieder aufgebaut wurden. Wichtig war diese Hinterlassenschaft aber auch für die Bürger der ehemaligen Residenzstadt. Sie war das verbliebene Relikt der alten Zeit, die alsbald als »gute alte Zeit« gesehen wurde. Sie wirkte identitätsbildend, entstammte sie doch noch aus einer glanzvollen Epoche, die durch den Hof Carl Theodors stark auf die Stadt und die Kurpfalz ausgestrahlt hatte. Wohl genau dies erkannte auch der neue Landesherr Carl Friedrich von Baden (1724/46–1811), als er begann, sich um die Sammlungen zu kümmern. Nachdem die Bürgerschaft und der neue Regent sich 1802/03 um den Verbleib der Sammlungsreste bemüht hatten, engagierte sich Carl Friedrich zunächst für den Aufbau eines neuen Sammlungsgrundstockes für eine Gemäldegalerie. Gleichzeitig mußte er sich um eine baldige Neueinrichtung des Schlosses bemühen, denn die Ausstattung war ebenfalls fast vollständig nach München verbracht worden.

Das Mannheimer Schloß zur Zweigresidenz[15] zu machen und nach der Hochzeit des Erbprinzen Carl 1806 als Sitz des erbgroßherzoglichen Paares zu bestimmen, zeigt den Stellenwert, der der alten kurpfälzischen Stadt – zumindest vorerst – beigemessen wurde. Carl Friedrich war sich im Klaren darüber, von der kurpfälzischen Bevölkerung keine spontane Sympathie geschenkt zu bekommen, sondern daß er sich auch bemühen mußte, diese mit Maßnahmen zu gewinnen. Für einen über so viele Jahrzehnte erfahrenen und aufgeklärten Regenten war dies erkennbar.

---

11 Die Antikensammlung umfaßte im 18. Jahrhundert das Antiquarium mit römischen Objekten, die sich auf dem Gebiet der Kurpfalz befunden hatten, etruskische Urnen, antike Kleinbronzen sowie die Antiken-Abgüsse (Gipsabgüsse). In Mannheim verblieben die Negativabgußformen einiger Antiken-Abgüsse, die zum Teil im 19. Jahrhundert nachgegossen wurden, so für den Schloßgarten Schwetzingen.

12 Siehe dazu D. LÜDKE, Warum David Teniers d. J. in Karlsruhe? Zur Erwerbungsgeschichte des Teniers-Bestandes der Staatlichen Kunsthalle Karlsruhe, in: M. KLINGE/D. LÜDKE (Hgg.), David Teniers der Jüngere (1610–1690). Alltag und Vergnügen in Flandern, Heidelberg 2005, S. 24f.

13 K. BEINHAUER, Museum für Archäologie und Völkerkunde und Museum für Naturkunde im Reiss-Museum der Stadt Mannheim, Braunschweig 1991, S. 104.

14 F. WALTER, Schloßmuseum in Mannheim. Führer durch die Sammlungen, Mannheim 1926, S. 9. Friedrich Walter, ab den 1920er Jahren erster Museumsleiter im Mannheimer Schloß, sind die ersten grundlegenden Arbeiten zum Schloß zu verdanken.

15 Siehe dazu W. WIESE, Schloss Mannheim: Die Zweigresidenz Badens im frühen 19. Jahrhundert, in: STAATLICHE SCHLÖSSER UND GÄRTEN BADEN-WÜRTTEMBERG (Hg.), Barockresidenz Mannheim. Geschichte und Ausstattung, Petersberg 2007, bes. S. 99, 104.

Abb. 1 Bacchus, Antikenabguß, Universität Mannheim (Abguß 20. Jh.)

Abb. 2   Ehemaliger Galerieflügel Schloß Mannheim (Ostquerflügel), 2007

Abb. 3   Ansicht einer Rokokodecke im Galerieflügel Schloß Mannheim, 1897

Abb. 4 Detailansicht der ehemalige Hofbibliothek Schloß Mannheim, 1897

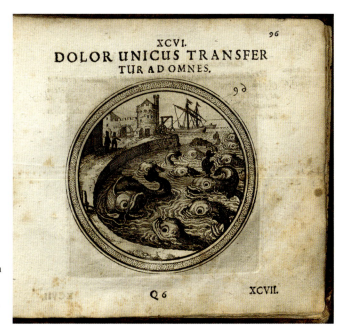

Abb. 5 Aus dem Buch von Julius Wilhelm Zintgrefen, Hundert Sitten- und politische Sinnbilder, Heidelberg 1681 (UB Mannheim)

Abb. 6   Jacob Andriesz Beschey, Die Auferweckung des Lazarus, 1737 (Reiss-Engelhorn-Museen)

Abb. 7 Abraham Teniers d.Ä., Bauernschenke mit Karten- und Brettspielenden, 2. Hälfte 17. Jahrhundert (Reiss-Engelhorn-Museen)

Abb. 8　Antonio Balestra, Das Opfer der Iphigenie, um 1700 (Staatl. Kunsthalle Karlsruhe)

Abb. 9 Jacques Callot, Entreé de Monseigneur Henry de Lorraine Marquis de May soubs le nome de Pirandre, 1. Drittel 17. Jahrhundert, Kupferstich (Kunsthalle Mannheim)

Abb. 10   Carl Kuntz, Der Minerva Tempel, Anfang 19. Jahrhundert, Kupferstich (Kunsthalle Mannheim)

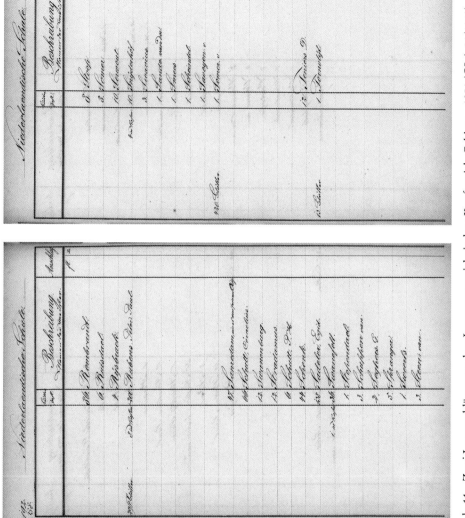

Abb. 11 Zwei Inventarblätter aus dem Inventarverzeichnis des »Kupferstich-Cabinets«, 1851 (GLA 56/4163)

Abb. 12   Laokoon-Gruppe, Universität Mannheim (Abguß 20. Jh.)

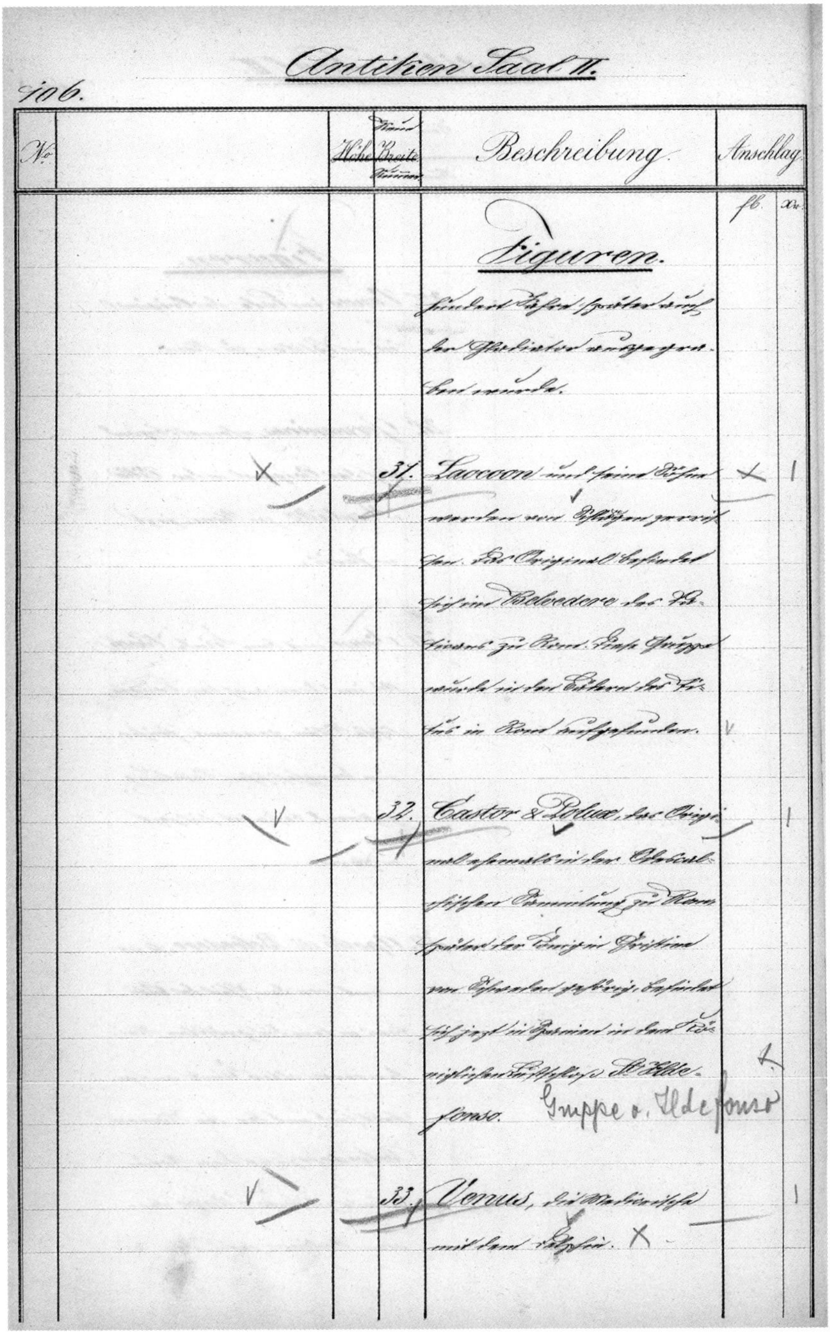

106.

Antiken Saal II.

No		Höhe	Breite	Beschreibung	Anschlag fl.	xr.
				Figuren.		
				[illegible] später durch den Gladiator [illegible] wurde.		
			31.	Laocoon mit seinen Söhnen werden von Schlangen gewürgt. Das Original befindet sich im Belvedere des Vatican zu Rom. Diese Gruppe wurde in den Bädern des Titus in Rom aufgefunden.		1
			32.	Castor & Pollux, das Original ehemals in der Ludovisischen Sammlung zu Rom später der Königin Christina von Schweden gehörig, befindet sich jetzt in Spanien in dem königlichen Lustschloss St Ildefonso. Gruppe v. Ildefonso		1
			33.	Venus, die Mediceische mit dem Delphin.		1

Abb. 13 Inventarblatt aus »Antike Bildwerke in Gipsabgüsse«, 1851 (GLA 56/4163)

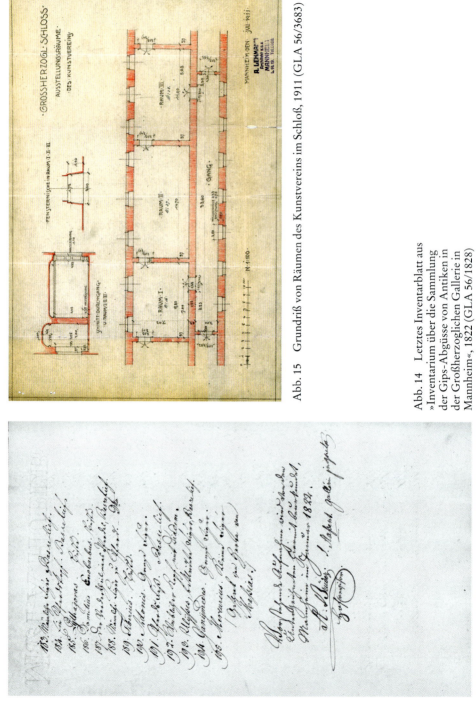

Abb. 15 Grundriß von Räumen des Kunstvereins im Schloß, 1911 (GLA 56/3683)

Abb. 14 Letztes Inventarblatt aus »Inventarium über die Sammlung der Gips-Abgüsse von Antiken in der Großherzoglichen Gallerie in Mannheim«, 1822 (GLA 56/1828)

Abb. 16 Detailansicht aus der ehemaligen Hofbibliothek, 1897

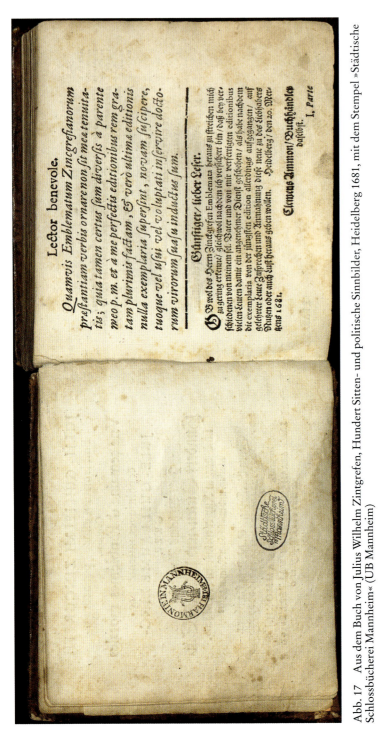

Abb. 17 Aus dem Buch von Julius Wilhelm Zintgrefen, Hundert Sitten- und politische Sinnbilder, Heidelberg 1681, mit dem Stempel »Städtische Schlossbücherei Mannheim« (UB Mannheim)

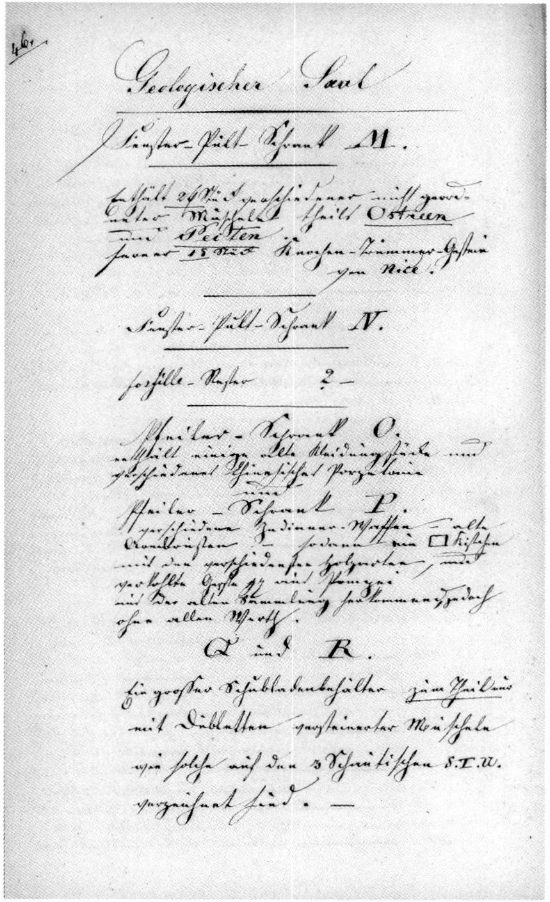
Geologischer Saal

Fenster-Pult-Schrank M.

Fenster-Pult-Schrank N.

Q und R.

Abb. 18 Inventarblatt aus dem Inventarverzeichnis des Großherzoglichen Naturhistorischen Museums, Geologischer Saal, 1839–42 (GLA 56/4160)

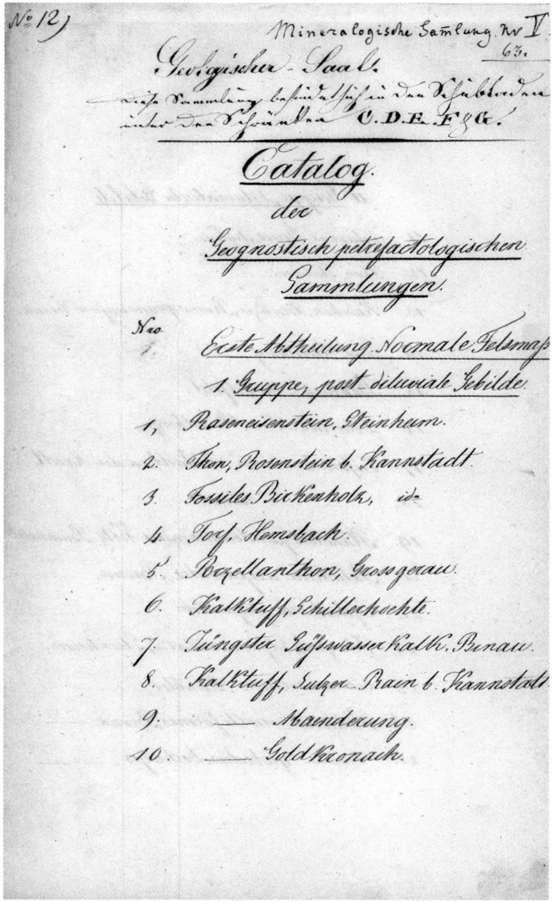
No 12)

Mineralogische Samlung No V. 63.

Geologischer Saal.

C. D. E. F G.

Catalog

der

Geognostisch petrefactologischen Sammlungen.

No.

Erste Abtheilung Normale Felsmas[se]

1. Gruppe, post diluviale Gebilde.

1. Raseneisenstein, Steinheim.

2. Thon, Rosenstein b. Kannstadt.

3. Fossiles Birkenholz, id.

4. Torf, Hemsbach.

5. Porzellanthon, Grossgerau.

6. Kalktuff, Schillerhoehle.

7. Jüngster Süßwasserkalk, Benau.

8. Kalktuff, Sulzer Rain b. Kannstadt

9. — Mannderung.

10. — Goldkronach.

Abb. 19 Inventarblatt aus dem Inventarverzeichnis des Großherzoglichen Naturhistorischen Museums, Geologischer Saal, 1839–42 (GLA 56/4160)

Abb. 20 Huldigungsgeschenk, sog. Albumkasten, Geschenk der Frauen Mannheims an das erbgroßherzogliche Paar Friedrich und Hilda zur Hochzeit, 1885

Die Sammlungen unter den badischen Regenten

Die Sammlungen des 19. Jahrhunderts im Mannheimer Schloß fußten auf zwei Grundpfeilern: Erstens, den im Schloß verbliebenen Objekten und zweitens, den Sammlungsankäufen unter Carl Friedrich. Dem frühen kurfürstlichen Sammlungsbestreben auf der einen Seite, standen auf der anderen Seite die Sammlungsteile gegenüber, die von Kurfürst Max Joseph der Stadt überantwortet wurden. Zu dem Verbliebenen gehörten wenige Bücher der Hofbibliothek (Abb. 5), Objekte des Naturalienkabinetts sowie geringe Teile des Antiquariums, vor allem die schweren, schlecht zu transportierenden Objekte.

Es erstaunt etwas, daß Max Joseph IV. von Bayern die Sammlungsreste der Stadt Mannheim als Geschenk vermachte. Der bayerische Kurfürst mochte in der Zuteilung der Kurpfalz an Baden keine endgültige Lösung sehen und hoffte wohl auf eine zukünftige Wiedereingliederung in den pfalz-bayerischen Verband. Auch sollte hierbei nicht vergessen werden, daß Max Joseph in Schwetzingen geboren wurde, selbst in Mannheim gelebt hatte und mit der Stadt verbunden war, auch drei seiner Kinder erblicken dort das Licht der Welt. In städtischem Eigentum hätte man die Sammlungsobjekte vermutlich einfach aus dem Schloß entnommen oder eben dort belassen, jedenfalls wären sie so im fiktiven Fall der Wiedereingliederung in einen pfalz-bayerischen Verbund nicht an das badische Haus gefallen. Vielleicht berücksichtigte Max Joseph in der Entscheidung zudem das städtische Engagement der Mannheimer gegen die Abholung der Sammlungen 1802/03 und ihr Eintreten für deren Verbleib in der Stadt. Fast war es zu ernsthaften Auseinandersetzungen bezüglich der Sammlungen zwischen Bayern und Baden gekommen und man hatte bereits militärische Drohgebärden eingesetzt[16].

Die Sammlungsreste blieben jedoch nicht in städtischem Eigentum. Bereits wenige Monate nach der Übergabe bemühte sich die Stadt selbst, die nach den starken Kriegszerstörungen der vergangenen Jahre finanziell wohl nicht in der Lage war, die Sammlungen zu unterhalten, sie ihrem Regenten zu übergeben. Jedoch dauerte es noch eine ganze Weile, bis eine Entscheidung fiel. Gut drei Jahre später, 1809, brachte die Stadt die Sammlungen ihrem Landesherrn wiederum als Geschenk dar, das dieser nun entgegen nahm. Sie verband mit der Übergabe an Carl Friedrich die Bitte, daß die Sammlungen *zur zweckmäßigen öffentlichen Benützung möge[n] bestimmt werden*. Da es in dem ersten Erlaß nicht ausdrücklich erklärt worden war, bat in einer weiteren Eingabe der städtischen Behörde die Stadt explizit darum, daß sie für immer in Mannheim belassen werden[17]. Auch wenn hauptsächlich wirtschaftliche Gründe die Motivation zur Abgabe an den Großherzog gebildet haben dürfte, auf jeden Fall drückt es aber auch das Vertrauen der Stadt gegenüber ihrem neuen Landesherrn aus[18].

Bereits zuvor, im Jahre 1803 hatte Carl Friedrich im Zuge seiner Sammlungsankäufe die Sammlung des Grafen Giuseppe Lucchesi für Mannheim angekauft. Lucchesi ent-

---

16 F. WALTER, Mannheim in Vergangenheit und Gegenwart, Bd. 1: Geschichte Mannheims in den ersten Anfängen bis zum Übergang an Baden, Mannheim 1907, S. 906–911.
17 GLA 56/92; GLA 56/1828.
18 Noch nicht untersucht werden konnte, ob weitere Dokumente existieren, die zeigen, in welche Richtung es genauere Planungen von kurfürstlicher bzw. ab 1806 großherzoglicher Seite für die vorhandenen Sammlungsreste zwischen 1803 und 1809 im Schloß gegeben hat.

stammte einem sizilianischen Adelsgeschlecht, war ehemaliger Kammerherr am königlich-neapolitanischen Hof sowie Diplomat unter anderem in Wien und Karlsruhe. Die Sammlung umfaßte 256 Gemälde mit dem Schwerpunkt auf der flämischen und holländischen Malerei und wurde gezielt für das Mannheimer Schloß gekauft[19] (Abb. 6 und 7). Scheinbar gab es zu diesem Zeitpunkt weder ernsthafte Überlegungen, die verloren gegangene Gemäldesammlung im Schloß mit bereits vorhandenen Werken aus Karlsruhe neu aufzubauen, noch, die Gemäldegalerie leer zu belassen. Daß der Betrag, den man an den Grafen Lucchesi mit 54.000 Gulden bezahlte[20], nicht gerade klein zu nennen ist, spricht für die Wichtigkeit, die dem Sammlungsaufbau beigemessen wurde. 1806 wurden noch einmal sechs Gemälde von Lucchesi sowie Antiken-Abgüsse für eine Antikensammlung erworben[21].

Wenige Jahre später gab es einen weiteren umfangreichen Zuwachs für die Galerie. 1810 kaufte Großherzog Carl Friedrich von dem Gelehrten Anton von Klein weitere 21 Gemälde[22] sowie Kupferstiche[23] an. Unter den Gemälden befanden sich vor allem italienische und einige flämische Werke (Abb. 8).

Bedeutend war vor allem die umfangreiche Kollektion von mehr als 12.000 Grafiken (Abb. 9 und 10). Sie bildete den Grundstock eines neuen Kupferstichkabinetts in den Galerieräumen (Abb. 11). Wenn man damit auch nicht an den Umfang der Sammlungen unter Carl Theodor reichte, die um 1780 circa 60.000 Kupferstiche faßte[24], ist dies doch im Vergleich zu anderen Sammlungen bereits beträchtlich[25]. Ganz offensichtlich bemühte sich Carl Friedrich, die Sammlungsverluste, die Mannheim durch den Wegzug Carl Theodors und vor allem durch die Auflösung des Landes Kurpfalz erlitten hatte, zügig auszugleichen.

Eine Weichen stellende Änderung des Stellenwertes der Sammlungen in Mannheim sollte später von Karlsruhe aus in die Wege geleitet werden. Galeriedirektor Philipp Jakob Becker[26] machte 1811 auf ein Problem aufmerksam, daß er in der Dezentralisierung der Sammlungen des Landes in Bezug auf den Stellenwert der Sammlungen in Karlsruhe sah und folgendermaßen erklärte: *[...] daß alle Kunstsammlungen in den jeweiligen Residenzen der Regenten angelegt sind, und nur, wenn entweder der Staat sehr groß, oder wie der bairische sehr reich an Kunstschätzen ist, in den Hauptstädten Filialkabinette errichtet*

---

19 K. RÖSSLER, Die Sammlungen in großherzoglich-badischer Zeit, in: STAATLICHE SCHLÖSSER UND GÄRTEN BADEN-WÜRTTEMBERG (Hg.), Barockresidenz Mannheim. Geschichte und Ausstattung, Petersberg 2007, S. 182–201, bes. S. 183. Siehe dazu auch LÜDKE (wie Anm. 12), S. 21.
20 Der Betrag wurde in einer jährlichen Rente ausgezahlt *gegen jährlich 10% zurückgelassen*. GLA 56/1812 (11.10.1803).
21 Im Jahr 1806 waren Abgüsse aus Paris angekauft worden. GLA 213/93.
22 Siehe dazu RÖSSLER (wie Anm. 19), S. 184. Aufbewahrt wird das Inventar in der Staatlichen Kunsthalle Karlsruhe.
23 Siehe dazu H. TENNER, Mannheimer Kunstsammler und Kunsthändler bis zur Mitte des 19. Jahrhundert, Heidelberg 1966, S. 98–105.
24 ELLWARDT (wie Anm. 5), S. 79, nach GLA 213/3606; BayHStA Abt. III Geh. Hausarchiv, Handschriften Nr. 67.
25 Das erste bekannte Inventar von 1822 zeigt eine Gliederung nach Schulen. Siehe dazu GLA 56/4162.
26 Philipp Jakob Becker (1759–1829) kam nach seinem Aufenthalt in Rom 1785 nach Karlsruhe und wurde badischer Hofmaler und Galeriedirektor.

werden, die aber nie den Central Museen, die unter den Augen des Hofes sind, gleichkommen[27].

Interessant bei diesem Brief ist die Bedeutung, die man der Mannheimer Sammlung beimaß. Dieses Schreiben sollte sowohl kurz- als auch langfristige Auswirkung zeigen und den Umgang mit den Sammlungen bestimmen. Noch im selben Jahr gelangten für die Mannheimer Antikensammlung bestellte Abgüsse aus dem Pariser Musée Napoleon nicht dorthin, sondern nach Karlsruhe und wurden in die großherzogliche Sammlung integriert. Der Schriftverkehr zwischen dem Galeriedirektor und dem Ministerium der auswärtigen Angelegenheiten zeigt auf, daß letztendlich die Meinung von Philipp Jakob Becker unterstützt wurde und dieser im Interesse der großherzoglichen Sammlung in Karlsruhe handeln konnte[28].

In Karlsruhe selbst hatte man erst ab Mitte der 1780er Jahre angefangen für die Zeichenakademie eine Sammlung mit Gipsabgüssen aufzubauen[29]. Um 1800 stand die Sammlung in gewisser Weise noch an ihrem Anfang und man war weiterhin bemüht, eine achtenswerte Sammlung aufzubauen[30]. Ph. J. Becker leitete die zunächst in der Zeichenakademie bewahrten Abgüsse, die der Öffentlichkeit zugänglich gemacht waren. Schließlich sah Becker den Ausbau der Karlsruher Sammlung als um so wichtiger an, da man zur Zeit der *ersten Erwerbungen [...] keine besseren haben konnte*[31]. Für den oben benannten geplanten Ankauf 1811 aus Paris für Mannheim waren unter anderem der Achille Borghese, eine Diana chasseresse und eine Clio bestimmt. Scheinbar sah man darin die Gefahr, die Mannheimer Großherzogliche Galerie mit weiteren und hochqualitativen Abgüssen (Abb. 12 und 13) zu fördern und damit eine Art Konkurrenzsituation zu schaffen. Gleichzeitig schien man immer weniger Interesse an der Mannheimer Sammlung zu haben. Die Beurteilung des Galeriedirektors in Karlsruhe zeigte die Richtung der folgenden Jahrzehnte auf. Bereits im Jahre 1822 bzw. 1823 geben die Inventare beider Antikenabgußsammlungen einen deutlichen Unterschied zu erkennen: Im Mannheimer Inventar finden sich 195 Abgüsse (Abb. 14) aufgelistet, in Karlsruhe sind hingegen mittlerweile 403 vermerkt. Deutlich dokumentieren die späteren Inventare die Folgen dieser frühen Entscheidung: Bis 1880 sind im Mannheimer Abgüsse-Inventar keine weiteren Zugänge zu verzeichnen.

Der zu Beginn unter Carl Friedrich ab 1803 erfahrene Aufbau der Sammlungen fand in den nächsten Jahren und Jahrzehnten auch für andere Sammlungsschwerpunkte, wie das Naturalienkabinett, nicht mehr statt. Dafür waren die Weichen gestellt worden. Auch der Umzug des mittlerweile großherzoglichen Paares Carl von Baden (1785/1811–1818) und Stephanie (1789–1860) in die Residenz Karlsruhe ließ das Interesse an den Sammlungen

---

27 GLA 56/1810.
28 GLA 56/1810.
29 Vermutlich aus dem Nachlaßinventar der 1783 verstorbenen Markgräfin Karoline Luise kamen 55 Abgüsse sowie weitere 1787 aus Florenz und Rom in die Zeichenakademie. Zuletzt bei U. GRIMM, Das Badische Landesmuseum. Zur Geschichte seiner Sammlung, H. SIEBENMORGEN (Hg.), Karlsruhe 1993, S. 23. In Mannheim befanden sich bereits seit 1731 Antikenabgüsse, die sich zum Teil im Schloß und anderen Gebäuden befanden. Die Abgüsse nach Originalen gehen zurück auf Kurfürst Johann Wilhelm, die dieser seit 1709 für Düsseldorf aus Italien bringen lassen hatte. Ab 1769 hatten sie ihren festen Platz in der Zeichnungsakademie.
30 GRIMM (wie Anm. 29), S. 27.
31 GLA 56/1810; GRIMM (wie Anm. 29), S. 27.

sinken und diese aus dem Blickfeld geraten. Lebendige Sammlungen jedoch müssen wachsen und sich verändern. Die nachfolgenden Großherzöge zeigten zudem weniger Interesse am Mannheimer Schloß. Andere Schlösser und Objekte erhielten verstärkt Aufmerksamkeit, so vor allem das Neue Schloß in Baden-Baden und seit Friedrich I. (1826/1852–1907) auch Schloß Mainau[32]. Zudem erfuhr zeitgleich die Residenzstadt die Sammlungen betreffend verschiedene Neugründungen, so die Eröffnung der Kunsthalle 1846 sowie anderer Einrichtungen[33].

Nach bisherigem Stand hat auch Großherzoginwitwe Stephanie, die von 1819 bis 1860 das Schloß als Witwensitz nutzte, kein explizites Interesse an den Sammlungen gezeigt, auf welche sie in gewissem Umfang wohl hätte Einfluß nehmen können. Nach 1811 erhielten die Sammlungen bis auf einen kleinen Zuwachs an zeitgenössischen Gemälden von badischen Hofmalern keine Erweiterungen von großherzoglicher Seite mehr. Der Hof zieht sich zurück.

Deutlich zeigen sich Veränderungen ab der zweiten Jahrhunderthälfte. Anfang der 1870er Jahre wurden die Sammlungen der Gemälde und die Antikensammlung auf den Staat übernommen. Bis dahin war der Verwaltungsaufwand, der namentlich durch die freie Zugänglichkeit dieser Sammlungen bedingt war, vom Hofetat getragen worden. Er belief sich auf *1470 fl 50 Kr*[34].

Mehrmals gab es Überlegungen, die Sammlung des Antiquariums, also vor allem die verbliebenen römischen Steindenkmale aus der Pfalz sowie einige Marmorarbeiten und antike Kleinbronzen[35], nach Karlsruhe zu verbringen und zu zentralisieren. Den Gedanken der Verlegung der Sammlung hatte zum Beispiel Dr. Ernst Wagner aufgegriffen, Konservator des städtischen Altertumsvereins in Karlsruhe, einen Gedanken, den man bereits einmal zu früherer Zeit aus Rücksicht auf die Stadt fallen gelassen hatte. Anlaß für Wagner war 1876, daß Professor Haug von Mannheim nach Konstanz wechselte und damit die Stelle für die Betreuung der Sammlung vakant wurde. Traditionsgemäß wurde sie seit Jahrzehnten immer durch einen Professor des Lyzeums betreut. Bekannt und umtriebig war vor allem Haugs Vorgänger, der sich zudem für die Hofbibliothek engagierende Professor Fickler[36]. In einem erhaltenen Schriftstück schreibt Wagner, daß der Zeitpunkt für Veränderung jetzt gut wäre. Man könne den Zustand in Mannheim nicht so belassen, eine Neuordnung wäre dringend notwendig, auch habe die Sammlung wenige Besucher. Wagner gibt zu bedenken, daß weder Stadt noch Hof Gelder für eine Neuordnung bewilligen werden und schlägt vor, diese nach Karlsruhe zu bringen. Man solle gleichzeitig bereits über ein Äquivalent für die Stadt Mannheim nachdenken, so zum Beispiel die Steindenkmale aus der Pfalz unter Eigentumsrecht an die Verwaltung des Altertumsvereins Mannheim zu übergeben. Diese würden dann nach Abzug der anderen Objekte in Mannheim

---

32 Der Ankauf der 1806 an Baden gefallenen Deutschordenskommende erfolgte 1853 durch Friedrich von Baden.
33 Siehe dazu den Beitrag von Ulrike Grimm in diesem Buch.
34 GLA 235/5987.
35 Die Sammlungsreste verblieben in badischer Zeit im Schloß, vorerst im Erdgeschoß des Galerieflügels, später wurden auch für einige Zeit Teile davon (Kleinobjekte) in der Hofbibliothek aufgestellt.
36 Siehe dazu P. GALLI, Für Publikum und Wissenschaft. Das Großherzogliche Antiquarium in Mannheim unter der Leitung von C.B.A. Fickler (1855–1871), in: Mannheimer Geschichtsblätter, NF 4 (1997), Sigmaringen 1997, S. 401–432.

verbleiben³⁷. Daß dieser Gedanke zu einer Zeit geäußert wurde, als in Karlsruhe seit einigen Monaten die Sammlung der Altertümer eröffnet war, muß sicher in einem Zusammenhang gesehen werden. De facto hätte dies bedeutet, die Schausammlung in Mannheim aufzulösen. Sicher aus Rücksicht auf die Stadt und der in der Übergabe benannten Verpflichtung, diese in Mannheim zu belassen, wurde der Vorschlag jedoch nicht umgesetzt.

III. Bürgerliches Engagement

Die Stadt Mannheim entwickelte sich dank bürgerlicher kapitalträchtiger Investitionen im Laufe des 19. Jahrhunderts zu einer florierenden Industrie- und Handelsstadt. Einen wichtigen Anteil daran hatten die Grundsteinlegung und der Hafenausbau seit den 1830er Jahren und später die »Mannheimer Akte«, die den freien Verkehr bis zum Meer garantierte und hemmende Zölle aufhob.

Die Verbürgerlichung der Gesellschaft, die sich im 19. Jahrhundert abzeichnete, brachte auch ein erstarkendes Engagement in verschiedene Richtungen innerhalb der Bürgerschaft mit sich. In der ersten Hälfte des 19. Jahrhunderts setzte verstärkt die Gründung von Vereinen ein. Ein Phänomen, das neben wirtschaftlichem Wachstum auch im Kontext mit den Napoleonischen Befreiungskriegen und einer aufkeimenden nationalen Identitätsbildung steht. Michael Eisenhauer benennt das Streben nach einem Zugewinn an Selbstbewußtsein und Identität durch historische Projektion als einen im 19. Jahrhundert völlig normalen Vorgang³⁸. Das Kulturleben, das bis ins 18. Jahrhundert vor allem am Hof und in gewissem Umfang von einer privilegierten Schicht geprägt war, wurde jetzt auch von der Bürgerschaft gestaltet. Manfred Hettling erkennt in der bürgerlichen Kultur in der ersten Jahrhunderthälfte das Enthalten eines »utopischen Entwurfs«, mit dem die Menschen sich selbst und die gesamte Gesellschaft durch Selbstorganisation und Selbstbildung vervollkommnen konnten³⁹. Zwei Begriffe, die für das untersuchte Jahrhundert bedeutend sind. Diese zuerst von einer kleinen Gruppe des Bildungs- und Wirtschaftsbürgertums getragenen Gedanken, entfalteten sich schließlich zu einem schichtenübergreifenden Leitbild. Die bürgerliche Kultur mit ihren Normen, Werten und Verhaltensweisen entwickelte sich zur prägenden Allgemeinkultur. Die eigenständigen staatsbürgerlichen Initiativen wurden erst Jahrzehnte später als städtische oder staatliche Aufgaben angesehen. Bürgern ermöglichte der Zusammenschluß in Vereinen, gesellschaftliche Aufgaben wie Erwachsenenbildung und Kunstförderung aus der Monopolstellung von Staat, Adel und Kirche zu lösen. Die künstlerischen und wissenschaftlichen Vereine leisteten dabei mit ihrer Arbeit Erhebliches zur Popularisierung und Pflege von

---

37 GLA 60/2095 (13.4.1876).
38 M. EISENHAUER, Die Kunstsammlungen der Veste Coburg. Thesen zu ihrer Entstehung und Entwicklung bis zur Gründung der Coburger Landesstiftung im Jahre 1919, in: M. HENKER/E. BROCKHOFF (Hgg.), Ein Herzogtum und viele Kronen. Coburg in Bayern und Europa, Regensburg 1997, Bd. 1, S. 167.
39 M. HETTLING, Bürgerliche Kultur – Bürgerlichkeit als kulturelles System, in: Sozial- und Kulturgeschichte des Bürgertums. Eine Bilanz des Bielefelder Sonderforschungsbereichs (1986–1997), hg. von P. LUNDGREN, Göttingen 2000 (Bürgertum. Beiträge zur europäischen Gesellschaftsgeschichte Bd. 18), S. 319–339, hier S. 322; I. MÜSCH, Im Verein für Kunst und Vaterland, in: Das Königreich Württemberg 1806–1918. Monarchie und Moderne, Ostfildern 2006, S. 372.

Kunst und Wissenschaft[40]. Die Vereinstätigkeit erreichte vor allem in der ersten Jahrhunderthälfte eine enorme Breitenwirkung, da die Mitgliedschaft freiwillig war und unabhängig von Stand und Vermögen. Erst in der zweiten Jahrhunderthälfte verschob sich dieses Gleichgewicht wieder durch erhöhte Mitgliedsbeiträge zu einer elitäreren Mitgliederzusammensetzung.

Kunstverein und Städtische Sammlung im Schloß

Wissenschaft und Kunst entfalteten sich zu Beginn des 19. Jahrhunderts als Domänen des Bürgertums, die es als »Mittel zu seiner Emanzipation nutzte und mit dessen Hilfe es den alten landbesitzenden und politisch zunächst noch privilegierten Adel überflügelte«[41]. Die Zahl der Umnutzungen adeliger Schlösser für kulturelle- und Bildungsbereiche war dabei nicht gering.

Für die Sammlungen im Mannheimer Schloß beginnt das bürgerliche Engagement verstärkt in den 1830er Jahren. Der heute vor allem bekannte Mannheimer Altertumsverein gehört mit seinem Gründungsdatum 1859 zu den spät entstandenen Vereinen. Bereits 1833 wurde der Kunstverein in Mannheim ins Leben gerufen und gehört damit zu den relativ frühen Gründungen. Im benachbarten Württemberg war solch eine Einrichtung fünf Jahre früher entstanden, in Hamburg sogar schon 1822, Leipzig und Köln hingegen gründeten erst später[42]. Vermutlich von Anfang an war der Verein im Schloß ansässig. Ab 1835 kann er in drei Räumen nachgewiesen werden, vorerst jedoch noch nicht im Galerieflügel, sondern vorerst im Ostflügel: In der alten Hofkammerregistratur hatte der Verein mehrere Räume im Erdgeschoß erhalten[43]. Jahre später wurde der Kunstverein in unmittelbarer Nähe der anderen Sammlungen direkt im Galerieflügel integriert: Unter dem Lesesaal und, vermutlich bis 1882, auch in den ehemaligen Archivräumen[44]. Im Jahr 1899 wird ein weiterer Vertrag[45] zwischen der Generalintendanz der Großherzoglichen Civilliste und dem Vorstand des Kunstvereins unterzeichnet, der dem Verein im 2. Stock[46] weitere Räumlichkeiten der Großherzoglichen Galerie zur Verfügung stellte (Abb. 15).

Von Beginn an suchte der Verein die Nähe zu den Sammlungen der Galerie, vor allem zur Gemälde- und Kupferstichsammlung, und erhoffte hierin eine gegenseitige Befruchtung. So heißt es in einem frühen Schriftstück: *Die hiesige Gemälde Gallerie mit dem Kupferstichkabinett ... [so] wir annehmen, dass beide Schwester Institute sich wechselsei-*

---

40 Müsch (wie Anm. 39), S. 382.
41 W. Richter/J. Zänker, Der Bürgertraum vom Adelsschloß. Aristokratische Bauformen im 19. und 20. Jahrhundert, Hamburg 1988, S. 73.
42 M. Vergoossen, Museumsvereine im 19. Jahrhundert. Ein typologischer Vergleich charakteristischer Beispiele, Neuried 2004, Anhang (ohne Seitenzahlen).
43 Unter anderem der Raum 136.
44 GLA 56/3624; nach dem Plan von 1866 handelt es sich um die Räume 27, 28, 29, 30, 31, 32 (gezeichnet von F. Kallenberger, nach einer Aufnahme des Jahres 1863; Staatliche Schlösser und Gärten Baden-Württemberg).
45 GLA 56/3683.
46 Die Räume 37 und 38 (?) zur Ausstellung der Bilder, die Räume 33 und 34 als Kistenmagazin und Packraum sowie die Aufhängung von Bildern im Korridor vor den Sälen 36–41. Ebd.

*tig unterstüzen und ergänzen*⁴⁷. Vermutlich auch aus diesem Grund wurde in den ersten Jahren eine planmäßige Bildung einer eigenen Gemäldesammlung zur Ergänzung der Großherzoglichen Galerie noch nicht ins Auge gefaßt. Erst in den geänderten Statuten von 1864 fand dieses Ansinnen Aufnahme. Zukünftig wurde nun vom Kunstverein pro Jahr ein Bild angekauft⁴⁸. Bekannte Mannheimer Persönlichkeiten waren in dem Verein tätig, so der Architekt Rudolf Tillessen, der uns die dokumentarisch wertvollen Aufnahmen zu Innenansichten des Schlosses (Abb. 16) um 1900 lieferte⁴⁹ und sich als stellvertretender Ausschußvorsitzender engagierte.

Im Jahre 1875 hatte der Kunstverein bei der Stadtgemeinde die Gründung einer Städtischen Sammlung angeregt, die schließlich ebenfalls Räumlichkeiten im 2. Stock des Galerieflügels im Schloß zur Verfügung gestellt bekam. Anlaß war 1873 eine Schenkung von Kunstwerken an die Stadt gewesen. Der Sohn des Mannheimer Künstlers und großherzoglichen Galeriedirektors Carl Kuntz (1770–1830) hatte aus dem Nachlaß eine größere Anzahl von Kunstwerken an seine Vaterstadt übergeben⁵⁰. Später kamen weitere Schenkungen an die Städtischen Sammlungen dazu, so 1901 mehrere Kunstwerke der verstorbenen Frau von Julius Aberle⁵¹. Der Gemeinderat hatte nun einen jährlichen Posten von 1.000 Gulden genehmigt, der zu Ankäufen dienen sollte. Dieses zur Verfügung gestellte Budget stieg in den folgenden Jahren weiter an und war von der Stadt bis etwa 1900 auf 10.000 M. erhöht worden. Die permanente Kunstausstellung sollte an Sonn- und Feiertagen für unentgeltliche Besuche geöffnet sein, um »den minderbemittelten Volksklassen den Zutritt zu ermöglichen«⁵². Bis zum Ende der Monarchie wurde die Hebung des Geschmacks der Untertanen als eine herrscherliche Aufgabe angesehen, dem sich die Vereinsarbeit von Anfang an ebenfalls verpflichtet sah.

In den späteren Jahren veränderte sich die Situation und das Verhältnis zur großherzoglichen Sammlung blieb nicht ganz spannungsfrei. Wohl zu viele Freiheiten hatten sich Verein und Stadt genommen, so daß der großherzogliche Galeriedirektor 1905 in einem Brief schreibt: *[...] damit die Herrn [des Kunstvereins] vielleicht begreifen lernen, dass wo man zu Gaste ist, eigenmächtiges Handeln in den Räumen durchaus unstatthaft [sei];* und die Generalintendanz beauftragte die *Galeriedirektion darüber [zu] wachen, dass das Hausrecht des Hofes Übergriffen der Stadtverwaltung gegenüber unbedingt gewahrt wird [...] Stadt und Kunstverein sind lediglich zu Gast im Schloss und dürfen nichts unternehmen ohne dortige oder diesseitige Erlaubnis*⁵³. Zu diesem Zeitpunkt liefen bereits Überlegungen und Anstrengungen des Kunstvereins, in die neu zu bauende Kunsthalle mit einzuziehen. 1911 schließlich sollte der Umzug des Vereins erfolgen. Die Städtischen

---

47 GLA 235/6416 (2.4.1834).
48 F. WALTER, Die Mannheimer Museumssammlungen und ihr weiterer Ausbau, Mannheim 1908, S. 5.
49 R. TILLESSEN, Das Großherzogliche Schloß zu Mannheim, Mannheim 1897 (Aufnahmen vom Hoffotografen Hubert Lill).
50 26 Tierstudien, 36 Handzeichnungen und Aquarelle, 32 Kupferstiche und dergleichen aus dem Nachlaß von Carl Kuntz. WALTER, Die Museumssammlungen (wie Anm. 48), S. 5.
51 Aus dem Nachlaß von Frau Aberle 20 Gemälde und eine Marmorfigur. WALTER, Die Museumssammlungen (wie Anm. 48), S. 5.
52 WALTER, Die Museumssammlungen (wie Anm. 48), S. 5.
53 GLA 56/3638 (5.8.1905), Schreiben des Galeriedirektors Frey; GLA 56/3638 (31.7.1905), Schreiben der Generalintendanz.

Sammlungen waren bereits 1907 aus dem Schloß gezogen und präsentierten sich in dem modernen, neu eröffneten Museum, der Städtischen Kunsthalle Mannheim.

Naturhistorischer Verein

Weitere Vereine, die eng mit dem Schloß Mannheim verbunden sind, gründeten sich nach dem Mannheimer Kunstverein in den folgenden Jahren[54]. 1869 entstand ein Bibliotheksverein, durch dessen Engagement 1870 eine »Öffentliche Bibliothek« in der ehemaligen Hofbibliothek eröffnet werden konnte, in die auch die Reste der Büchersammlung von Carl Theodor integriert waren. Nach dem Ersten Weltkrieg wurde die Bibliothek in »Städtische Schloßbücherei Mannheim« umbenannt[55] (Abb. 17).

Zeitgleich mit dem Kunstverein war der Naturkundeverein gegründet worden. Gerade die Naturkundevereine hatten durch ein gestiegenes Interesse und den Bedeutungszuwachs der Naturwissenschaften bereits seit dem Ende des 18. Jahrhunderts einen enormen Zuwachs erfahren. In deutschen Landen wurden bis 1800 bereits 61 naturwissenschaftliche Vereine gegründet, bis zum Ersten Weltkrieg kamen weitere 110 dazu[56]. Ein weiterer Motor war dabei auch die Suche nach Identität und Nationalgefühl, so wie es zum Beispiel im Vereinszweck des Württembergischen Naturkundevereins anklingt: »[…] die Erforschung der natürlichen Verhältnisse des Vaterlandes«[57]. Wie hier wurden auch andernorts oftmals der Regent oder dessen Familienmitglieder zum Vereinsvorsitzenden oder Protektor ernannt. Das bürgerliche Vereinsengagement vor allem des frühen 19. Jahrhunderts sieht Irmgard Müsch immer in Beziehung zum Hof, als nie antimonarchisch[58].

Das Großherzogliche Naturalienkabinett im Mannheimer Schloß bestand seit dem Anfang des 19. Jahrhunderts aus den oben benannten Sammlungsresten. Die um die Jahrhundertwende für den Transport nach München Beauftragten hatten zügig nach den wertvollsten Stücken, mehr oder weniger wahllos Objekte aus der Sammlung entnommen. Unter den badischen Regenten änderte sich der Zustand bis in das vierte Jahrzehnt nicht.

Der Mannheimer Naturkundeverein und das Großherzogliche Naturalienkabinett sind von Anfang an in einer Einheit zu sehen und der 1833 gegründete Verein bemühte sich gezielt um ein Zusammengehen und *wagt in tiefster Verehrung die Bitte, Eure königl.*

---

54 Auf den 1859 gegründeten Altertumsverein wird hier nicht eingegangen. Siehe dazu den Beitrag von Grit Arnscheidt in diesem Buch.
55 Siehe dazu K. BLEECK, Von der ›Zersplitterung‹ zur Einheit: Entwicklungstendenzen der Bibliotheken der Stadt Mannheim in der Zeit der Weimarer Republik, in: Stadt und Bibliothek. Literaturversorgung als kommunale Aufgabe im Kaiserreich und in der Weimarer Republik, Sonderdrucke, Wiesbaden 1997, S. 250–260.
56 MÜSCH (wie Anm. 39), S. 385, zit. nach A. DAUM, Wissenschaftspopularisierung im 19. Jahrhundert. Bürgerliche Kultur, naturwissenschaftliche Bildung und die deutsche Öffentlichkeit 1848–1914, München 1998, S. 26.
57 MÜSCH (wie Anm. 39), S. 385.
58 MÜSCH (wie Anm. 39), S. 385. Graf Wilhelm von Württemberg war in Stuttgart Vereinsvorsitzender des Naturkundevereins und in Mannheim der badische Regent.

Hoheit wolle gnädigst den Verein unter Ihren höchsten Schutz nehmen[59]. Der Verein zeigte sich gleich zu Beginn sehr aktiv und erhielt 1837 in seiner Tätigkeit mit der «alten» Sammlung und den neuen Vereinserwerbungen die Bezeichnung »Großherzogliches Naturhistorisches Museum«, das unter dem Protektorat von Großherzog Leopold stand.

Erst mit dem Engagement des gemeinnützigen Vereins wurde es möglich, die zu diesem Zeitpunkt als etwas verwahrlost zu bezeichnende Großherzogliche Naturaliensammlung, in eine gut organisierte Sammlung zu strukturieren, die von allen Sammlungen im Schloß schließlich den größten Zuwachs an Objekten erfuhr. Gleich zu Beginn der Vereinsarbeit setzte eine systematische Auseinandersetzung mit der Sammlung ein, die bereits ein Jahr später und in den folgenden Jahren in ausführlichen Inventaraufstellungen ihren Niederschlag fand[60] (Abb. 18 und 19). Ein vollständiges Inventarium war unter den Großherzögen nicht gefertigt worden. Die Systematisierung nach wissenschaftlich sich schließlich vereinheitlichenden Maßgaben ist kennzeichnend für die Musealisierung im 19. Jahrhundert.

Eine agile Vereinstätigkeit wurde über die kommenden Jahrzehnte bestimmend. Durch das Wachsen der Sammlung wurden schließlich sieben Säle als Ausstellungsflächen benötigt, die sich alle im Erdgeschoß des Galerieflügels befanden. Zu den Bemühungen des Vereins gehörten auch weitere Aktivitäten. So wurde durch dessen Initiative innerhalb des Schloßgartens ein botanischer Garten mit Gewächshaus geschaffen. Überhaupt war die einheimische Fauna von großem Interesse. Der Verein veranstaltete verschiedene Blumenausstellungen, die auch die Großherzogin Stephanie unterstützte und dafür Preise aussetzen ließ. Die Finanzierung der Erwerbungen erfolgte vor allem aus den Beiträgen der mehr als 300 Mitglieder[61].

IV. Zusammenfassung und Fazit

Die Entwicklung vom aufgeklärten Absolutismus zur konstitutionellen Monarchie brachte Veränderungen in gesellschaftspolitischer Richtung und damit zwangsläufig auch in kulturpolitischer Weise mit sich. Noch bis zum Ende des alten Reichs verkörperte der Fürst den Staat und er präsentierte seine Sammlungen, die durch sein Bemühen entstanden und wuchsen. Mit der Öffnung der Sammlungen im 18. und vor allem 19. Jahrhundert begann eine Veränderung, die diese Demonstration von Macht und Selbstverständnis schließlich zu einer öffentlichen Repräsentation in der Obhut des Regenten wandelte. Der moderne Regent der konstitutionellen Monarchie steht in der Funktion eines Förderers, der sich von der Förderung der Künste und Wissenschaften absetzt, wie sie im 18. Jahrhundert noch unter einem (aufgeklärten) absolutistischen Souverän existiert. Der absolutistische Fürst demonstriert über die Kunstförderung vor allem seine eigene Person, Macht- und Kunstverständnis; dies war auch durch das absolutistische Reglement verpflichtend vorgegeben. Ein neuer Aspekt des 19. Jahrhunderts zeigt den Regenten nun vor

---

59 GLA 235/5887 (19.11.1833).
60 GLA 56/4158; GLA 56/4159; GLA 56/4160.
61 G. MAYER, Das Naturkundemuseum und der Verein für Naturkunde in Mannheim anno 1840, mit einer Beschreibung des Professors für Geologie Peter Merian, in: Mannheimer Hefte 1980, Heft 1, S. 56f.

allem als Protektor der Sammlung sowie, wie im Fall von Schloß Mannheim, über die Jahrzehnte schließlich nur noch als eine Art ›Sach-Verwalter‹.

Im Jahre 1803 war im neuen Groß-Baden der Grundstock für die neue Entwicklung gelegt worden. Deutlich und zügig bemühte sich Carl Friedrich die Verluste, die Mannheim durch den Umzug Carl Theodors und die Abtretung der Kurpfalz erlitten hatte, auszugleichen. Der baldige Sammlungsaufbau zeigt, daß Carl Friedrich die Sammlungen als wichtigen Bestandteil nicht nur des Schlosses sah, sondern auch identitätsstiftend für die Mannheimer Bevölkerung. Der Aufbau war dabei nach mehreren Seiten gerichtet. Er sollte sowohl gegenüber der kurpfälzischen Bevölkerung wirken als auch mit den zum höfischen Reglement gehörenden Sammlungen weiterhin die eigene Repräsentationspflicht erfüllen. Repräsentation war auch im 19. Jahrhundert, und im speziellen nach dem Reichsdeputationshauptschluß 1803, zur Legitimation von Herrschaft notwendig. Ein weiterer Aspekt ist, daß sich Carl Friedrich in seiner Zweitresidenz als Förderer der Künste präsentieren konnte. Zu vermuten ist sogar in bewußter Anknüpfung an eine Traditionslinie zu Carl Theodor und dessen intensiver Kulturförderung im 18. Jahrhundert. Das macht deutlich, daß Carl Friedrich die Sammlungen auch für die Festigung seiner politischen Rolle im Gebiet der ehemals kurpfälzischen Residenz und zur politischen Identitätsbildung nutzte. Nach einigen Jahren etabliert, wurde aber der Aufbau der Sammlungen im Mannheimer Schloß als beendet angesehen und damit eine mögliche Weiterentwicklung von höfischer Seite gestoppt.

Danach entwickelten sich die Sammlungen im Schloß vor allem durch das Erstarken des Bürgertums und seines Engagements noch vor der Mitte des Jahrhunderts. Bewußt suchten Vereine die Nähe zu den großherzoglichen Sammlungen. Vereine leisteten mit ihren Bemühungen wesentliche Beiträge zur Popularisierung von Kunst und Wissenschaft[62]. Die Mannheimer Vereine bemühten sich mit stärker wissenschaftlich werdendem Anspruch um die Sammlungen und Sammlungsreste und spielten gleichzeitig eine nicht unwesentliche Rolle beim Ausbilden einer badischen wie auch städtischen Identität. Dies zeigte sich unter anderem in spezialisierten Sammlungsbereichen zur einheimischen Fauna.

Im Verlauf der zweiten Jahrhunderthälfte, ab etwa 1870/80, ist ein aktives Einwirken von kommunaler Seite nachgewiesen. Für die Sammlungen werden feste Planungen im jährlichen städtischen Budget festgelegt. Parallel nimmt sich der Hof stärker aus den Sammlungsaktivitäten heraus, so zum Beispiel mit der 1879 stattfindenden räumlichen Vereinigung von Großherzoglichem Antiquarium und den Sammlungen des Altertumsvereins im Schloß. Dies fand 1882 unter Wahrung der Eigentumsrechte in einer gemeinsamen Namensbezeichnung seinen Niederschlag. Seitdem wurde die Sammlung ausschließlich aus städtischen Zuschüssen finanziert. Die Hofkasse war nur noch mit einem Beitrag zum Dienergehalt beteiligt[63].

Die Sammlungen und die Vereine standen so schließlich immer weniger im Zusammenhang mit dem Hof und emanzipierten sich im Laufe der zweiten Jahrhunderthälfte deutlich. Als schließlich nach 1900 Planungen für separate Museumsbauten in Mannheim

---

62 Müsch (wie Anm. 39), S. 382.
63 Walter, Die Museumssammlungen (wie Anm. 48), S. 6.

entstanden, ob als Umnutzung⁶⁴ oder Neubau, wie 1907 mit dem Bau der Kunsthalle Mannheim, wird eine Emanzipierung von Schloß und großherzoglichem Hof offenkundig. Parallel dazu, und damit in Zusammenhang, steht die Entwicklung des privaten Mäzenatentums – hier sei nur der Name Carl Reiß genannt⁶⁵.

Bis zum Ende der Monarchie bestand kaum mehr Interesse Sammlungen im Kontext hochherrschaftlicher Bauten und im Zusammenhang des Hofs zu zeigen. In der Verbürgerlichung der Kunstinteressen und ihrer »demonstrativen Visualisierung«⁶⁶, zeigen sich die Bedürfnisse zur Spiegelung und Sicherung gesellschaftlicher und politischer Macht, wie das für die fürstlichen Sammlungen seit jeher gegolten hat. Trotz der Verehrung für das Großherzogliche Haus, insbesondere in der Person Friedrich I. von Baden, wird das Bemühen deutlich, das durch wirtschaftliche, industrielle und kulturelle Erfolge der Jahrzehnte seit der Jahrhundertmitte gewonnene städtische Selbstvertrauen, auch räumlich unabhängig nach außen zu tragen. Ein beredtes Zeugnis davon ist der moderne, repräsentative Neubau der Kunsthalle durch Hermann Billing in großem Ausmaße noch bevor eine räumlich Nutzung klar war.

Das Fürstenhaus erfuhr gleichzeitig eine Art »Musealisierung des Hofes«, in dem alte Rituale eingefroren, »musealisiert« wurden, die den Verlust der realen Macht im 19. Jahrhundert kompensierten und gleichzeitig von der sich immer schneller entwickelnden Industrialisierung und Wissenschaftlichkeit absetzen sollte – die sie in einem ambivalenten Verhältnis gleichzeitig unterstützten. Der von den Mannheimer Frauen zur Hochzeit des Erbgroßherzogs, des späteren letzten badischen Großherzogs Friedrich II. (1857/1907–1928) mit Hilda, geschenkte Albumkasten (Abb. 20), zeigt das nicht nur für Mannheim im 19. Jahrhundert kennzeichnende enge Zusammenspiel von Wirtschaft, Industrie und den Künsten – gekoppelt mit der gleichzeitigen Verehrung für das Regentenhaus.

Die am Beginn des 19. Jahrhunderts noch gesuchte Nähe zum großherzoglichen Hof und seiner Sammlungen im Ostflügel, wird mit der Verbürgerlichung der Gesellschaft und der Verstärkung der städtischen Einflußnahme ins Gegenteil gekehrt und schließlich eine bewußte räumliche Trennung gesucht. Insofern, hundert Jahre später als die Zäsur 1803, leisteten die Sammlungen, die sich ursprünglich auf das Schloß konzentrierten, und in gewisser Weise nun konsequent in die Stadt drängten, wiederum einen Beitrag zur Schaffung von – städtischer – Identität und Selbstverständnis.

---

64 Zum Beispiel 1905 der Einzug eines Sammlungsbereiches des Altertumsvereins in das Städtisches Museum in die ehemalige Klosterkirche der Augustinerinnen. Siehe dazu MANNHEIMER ALTERTUMSVEREIN (Hg.), Führer durch das Stadtgeschichtliche Museum in Mannheim, Mannheim 1908.
65 Das Thema Mäzenatentum, das ab der 2. Hälfte des Jahrhunderts eine bedeutende Rolle spielte, wurde in dem Beitrag nicht beleuchtet.
66 VERGOOSSEN (wie Anm. 42), S. 11.

Vom großherzoglichen Witwensitz zum Städtischen Museum.
Funktionswandel des Mannheimer Schlosses nach 1860

VON GRIT ARNSCHEIDT

Der Mannheimer Altertumsverein hat heute einen Freuden- und Ehrentag. Denn er sieht heute ein wichtiges, für seine Bestrebungen seit langen Jahren heißersehntes Ziel erreicht: für seine durch staatlichen und städtischen Besitz erweiterten Sammlungen ist im Schloßmuseum eine Heimstätte durch die Stadtverwaltung geschaffen, wie sie würdiger und schöner gewiß nicht gefunden werden konnte[1]. Mit diesen Worten äußerte sich am 15. Mai 1926 der Vorsitzende des Mannheimer Altertumsvereins von 1859 anläßlich der Eröffnung des Städtischen Schloßmuseums (Abb. 1).

Wie das vergleichsweise späte Eröffnungsdatum dieses Museums erkennen läßt, war in Mannheim die Umwandlung des fürstlichen Schlosses in ein Museum keineswegs so selbstverständlich, wie es uns, die wir viele Beispiele gelungener Schloßmuseen kennen, heute vielleicht erscheinen mag. 1860, als nach dem Tod der Großherzoginwitwe Stephanie über die Zukunft des Schlosses neu nachgedacht wurde, stand eine museale Nutzung jedenfalls nicht zur Diskussion[2]. Und das, obwohl es im Mannheimer Schloß seit dem 18. Jahrhundert eine zumindest quasi museale Tradition gegeben hat. Denn der östliche Querflügel des Mannheimer Schlosses hatte nach dem Willen Kurfürst Carl Theodors außer der Bibliothek und der Schatzkammer auch die bedeutenden Sammlungen des kurpfälzischen Hofes aufgenommen: Gemäldesammlung, Kupferstich- und Zeichnungskabinett, Antiquarium, Naturalien- und Münzkabinett, die wesentliche Bestandteile der vom Hof initiierten und tatkräftig geförderten Kunst- und Wissenschaftspflege waren[3].

Doch der größte Teil dieser musealen Kunst- und Wissenschafts-Sammlungen folgte 1778 dem Kurfürsten nach München oder wurde spätestens beim Übergang der Stadt an Baden als wittelsbachisches Familiengut in die bayerische Residenz verbracht. Nur Sammlungsteile, an denen in München kein Interesse bestand oder die – wie z. B. die römischen Steindenkmäler des Antiquariums – durch ihr enormes Gewicht beim Transport einen zu

---

1 MANNHEIMER GESCHICHTSBLÄTTER XXVII (1926), Sp.113.
2 H. REINHARDT, Nutzungswandel des Mannheimer Schlosses. Diplomarbeit TU Berlin 1976, (ungedruckt, 2 Bände).
3 K. ELLWARDT, Die Sammlungen am kurpfälzischen Hof, in: STAATLICHE SCHLÖSSER UND GÄRTEN BADEN-WÜRTTEMBERG (Hg.), Barockschloß Mannheim. Geschichte und Ausstattung, Petersberg 2007, S. 71–85.

großen Aufwand erfordert hätten, blieben in Mannheim zurück und wurden 1805 von Kurfürst Max Joseph von Bayern der Stadt Mannheim zum Geschenk gemacht. Zum damaligen Zeitpunkt sah sich die Stadt allerdings außerstande, die mit der Betreuung dieses Geschenks verbundenen finanziellen Verpflichtungen zu übernehmen, und so übereignete die Stadt die Sammlungen gegen die Zusicherung, sie immer in Mannheim zu belassen und öffentlich zugänglich zu machen, ihrem neuen Landesherrn Großherzog Carl Friedrich von Baden.

Dies schien zunächst eine sehr günstige Lösung, da der Großherzog bemüht war, wenigstens einige der schmerzlichsten Lücken durch Neuerwerbungen zu schließen. Doch für etliche der nunmehr großherzoglichen Sammlungen – wie das Antiquarium – geschah, wie spätere Kritiker harsch gerügt haben, »in der Folgezeit nicht viel«. Nur sehr geringe Mittel standen für den Erhalt der Bestände zur Verfügung, für einen Ausbau geschah so gut wie nichts. Daher war »ihr Zuwachs [...] zufälliger Art [...]. Der Hof stellte die Räume zur Verfügung; die Verwaltung beschränkte sich auf Notwendigstes«[4]. Angesichts dieses »Minimums an Fürsorge«[5] besaßen die Hofsammlungen nicht das Potential, dem Mannheimer Schloß eine überzeugende neue Funktion zu verleihen, als 1860 nach dem Tod von Großherzoginwitwe Stephanie ihr Haushalt aufgelöst wurde und über die bis dahin von ihr bewohnten Räume neu entschieden werden mußte. Eine museale Nutzung, wie sie seit dem 18. Jahrhundert im sogenannten Galerieflügel des Schlosses bestand, wurde nicht ernsthaft erwogen. Die Überlegungen gingen vielmehr in ganz andere Richtung. Außer den weiterhin für die großherzogliche Familie reservierten und bei gelegentlichen Mannheim-Besuchen auch tatsächlich genutzten Räumen in der Beletage des Ostflügels wurden große Teile des Schlosses, namentlich der Westflügel, nunmehr zum Behördensitz. Außerdem zogen Schulklassen und Beamtenfamilien ein.

Auf dem Weg zum Behördenzentrum: Die Zentralkommission für die Rheinschiffahrt

Wie fern 1860 der Gedanke, das Mannheimer Schloß museal zu nutzen, der Großherzoglichen Domänenverwaltung gelegen hat, zeigt exemplarisch der erste neue Mieter: die Zentralkommission für die Rheinschiffahrt. In dieser internationalen Kommission, deren Gründung auf den Wiener Kongreß von 1815 zurückging und die seit 1816 in Mainz tagte, traten Bevollmächtigte der Rheinuferstaaten regelmäßig zusammen, um alle die Rheinschiffahrt betreffenden Fragen in gemeinsamer Übereinkunft zu regeln. Der Umzug von Mainz nach Mannheim[6], obwohl offiziell als bloße Verwaltungsmaßnahme ausgegeben, war gleichwohl Teil der großen politischen Fragen, die zu jener Zeit die europäischen

---

4 SCHLOSSMUSEUM IN MANNHEIM. Führer durch die Sammlungen, Mannheim 1926, S. 9.
5 F. WALTER, Von der Hofkammer zum Volksmuseum, in: Neue Badische Landeszeitung 1926, Nr. 244, Sonderteil »Das Mannheimer Schloßmuseum« vom 15.5.1926. Es handelte sich, fährt Walter fort, um Sammlungen »für welche die badische Zivilliste wenig genug aufwendete, denn sie lagen ja abseits der Residenz, in der man gern alles anhäufte«.
6 In Mannheim wurde der Beschluß durch den Artikel *Die Verlegung der Central-Rheinschiffahrts-Commission nach Mannheim* bekannt. Mannheimer Journal vom 9. 11.1859, S. 1, Sp. 1.

Staatskanzleien beschäftigten[7]. Drohte doch 1859 durch die Politik Napoleons III. eine Krise europäischen Ausmaßes und Gefahr für das Rheinland. Als Mainz, die größte Festung des Deutschen Bundes, deshalb in Kriegszustand versetzt werden sollte, schien das Verbleiben einer internationalen Behörde mit einem französischen Kommissar für die Rheinschiffahrt, dort nicht länger ratsam. Die Zentralkommission entschloß sich deshalb, die Festungsstadt Mainz zu verlassen und in eine »freie Stadt« überzusiedeln. Diese Stadt war Mannheim. Räumlichkeiten waren im Mannheimer Hafengebäude vorgesehen[8].

In Mannheim, wo dieser Beschluß im November 1859 bekannt wurde, sah man durch diese Verlegung den Rang, den die Stadt als Schiffahrtsplatz inzwischen errungen hatte, eindrucksvoll bestätigt. Interesse bestand aber auch seitens der badischen Regierung, denn das Großherzogtum Baden war ein ausgesprochener Rheinstaat, und Mannheim stand damals gleichermaßen im Blickfeld der badischen Verkehrs- wie der neuen Wirtschaftspolitik, die sich 1860 in der Osterproklamation des Großherzogs wie in der Errichtung eines badischen Handelsministeriums dokumentierte. So ist es nicht überraschend, daß es zu dem geplanten Umzug der Zentralkommission ins Mannheimer Hafengebäude niemals gekommen ist, weil in der Zwischenzeit von Baden großzügiges Entgegenkommen in der Raumfrage signalisiert worden war. *Das Archiv der Central-Commission für die Rheinschiffahrt*, berichtet das Mannheimer Journal am 29. September 1860, *wurde gestern von Mainz hierher transportirt und in den von Sr. Königl. Hoheit dem Großherzog dieser Behörde im Großh. Schlosse zur Verfügung gestellten Localitäten (zunächst der Kirche im 2. Stockwerk) untergebracht*[9]. Aus diesen Räumen zog die Kommission später in die repräsentativen Räume der Beletage um, in denen sie rund 60 Jahre lang tagen sollte. So also kam es, daß am 17. Oktober 1868 im Mannheimer Schloß die Revidierte Rheinschiffahrtsakte unterzeichnet wurde, ein bedeutendes internationales Ordnungswerk für die Rheinschiffahrt, das – abgekürzt – als »Mannheimer Akte« in die Geschichte eingegangen ist.

Der Mannheimer Altertumsvereins und seine Raumnot

So schnell und umstandslos wie im Fall der prestigeträchtigen Rheinzentralkommission, die geradezu ideal in das damals allseits favorisierte Nutzungskonzept als Behördenzentrum paßte, erfolgte die Vergabe von Räumlichkeiten im Mannheimer Schloß sonst in aller Regel nicht. Der Mannheimer Altertumsverein dürfte, als er sich 1867 um Räume im Schloß bewarb, nicht eben der Wunschmieter der Großherzoglichen Domänenverwaltung gewesen sein[10].

---

7 W.J. VAN EYSINGA/H. WALTER, Geschichte der Zentralkommission für die Rheinschiffahrt 1816 bis 1969, Straßburg 1994, S. 66–68, 104–106; R. VON DELBRÜCK, Lebenserinnerungen (1817–1867) 2, Leipzig ²1905, S. 148.
8 MANNHEIMER JOURNAL vom 21.5.1860, S. 3, Sp. 2.
9 MANNHEIMER JOURNAL vom 29.9.1860, S. 2, Sp. 3.
10 Zum Mannheimer Altertumsverein (MAV) vgl. B. TROEGER, Der Mannheimer Altertumsverein 1859–1914, in: Mannheimer Geschichtsblätter N.F. 1 (1994), S. 273–327; C. POPP, Der Mannheimer Altertumsverein 1859–1949. Regionale Forschungen, Sozialstruktur und Geschichtsbild eines Historischen Vereins (Mannheimer Historische Forschungen, Bd. 10), Mannheim 1996.

Dieser Verein, 1859 gegründet, bestand 1867 zwar erst 8 Jahre, hatte aber bereits dringenden Raumbedarf. Das hing mit seinen vielfältigen und intensiven Aktivitäten zusammen. Der Zweck des Mannheimer Altertumsvereins, hieß es in der ältesten Satzung, *ist die Ansammlung und Erhaltung von Alterthümern*. 1875 wurde diese Formulierung präzisiert. Zur Aufgabe des Vereins erklärte man nun *die Aufsuchung, Sammlung, Erhaltung, Bekanntmachung und wissenschaftliche Verwerthung von Alterthümern und historischen Denkmälern jeder Art, besonders aus dem Gebiet der [Kur]Pfalz und der Stadt Mannheim selbst*[11]. Bei dieser satzungsmäßig verankerten Sammel- und Sicherungstätigkeit im Dienste der heimatlichen Geschichte stand – wie in vielen ähnlichen Vereinen jener Zeit mit verwandter Zielsetzung – das Engagement für die Archäologie zunächst eindeutig im Vordergrund. In eigener Regie führte der Verein Grabungen durch, Vereinsmitglieder griffen selbst zum Spaten, sorgsam wurde das Fundmaterial geborgen. Das Selbstverständnis der Vereinsmitglieder faßte der Vorstand auf der Generalversammlung 1866 mit unverkennbarem Stolz in die Worte: *Die Mehrzahl der Mitglieder sowie des Vorstandes sind nur Dilettanten, aber wir dürfen gerade deßwegen um so stolzer auf unsere Schöpfung sein, weil einfache Bürger begonnen haben, was die Fachgelehrten nicht nur hier sondern auch in den angrenzenden Theilen unseres badischen Landes unterließen*[12].

Zu solch tatkräftigem Einsatz im Gelände gesellte sich schon bald eine ausgeprägte Sammeltätigkeit mit dem Ziel eines Museumsaufbaus. Dabei kam dem Altertumsverein eine im deutschen Bürgertum verbreitete Bereitschaft zugute, Museen oder Gründungsinitiativen durch Schenkungen oder finanzielle Zuwendungen großzügig zu unterstützen. Jedenfalls hatten die Aufrufe des Altertumsvereins, ihm *bewegliche Alterthümer* schriftlicher, bildlicher oder gegenständlicher Art zu überlassen, erstaunlichen Erfolg. In wenigen Jahrzehnten wurden umfangreiche, vielgestaltige und durchaus wertvolle Sammlungen zusammengetragen. Mit Exponaten, die vom unscheinbaren historischen Alltagsgerät bis zu Gegenständen von hoher künstlerischer Qualität (Abb. 2) reichten, verfügte der Mannheimer Altertumsverein schließlich über einen für historische Vereinssammlungen sehr typischen Bestand, ein Bestand, der, regional begrenzt, jede historische Äußerung einschloß und bei dem die verschiedenen Objekte, seien sie nun von geschichtlicher, kunsthistorischer oder archäologischer Bedeutung, gleichwertige Zeugnisse der Vergangenheit sind.

Doch für den durch Grabung, Schenkung oder Erwerb schnell wachsenden Objektfundus fehlten dem Verein geeignete Magazin- und Ausstellungsräume. Bereits 1866 mußten seine Sammlungen in vier verschiedenen Gebäuden der Stadt untergebracht werden. Ein eigenes, der Allgemeinheit zugängliches Museum wurde daher zum immer nachdrücklicher erstrebten, gleichwohl zunächst völlig unerreichbar scheinenden Ziel des Vereinsinteresses. 1866 wurde deshalb beschlossen, *sich um ein passendes Locale im hies. Schloß zu bewerben*[13], und tatsächlich konnte der Verein am 5. August 1867 seinen ersten Mietvertrag mit der Großherzoglichen Domänenverwaltung Mannheim abschließen. Für eine jährliche Miete von 50 Gulden wurden dem Verein im westlichen Schloßflügel Räume

---

11 Archiv des MAV m 1.
12 Archiv des MAV, Protokollbuch II, 7. April 1866.
13 Archiv des MAV, Protokollbuch II, 11. Dezember 1866.

Abb. 1 Ehrenhof des Mannheimer Schlosses, Offizielle Aufnahme des Schloßmuseums, 1926

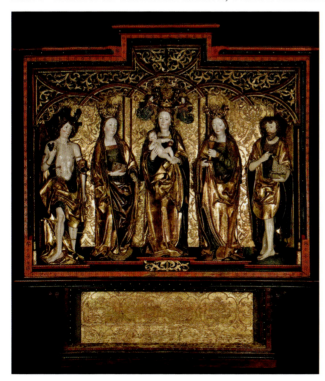

Abb. 2 Der Rother Altar, 1513. Geschenk an den Mannheimer Altertumsverein 1909

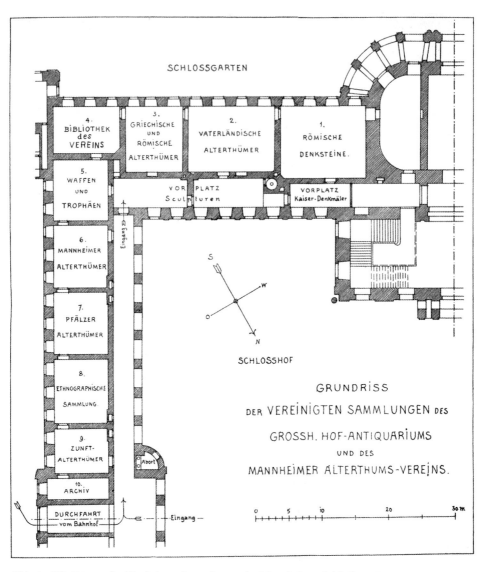

Abb. 3   Die Räume der Vereinigten Sammlungen im Mannheimer Schloß, 1899

Abb. 4   Das Mannheimer Stadtgeschichtliche Museum, Aushang 1905

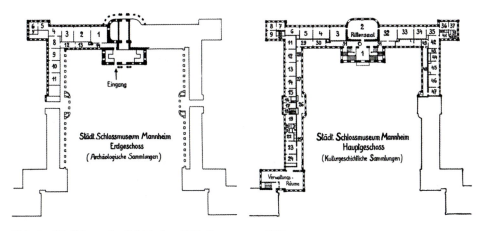

Abb. 5   Die Räume des Städtischen Schloßmuseums, 1931

Abb. 6   Schloßmuseum Mannheim, Zweiter Saal der Sammlung Baer, 1926

im 2. Stock des Seitenrisalits überlassen[14]. Bereits zwei Jahre später bemühte sich der Verein um weitere Räume, die er zu den gleichen Konditionen tatsächlich auch erhielt.

Altertumsverein und Hofantiquarium

Schon seit 1862[15] und verstärkt dann nach der Anmietung der Räume im westlichen Schloßflügel gab es im Verein Überlegungen, die Vereinssammlungen mit dem seit dem 18. Jahrhundert im Schloß etablierten Antiquarium[16], das vor allem römische Steindenkmäler, etruskische Alabaster-Aschenurnen und antike Kleinplastik enthielt, zusammenzuführen. Handelte es sich doch um zwei damals etwa gleich große und sich gut ergänzende Sammlungen[17]. Für eine Vereinigung sprach außerdem, daß die Leiter des Antiquariums zugleich Mitglieder bzw. Ehrenmitglieder des Altertumsvereins waren, und der Verein seit langem bei archäologischen Fragen gern auf deren wissenschaftliche Fachkompetenz zurückgegriffen hatte.

Eine Vereinigung versprach Vorteile für beide Seiten. Das Antiquarium sollte sie aus seiner damals durch die mangelhafte finanzielle Ausstattung bedingten Schattenexistenz befreien, die einen Sammlungsausbau nicht gestattete und die Öffnungszeit meist auf wöchentlich 1 Stunde beschränkte. Dem Altertumsverein, der Gründer wie Träger eines kulturgeschichtlichen Museums werden wollte, eröffnete sie die verlockende Chance, seine Sammlungen erstmals ohne Mietkosten in ihrer ganzen Vielfalt der Öffentlichkeit präsentieren zu können. *Daß beide Sammlungen so vereinigt, eine der bedeutendsten Sehenswürdigkeiten für unsere Stadt geben würden*[18], war bereits 1871 so gut wie ausgemacht.

Bis es tatsächlich zu dem angestrebten räumlichen und institutionellen Zusammenschluß in Form der *Vereinigten Sammlungen des Großherzoglichen Hofantiquariums und des Mannheimer Alterthumsvereins* im Erdgeschoß des Mannheimer Schlosses kam, sollten allerdings noch etliche Jahre vergehen. Zunächst zog der Mannheimer Altertumsverein 1877 vom westlichen in den östlichen Schloßflügel um, wo ihm Räume im Erdgeschoß überlassen wurden. An eine angemessene Präsentation der Vereinssammlungen konnte aber erst gedacht werden, als die angestrebte Vereinigung mit dem Antiquarium – unter Wahrung der jeweiligen Eigentumsrechte – 1879 vom Großherzog genehmigt worden

---

14 Der Vertrag von 1867 nennt: *das zweifenstrige Zimmer unmittelbar zur rechten Seite der mittlern Treppe* [und] *den einfenstrigen Durchgang, welcher dasselbe mit dem zur linken Seite der Treppe gelegene und zweifenstrige Zimmer verbindet.* (Exemplar des Vertrags im Archiv des MAV).
15 Archiv des MAV, Protokollbuch I, 30. Oktober 1862.
16 P. GALLI, Für Publikum und Wissenschaft. Das Großherzogliche Antiquarium in Mannheim unter der Leitung von C.B.A.Fickler (1855–1871), in: Mannheimer Geschichtsblätter N.F. 4 (1997), S. 401–432; R. STUPPERICH, Das Antiquarium der Akademie Carl Theodors, in: Der Pfälzer Apoll. Kurfürst Carl Theodor und die Antike an Rhein und Neckar. Katalog des Winckelmann Museums Stendal 2007, S. 79–103.
17 K. BAUMANN, Geschichte des Mannheimer Altertumsvereins, in: Mannheimer Geschichtsblätter I (1900), Sp. 13.
18 MANNHEIMER JOURNAL vom 28.4.1871.

war[19] und im Schloß weitere Räume unentgeltlich zur Verfügung gestellt wurden. Nach mehreren Umstrukturierungen und Neuaufstellungen der Bestände sah das Nutzungskonzept für die 10 Räume im Erdgeschoß des östlichen Schloßflügels, die sich vom Haupttreppenhaus bis zum östlichen Mittelrisalit erstreckten, seit 1897 schließlich folgendermaßen aus: Der Eingangsbereich diente als eine Art Lapidarium, in dem unter anderem das Steinkreuz zur Erinnerung an die Schlacht von Seckenheim 1462 zu sehen war. Der erste Saal präsentierte provinzialrömische Steindenkmäler, im Raum daneben waren die heimischen, als *Vaterländische Alterthümer* bezeichneten vor- und frühgeschichtlichen Funde ausgestellt. In einem 3. Raum befanden sich die *Griechischen und Römischen Alterthümer* aus dem Bestand des Hofantiquariums. Ein weiterer Raum diente der umfangreichen Vereinsbibliothek. Raum 5 zeigte *Waffen und Trophäen* bzw. – im Wechsel – Möbel und Holzskulpturen. Daran schlossen sich ein Mannheimer und ein Pfälzer Saal an. In den restlichen drei Räumen befanden sich die ethnographische Sammlung des Vereins, das Zunftgerät und die umfangreiche Archivaliensammlung des Vereins (Abb. 3).

So begeistert sich die Stadtwerbung sogleich der neuen Sehenswürdigkeit annahm und Stadtführer sie zuweilen in erstaunlicher Ausführlichkeit Besuchern der Stadt nahezubringen suchten[20], an der öffentlichen Wahrnehmung des Mannheimer Schlosses als Behördenzentrum änderte das zunächst wenig. War das Museum doch nur im Sommer wenige Stunden am Sonntag geöffnet. Als ein Gebäude, das nur selten und dann auch nur sehr eingeschränkt zugänglich war und dem der Großherzog nur hin und wieder kurze Besuche abstattete, verlor das Schloß aber im Bewußtsein der Mannheimer mehr und mehr an Bedeutung. Die von »staatlicher Sparsamkeit« und »nüchterner Zweckmäßigkeit«[21] diktierte Dominanz der Behörden jedenfalls blieb ungebrochen, und so ist das damalige Mannheimer Schloß nicht ganz zu Unrecht als »das größte Büro- und Mietshaus der Stadt« bezeichnet worden[22].

Daß es auch als ärgerliches Hemmnis bei der Verkehrsplanung kritisiert wurde, weil es die Zufahrt zur neuen Rheinbrücke erschwerte und die Route der Pferdebahn, die mancher nur zu gern durch den Mittelbau geführt hätte, behinderte, sei hier nur am Rande erwähnt.

Auch für den Altertumsverein bedeutete die Vereinigung mit dem Antiquarium nicht das Ende seiner Raumnot. Die Räumlichkeiten der *Vereinigten Sammlungen* im Erdgeschoß des Ostflügels waren zwar größer als alles, was der Verein zuvor gehabt hatte, sie waren auch unentgeltlich, und doch waren sie, wie der Altertumsverein bald feststellen mußte, für seine Zwecke alles andere als ideal. Denn für die Mannheimensien, die von Mitgliedern und Freunden des Vereins in einer heute kaum noch vorstellbaren Fülle und Vielfalt zusammengetragen wurden und die sich damit immer stärker zum eigentlichen Schwerpunkt der Vereinssammlungen entwickelten, stand nur ein einziger Raum zur Verfügung. Daß in diesem Bereich bereits seit längerer Zeit *eine sehr unangenehme Überfül-*

---

19   K. BAUMANN, Römische Denksteine und Inschriften der Vereinigten Altertums-Sammlungen, Mannheim 1890, S. 5; ders., Geschichte (wie Anm. 17), Sp. 12f.
20   M. OESER, Die Stadt Mannheim in ihren Sehenswürdigkeiten, Mannheim 1899, S. 61–66 mit Plan (Abb. 3).
21   F. WALTER, Das Mannheimer Schloß, Karlsruhe ²1927, S. 106.
22   W. KREUTZ, Vom Opernhaus zum Gefängnis, von der Residenz zum Amt, in: H. BISCHOFF (Hg.), Barockschloß Mannheim. Kurfürstliche Residenz im neuen Glanz (2007), S. 50.

lung eingetreten sei und man daher zu einer durch Raumnot erzwungenen magazinartigen Aufstellung übergehen müsse, ist daher eine Klage, die jahrelang die Verlautbarungen des Vereins durchzieht. Angesichts der Taktik der Verwaltung, mit Rücksicht auf die Behörden alle musealen Expansionsversuche erfolgreich abzuwehren, gab es Erweiterungsmöglichkeiten im Schloß nun aber so gut wie keine mehr[23].

Kooperation von Altertumsverein und Stadt

Dem immer wieder beklagten *empfindlichen Raummangel*, der auch die publikumswirksamen Sonderausstellungen sehr erschwerte, weil dazu die ständige Schausammlung jedes Mal ausgeräumt werden mußte, suchte der Verein in der Folge daher vor allem mit Unterstützung der Stadt abzuhelfen[24]. So im Falle des Stadtgeschichtlichen Museums. Unter Hinweis auf die Tatsache, daß die Vereinssammlung *ja nach Zweck und Bestimmung nichts andres [...] als eine städtische Sammlung*[25] sei, überzeugte man die Stadtverwaltung, eine auf dem Quadrat L 1, also in unmittelbarer Nähe des Schlosses gelegene Schulkirche, die die Stadt 1899 erworben hatte, auf städtische Kosten für eine museale Nutzung umzubauen. 1905 wurde hier das *Stadtgeschichtliche Museum* gegründet, ein gemeinsam von Stadt und Altertumsverein geplantes und durchgeführtes Unternehmen[26] (Abb. 4).

Diese Zusammenarbeit bei der Gründung des Stadtgeschichtlichen Museums bezeichnet eine neue Qualität der Kooperation von Verein und Stadt[27]. Zwar war die Stadt dem Altertumsverein schon in den ersten Jahren seines Bestehens immer wieder bei der Suche nach geeigneten Räumlichkeiten für seine Sammlungen behilflich gewesen und hatte zum Beispiel 1863 unentgeltlich einen Raum im Städtischen Fruchtlagerhaus zur Verfügung gestellt. Da es in Mannheim kein städtisches Museum gab, wurden auch Gegenstände von geschichtlichem Wert aus städtischem Besitz – wie selbstverständlich – dem Verein zur Aufbewahrung anvertraut oder dem Verein wurden Zuschüsse zum Ankauf wichtiger Exponate bewilligt. Doch seit den 1870er Jahren, einer Zeit wachsender Prosperität Mannheims im Zeichen der Industrialisierung und einer Phase sich entfaltender Leistungsverwaltung, zeichnete sich ein finanzielles Engagement der Stadt in einer bis dahin unbe-

---

23 1913 gelang es nach langen und schwierigen Verhandlungen lediglich, die Hofgärtnerwohnung im Erdgeschoß des östlichen Pavillons für 700 Mark jährlich anzumieten. Die Begründung für die Mietforderung geriet dabei unbeabsichtigt entlarvend: Der Betrag werde erhoben, wurde argumentiert, weil das Hofantiquarium seit Jahr und Tag nicht vermehrt worden sei, die Raumnot somit lediglich durch die Erwerbungen des Altertumsvereins bzw. der Stadt Mannheim hervorgerufen worden sei.
24 Die Hoffnungen auf einen Neubau am Friedrichsplatz, die 1902 durch eine testamentarische Verfügung von Carl Reiß geweckt worden waren, zerschlugen sich 1913, als es zu einer Testamentsänderung kam. U. NIESS/M. CAROLI (Hgg.), Geschichte der Stadt Mannheim, Bd. II 1801–1914, Mannheim 2007, S. 644f. (mit Abbildung des nicht realisierten Entwurfs von Bruno Schmitz).
25 BAUMANN, Geschichte (wie Anm. 17), Sp. 13.
26 MANNHEIMER ALTERTUMSVEREIN (Hg.), Führer durch das Stadtgeschichtliche Museum in Mannheim, Mannheim 1908. Daß seine Bestände dadurch auseinandergerissen wurden, hat der Verein zwar beklagt, doch nahm man die räumliche Trennung um der besseren Präsentationsmöglichkeiten willen in Kauf.
27 F. WALTER, Die Mannheimer Museumssammlungen und ihr weiterer Ausbau. Denkschrift verfaßt im Auftrag des Oberbürgermeisters, Mannheim 1908; Archiv des MAV a 2.

kannten Größenordnung ab. Besonders wichtig für den Verein waren dabei die seit 1871 jährlich gezahlten Zuwendungen aus der Stadtkasse, die sich von 200 Gulden im Jahre 1871 auf runde 3000 Mark bei der Eröffnung des Stadtgeschichtlichen Museums steigerten.

Damit dokumentierte sich die wachsende Bereitschaft der Stadt, neue Bereiche öffentlichen Handelns zu beschreiten[28]. Mannheim, wegen seines erfolgreichen wirtschaftlichen Aufbruchs weithin bewundert, war bestrebt, nicht nur als moderne Industriemetropole[29], sondern auch als Kulturstadt wahrgenommen zu werden und einer breiten Stadtöffentlichkeit die Teilhabe an Kunst und Kultur zu ermöglichen. Im Rahmen ihrer Möglichkeiten begann die Stadt daher, urbane Kultur zu fördern. Museen hatten darin einen festen Platz – zumal ihr *volksbildender Zweck* mittlerweile zum zentralen Argument der öffentlichen Diskussion avanciert war[30]. *Keine Stadtverwaltung*, erklärte Mannheims Oberbürgermeister Otto Beck bei der Eröffnung des Stadtgeschichtlichen Museums, *wird [...] heute mehr bestreiten können, daß die sorgsame Pflege der Geschichte ihrer eigenen Stadt eine der wichtigsten kulturellen Aufgaben bildet*[31]. Gleichzeitig dankte er dem Altertumsverein, daß er *diese an sich der Stadtverwaltung obliegende Aufgabe* übernommen und in bewährter Manier zu einem *bewundernswerten Erfolg* geführt habe[32].

Schwieriger war die Frage einer Kommunalisierung der Museumsverwaltung. Darüber wurde erstmals 1910 – allerdings noch erfolglos – verhandelt. Nach dem Ersten Weltkrieg, als unabweisbar klar geworden war, daß die sachgerechte Betreuung der Bestände Mittel und Kräfte eines Vereins übersteigen mußte, wurden die umfangreichen Vereinssammlungen von der Stadt in ihre Regie übernommen. Durch einen Vertrag, der am 1. Juli 1921 in Kraft trat, gingen sämtliche Vereinssammlungen unter Vorbehalt des Eigentums in städtische Verwaltung über. Erst durch diese enge Zusammenarbeit von Verein und Stadt konnte das große Projekt eines Mannheimer Schloßmuseums angegangen und fünf Jahre später auch erfolgreich verwirklicht werden. Erklärtes Ziel der Beteiligten war eine *Neuorganisation der ganzen Museumsverwaltung*, in die nun auch die 1919 an den badischen Staat übergegangenen großherzoglichen Sammlungen im Mannheimer Schloß einbezogen wurden. Entscheidend für die weitere Entwicklung wurde der zwischen der Stadt Mannheim und der badischen Staatsregierung abgeschlossene Vertrag *Zur Durchführung einer umfassenden Neuordnung der wissenschaftlichen und Kunstsammlungen der Stadt Mann-*

---

28 D. HEIN, Bürgerliches Mäzenatentum im 19. Jahrhundert. Überlegungen am Beispiel der Kunst- und Künstlerförderung in Karlsruhe und Mannheim, in: J. KOCKA/M. FREY (Hgg.), Bürgerkultur und Mäzenatentum im 19. Jahrhundert, Berlin 1999, S. 82–98.
29 E. BIRAM, Die Industriestadt als Boden neuer Kunstentwicklung (Schriften zur Soziologie der Kultur, hg. von Alfred Weber-Heidelberg, IV) Jena 1919. In ihrer 1914 verfaßten, doch kriegsbedingt erst 1919 erschienenen Studie entwickelt die Verfasserin am Beispiel Mannheims, dem »Prototyp einer modernen Industriestadt«, ein Stufenmodell der Museumsentwicklung, bei dem »eine höfische Epoche von einer bürgerlichen abgelöst wird, und diese wieder von einer kommunalen« (S. 14).
30 Die 1891 gegründete Centralstelle für Arbeiter-Wohlfahrtseinrichtungen stellte 1903 ihre 12. Konferenz in Mannheim unter das Thema »Die Museen als Volksbildungsstätten«. Aus diesem Anlaß erschien die Schrift: K. BAUMANN/W. FÖHNER, Die historischen und naturhistorischen Sammlungen in Mannheim als volkstümliche Museen, Mannheim 1903.
31 *Eröffnung des Stadtgeschichtlichen Museums*, in: Mannheimer Geschichtsblätter VI (1905), Sp. 275.
32 Ebd., Sp. 276.

heim, durch den 1922 unter anderem auch das einstige Hofantiquarium in die Verwaltung der Stadt Mannheim kam.

Die Schloßfrage in der öffentlichen Diskussion

Unklar war indessen zunächst das künftige Schicksal des Mannheimer Schlosses, das durch den Abfindungsvertrag mit dem großherzoglichen Haus zwar nun im badischen Staat einen neuen Eigentümer erhalten hatte, doch seine alte Rolle als Behördenzentrum weiterzuspielen schien. Mit wachsendem Unbehagen beobachtete man in Mannheim, *daß immer mehr Büros in das Schloß verlegt und immer mehr Einrichtungsgegenstände von hier weggebracht wurden*[33] und daß man im badischen Finanzministerium trotz aller Proteste ungerührt behauptete, es bleibe eben nichts *anderes übrig, als das Schloß, das schon seit langer Zeit zum großen Teile für Amtsräume und Dienstwohnungen in Anspruch genommen sei, in noch höherem Maße solchen praktischen Zwecken zu widmen*[34]. Doch sollte das Mannheimer Schloß tatsächlich nicht mehr als ein reines Zweckgebäude sein, ein überdimensioniertes Mietshaus mit wenig Komfort oder eine *unübersichtlich aufgeteilte, ungern aufgesuchte Hochburg von Finanz- und Justizbehörden*[35]?

Schon unmittelbar nach dem Ende des Ersten Weltkrieges, am 17. Dezember 1918, hatte der Mannheimer Altertumsverein den Mannheimer Oberbürgermeister ersucht, sich dafür einzusetzen, daß die in der Beletage des Schlosses frei werdenden Räume in Zukunft für Museumszwecke genutzt werden könnten. Wörtlich hieß es in dem Schreiben: *Die bisherigen großherzoglichen Zimmer, die schon wegen ihrer hervorragenden künstlerischen Ausstattung unbedingt verdienen, daß man sie museumsmäßig erhält und allgemein zugänglich macht, werden in erhöhtem Maße eine Sehenswürdigkeit für unsere Stadt bilden, wenn sie unsere Sammlungen beherbergen, für die sich kaum ein wirkungsvollerer Hintergrund schaffen ließe*[36].

In Mannheim entspann sich eine lebhaft geführte öffentliche Debatte um die künftige Nutzung des Mannheimer Schlosses, an der sich unter anderem der Vorstand des Altertumsvereins und der Freie Ausschuß für Kunst, Wissenschaft und Bildung[37] mit Denkschriften beteiligten, die aber auch in der Mannheimer Presse ausgetragen wurde. Blätter, die durch das damalige *Aschenbrödeldasein* und die *Ausplünderung* des Mannheimer Schlosses geradezu das *Ansehen des badischen Staates in der Kulturwelt gefährdet* sahen, öffneten ihre Spalten für Stellungnahmen prominenter Befürworter einer radikalen Umnutzung. In der bei Cassirer in Berlin erschienenen Zeitschrift »Kunst und Künstler« wurden scharf die *bösen Tage* des Mannheimer Schlosses kritisiert. Wörtlich hieß es in einem Artikel von Edmund Strübing: *Seitdem diese Räume aus dem Besitz der Krone in den des Staates übergegangen sind, zieht eine Behörde nach der andern in das Schloß ein [...] Am ärgsten ist es dem Rittersaal ergangen: er ist durch Kasernenschränke und Holzbetten*

---

33 *Zur Schloßfrage*, in: Mannheimer Geschichtsblätter XXI (1920), Sp. 47f.
34 Ebd. Sp. 48.
35 F. WALTER, Die Mannheimer Museen mit besonderer Berücksichtigung der historischen Sammlungen, in: Badische Heimat 1920, S. 43.
36 *Zur Schloßfrage*, in: Mannheimer Geschichtsblätter XXI (1920), Sp. 42.
37 Denkschrift vom März 1919.

zum Quartier der Sicherheitswehr verwandelt worden [...] Die reichen Schätze des Mannheimer Altertumsvereins, die magaziniert in wenigen Räumen des Erdgeschosses ruhen, harren ihrer Auferstehung in den Sälen, in denen jetzt Schreibmaschinen klappern [...] Wird nicht eingegriffen, so droht eine der edelsten und großartigsten Schöpfungen der Baukunst rettungslos dem Ruin zu verfallen[38].

Vor allem Friedrich Walter[39], Stadtarchivar, Vorstandsmitglied des Altertumsvereins und Verfasser der maßgeblichen Mannheimer Stadtgeschichte, setzte sich nicht nur in Lichtbildervorträgen und Führungen, mit Eingaben, Denkschriften und Publikationen, sondern auch in Zeitungsartikeln immer wieder nachdrücklich für eine angemessene Würdigung des Mannheimer Schlosses ein und warb unermüdlich für eine umfassende Nutzungsänderung. Ihm vor allem ist es zu verdanken, daß das Mannheimer Schloß, das durch seine Funktion als Behördenzentrum im Bewußtsein der breiten Bevölkerung stark an Bedeutung verloren hatte, zum identitätsstiftenden Kulturdenkmal geworden ist.

Nicht zufällig wurde Friedrich Walter als Vertrauensmann der Stadt und des Altertumsvereins deshalb auch mit der offiziellen Ansprache betraut, als am 2. Juli 1921 der badische Landtag und Vertreter der badischen Staatsregierung das Schloß besichtigten. Wörtlich führte Walter damals im Rittersaal aus: *Ausgespielt ist die Rolle des Mannheimer Schlosses als höfisch-politisches Zentrum, aber seine Rolle als kultureller Mittelpunkt soll den veränderten Verhältnissen gemäß neu belebt werden. Auch für unsere so ganz anders geartete Zeit sind die Schloßsäle [...] geradezu ein Museum pfälzischer Kunst und Geschichte [...] Was anderwärts schon in fast allen Fürstenschlössern durchgeführt werden konnte,* damit spielte Walter namentlich auf das Karlsruher Schloß an, in das das Badische Landesmuseum eingezogen war, *das erstreben wir auch hier, nämlich daß unseren zu unbestrittener Bedeutung für das ganze Land emporgewachsenen, durch ungenügende Unterbringung in ihrer gedeihlichen Weiterentwicklung gehemmten Sammlungen, [...] denen die Stadt nachdrückliche Förderung angedeihen lassen will, in diesen Räumen eine würdige Heimstätte bereitet wird.* Mit dieser Formulierung verweist Walter auf den Vertrag zwischen Altertumsverein und Stadt, der am Tag zuvor in Kraft getreten war. Im Mannheimer Schloß, faßt Walter seine Ausführungen zusammen, *verkörpert sich ein großes Stück pfälzischer Geschichte. [Der Bau] ist neben dem Heidelberger Schloß und dem Schwetzinger Schloßgarten eines der großen Wahrzeichen unserer pfälzischen Vergangenheit, der kulturellen Bedeutung dieses Landes [...] Darum wünschen wir ihm in seinen Hauptteilen einen edlen, über profanen Alltagsgebrauch hinausgehobenen [...]Verwendungszweck*[40].

Mit seiner Hervorhebung der *kulturellen Bedeutung* präludierte Friedrich Walter einer vielbeachteten Rede, mit der Franz Schnabel 1924 den Vollender des Mannheimer Schlosses Kurfürst Carl Theodor würdigte. Das kurpfälzische Erbe, zu dem Walter sich hier bekennt, wurde in jenen Jahren zudem im Zusammenhang mit dem damaligen deutsch-französischen Propagandakrieg immer wieder emphatisch beschworen[41]. In den

---

38 Kunst und Künstler XIX (1921), Heft 8; Mannheimer Geschichtsblätter XXII (1921), Sp. 120.
39 C. POPP, Friedrich Walter (1870–1956). Historiker, Museumsdirektor und Demokrat, in: Mannheimer Geschichtsblätter N.F. 5 (1998), S. 171–290.
40 WALTER, Das Mannheimer Schloß (wie Anm. 21), S. 108–110.
41 W. KREUTZ, Vom profanen Behördensitz zum identitätsstiftenden Kulturdenkmal. Das Mannheimer Schloß in der Zwischenkriegszeit, in: Mannheimer Geschichtsblätter rem-magazin 16, 2008 (in Vorbereitung).

Badisch-Pfälzischen Maitagen von 1922 stand das Mannheimer Schloß als Wahrzeichen der pfälzischen Zusammengehörigkeit ebenso im Mittelpunkt wie 1924 beim Carl-Theodor-Fest.

Daneben war es vor allem die *beherrschende Bedeutung, die das Schloß für Mannheim in architektonischer Hinsicht hat*, mit der in der Diskussion über die künftige Verwendung des Mannheimer Schlosses argumentiert wurde. Den monumentalen Baukörper des weitausgreifenden Schloßkomplexes, auf den sieben Parallelstraßen hinführen, würdigte man in diesem Zusammenhang als Richtpunkt und zusammenfassenden Abschluß der gesamten Stadtanlage des 18. Jahrhunderts, ja geradezu als Bekrönung des *symmetrischen Straßengebildes der Quadratstadt*[42].

Nicht zuletzt spielte in der Diskussion der Mannheimer Schloßfrage die Neubewertung der bis dahin *übel beleumundeten Periode*[43] des Barock und Rokoko eine Rolle, die zeitweise auch in Mannheim den Ruf nach einem Süddeutschen Museum für Barock und Rokoko hatte laut werden lassen[44]. Vor allem fand diese Neubewertung ihren Ausdruck in der vielbeachteten, auf Anregung Alfred Lichtwarks von Georg Biermann 1914 in Darmstadt veranstalteten Jahrhundertausstellung, zu der auch Mannheim etliche Leihgaben beisteuerte.

Das Städtische Schloßmuseum

Es ist hier nicht der Ort, auf die längeren und schwierigen Verhandlungen einzugehen, mit denen es der Stadt Mannheim gelang, vom badischen Finanzministerium die unentgeltliche Überlassung größerer Teile des Mannheimer Schlosses für kulturelle Zwecke, namentlich für die Unterbringung der nunmehr städtisch verwalteten Sammlungen des Altertumsvereins zu erwirken. Als sich der Staat als Eigentümer des Schlosses endlich mit der Stadt als künftigem Nutzer geeinigt hatte, verhinderte allerdings die französische Besetzung des Schlosses im September 1923 eine rasche Verwirklichung der Mannheimer Museumspläne[45]. Erst nach dem Abzug der französischen Truppen im Oktober 1924 konnten die vom städtischen Hochbauamt geleiteten Renovierungs- und Umbauarbeiten beginnen. Doch wurde die Zwischenzeit erfolgreich für eine städtische, von Oberbürgermeister Theodor Kutzer tatkräftig geförderte Sammeltätigkeit genutzt. Es gelang, Spitzenwerke der Möbelkunst zu erwerben und für den Bereich des Kunsthandwerks ganze Sammlungskomplexe aus Privatbesitz für das Museum zu sichern[46] (Abb. 5).

42 WALTER (wie Anm. 35), S. 43.
43 G. BIERMANN, Deutsches Barock und Rokoko. Jahrhundert-Ausstellung deutscher Kunst 1650–1800, Darmstadt/Leipzig 1914, Bd. 1, S. III.
44 Friedrich Walter und der Kunsthallendirektor Fritz Wichert legten 1910 ein gemeinsam erarbeitetes Konzept für ein solches Museum vor.
45 HISTORISCHES MUSEUM MANNHEIM. Führer durch die kulturgeschichtliche Abteilung im Schloß, Mannheim 1924, S. 1f.
46 In diesem Zusammenhang besonders hervorzuheben sind die Porzellan- und Kleinporträtsammlung Carl Baers und die Taschenuhrensammlung seines Bruders Otto, die Fayence- und Porzellansammlung Hans Hermannsdörfers und die Gläsersammlung Hermann Waldecks. G. JACOB, Aus der Geschichte des Reiss-Museums und seiner Sammlungen, in: Städtisches Reiss-Mu-

Am 15. Mai 1926 konnte dann in Anwesenheit von Vertretern der badischen Regierung, an ihrer Spitze Staatspräsident Trunk, zahlreichen Mitgliedern des badischen Landtags und der städtischen Kollegien das Städtische Schloßmuseum feierlich eröffnet werden. Es bestand aus zwei Abteilungen, einer archäologischen, die im Erdgeschoß des östlichen Schloßflügels untergebracht war, und einer neueren Abteilung, die in der Beletage die kulturgeschichtlichen und kunsthandwerklichen sowie die kunstgeschichtlichen und stadtgeschichtlichen Sammlungen präsentierte. Bei der Eröffnung umfaßte diese neuere Abteilung die Räume beiderseits des Rittersaals und den gesamten Ostflügel bis zur Bibliothek. Bald darauf wurde sie um eine Reihe von sukzessive frei gewordenen Räumen im Westflügel noch erweitert, sodaß diese Abteilung fünf Jahre später über knapp 50 Räume verfügte[47]. Jetzt fand sich endlich ausreichend Platz für eine adäquate Präsentation der gesamten Museumsbestände (Abb. 5)[48].

Die Räume des Mannheimer Schlosses sollten allerdings nicht, wie Friedrich Walter, der erste Direktor des Mannheimer Schloßmuseums, ausdrücklich betonte, lediglich *Aufbewahrungsstätten* von Museumssammlungen sein. *Unser Schloßmuseum will in seinen Haupträumen den Besuchern die Zeit vor Augen führen,* als Mannheim nicht nur die Hauptstadt der Kurpfalz *sondern eine der künstlerischen Hauptstädte Europas war*[49]. In diesem Zusammenhang würdigte er *das erstarkende Bürgertum* Mannheims, das im 19. Jahrhundert die Kulturüberlieferung aus dem 18. Jahrhundert nicht hatte abreißen lassen – *trotz der tiefen Kluft, die seine freiheitliche Gesinnung vom höfischen Absolutismus schied*[50].

Damit verstand sich das neue Museum im Schloß dezidiert auch als Denkmal Mannheimer Bürgersinns. Dieses Museum, so der Tenor vieler Kommentare anlässlich der Eröffnung, *heute birgt es nicht mehr Fürstenpracht*. Hier finde man keine Exponate, die lediglich dem zeitgebundenen Interesse und persönlichen Geschmack eines Herrschers entsprachen und seinem Repräsentationsbedürfnis dienten, sondern *ausgezeichnete kunsthistorische und archäologische Sammlungen*, auf deren bürgerliche – nicht höfische – Tradition die Stadt erkennbar stolz war: Diese Sammlungen wurden, wie Oberbürgermeister Kutzer gern ausführte, *in Jahrzehnten und unter großen Opfern an Zeit, Mühe und Geld* geschaffen[51].

---

seum. Kunstgeschichtliche und Kunsthandwerkliche Sammlungen. Ausgewählte Werke, Mannheim 1966, S. 11–13.
47 STÄDTISCHES SCHLOSSMUSEUM MANNHEIM, Kleiner Führer durch die Sammlungen, Mannheim 1931 (mit Orientierungsplänen der Archäologischen und der Kulturgeschichtlichen Sammlungen) (Abb. 5).
48 Das Städtische Schloßmuseum war kein Raumkunst-Museum. Da die Raumausstattung aus kurpfälzischer und frühbadischer Zeit nur noch sehr bruchstückhaft vorhanden war, wurde eine Rekonstruktion der originalen Möblierung nicht ernsthaft erwogen. Man bemühte sich vielmehr, die nunmehr im Schloß vereinigten staatlichen, städtischen und vereinseigenen Sammlungen als museale Einheit zu präsentieren und strebte lediglich in wenigen Räumen – und überwiegend mit Exponaten aus den eigenen Sammlungen – eine Annäherung an den historischen Raumeindruck an.
49 WALTER (wie Anm. 5); SCHLOSSMUSEUM (wie Anm. 4), S. 13.
50 F. WALTER, Das Schloßmuseum in Mannheim, in: Mannheim. Sonderheft der Badischen Heimat, Karlsruhe 1927, S. 186.
51 T. KUTZER, Die Stadtpersönlichkeit Mannheims, in: Mannheim. Sonderheft der Badischen Heimat, Karlsruhe 1927, S. 6; ders., Mannheimer Geschichtsblätter XXVII (1926), Sp. 105.

Die Eröffnung des Schloßmuseums als Kulturobjekt und Bürgerschloß bedeutete also, wie Friedrich Walter zusammenfassend ausführte, für die Stadt Mannheim gleich mehrfachen Gewinn:

* *Das Schloß öffnete seine lange verriegelten und noch viel zu wenig bekannten Räume zu neuem Leben und Wirken*

* *die lange unübersichtlich in unzureichenden Räumen untergebrachten Sammlungen erhielten ein schönes, würdiges Heim, in dem sie zu gesteigerter Wirkung* kamen

* *die Stadt erhielt einen beredten Zeugen für ihre große Vergangenheit und gegen das lange eingewurzelte Vorurteil parvenühafter Traditionslosigkeit*

* *für die Fremden erstand unter den noch viel zu wenig geschätzten Sehenswürdigkeiten Mannheims ein neuer Anziehungspunkt, [der] ihnen nicht nur hervorragende Kunstschätze und Geschichtsdenkmäler zeigt, sondern auch Wesen und Eigenart dieser Stadt näher bringt*[52].

Das Schloß, möchte man heute hinzufügen, wurde als neues Zentrum kulturellen Lebens in Mannheim zum identitätsstiftenden Kulturdenkmal, das trotz schwerster Zerstörung im Zweiten Weltkrieg seit 1947 wiedererstand und heute ein zweites Schloß-Museum in seinen Mauern birgt.

---

52 WALTER (wie Anm. 50), S. 195.

Verlust der höfischen Funktion: Schlösser ohne Schloßherren

Der Umbruch der napoleonischen Zeit und die Folgen in Baden und Württemberg

VON KATHRIN ELLWARDT

Einführung

Was der Verlust des Hofes für eine Residenzstadt bedeutet, erfährt Mannheim nach dem bayerischen Erbfall. Als Kurfürst Carl Theodor in den ersten Tagen des Jahres 1778 nach München reist, um nach dem Tod Maximilian III. Josephs das Erbe in Kurbayern anzutreten, verbreitet sich in Mannheim rasch das Gerücht, er werde nie mehr zurückkehren. Eine Gruppe Pfälzer Patrioten, die wohlweislich anonym bleibt, setzt ein Bittschreiben an den Kurfürsten auf, das die Konsequenzen für Stadt und Land in düstersten Farben ausmalt:

Vor dem höchsten Thron Euer Kurfürstlichen Durchlaucht knien hier die getreue Pfältzer, nicht jene glückliche Pfältzer, die vormahls in dem Hertzen ihres geliebtesten Landes Fürsten ihre Ruhe und Sicherheit finden konnten...: sondern jene verlassene, verworfene und verarmte Pfältzer, jene Vätter verwaister Kinder, die noch überdieß durch den Fluch ihres Landes Vatters das Recht der Erstgeburth, und mit diesem den vätterlichen Seegen verlohren haben. [...] Allein mit Schautern fahren wir vor jenem anblick zurück, den uns die Zukunft eröfnet. Die von deinen Durchlauchtigsten Vorfahren erbaute, von dir aber zu jener Vollkommenheit erhobene Stadt Mannheim vielleicht in manchem Betracht die schönste Stadt Teutsch-Landts nun auf einmahl ... nicht allein in ihren Rießenschritten gehemmt, sondern zurück gestoßen, in den Abgrund geworfen, wo nur Trümmern und Steinhaufen zu sehen sind. Wer kann diesen Anblick ertragen! [...] So wird sie das Verderben in ihren Ring-Mauren sehen müßen, sie wird Graß wachsen sehen, wo nun noch Paläste stehen[1].

Wir sehen an diesem Brief, wie groß die Befürchtungen der Bürgerschaft sind. Hof und Hofstaat sind nicht nur in kultureller, sondern mehr noch in wirtschaftlicher Hinsicht Herz und Motor einer Residenzstadt. Der kurpfälzische Hof ist der größte Arbeitgeber in

---

1 BayHStA, Kasten blau 144/45.

der Stadt, ein Organismus von über 1000 Menschen und dementsprechend ein Großverbraucher. Tausende von Mannheimern verdienen am Hof und durch den Hof ihren Lebensunterhalt. Der Verlust der Residenzfunktion betrifft über das Schloß selbst hinaus die ganze Stadt und ihr Umland.

Der Erbvertrag zwischen den beiden Wittelsbacher Häusern zwingt Carl Theodor, seinen Sitz künftig in München zu nehmen, doch er beabsichtigt nicht, Mannheim gänzlich aufzugeben. Nur einzelne, besonders kostbare Einrichtungsgegenstände läßt er nach München transportieren, ansonsten bleibt das Mannheimer Schloß vollständig eingerichtet und jederzeit zur Aufnahme des Kurfürsten bereit. Zwar kommt er selbst nur noch zweimal dorthin, seine Gemahlin Elisabeth Auguste hingegen verbringt ab 1780 jeden Winter in der alten Residenz. Auch die kostbaren wissenschaftlichen und Kunstsammlungen sowie die Hofbibliothek verbleiben vor Ort, bis die Zeitumstände der Franzosenkriege und die bevorstehende badische Besitznahme schließlich ihre Überführung nach München erforderlich machen[2].

Das Bürgertum und sein wirtschaftliches Engagement haben die Stadt Mannheim trotzdem weiterhin blühen lassen. Aus der Residenzstadt sollte sich im 19. Jahrhundert ein Wirtschafts- und Handelszentrum entwickeln. Die Befürchtungen der zitierten Pfälzer Patrioten haben sich nicht bewahrheitet, was die Stadt anbelangt. Doch das Schloß verwaist im Laufe der Zeit, bis es nach dem Zweiten Weltkrieg tatsächlich Ruine und vom Abriß bedroht ist. Das Mannheimer Schloß ist diesbezüglich kein Einzelfall. Im Folgenden steht die Frage im Mittelpunkt der Betrachtung, welche Folgen der Verlust der höfischen Funktion für die Schloßgebäude selbst und für ihre Einrichtung hat. Die Schicksale von Schloßbauten sind, wie sich zeigen wird, vielfältig.

Was bedeutet »höfische Funktion«?

Ein Hof ist ein fürstlicher bzw. adeliger Wohnsitz mit entsprechendem Apparat und Personal, im engeren Sinne versteht man darunter die Residenz der regierenden Landesherrschaft. Eine Residenz ist sowohl der Sitz der Regierung und Landesverwaltung als auch der Wohnsitz der fürstlichen Familie. Letztere Funktion kann bestehen bleiben, auch wenn die Familie nicht mehr die Regentschaft innehat. Aus dem Rang des oder der Bewohner resultiert die Notwendigkeit, angemessen zu repräsentieren. Bei Verlust der Regentschaft entfällt bzw. reduziert sich die Repräsentation.

Darüber hinaus spielt sich höfisches Leben in Sommersitzen, Jagd- und Lustschlössern ab. Witwensitze und Apanagen von nachgeborenen Angehörigen des Herrscherhauses haben zumeist ihre eigenen, wenn auch wesentlich kleineren ›Höfe‹.

Sitze des landsässigen Adels seien der Vollständigkeit halber erwähnt, sollen in der weiteren Betrachtung aber keine Rolle spielen.

Zu allen Zeiten verlieren Schlösser ihre höfische Funktion durch das Erlöschen von Herrscherhäusern oder Linien und den Anfall an Erben, die in ihrem Stammland bereits

---

2   K. ELLWARDT, Verlust der Residenz: Ein verwaistes Schloß? in: STAATLICHE SCHLÖSSER UND GÄRTEN BADEN-WÜRTTEMBERG (Hg.), Barockschloß Mannheim. Geschichte und Ausstattung, Petersberg 2007, S. 87–97.

eine Residenz haben. So fällt die Markgrafschaft Baden-Baden 1771 an Baden-Durlach zurück, damit steht die bisherige Residenz Rastatt leer. Im späten 17. und frühen 18. Jahrhundert gibt es darüber hinaus eine Welle von Gründungen, die den Umzug aus der alten in eine neue, nach den Regeln barocker Planstädte angelegte Residenz zur Folge haben: Der pfälzische Kurfürst zieht 1720 von Heidelberg nach Mannheim, der Markgraf von Baden-Durlach gründet 1715 Karlsruhe und verläßt Durlach, der Fürstbischof von Speyer, dem die Reichsstadt den Aufenthalt in Speyer verwehrt, erbaut sein Schloß ab 1720 in Bruchsal. Neubauten können auch innerhalb derselben Residenzstadt ein älteres Schloß, das nicht mehr zeitgemäßen Ansprüchen entspricht, ersetzen, wie in Stuttgart oder Meersburg. Apanagen verlieren ihre Funktion bereits durch den Tod des Bewohners oder der Bewohnerin und bleiben leer, bis sie von dem oder der nächsten Berechtigten wieder bezogen werden. Bei Jagd- oder Lustschlössern genügt bereits, daß der Fürst das Interesse an diesem Ort verliert.

Der spektakulärste Faktor, der Schlösser ihrer Funktion beraubt, beruht allerdings auf politischen Ereignissen. Kriege, Eroberungen, Gebietsabtretungen bringen Länder samt ihren Residenzen in die Hand neuer Besitzer und machen das Territorium zum Nebenland eines anderen, das von der dortigen Zentrale aus regiert wird und nur gelegentlich von dem landfremden Regenten aufgesucht wird. Nie zuvor sind so viele höfische Gebäude auf einmal ihrer Funktion und Wertigkeit beraubt worden wie in jenen Jahren der napoleonischen Ära, als Säkularisation und Mediatisierung die politische Landkarte so nachhaltig verändern.

Die Besitznahmen, die der Reichsdeputationshauptschluß im Februar 1803 bestätigt, sind bereits im Herbst 1802 vollzogen worden. Durch den Frieden von Preßburg wird Vorderösterreich 1806 unter Baden, Hohenzollern und Württemberg aufgeteilt. In demselben Jahr 1806 erwerben beide auch Besitzungen des Deutschen Ordens und des Johanniterordens und Gebiete mediatisierter kleinerer Fürstentümer und Grafschaften. Weitere Grenzbereinigungen folgen. Als der Wiener Kongreß 1815 die Neuordnung bestätigt, sind von dem einstigen bunten Flickenteppich auf der Karte des deutschen Südwestens gerade noch drei Farben übrig: Baden, Württemberg und Hohenzollern[3].

Baden vergrößert sich auf das Vierfache der ursprünglichen Fläche, Württemberg kann sein Staatsgebiet annähernd verdoppeln. Damit erwerben beide auch eine entsprechend große Zahl an herrschaftlichen Gebäuden. Die Euphorie über all diese Zugewinne an Besitz ist zunächst groß, erweist sich aber bald als kurzsichtig. Man hofft, die Immobilien entweder selbst nutzen oder lukrativ verkaufen zu können. Letzteres geling nur in Einzelfällen. Nach einigen Jahren stellt sich heraus, welche Belastung diese Flut an Immobilien darstellt. Die Kosten für die Instandhaltung der Bauwerke gehen zu Lasten der Staatskasse. Also muß man angemessene Nutzungsmöglichkeiten finden.

---

3 STAATLICHE SCHLÖSSER UND GÄRTEN BADEN-WÜRTTEMBERG UND STADT BRUCHSAL (Hgg.), Kirchengut in Fürstenhand. 1803: Säkularisation in Baden und Württemberg. Revolution von oben, Heidelberg/Ubstadt-Weiher/Basel 2003; Alte Klöster - Neue Herren. Die Säkularisation im deutschen Südwesten 1803, Hg. V. HIMMELEIN (Ausstellungskatalog Bad Schussenried 2003), Ostfildern 2003.

Baden: Die Besichtigungsreise von 1817

Mit dem Wiener Kongreß 1815 ist die Zeit der Kriege beendet. Der Kongreß hat die politische Landkarte neu geordnet und Badens Erwerbungen bestätigt. Die politische Lage hat sich stabilisiert. Es ist Zeit für eine Bestandsaufnahme, zumal sich die Staatsfinanzen in desolatem Zustand befinden, allen Erwerbungen zum Trotz. Gerade in jenen Jahren ab 1803, als Baden zu den großen Gewinnern des politischen Umbruchs zählt, muß es wegen seiner militärischen Verpflichtungen über 5 Millionen Gulden an Kapitalien aufnehmen. Zudem sind die wirtschaftlichen Rahmenbedingungen miserabel. Nach mehreren Mißernten geht der Winter 1816/1817 als »Hungerwinter« in die Geschichte ein.

Die Behörden verlangen nun einen Überblick über den tatsächlichen Besitzstand und die Erträge der staatseigenen Liegenschaften. Eine Kabinettsordre vom 4. Januar 1817 beauftragt den Oberkammerjunker Carl Wilhelm Adolph Freiherr von Ende, *eine Reise nach allen herrschaftlichen Schlössern und Gebäuden, wovon er sich bei dem OberMarschallnAmt eine genaue Liste und Uebersicht zu verschaffen hat, zu machen; und eine vollständige Einsicht der daselbst vorhandenen Mobilien pp. sowohl als eine Personaliste der dort angestellten und sich wirklich auf dem Platz befindenden Leuthe zu nehmen*[4]. Die Liste des Oberhofmarschallamtes umfaßt rund 350 Objekte in 60 Ortschaften, darunter bedeutende Bauten wie die Schlösser von Meersburg, Heitersheim, Baden-Baden und Rastatt oder die säkularisierten großen Benediktinerabteien in Breisgau und Schwarzwald.

Freiherr von Ende ist nach dem Eingang der Kabinettsordre offenbar sofort aufgebrochen. Über Offenburg und den Breisgau reist er durch den Schwarzwald an den Bodensee. Sein Inventar des Neuen Schlosses in Meersburg datiert vom 24. Januar. Auf dem Rückweg folgt er dem Rheintal stromabwärts. Spätestens in der zweiten Märzwoche erreicht er wieder Karlsruhe.

Der Bericht[5], den Freiherr von Ende anschließend vorlegt, enthält detaillierte Beschreibungen sämtlicher Gebäude mit Angaben zu ihrem baulichen Zustand, der aktuellen Nutzung, den derzeitigen Bewohnern und den erzielten Miet- und Pachteinnahmen. Die Quelle liefert damit einen Zeitschnitt 14 Jahre nach dem Reichsdeputationshauptschluß.

Einige der im Bericht beschriebenen Bauwerke seien im Folgenden herausgegriffen, um an ihnen exemplarisch aufzuzeigen, wie sich die Situation 14 Jahre nach dem Reichsdeputationshauptschluß darstellte und auf welche Weise Gebäude genutzt wurden. Die Beispiele liefern Antworten auf die Frage, welche Folgen der Verlust der höfischen Funktion für herrschaftliche Gebäude zeitigt.

---

4 GLA 76/2006.
5 GLA 56/776. Dazu K. ELLWARDT, Säkularisierte Gebäude im Großherzogtum Baden. Bestand und Verwendung. Die Besichtigungsreise des Oberkammerjunkers Karl Wilhelm Adolph von Ende im Jahr 1817, in: Zeitschrift für die Geschichte des Oberrheins 152 (2004), S. 263–298.

Neues Schloß Meersburg

Das Neue Schloß in Meersburg (Abb. 1) ist eines der prominentesten Gebäude, die 1817 leerstehen. Als Residenz der Fürstbischöfe von Konstanz ist es Säkularisationsgut. Der badische Großherzog hat es sich als Absteigequartier vorbehalten, nutzt es aber kaum. 1810 wird das Neue Schloß vorübergehend für den gestürzten schwedischen König Gustav IV. Adolph und dessen Gemahlin Friederike, eine badische Prinzessin, mit Möbeln aus dem Schloß Mainau eingerichtet. Zwischen Meersburg und dem früheren Deutschordensschloß auf der Insel Mainau werden auch weiterhin je nach Bedarf Möbel hin und her transportiert.

Da kein aktuelles Inventar vorliegt, hat Freiherr von Ende ein solches zu erstellen[6]. Er findet die Einrichtung insgesamt in gutem Zustand: *...die in der bel etage sowohl als in den übrigen Zimmern vorhandenen ... Meublen sind zwar nicht modern, aber sonst in gutem Stande und für einen kurzen Aufenthalt der Allerhöchsten Herrschaft völlig hinreichend*[7].

Solche Aufenthalte werden in der Folgezeit jedoch immer seltener. Schließlich läßt der Großherzog sämtliche brauchbaren Einrichtungsgegenstände aus Meersburg in andere badische Schlösser bringen. Sogar die Fayence-Öfen werden letztlich abgebaut und zum Teil im Mannheimer Schloß wieder verwendet, wo sie im Zweiten Weltkrieg vernichtet werden. Die Meersburger Schlösser stehen nun zum Verkauf. 1833 erscheint in der »Augsburger Allgemeinen Zeitung« ein Inserat, worin das Neue Schloß zum Verkauf angeboten wird, allerdings ohne Erfolg. Während sich für das Alte Schloß mit Joseph Freiherr von Laßberg ein Käufer findet, bleibt das Neue Schloß im Staatsbesitz. Ab 1838 nutzt ein Fräuleininstitut das Hauptgebäude, während im Wirtschafts- und Küchenhoftrakt das badische Amtsgefängnis untergebracht wird[8].

Deutschordensschlösser Mainau und Beuggen und Johanniterschloß Heitersheim

Die 1806 an Baden gefallene Deutschordenskommende auf der Insel Mainau hat schon früh geeignete Möbelstücke nach Meersburg abgeben müssen. Als Freiherr von Ende das Inselschloß aufsucht, bewohnt noch der letzte Deutschordenskomtur einen Teil des Schlosses. Die übrigen Räume sind der Herrschaft vorbehalten. Das Inventar in den herrschaftlichen Räumen findet Ende mit wenigen Ausnahmen *höchst dürftig und elend*, er vermutet erhebliche Verluste. Alles deutet auf Veruntreuungen hin. Die zuständigen Personen wirtschaften offenkundig auf eigene Rechnung: *Es ist unglaublich, wie viele Mißbräuche hier in aller Gattung eingerissen sind. Diese Menschen, früher gewöhnt, hier den Herren zu spielen, sollen bei der Uebergabe der Commende das Gebäude und sämtliche Vorräthe spolirt haben. Miteinander durch langes Zusammenseyn genau bekannt, zum*

---

6   Das Inventar von 1817, ursprünglich Anlage O zu von Endes Bericht, ist inzwischen eingeordnet als GLA 54/93.
7   GLA 56/776, S. 175.
8   M. WENGER, Württemberg und die Säkularisation 1802/03, in: STAATLICHE SCHLÖSSER UND GÄRTEN BADEN-WÜRTTEMBERG UND STADT BRUCHSAL (wie Anm. 3), S. 117–120.

Theil verwandschaftlich verbunden, hilft einer dem andern bei seinen Mißbräuchen und was das schlimmste ist, der für die Herrschaft bestellte Controleur, der Domainenverwalter hat auch nicht freye Hände[9]. Verschiedene Möbelstücke und Betten sind unrechtmäßig Außenstehenden, den beiden Pächtern und deren Knechten, dem Rentamtsdiener und dem Kreissekretär sowie den Lieferknechten zum Gebrauch überlassen worden. Die beiden Scribenten des Domänenverwalters bewohnen Räume im Schloß, obwohl das Verwalterhaus genügend Platz bietet. Bett- und Tischwäsche ist im Inventar mit zu niedrigen Werten angegeben. Den Umfang der Unregelmäßigkeiten, die sich die Mainauer Beamten zuschulden kommen ließen, um auf Kosten der Herrschaft für ihren eigenen Vorteil zu sorgen, kann Ende nur schätzen.

Zu den Besitzungen des Deutschen Ordens, die 1806 an Baden gekommen sind, gehört ferner die Kommende Beuggen am Hochrhein (Abb. 2). Die Anlage wird danach zur Domäne, die Schloßgebäude werden ausgeräumt, das Inventar versteigert. 1814 wird das Schloß zum Feldlazarett erklärt. In kurzer Zeit sind alle Gebäude mit Kranken und Verwundeten angefüllt. Deren medizinische Versorgung ist unzureichend, so daß Infektionen wie Typhus und Pocken ausbrechen. Im Lazarett Beuggen sollen 1814 und 1815 etwa 3.000 österreichische und 300 deutsche Soldaten gestorben sein.

Bei der Versorgung von Verwundeten und Typhuskranken stehen andere Dinge im Vordergrund als der sorgfältige Umgang mit der Bausubstanz. Fußböden, Wandverkleidungen, Türen und Fenster haben erheblich gelitten. Freiherr von Ende erlebt zu seiner Überraschung das Schloß in einem Zustand, als wäre das Lazarett gerade erst am Vortag ausgezogen: *Auffallend ist es, daß das Gebäude noch nicht einmal gereiniget wurde, es steht und liegt noch alles umher, wie es die Kranken räumten. […] Die Tapeten sind aus den Wänden gerissen, die vergoldeten Leisten liegen stükweise herum, die Parquets schimmern hier und da zwischen der Masse von Unreinigkeiten hervor, verrathen aber ihre vormalige außerordentliche Schönheit, die Trumeaus sind mit Ausnahme eines einzigen noch gut erhalten, im zweyten Stock zerschlagen oder gestohlen, die messingenen Beschläge, womit alle Thüren versehen waren, sind mit den Schlössern aus den Thüren gerissen, zum Theil geschnitten, kurz das Ganze bietet ein trauriges Bild der Zerstörung dar*[10].

Die Verantwortung für diese Achtlosigkeit liegt bei dem örtlichen Domänenverwalter. Ende sieht die Ursache aber, da jener sich sonst als zuverlässiger Beamter erweise, in dessen *lächerlicher Furcht vor Ansteckung*[11], aus der heraus sich der Verwalter nicht einmal durchringen kann, seinen Gast bei der Besichtigung zu begleiten.

Erst zwei Jahre später werden die Gebäude gereinigt und instand gesetzt. Ab 1820 dienen sie als Kinderheim, Armenschule und Lehrerausbildungsstätte in der Trägerschaft des Armenschulvereins, der nach den Methoden von Pestalozzi arbeitet[12].

Die Nutzung als Lazarett ist außer dem Abriß wohl das Schlimmste, was einem Schloß oder Klostergebäude passieren kann. Das Johanniterschloß Heitersheim ist während der Befreiungskriege ebenfalls von dieser zerstörerischen Zweckentfremdung betroffen.

Der Johanniterorden hat selbst zunächst zu den Gewinnern der Säkularisation gehört. Im Reichsdeputationshauptschluß von 1803 werden dem Orden die vorderösterreichi-

---

9 GLA 56/776, S. 265f.
10 GLA 56/776, S. 347f.
11 GLA 56/776, S. 348.
12 Website der Kommunität Beuggen: http://www.schloss-beuggen.de/index2.htm.

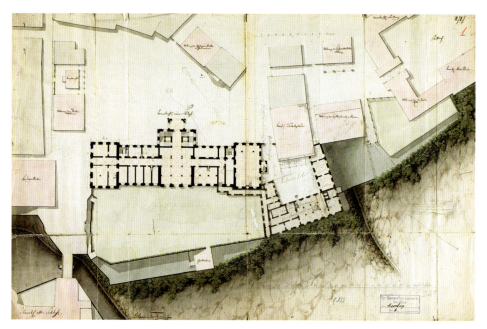

Abb. 1 Grundriß und Lageplan des bischöflichen Schlosses in Meersburg, Landbaumeister Thierry 1819 (GLA G Meersburg Nr. 8)

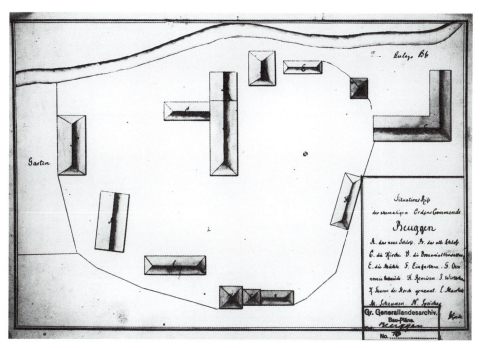

Abb. 2 Ehemalige Deutschordenskommende Beuggen, Situationsplan der Schloßgebäude, Karl Wilhelm Adolph von Ende 1817 (GLA G Beuggen Nr. 10)

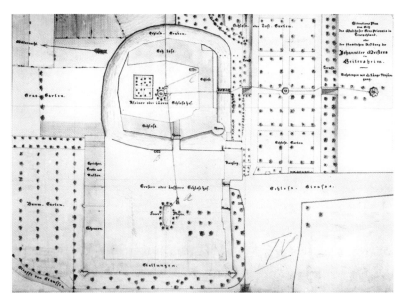

Abb. 3   Situations-Plan vom Sitz des Maltheser Groß-Priorats in Teutschland oder der fürstlichen Residenz des Johanniter Meisters in Heitersheim, um 1820 (GLA G Heitersheim Nr. 5)

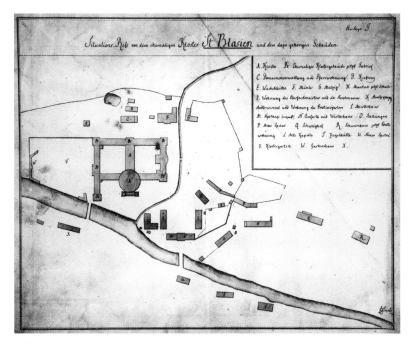

Abb. 4   St. Blasien, Lageplan mit Nebengebäuden, Karl Wilhelm Adolph von Ende 1817 (GLA G St. Blasien Nr. 6)

Abb. 5 Ehemalige Benediktinerabtei St. Trudpert

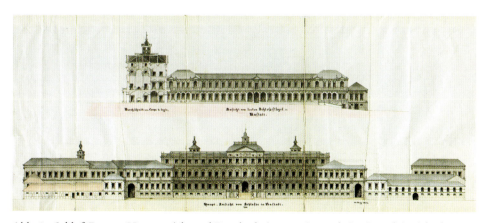

Abb. 6 Schloß Rastatt, Hauptansicht und Durchschnitt vom Corps de Logis und Ansicht des linken Schloßflügels, 1832 (GLA G Rastatt Nr. 54)

Abb. 7 Invalidenstift Großcomburg, Aquarell von Reinhold Braun 1863

Abb. 8 Tennenbach, Standort der abgebrochenen Klosteranlage mit der noch bestehenden Krankenkapelle

schen Abteien und Klöster im Breisgau und Schwarzwald einschließlich des sankt blasianischen Fürstentums Bonndorf zugesprochen. Drei Jahre später geht hingegen das Großpriorat Heitersheim, seit 1428/1505 Sitz des Johannitermeisters und somit Zentrale des Johanniterordens im deutschen Sprachraum, in badischen Besitz über und wird aufgehoben.

1817 beherbergt das ehemalige Johanniterschloß Heitersheim (Abb. 3) Dienstwohnungen für Forstinspektor, Fruchtmesser, Amtsdiener und Hofgärtner, die Wohnungen zweier pensionierter Priester und eine weitere Wohnung, welche ein Arlesheimer Domkapitular gemietet hat. Die Fürstenzimmer, die frühere Wohnung des Großpriors, sind unbewohnt. In der Ordenskanzlei wohnen der Torwächter, der Amtsschreiber und die Witwe des Amtsaktuars, außerdem befinden sich darin die Kriminalgefängnisse und die Registratur des Amtsrevisorats. Drei weitere Nebengebäude dienen als Domänenverwaltung, Amthaus und Amtsrevisorat; das Amthaus ist vorher die Wohnung des Ordenskanzlers von Ittner gewesen, der inzwischen als Staatsrat in Meersburg an der Spitze des Seekreises steht. Die Stallungen werden von den im Schloß Wohnenden benutzt, die übrigen Wirtschaftsgebäude von der Domänenverwaltung als Zehntscheunen, Keltern und Speicher[13].

Klostergebäude

Neben den Schlössern bedürfen die Abteien, die durch die Säkularisation in staatlichen Besitz gekommen sind, gleichermaßen der Unterhaltung und Umnutzung. Für ein Kloster, das seinen Konvent verliert, gilt im Prinzip dasselbe wie für ein Schloß, das seinen Hof verliert, daher sollen im Kontext des Funktionswandels auch Klöster Berücksichtigung finden.

Das Benediktinerkloster St. Blasien, bis zum Preßburger Frieden vorderösterreichisch, wird trotz Überlegungen, es zu erhalten, 1807 aufgelöst. Die Klosterkirche wird Pfarrkirche. Die erst wenige Jahrzehnte alten Konventsgebäude können relativ bald verkauft werden. Der Karlsruher Bankier David Seligmann, der spätere Freiherr von Eichthal, erwirbt 1809 das Hauptgebäude und einige Nebenbauten und richtet mit dem Züricher Mechaniker J.G. Bodmer eine Maschinen- und Gewehrfabrik ein, die mit modernsten Produktionsmethoden arbeitet und bald floriert. Die Gewehrfabrik besitzt bis 1840 das Monopol für die Lieferung an die badische Armee. Freiherr von Eichtal hat außerdem die Mühle sowie das Alte Spital und den Schwaighof gegen einen geringen Zins in Pacht.

Dennoch bleiben in St. Blasien weiterhin etliche Gebäude von der Herrschaft zu betreuen, denn die Nebengebäude auf dem Klostergelände hat der Fabrikant nicht mit übernommen. Der Lageplan (Abb. 4)[14], den Freiherr von Ende seinem Bericht als Anlage G beifügt, zeigt die Vielzahl an Nebengebäuden. Sie werden als Dienstwohnungen für die badischen Beamten genutzt oder von ehemaligen Klosterbediensteten und ihren Familien bewohnt, denen die freie Wohnung als Teil ihrer Pension zusteht.

13 GLA 56/776, S. 384–397.
14 GLA G Sankt Blasien/6.

In St. Trudpert (Abb. 5) gelingt ebenfalls ein lukrativer Verkauf. Staatsminister von Andlau-Birseck, der ehemalige Vizepräsident der vorderösterreichischen Regierung, erwirbt einen Flügel des Klostergebäudes nebst mehreren Grundstücken und Meierhöfen, um sich dort einen Sommersitz einzurichten. Ein zahlungskräftiger Interessent wie er bedeutet einen Glücksfall für die Staatskasse. Der Rest des riesigen Konventsgebäudes steht allerdings leer.

Klosterkirchen werden nach der Aufhebung der Konvente üblicherweise zu Pfarrkirchen. Pfarrwohnungen sind oft bis heute in ehemaligen Konventsgebäuden untergebracht. Der Pfarrer in St. Trudpert, ein ehemaliger Konventuale, bewohnt 1817 die Prälatur. Er hat in drei Geschossen insgesamt sieben Zimmer, eine Küche und den Speisesaal zur Verfügung. Als Wirtschaftstrakt ist für ihn ein Teil des Kreuzganges eingerichtet worden. Darin hat er Stallungen, eine Scheune und *in der ehemaligen zur Aufbewahrung der Kirchenparamente und des Kirchensilbers dienenden Sakristey eine vorzügliche Waschküche so groß und schön wie sie vielleicht in keinem herrschaftlichen Schloße existirt*[15].

Die Beispiele lassen das Spektrum an Lösungen erkennen, die unzähligen Gebäude auf praktikable Weise zu verwenden. Für lokale Behörden einschließlich der zugehörigen Dienstwohnungen muß der badische Staat ohnedies Gebäude zur Verfügung stellen. Statt Häuser anzumieten, bringt man die Beamten nach Möglichkeit in vorhandenen staatseigenen Gebäuden unter. Nicht zu unterschätzen ist ferner der Bedarf an Wohnraum für Pensionäre, die nach Säkularisation bzw. Mediatisierung ihrer bisherigen Herrschaft Anrecht auf Versorgung haben. Besonders in den ehemaligen Klöstern ist ihre Zahl beträchtlich, denn nicht nur ehemalige Mönche beziehen eine Pension, sofern sie nicht für den Pfarrdienst geeignet sind, Klosterbedienstete und -beamte hat Baden ebenfalls zu versorgen.

Der land- und forstwirtschaftliche Grundbesitz wird nun zu Staatsdomänen. Die Wirtschaftsgebäude von Schlössern und Klöstern nutzt man als Getreidespeicher, Zehntscheunen, Küfereien und Weinkeller. Ein Verkauf mancher Immobilien an Privatleute, die darin Fabriken oder andere Wirtschaftsbetriebe planen, wird angestrebt, gelingt jedoch nur in Einzelfällen wie St. Blasien. Soziale Einrichtungen entstehen mancherorts aufgrund privater Initiativen, wie für Beuggen beschrieben. Das Militär übernimmt vor allem in Württemberg verschiedene Gebäude als Kasernen. Erwähnt seien Extremfälle wie das Kloster St. Georgen in Villingen, dessen Refektorium zu einem Theater eingerichtet worden ist. Herr von Ende unterbreitet darüber hinaus selbst Vorschläge. Für die mittelalterliche Pfalz auf der Reichenau, die wegen der darunter befindlichen herrschaftlichen Weinkeller nicht abgegeben werden kann, schlägt er die Einrichtung als *Criminalhof* oder Staatsgefängnis vor[16].

Verschiedene Schlösser behält sich der Großherzog als Absteigequartier vor oder weist sie Familienmitgliedern als Apanage zu. Wegen der großen Zahl an solchen Absteigequartieren werden sie, wenn überhaupt, nur gelegentlich genutzt.

---

15 GLA 56/776, S. 405.
16 GLA 56/776, S. 249.

Die Schlösser der Markgrafschaft Baden-Baden

Schon länger als das Säkularisationsgut haben die Schlösser der Markgrafschaft Baden-Baden ihre höfische Funktion verloren. Nach dem Tod des letzten Vertreters der Linie Baden-Baden, Markgraf August Georg (1706/1761–1771), fällt das Land gemäß dem Erbvertrag von 1765 an die Linie Baden-Durlach. Die neuen Besitzer besuchen die dortigen Schlösser nur selten, wenn auch die Paradeappartements weiterhin zu ihrer Verfügung gehalten werden.

Das Neue Schloß in Baden-Baden befindet sich 1817 baulich nicht in optimalem Zustand. Verschiedene Reparaturen sind nötig. Freiherr von Ende lobt dennoch die große Sorgfalt, mit der der dortige Hausmeister das Inventar pflegt[17].

Die Favorite, das Lust- und Sommerschloß der Markgräfin Sibylla Augusta von Baden-Baden (1675–1733), besitzt noch eine weitgehend vollständige und intakte Einrichtung aus der Zeit des Barock und Rokoko. Freiherr von Ende, der an sich ein Kind der Aufklärung und des Klassizismus ist und für die Stile der Vergangenheit wenig Verständnis aufbringt, urteilt bisweilen vernichtend. Dennoch beeindruckt ihn das geschlossene Gesamtbild der Räume: *Ein neues Ameublement hier in diesem Schlosse, wo alles zwar ein bizarres aber doch harmonisches Ganze bildet, würde dem Totaleindruck schaden und gewiß nicht an seinem Plaz seyn; deshalb ist auch sehr zweckmäßig von dem Großherzoglichen Oberhofmarschall Amt der etwaige Abgang immer durch andere Meublen in gleich altem Geschmack gearbeitet, aus den Schlössern zu Rastatt und Carlsruhe ersezt worden. Ich wünschte deßhalb auch, daß die offenbar zu moderne roth und weiß gestreifte Tapete in dem Zimmer No. 9 gelegentlich mit einer altmodigen vertauscht würde*[18]. Hier bringt Ende Feingefühl für ein Gesamtkunstwerk auf, auch wenn es nicht der seinerzeit herrschenden Mode entspricht. An dieser Stelle wird die ›Altmodigkeit‹ sogar zu einer Tugend.

Am deutlichsten sichtbar werden die Folgen langjährigen Leerstandes in Schloß Rastatt (Abb. 6). Die Residenz ist nach dem Tod des Markgrafen August Georg 1771 aufgelöst, der von Sibylla Augusta hinterlassene Hoffideikommiß 1775 auf Veranlassung der Kaiserin Maria Theresia, die als letzte Erbin eingesetzt war, in Straßburg versteigert worden. Danach bleibt das Schloß weitgehend ungenutzt, abgesehen von dem Rastatter Friedenskongreß nach dem 1. Koalitionskrieg zwischen dem Reich und Frankreich, der 1797 im nördlichen Seitenflügel stattfindet. Für gelegentliche Besuche des Markgrafen von Baden-Durlach und später des Großherzogs von Baden werden die Paradeappartements weiterhin bereitgehalten.

Als Freiherr von Ende am 1. März 1817 das Rastatter Schloß besucht, befinden sich, abgesehen von einigen Dienstwohnungen und der Militärschule in den Seitenflügeln, allein die Staatsappartements noch in leidlich akzeptablem Zustand. Seine Beschreibung der übrigen Schloßräume spricht für sich:

Es ist nicht zu beschreiben auf welche Weise ich die im Schlosse befindlichen herrschaftlichen Effekten vorgefunden habe. Die Unordnung, ich möchte sie geflissentlich nennen, womit die verschiedenartigsten Sachen zusammengehäuft waren, der Mangel von aller

---

17 GLA 56/776, S. 432–449.
18 GLA 56/776, S. 459f.

Sorgfalt in ihrer Aufbewahrung, die Unreinlichkeit, die überall herrschte, übersteigt wirklich jede Idee. Der Tod des Hausmeisters, welcher freilich sehr zur rechten Zeit, ihn aller Verantwortung, welche ihn notwendig hätte treffen müßen, überhob, vermehrte die Verlegenheit; denn bey seinem Eigensinn und Mißtrauen hatte er selbst bey zunehmender Altersschwäche den Schloßknechten nie irgendein Geschäft anvertraut, ihnen nie erlaubt, etwas in Ordnung zu bringen, diese waren daher völlig außer Stande, die mindeste Auskunft über irgend einen Gegenstand zu geben. Es gab Zimmer in denen die Sachen so chaotisch über einander gehäuft waren, daß man sich durch sie einen Weg bahnen mußte. Zersprungene Spiegel, auseinander genommene Uhren, seidene Tapeten, Leinenzeug, Glas, Porzellain lag gemischt mit altem abgerissenem Fensterblei. Latten, abgenommenen Thürschlössern. Es war auch nicht ein Gegenstand systematisch geordnet und der Staub, womit manches fingerdick belegt war, zeugte von der Reihe von Jahren, welche dieser Zustand bereits gedauert hatte. Absichtliche Veruntreuung mag sich wohl zu dieser Unordnung gesellt haben, wenigstens ist darüber hier nur eine Stimme und einige Umstände deuten dies nur zu sehr an. (...) Eine Paradedecke fand sich in einem Schrank versteckt, über die beide Schloßknechte ihr Erstaunen äußerten, da dieselbe nach der Behauptung des Hausmeisters vor mehreren Jahren gestohlen seyn sollte[19].

In den Räumen des Erdgeschosses und des obersten Stockwerks lagert eine unübersichtliche Menge aller nur denkbaren Einrichtungsgegenstände. In mehrtägiger Arbeit erstellt Ende ein Inventar[20], dessen lange Listen die allgemeine Unordnung widerspiegeln. Offensichtlich ist daraufhin in Rastatt entrümpelt und aufgeräumt worden. Das nächstfolgende Schloßinventar[21], das vom August 1819 datiert, läßt einen wesentlich geordneteren Gesamtzustand erkennen.

Das Mobiliar aus markgräflich baden-badischer Zeit ist also schon bis 1817 größtenteils verschwunden oder so sehr beschädigt, daß es unbrauchbar geworden ist. Im weiteren Verlauf des 19. Jahrhunderts gelangen Einrichtungsgegenstände aus den Bodenseeschlössern in das badische Kernland. Als das Neue Schloß in Meersburg 1833 zum Verkauf steht, läßt der Großherzog Möbel und Kunstgegenstände, darunter auch Stücke von der Mainau, in die Favorite transportieren. Später gelangt einiges davon nach Rastatt[22].

Besitzwechsel und der »Verlust der höfischen Funktion« haben noch gravierendere Folgen für die Ausstattung als für die Gebäude als solche. Vieles wird abtransportiert und an anderen Orten weiter verwendet, anderes verkauft, versteigert, vernichtet, entwendet oder einfach stehen gelassen und dem Verfall anheim gegeben. Die ursprünglichen Ensembles sind daher zerschlagen und lassen sich nur in Einzelfällen rekonstruieren.

Außer den altbadischen Schlössern Karlsruhe, Rastatt und Baden-Baden nebst Lustschlössern wie Scheibenhardt, Favorite oder Stutensee hat der Großherzog von Baden 1817 in den neu erworbenen Landesteilen als Absteigequartiere zur Verfügung: Mannheim mit Schwetzingen, Bruchsal mit Waghäusel, Meersburg, Mainau, das Amthaus in Badenweiler, das Gräflich Sickingensche Palais in Freiburg und die Dompropstei in Kon-

19 GLA 56/776, S. 469–471.
20 GLA 69 Baden, Markgräfliche Verwaltung/B 176, zugleich Anlage Gg zum Bericht.
21 GLA 69 Baden, Markgräfliche Verwaltung/B 175.
22 A. HUBER, *Mit vollständigem Hausrath versehen... auch besonders schöne Gemählde von berühmten Malern*. Die Kunstsammlungen aus Meersburg und ihr weiteres Schicksal, in: STAATLICHE SCHLÖSSER UND GÄRTEN BADEN-WÜRTTEMBERG UND STADT BRUCHSAL (wie Anm. 3), S. 100–106.

stanz. Ein weiteres Quartier soll in Offenburg eingerichtet werden, wo aber noch keine Entscheidung über ein geeignetes Gebäude gefallen ist.

Einige dieser Schlösser dienen zeitweise zur Unterbringung von Familienmitgliedern. Die verwitwete Markgräfin Amalie bezieht 1806 eine Hälfte des vormals fürstbischöflich speyerischen Schlosses Bruchsal, das sie mit dem Fürstbischof Wilderich von Walderdorff teilen muß, dem die andere Hälfte als Teil seiner Pension zugestanden worden ist. 1810 bewohnt der abgesetzte König Gustav Adolph von Schweden mit seiner Gemahlin Friederike, einer badischen Prinzessin, kurzzeitig das Neue Schloß in Meersburg. Das Erbprinzenpaar Carl und Stephanie erhält 1806 das Schloß in Mannheim als Residenz zugewiesen. Nach Carls frühem Tod 1818 nimmt Stephanie dort ihren Witwensitz. So werden diese Schloßgebäude immerhin temporär ihrer Bestimmung gemäß genutzt.

Württemberg: Das Phänomen der neuen Schlösser

Die Flut an neu erworbenen Immobilien und die Schwierigkeit, sie zu unterhalten und angemessen zu nutzen, betrifft Württemberg und andere Territorien in gleicher Weise wie Baden. Mit der Aufhebung der Landesherrschaft verlieren Schlösser und herrschaftliche Gebäude ihre Funktion.

Andererseits erleben wir in jener Zeit auch ein gegenläufiges Phänomen: Auf einmal werden Gebäude zu »Schlössern«, die vorher keine Schlösser waren. Für Baden sei an das ehemalige Zisterzienserkloster Salem erinnert, das nach der Aufhebung den nachgeborenen Söhnen Karl Friedrichs, den Prinzen Friedrich und Ludwig, als Privateigentum überlassen wurde, noch immer Sitz der Markgrafen von Baden ist und bis heute selbstverständlich »Schloß Salem« heißt. Drei württembergische Beispiele sollen diesen Trend näher illustrieren.

Friedrich I. von Württemberg, ab 1803 Kurfürst, integriert die hinzugewonnenen Gebiete zunächst nicht, sondern schafft aus ihnen ein eigenständiges Staatsgebilde »Neu-Württemberg«, das eine straff zentral organisierte Regierung ohne Landstände bekommt. Als Regierungssitz für Neu-Württemberg wählt er Ellwangen. Das Schloß der dortigen Fürstpröpste wird kurfürstliche Residenz.

Ellwangen bleibt aber nur für drei Jahre Landeshauptstadt. 1806 vereinigt der inzwischen zum König erhobene Friedrich beide Landesteile, Stuttgart ist fortan die einzige Hauptstadt.

Das Schloß in Ellwangen steht nun einige Jahre leer. 1815 bezieht Jérôme Bonaparte, der gescheiterte König von Westphalen, mit seiner Gemahlin Katharina von Württemberg die ehemaligen Privaträume des Fürstpropstes. Das Paar wohnt für ein gutes Jahr in Ellwangen, verläßt dann aber das Land. Nach 1816 hat kein Mitglied der königlichen Familie mehr das Schloß bewohnt. 1842 wird im Ellwanger Schloß schließlich eine Ackerbauschule eingerichtet, die zur Verbesserung der Landwirtschaft in Ostwürttemberg beitragen soll[23].

König Friedrich von Württemberg überläßt seinen Kindern, Brüdern und anderen Familienmitgliedern als Apanagesitze Klöster und Schlösser, die zwischen 1802 und 1810

23 WENGER (wie Anm. 8), S. 109–112.

an Württemberg gefallen sind. Das Chorherrenstift Großcomburg in Schwäbisch-Hall, ebenfalls im Herbst 1802 von Württemberg in Besitz genommen, wird von 1807-1810 Apanageschloß für Prinz Paul und seine Gemahlin Charlotte von Sachsen-Hildburghausen. Im oberen Stockwerk der Neuen Dekanei werden sechs Zimmer und ein Saal für das Paar eingerichtet.

1817 verlegt König Wilhelm I. dann das Königlich-Württembergische Ehreninvalidencorps, das 1806 in Stuttgart für die zahlreichen Invaliden der Revolutions- und der Napoleonischen Kriege gegründet worden ist, auf die Großcomburg (Abb. 7). Bis zu 200 invalide Soldaten finden in der Folgezeit hier Unterkunft, zum Teil mit ihren Familien. Dafür sind verschiedene Umbauten nötig. Über dem Portal bringt man eine passende Widmungsinschrift an: *Laeso et exhausto defensori patriae [= Dem verletzten und erschöpften Verteidiger des Vaterlandes]*.

Das Benediktinerkloster Wiblingen bei Ulm kommt 1806 aus vorderösterreichischem in württembergischen Besitz. Ein Jahr später besucht König Friedrich I. die Anlage und bestimmt sie als Wohnsitz für seinen jüngeren Bruder Heinrich, der von dort aus bei der Sicherung der Grenzgebiete gegen Bayern helfen soll. Zugleich wird eine Kompanie Reiterei hierher verlegt. Offiziell residiert Heinrich bis 1822 in Wiblingen, doch der Herzog, der einen bürgerlichen Lebensstil pflegt, hat sich längst in Ulm eine Wohnung genommen. Das ehemalige Kloster heißt seit Heinrichs Einzug offiziell »Schloß Wiblingen«. Es »Kloster« zu nennen, wird bei Strafe verboten[24]. Der Name »Schloß« oder »Schloßkaserne Wiblingen« hält sich lange. Noch auf Postkarten aus der Zeit des Ersten Weltkrieges sind entsprechende Benennungen zu finden.

Als die Stadt Ulm ab 1848 zur Bundesfestung ausgebaut wird, wird das Konventsgebäude in Wiblingen endgültig zur Kaserne und bleibt es bis in den Zweiten Weltkrieg hinein. Die von außen so einheitlich erscheinende barocke Anlage verdankt ihre Vollendung der militärischen Nutzung. Als die Bauarbeiten nach Fertigstellung und Weihe der Kirche 1783 aus Geldmangel eingestellt worden sind, fehlt der südliche und westliche Teil des Seitenflügels. Die Baulücke bleibt bis zum Ersten Weltkrieg bestehen. Als 1913 anstelle der zuvor dort stationierten zwei Ulanen-Eskadronen ein Infanteriebataillon nach Wiblingen verlegt werden soll, muß die Kaserne, die nun rund 650 statt bisher 300 Mann aufzunehmen hat, erweitert werden. Hierfür gibt es zwei Möglichkeiten: den Ausbau des unvollendeten Klosters oder den Abriß verschiedener Ökonomiegebäude und die Errichtung eines Neubaus. Das Kriegsministerium gibt der ersten Möglichkeit den Vorzug, da sie sowohl den militärischen Erfordernissen entspricht als auch für das Gesamtbild der Anlage am günstigsten erscheint. Im Herbst 1915 beginnen die Bauarbeiten. Gemäß dem Bauplan aus dem 18. Jahrhundert wird die Vierflügelanlage bis 1917 vollendet und der südliche Innenhof geschlossen[25]. Der neue Südwestflügel ist der barocken Fassadengestaltung so sehr angeglichen, daß man glaubt, einen einheitlichen Baukörper vor sich zu haben.

24 K. Venjakob, Wiblingen wird Schloß. Residenz für Herzog Heinrich von Württemberg, in: Wiblingen. Kloster und Museum. Sonderheft von Schlösser Baden-Württemberg. Hg. Staatliche Schlössern und Gärten Baden-Württemberg u. Staatsanzeiger-Verlag, Stuttgart 2006, S. 40f.
25 Wenger (wie Anm. 8), S. 114–117; K. Ellwardt, »Stolz zu Roß die Cavallerie.« Die Kaserne Wiblingen, in: Wiblingen. Kloster und Museum (wie Anm. 24), S. 42–44.

Fazit

Ohne Nutzung heißt das Schicksal eines Gebäudes Verfall und Abriß, wie der Fall des Klosters Tennenbach erweist. Die prächtigen Klostergebäude, die damals erst 80 Jahre alt und in gutem Zustand sind, eignen sich nicht für den Verkauf an einen Fabrikanten, weil es nicht genug Wasser in der Umgebung gibt. Freiherr von Ende ersinnt die Verwendung als Spital oder Arbeitshaus, doch in dem abgelegenen Schwarzwaldtal ist auch eine solche Lösung nicht gerade zweckmäßig. Die romanische Klosterkirche wird schließlich 1828 nach Freiburg transferiert und dort als evangelische Ludwigskirche wieder aufgebaut, der Rest der Klostergebäude abgebrochen. Alles, was von der Abtei heute noch übrig ist, ist die kleine gotische Krankenkapelle (Abb. 8).

Die Zahl der Immobilien, die durch die Gebietserwerbungen der Jahre zwischen 1802 und 1815, durch Säkularisation und Mediatisierung an das Großherzogtum Baden und das Königreich Württemberg gefallen sind, ist immens und unüberschaubar und geht weit über den Bedarf der Hofhaltung und der Landesregierung hinaus. Der Bericht des Freiherrn von Ende läßt erkennen, wie improvisiert und notlösungshaft die Versuche sind, diese Gebäude irgendeiner Verwendung zuzuführen.

Die Landesbehörden haben keinen Überblick über den tatsächlichen Baubestand. Eine Inventarisierung ist in der Zeit der Säkularisation und Mediatisierung zwar bei der Besitznahme für jedes Objekt erfolgt, aber nicht systematisch ausgewertet worden. Die nachfolgenden Kriegszeiten tun ein übriges.

Für staatliche Behörden und Dienstwohnungen nutzt man soweit möglich die vorhandenen staatseigenen Gebäude, um Ausgaben für Miete zu sparen. Viele Beamte hausen in Gebäuden, die in keiner Weise geeignet sind. Nötige Maßnahmen zur Instandsetzung sind in den Kriegsjahren nicht durchgeführt worden, so daß viele Bauten in schlechtem bis nahezu unbewohnbarem Zustand sind. Die Kosten für den Unterhalt werden zu einer immer stärkeren Belastung für die öffentlichen Kassen. Jede Gelegenheit zu einem Immobilienverkauf ist willkommen.

Hof und Regierung, in Baden wie in Württemberg, sind in keiner Weise in der Lage, die große Zahl der herrschaftlichen Gebäude – die Schlösser und Klöster, immer noch zahlreich genug, sind ja nur die Spitze des Eisbergs – auf Dauer zu unterhalten und angemessen zu nutzen. In staatlicher Verantwortung allein wären etliche andere dieser Bauten wahrscheinlich ebenfalls dem Abriß zum Opfer gefallen. Welche anderen Nutzer in die Bresche gesprungen sind und den Erhalt solcher Gebäude für die Nachwelt gesichert haben, ist den beiden folgenden Beiträgen zu entnehmen.

Öffentliches, privates und privatwirtschaftliches Engagement – Schlösser als Prestigeobjekte im 19. und frühen 20. Jahrhundert, dargestellt am Beispiel von Saarbrücken, Mainz und Waghäusel

VON HARTMUT ELLRICH

Der Beitrag widmet sich Schloßanlagen in einem Jahrhundert des Strukturwandels und der Veränderung vom klassischen landesherrlich-absolutistischen (Residenz-)Schloß zum öffentlichen und privaten Bürgerschloß. Exemplarisch sollen dabei die Schloßanlagen von Saarbrücken, Mainz und Waghäusel vorgestellt werden, die die Veränderungen bis heute in sehr offenkundiger Form repräsentieren. Der Wandel selbst wurde ausgelöst von den politisch-gesellschaftlichen Umbrüchen der Französischen Revolution von 1789 und reichte über den Reichsdeputationshauptschluß von 1803 mit den Folgen der Mediatisierung und Säkularisation geistlicher und kleinerer weltlicher Herrschaften hinweg, durch das gesamte 19. Jahrhundert bis in den Ersten Weltkrieg hinein[1].

Die Inbesitznahme der Schlösser durch das Bürgertum zeigte viele Formen, die, wie sich an den drei Beispielen zeigen wird, von der konservierenden Tradition bis hin zur emanzipatorischen Aneignung reichten und eine Nutzung als Bürger-, Fabrik-, Bildungs- bzw. Museumsschloß mit sich brachten. Nicht alle Formen traten in Reinkultur auf, Mischnutzungen – teils in zeitlicher Überlagerung wie in Mainz – waren häufig. Neben der eigentlichen Nutzung, die von den neuen Eigentümern fast immer als repräsentativ und prestigeträchtig gesehen wurde, kam im 19. Jahrhundert noch eine verstärkte Rückbesinnung auf die Geschichte hinzu, das sich in vielfältiger Weise auch an den Gebäuden niederschlug. Mag man diese teilweise »restauratorischen« Eingriffe auch heute kritisch betrachten, so kennzeichnen sie doch das Selbstverständnis der neuen Eigentümer im Umgang mit den Baudenkmalen. Die Rückbesinnung auf die Geschichte kam dabei nicht von ungefähr. Bereits zu Beginn des 19. Jahrhunderts hatte sich mit Wissenschaft, Technik und Kunst und mit ihnen das ganze Bildungswesen als eine Domäne des Bürgertums entfaltet, die es als Mittel zu seiner Emanzipation nutzte und den zunächst noch privilegierten Adel überflügelte. Der Adel räumte dem Bürgertum die Macht des Wissens und der Wissenschaft, der Bildung und der kulturellen Erbauung ein und reichte ihm damit jene Instrumente, die 1918 die Adelsmacht endgültig aushebelten[2].

1 Vgl. W. RICHTER/J. ZÄNKER, Der Bürgertraum vom Adelsschloß. Aristokratische Bauformen im 19. und 20. Jahrhundert, Reinbek bei Hamburg 1988, S. 19.
2 RICHTER/ZÄNKER (wie Anm. 1), S. 73.

I. Saarbrücken – Das Bürgerschloß

Als der saarseitige Flügel des Fürstlich Nassau-Saarbrückischen Schlosses während der Französischen Revolution in der Nacht vom 7. zum 8. Oktober 1793 niederbrannte, schien das Schicksal der 1738 bis 1748 von Friedrich Joachim Stengel (1694–1787) für den Fürsten Wilhelm Heinrich von Nassau-Saarbrücken (1718/1741–1768) an Stelle des alten Renaissanceschlosses als kompletter Neubau errichteten, barocken Dreiflügelanlage besiegelt[3] (Abb. 1). In der Folge wurde die Anlage geplündert und mit Duldung der Behörden, insbesondere des Volksrepräsentanten Ehrmann, bis 1800 als Steinbruch genutzt[4]. Spätestens 1803 bemühte sich der Saarbrücker Municipalrat um den Erwerb von Grundstück und Ruine. Gemäß einem Beschluß des Rats vom dritten Brumaire des zwölften Jahres – dem 26. Oktober 1803 – sollte das »zu Anfang des letzten Kriegs total ruinirte hiesige Schloß Gebäude [...], wovon dermalen nichts mehr als die Mauren sichtbar sind«[5] zur Wiedergewinnung einer der schönsten Zierden der Stadt in einer öffentlich-privaten Mischnutzung wiederaufgebaut werden. Zugrunde lag ein konkretes Projekt, von dem sich bedauerlicherweise nur der Text erhalten hat, der »Plan topographique du Chateau de Sarrebruck et Dépendances«[6] überschrieben ist und ein Konzept zur Finanzierung, Nutzung und Gestaltung beinhaltet. Die Grundlage des Finanzierungskonzeptes bildete die kostenlose Überlassung von Grundstück und Ruine durch den Staat an die Stadt, die ihrerseits darüber ihre beträchtlichen Schulden an die französische Kriegskasse abzutragen beabsichtigte und im Gegenzug das bestehende Rathaus, den hinteren Schloßgarten als parzelliertes Bauland, die Pfeiler der Ehrenhofeinfassung und nicht zuletzt auch die beiden Flügelbauten zu veräußern beabsichtigte, um das Corps de Logis als öffentlichen Teil mit Rathaus, Archiv, Festsaal und Wohnungen zu erhalten, die Talstraße zu verbreitern sowie Promenaden und den Marktplatz anzulegen. Die zeitgenössischen Aufzeichnungen sind sehr konkret und betreffen neben der Disposition der Gebäudeteile und der Innenräume auch die äußere Gestalt des gesamten Schlosses. Sieben Punkte weisen auf die Unveränderlichkeit der Außenfassaden hin, fassen die einheitliche Fassadenfarbgebung in Weiß-Grau bzw. Weiß, die Gestaltung der Fenster und die Dacheindeckung zusammen und bestimmen die vier Lose für die Flügelbauten bzw. die dazugehörigen Parzellen, die nun mit den Pfeilern des Ehrenhofgitters voneinander getrennt und fortan privat genutzt werden sollten. Eine Besonderheit kam den Pferdeställen und Remisen zu, die man für die vier Parzellen neu errichten wollte. Sie sollten in ihrem Aufbau und ihren Dächern gleich

---

3 D. HEINZ, Zur Baugeschichte des Saarbrücker Schlosses, in: Das Saarbrücker Schloß. Zur Geschichte und Gegenwart, hg. v. G. BUNGERT/C. LEHNERT UND STADTVERBAND SAARBRÜCKEN, Saarbrücken 1989, S. 25–37, hier S. 35; vgl. auch J. BAULIG u. a. (Bearb.), Architekturführer Saarbrücken, hg. v. Historischen Verein für die Saargegend, Saarbrücken 1998, S. 54f.
4 E. SANDER, Das Saarbrücker Schloß in barockem Glanz. Eine historische Entdeckungsreise, Saarbrücken 2006, S. 135.
5 Zit. nach O. DIMMIG, Pläne zum Wiederaufbau des Saarbrücker Schlosses von Johann Adam Knipper d. Ä. 1805 und Balthasar Wilhelm Stengel 1806/07, in: Die Architektenfamilie Stengel, hg. v. H.-C. DITTSCHEIDT/K. GÜTHLEIN, Petersberg 2005, S. 241–253, hier S. 246. Dimmigs im folgenden wiederholt zitiertes Werk ist einschlägig für die Wiederaufbauplanungen des Saarbrücker Schlosses zu Beginn des 19. Jahrhunderts.
6 DIMMIG (wie Anm. 5), ebd.

sein, die Dächer ebenfalls mit Leyen gedeckt und die Gebäude mit derselben Farbe wie das Schloß gestrichen sein.

Von den Konzessionen, die in diesem ersten Entwurf gemacht wurden, tritt die der Umnutzung der Ehrenhofpfeiler ganz entscheidend vor Augen als Symbol für die veränderten gesellschaftlichen Verhältnisse. Während die Pfeiler samt Gitter ehedem den fürstlichen vom städtischen Herrschaftsbereich trennten, sollten die Pfeiler samt neuem Lattenwerk dazwischen nunmehr bürgerlich-privaten Besitz und städtisch-öffentliche Bereiche scheiden. Getreu der Wiedergewinnung der schönsten Zierden der Stadt gab es für den Umbau der Innenräume keinerlei Auflagen. Das Projekt scheiterte an den Forderungen der Pariser Regierung, die das Schloß samt Grundstück der Stadt für 12.200 Francs zum Kauf anbot, um darin Markthalle, Marktplatz, Rathaus und auf dem Grundstück eine Promenade zu errichten, dennoch beharrte die Saarbrücker Stadtverordnetenversammlung in ihrer Sitzung vom 25. Februar 1805 auf dem alten Konzept. In einem zweiten Anlauf versuchte die Stadt nun mittels Kostenvoranschlag die Präfektur in Trier und die Pariser Regierung zu überzeugen. Architekt Johann Adam Knipper der Ältere (1746–1811) bezifferte die benötigten Mittel auf rund 50.000 Francs.

1806/07 legte die Stadt ein zweites Projekt vor, das auf den Sohn des Schloß-Architekten Balthasar Wilhelm Stengel (1748–1824) zurückgeht, der gleichfalls als Architekt eine rein öffentliche Nutzung des Schlosses vorschlägt. Wieder sollte der Verkaufserlös einzelner Gebäude die Wiederherstellung des Schlosses finanzieren, nur sollten dieses Mal neben dem Rathaus auch die Unterpräfektur, das Tribunal, die Gendarmeriebrigade und das Magazin für die Feuerspritzen einziehen. Getreu der alten Disposition seines Vaters beabsichtigte Stengel im saarseitigen Flügel, der ehedem die fürstliche Regierung, die Finanzkammer und das Archiv aufgenommen hatte, die Unterpräfektur unterzubringen, während im rangniedrigeren Bergflügel die Kaserne und das Spritzenhaus ihre Heimat finden sollten. Am 25. Mai 1807 faßten die Municipalräte den Beschluß zum neuen Projekt, nicht ohne die Widmungsinschrift am Schloßgiebel unerwähnt zu lassen. Hier sollte in goldenen Lettern stehen: »Schloß der ehemaligen Fürsten von Nassau, durch den Krieg zerstört, wiederaufgebaut durch Napoléon I., Kaiser der Franzosen«[7].

Am 9. November 1808 gab besagter Municipalrat auch das zweite Projekt auf, da es kaum noch Hoffnung für den Verkauf der einzelnen Gebäude in der Stadt gab.

Ein letzter geradezu verzweifelter Versuch der Stadt Saarbrücken galt ein viertel Jahr später der Reaktion auf das Dekret vom 9. Februar 1809, mit dem Napoleon I. den Verkauf des Schlosses verfügt hatte. Kaufmann Johannes Hirsch hatte das komplette Grundstück mit Ruine für 8.400 Francs erworben, um es losweise weiterzuveräußern, wobei das Corps de Logis an die Herren Robert und Fröhlich gelangte. Hier versuchte die Stadt zu intervenieren, plante unter Bezugnahme auf Artikel 545 Absatz 2 Code Civil gar die Enteignung bzw. Entschädigung der neuen Eigentümer im Zuge des Raumbedarfs der Stadt, mußte aber im Oktober 1809 die letzten Hoffungen begraben[8].

Im gleichen Jahr hatte die Parzellierung des Schloßgartens in sieben einzelne Parzellen – die Siebenherrengärten – begonnen, 1810 folgte die Aufteilung des Schlosses in Losen in acht Einzelgebäude durch Johann Adam Knipper Vater und Sohn (Abb. 2). Johann Adam

---

7 Zit. nach DIMMIG (wie Anm. 5), S. 250.
8 DIMMIG (wie Anm. 5), S. 250.

Knipper der Ältere, Erster Baumeister des Kreises Saarbrücken, ließ das Mezzaningeschoß abtragen und verwandelte den Torso durch eine neue Fassadengliederung und Zwischendecken in ein dreigeschossiges Gebäude. Dabei fiel der besonders stark zerstörte saarseitige Nordflügel bis zur Oberkante des Erdgeschosses dem Abriß zum Opfer und entstand mit engeren Fensterstellungen und klassizistischem Fassadendekor völlig neu[9]. So wird aus dem Fürstenschloß auch äußerlich ein Bürgerschloß, erst recht als einige Jahre später der Mittelpavillon abgerissen und durch ein Tor ersetzt wird (Abb. 3).

Erst in der Zeit des Historismus versuchte der Montanindustrielle Carl Ferdinand Stumm (1836–1901) die Dreiflügelanlage durch die Schaffung eines neuen Mittelpavillons zu heilen und damit das Schloß als Gesamtheit wiederzugewinnen[10] (Abb. 4). Dennoch blieb es bei einzelnen Wohngebäuden innerhalb der Gesamtanlage. Wirklich prestigeträchtig wurde das Saarbrücker Schloß zwischen 1908 und 1920 als der Landkreis Saarbrücken die einzelnen Teile sukzessive erwarb und zu jenem Organismus zusammenführte, den Balthasar Wilhelm Stengel rund einhundert Jahre zuvor angeregt hatte. Von nun an blieb das Saarbrücker Schloß Prestigeobjekt – bis heute. Verwiesen sei hier nur noch auf die jüngste Entwicklung mit Gottfried Böhms (*1920) neuem Mittelpavillon, der sein barockes Vorbild zitiert ohne es zu kopieren und die gewachsene Architektur so tradiert, daß Entwicklungslinien und Brüche ablesbar bleiben[11].

II. Mainz – Das Museumsschloß[12]

Ähnlich wie das Saarbrücker Schloß geriet auch das Kurfürstliche Schloß in Mainz in die Wirren der Französischen Revolution, doch anders als Saarbrücken brannte es nicht aus, sondern diente 1792 kurzzeitig als Hauptquartier von General Custine, 1793 und 1795 als Militärhospital und ab 1797 als Kaserne[13] (Abb. 5). Von äußeren Zerstörungen blieb es weitgehend verschont, dennoch hatten die Verunreinigungen und Plünderungen bereits 1793 dazu geführt, daß Kurfürst Friedrich Karl Josef von Erthal (1719/1774–1802) nicht mehr im Schloß residieren konnte[14] (Abb. 6).

Durch ein Dekret Napoleons I. von 1804 verlor die Anlage schließlich ihre ureigene Funktion und wurde zum Lagerhaus des neuen Freihafens degradiert. Die viel ältere, ehedem östlich des Rheinflügels gelegene Martinsburg wurde bis 1809 abgerissen, der heutige Rheinflügel ohne Rücksicht auf den kostbaren Fassadenschmuck und die Balkongeländer

---

9 BAULIG (wie Anm. 3), S. 54; W. ZIMMERMANN (Bearb.), Die Kunstdenkmäler der Stadt und des Landkreises Saarbrücken, hg. v. d. SAARFORSCHUNGSGEMEINSCHAFT IM AUFTRAG DER STADT UND DES LDKR. SAARBRÜCKEN, unveränd. Nachdruck, Saarbrücken 1975, S. 121.
10 BAULIG (wie Anm. 9), S. 54f.
11 BAULIG (wie Anm. 9), S. 55.
12 Einschlägige Informationen zum Forschungsstand zum Kurfürstlichen Schloß verdankt der Verfasser Herrn Dr. Joachim Glanz vom Landesamt für Denkmalpflege Rheinland-Pfalz, Mainz.
13 U. ZAHLER, Das kurfürstliche Schloß zu Mainz. Studien zur Bau- und Stilgeschichte, St. Ingbert 1988, S. 125f.
14 E. COUDENHOVE-ERTHAL, Die Kunst am Hofe des letzten Kurfürsten von Mainz, in: Wiener Jahrbuch für Kunstgeschichte 10 (1935), S. 56–86, hier S. 82; ZAHLER (wie Anm. 13), S. 125.

dem neuen Zweck angepaßt[15]. Das bedeutete, daß Gesimse und Brüstungen einfach abgeschlagen wurden[16]. Auf den ersten Blick ist Mainz also noch kein Prestigeobjekt! Mehr noch: als 1814 das nunmehr französische Mainz wiederum belagert wurde und ein erheblicher Mangel an Brennholz auftrat, wurden etliche Gebäude zum Abriß freigegeben, darunter der südlich an den Rheinflügel grenzende Kanzleibau und die Schloßkirche von St. Gangolph[17].

Eine Aufwertung erlebte die amputierte Anlage erst mit den Plänen eines von Architekt Eustache de St. Far entwickelten kaiserlichen Residenzschlosses, das zwischen Kurfürstlichem Schloß im Norden, dem mit einbezogenen Deutschordenspalais und dem Zeughaus im Süden entstehen sollte[18]. Ähnlich dem Kanzleibau früher sollte eine Galerie das neue kaiserliche mit dem alten kurfürstlichen Schloß verbinden. Ganz offensichtlich wollte man das Kurfürstliche Schloß räumlich und optisch in das neue Projekt einbeziehen. »Die großartigste Ansicht des neuen Komplexes hätte sich unstreitig von der Rheinseite geboten – in der Mitte der Kaiserliche Palast, flankiert von Zeughaus und kurfürstlichem Schloß, eine Riesenfassade, wie sie das ausgehende 18. Jahrhundert liebte«[19]. Bedauerlicherweise haben sich hier keine Pläne erhalten.

Eine wichtige Zäsur bildete das Jahr 1827, als das Schloßareal im Austausch mit dem Dalberger Hof vom Großherzoglichen Fiskus an die Stadt Mainz übertragen wurde, allerdings mit der wichtigen Auflage, daß »dasselbe fernerhin, und so lange als dieses nothwendig erscheint, zu den Bedürfnissen des Mainzer Handelsstandes verwendet wird«[20]. Das Schloß mit seinem rheinseitigen und dem im rechten Winkel anstoßenden Ingelheim-Osteinschen Flügel war in allen drei Geschossen in einzelne Magazine aufgeteilt und an Kaufleute vermietet, der Schloßhof und die Gebäude ringsum mit einer steinernen Mauer umwehrt. Als 1840 nach der Zollvereinigung einige Magazinräume im nordwestlichen Flügel leer standen, sah der Mainzer Bürgermeister Metz seine Chance gekommen und wies das Hauptzollamt als Nutzer auf die Schönheit und den geschichtlichen Wert des Gebäudes hin. Das wohl schlagkräftigste Argument gegen den Leerstand war der Mietausfall von 4.000 Gulden für diese Räume, die durch weitere Nichtnutzung zum Verfall des Schlosses beitrügen[21]. Erst 1842 trugen die städtischen Bemühungen Früchte, konnte der Ingelheim-Osteinsche Flügel innen restauriert werden und die »Sammlungen von Gemälden und sonstigen Kunstschätzen, wozu es an bisherigen Aufbewahrungsorten an Raum gebricht«[22] aufnehmen. Anlaß und Anstoß für diese Baumaßnahmen war die im gleichen Jahr in Mainz stattfindende 20. Versammlung deutscher Naturforscher. Mit dem

---

15 Zur baulichen Situation – Abriß der Martinsburg bis 1809 vgl. L. FRANK, Ergebnisse der bauhistorischen Untersuchung am ehemaligen Kurfürstlichen Schloß in Mainz, in: LANDESAMT FÜR DENKMALPFLEGE RHEINLAND-PFALZ (Hg.), Jahresberichte 1992–1996, Worms 1999, S. 66–86, hier S. 73.
16 F. SCHNEIDER, Denkschrift zur Herstellung des ehemaligen Kurfürstlichen Schlosses zu Mainz, Mainz 1897, S. 5.
17 SCHNEIDER (wie Anm. 16), S. 7.
18 ZAHLER (wie Anm. 13), S. 127f.
19 H. BIEHN, Pläne zu einer Mainzer Residenz für Napoleon I. im Rahmen rheinischer Schloßprojekte des Barock, in: Kultur und Wirtschaft im rheinischen Raum. Festschrift für Christian Eckert, Mainz 1949, S. 163–169, hier S. 167f.
20 Zit. nach ZAHLER (wie Anm. 13), S. 132.
21 ZAHLER (wie Anm. 13), S. 132.
22 Zit. nach ZAHLER (wie Anm. 13), S. 133.

Ausbau des Inneren ging man pragmatisch vor. Um geeignete Ausstellungsräume zu schaffen, wurden vor allem in den Erdgeschossen die Gewölbe abgeschlagen, feuersichere Decken eingezogen, ein neues Treppenhaus eingebaut und die Zugänge verändert.

Seit 1842 waren im Gebäude neben der Gemäldegalerie die Stadtbibliothek, das Altertumsmuseum der Stadt und die Sammlungen des Altertumsvereins, die Rheinisch-Naturforschende Gesellschaft und seit 1852 das Römisch-Germanische Zentralmuseum untergebracht. 1872 trat noch die Sammlung des Vereins für plastische Kunst hinzu[23]. Die Anlage hatte sich also über einen Zeitraum von 30 Jahren in ein Museumsschloß verwandelt, das immer mehr das Interesse auf sich zog. Auch äußerlich trat das Schloß seit den 1870er Jahren immer stärker in Erscheinung, als das Rheinufer mit der Umgestaltung der Festungsanlagen und der Rheinbegradigung, -vertiefung und Einschnürung allmählich den Charakter einer Repräsentationszone erhielt und das Schloß als Torso freigab (Abb. 7). Nach Anlage des neuen Binnenhafens und dem Auszug der Zollbehörde 1887 war endlich der Weg der äußeren Wiederherstellung frei, zu der Stadtbaumeister Kreyßig zwei Jahre später Pläne und eine Kostenschätzung über 650.000 Mark für die »›Wiederherstellung‹ des Schlosses«[24] vorlegte (Abb. 8). Sowohl ihm als auch dem Architekten Rudolf Opfermann war die Dachzone des Kurfürstlichen Schlosses und der Erker auf der Südseite des Rheinflügels zu schlicht. Kreyßig plante die Risalitachsen durch hohe zweigeschossige Giebel mit seitlichen Obelisken zu bekrönen und die Eckerker der Südfassade um ein Geschoß zu erhöhen und mit Hauben und Laternen abzuschließen. Statt eines Ausgleichs von Vertikale und Horizontale hat sich das Gewicht nun in die Vertikale verschoben, so daß der Bau das bekommt, was ihm zu fehlen schien: das Monumentale. Das zeitgleich ausgebaute Heidelberger Schloß schien Kreyßigs Pläne beeinflußt zu haben, ließ das Mainzer Schloß neben ihm und dem Aschaffenburger rangieren. Gemäß der neuen Bedeutung der Rheinfront hatte Kreyßigs Fassadenentwurf die Absicht, höher und aufwendiger zu erscheinen, um gegen die zahlreichen Neubauten ringsum besser bestehen zu können. Die Forderungen reichten zeitweilig so weit, die Wiederherstellung des Mainzer Schlosses zur nationalen Aufgabe zu erklären[25]. Dann keimten plötzlich Pläne auf das Schloß zu einer Drei- bzw. Vierflügelanlage zu erweitern und hier, wetteifernd mit der Nachbarstadt Wiesbaden, die 1883/84 ein neues Rathaus von Georg Hauberrisser erhalten hatte, das Mainzer Rathaus unterzubringen[26]. Endlich wurden die Stimmen lauter, die sich gegen eine historisierende Veränderung wandten, nicht zuletzt durch Georg Dehio, der sich mit Blick auf Heidelberg gegen jedwede historisierende Restaurierung wandte. Die hochrangige Gutachterkommission von 1897, die für die Wiederherstellung des Mainzer Schlosses gebildet wurde, formulierte am Ende sieben maßgebliche Grundsätze, die im Wesentlichen die Konservierung der Fassaden und behutsame Wiederherstellung von Bauschäden beinhalteten. Störende Anbauten aus französischer Zeit sollten abgerissen, das Dach aber auf keinen Fall verändert werden[27]. Unter den Gutachtern fand sich neben

---

23 E. Neeb, Das Kurfürstliche Schloß zu Mainz, Wiesbaden 1924, S. 27.
24 P.-G. Custodis, Der geplante historisierende Ausbau des Mainzer Schlosses in der 2. Hälfte des 19. Jahrhunderts, in: Denkmalpflege in Rheinland-Pfalz 1982/83, Landesamt für Denkmalpflege (Hg.), Worms 1984, S. 93–100, hier S. 95.
25 Schneider (wie Anm. 16), S. 25.
26 Zahler (wie Anm. 13), S. 137; Custodis (wie Anm. 24), S. 96.
27 Custodis (wie Anm. 24), S. 98f.

den Architekten Josef Durm (1837–1919), Julius Carl Raschdorff (1823–1914) und Gabriel von Seidl (1848–1913) auch der Mainzer Architekt Friedrich Schneider, der in einer eigenen im Auftrag der Stadtverwaltung erarbeiteten Denkschrift zur Herstellung des ehemaligen Kurfürstlichen Schlosses zu Mainz für den archäologisch exakten Wiederaufbau plädierte. Der eigentliche Wiederaufbau folgte zwischen 1903 und 1925, allerdings nicht immer getreu dem Grundsatz Georg Dehios: Nicht restaurieren – wohl aber konservieren[28].

III. Waghäusel – Das Fabrikschloß

Die dritte Form nach Bürger- und Museumsschloß ist das Fabrikschloß[29]. Dieses Fabrikschloß wirkt auf den ersten Blick sehr profan und befremdlich, wohl auch deshalb, weil es ganz eigene Maßstäbe anlegte und nicht primär den Schloßbau in seiner Architektur und historischen Aussage, sondern vielmehr die umgebende Infrastruktur in den Blick nahm. Während die säkularisierte Benediktinerabtei in St. Blasien im Schwarzwald eine der ersten Maschinenfabriken Deutschlands aufnahm und für die Benediktinerabtei im saarländischen Mettlach mit Jean Francois Boch und seiner 1809 gegründeten Keramikfabrik rasch eine neue Nutzung gefunden wurde, schien für die von Johann Michael Ludwig Rohrer (1683–1732) für Fürstbischof Damian Hugo von Schönborn (1676/1719–1743) ab 1724 errichtete, später von Balthasar Neumann (1687–1753) erweiterte weitläufige Anlage der Eremitage von Waghäusel mit Schloßbau, Kavaliershäusern, Ökonomiehof, Garten- und Parklandschaft jede Rettung zu spät zu kommen[30] (Abb. 9). Infolge des Reichsdeputationshauptschlusses von 1803 waren die rechtsrheinischen Gebiete des Bistums Speyer an Baden gefallen. Dem letzten Eigentümer Fürstbischof Graf Philipp Franz Wilderich von Walderdorff (1739/1797–1810) wurde bis zu seinem Tod 1810 ein Wohnrecht zugestanden, danach blieb die Anlage ungenutzt und sollte verkauft werden[31]. Als sich bis 1831 noch kein Kaufinteressent gefunden hatte, dachte man bei der Großherzoglichen Domänenverwaltung in Karlsruhe ernsthaft an Abriß und Verwendung des Steinmaterials für den Straßenbau. Und die Pläne konkretisierten sich, als im gleichen Jahr einige Rheinsheimer Bürger um den Löwenwirt Zimmermann der Domänenverwaltung 22.800 Gulden boten, um die Gebäude abzureißen und das Steinmaterial nunmehr für die Rheinuferbefestigung zu verwenden[32] (Abb. 10). Bei der daraufhin angesetzten öffentlichen Versteige-

---

28 NEEB (wie Anm. 23), S. 27; ZAHLER (wie Anm. 13), S. 139f.
29 Vgl. dazu RICHTER/ZÄNKER (wie Anm. 1), S. 79–81 (mit weiteren Beispielen).
30 H. ROTT (Bearb.), Die Kunstdenkmäler des Amtsbezirks Bruchsal, Tübingen 1913, S. 335ff. (zur Eremitage Waghäusel); U. HASSLER, Die Eremitage Waghäusel. Zum Bautypus der radialen Jagdanlagen des Barock, in: architectura 17 (1987), S. 134–168, hier bes. S. 160f.
31 U. HASSLER (Bearb.), Die Eremitage Waghäusel. Jagdschloß, Zuckersilos und ausgestopfte Löwen, DENKMALSTIFTUNG BADEN-WÜRTTEMBERG (Hg.), Stuttgart 1994, S. 17; K. HOFFMANN, Der Wunsch der Zuckerfabrik Waghäusel nach einer eigenen Gemeinde, in: U. HASSLER/N. KOHLER (Hgg.), Über das Verschwinden der Bauten des Industriezeitalters. Lebenszyklen industrieller Baubestände und Methoden transdisziplinärer Forschung, Tübingen/Berlin 2004, S. 199–205, hier S. 199.
32 A.J. HOFMANN (Bearb.), Stadt Waghäusel. Spuren der Geschichte FREUNDESKREIS DER JOHANN-PETER-HEBEL-REALSCHULE WAGHÄUSEL E.V. (Hg.), Waghäusel 1985, S. 82.

rung konnten zwei Teilhaber die geforderte Kaution nicht schultern – Rettung in letzter Sekunde wie es schien. Zuvor hatte der Finanzrat Bürklin in einer frühen Form des Denkmalschutzes versucht, den drohenden Abriß durch in Auftrag gegebene Sachverständigengutachten zu verhindern, in denen er nachweisen wollte, daß sich das Steinmaterial keinesfalls zum Straßenbau eignete. Ein Einzelfall – ein früher Denkmalschützer, der den Wert der Anlage erkannt hatte. Kurzzeitig wurde die Eremitage an den Regierungsdirektor Fürst von Wrede aus Speyer vermietet, der die Eremitage jedoch nicht erwerben konnte oder wollte, bis 1837 die Badische Gesellschaft für Zuckerfabrikation das gesamte 13 Hektar große Areal erwarb[33]. Die Standortvorteile hatten dabei den Ausschlag gegeben. Dazu zählten der günstige Kaufpreis wie die verkehrsgünstige Lage an der Hauptverkehrsachse von Mannheim nach Karlsruhe und am Kreuzungspunkt der aus der Rheinpfalz nach Speyer bzw. Bruchsal führenden Straße. Hinzu kam die Möglichkeit, Güterverladeplätze am Rheinufer für Warentransporte per Schiff zu nutzen und den Torf des nahe gelegenen Bruchs als Brennmaterial zu verwenden, nicht zu vergessen die Frischwasserquellen von Altrhein und Wagbach für die Zuckerproduktion[34]. Die Baulichkeiten selbst sollten für die Fabrik bzw. als Wohnräume genutzt werden. Die historische Bedeutung trat völlig hinter diesen Faktoren zurück. Allein der repräsentative Charakter der Eremitage selbst schien noch eine gewisse Rolle zu spielen, denn das Gebäude fand sich von 1837 an immer wieder im Mittelpunkt[35] zahlloser Firmenansichten, die weit bis ins 20. Jahrhundert hineinreichten. Eine Schonung des historischen Kernbaubestandes brachte die Ansiedlung der Fabrik im Bereich des einstigen Ökonomiehofes, so daß Schloß und Kavalierhäuser im Schatten der Fabrik weitgehend unbeschadet überdauerten. Die Bausubstanz selbst war hingegen weitgehend auf den reinen Nutzen, nicht auf die Geschichtlichkeit ausgerichtet, und unterlag den steten Umbauten und Anpassungen, vor allem im Gebäudeinnern. Ähnlich pragmatische Umgangsformen zeigten sich jedoch auch in Saarbrücken und Mainz. Nachdem im Hauptbau der Eremitage bis zu Beginn des 20. Jahrhunderts noch weitgehend die alte Raumaufteilung vorhanden war, setzte die Zuckerfabrik beim Umbau von 1926 ganz eigene Maßstäbe mit »handwerklich und formal recht qualitätvolle[n] Lösungen«[36]. Ziel war im Gebäude die Hauptverwaltung unterzubringen. Man hatte ganz offenkundig, über den Außenbau hinaus, den repräsentativen Wert erkannt, suchte jedoch nach eigenen architektonischen Ausdrucksmöglichkeiten. Unter »Schonung« der äußeren Baugestalt sollte das Innere von Zutaten neueren Datums befreit und die ursprüngliche Form der Räume wiederhergestellt werden, so die damalige Bauabsicht. Die Karlsruher Ministerialbürokratie ließ die Zuckerfabrik gewähren, bewertete lediglich den Abriß der eisernen Baldachinarchitektur am Außenbau negativ. Auf die Disposition des Inneren nahm sie keinerlei Einfluß. Im Zentrum des Gebäudes entstand der dreigeschossige Kuppelsaal, der einzig Giovanni Francesco Marchinis etwa ab 1732

---

33 HASSLER (wie Anm. 31), S. 21; K. FISCHER, Die bauliche Entwicklung der Zuckerfabrik, in: U. HASSLER/N. KOHLER (wie Anm. 31), S. 207–223, hier S. 207.
34 A.J. HOFMANN (Bearb.), 150 Jahre Werk Waghäusel 1837–1987, SÜDDEUTSCHEN ZUCKER-AKTIENGESELLSCHAFT (Hg.), Mannheim 1987, S. 9.
35 HASSLER (wie Anm. 31), S. 21.
36 HASSLER (wie Anm. 31), S. 25.

Abb. 1   Johann Friedrich Dryander, Brand des Schlosses Saarbrücken am 7. Oktober 1793

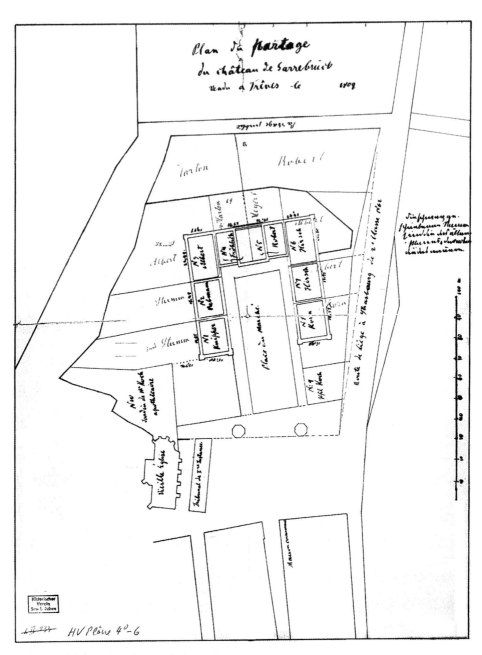

Abb. 2　Schloß Saarbrücken, Aufteilungsplan, 1809

Abb. 3 Schloß Saarbrücken nach Abbruch des Stengelschen Mittelrisalits, um 1850

Abb. 4 Schloß Saarbrücken mit Dihmschem Mittelrisalit, 1924

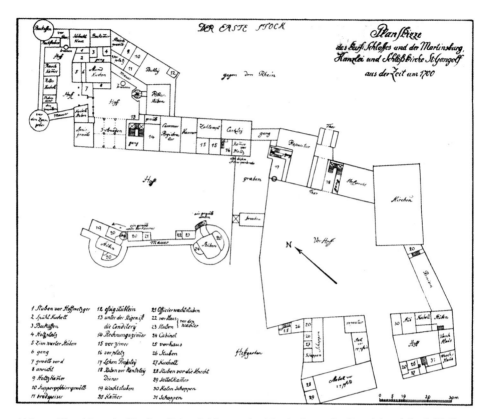

Abb. 5   Planskizze des Kurfürstliches Schlosses, der Martinsburg, der Kanzlei und der Schloßkirche, um 1700

Abb. 6 Martinsburg mit Kurfürstlichem Schloß und Kanzleigebäude, um 1800

Abb. 7   Mainz, Kurfürstliches Schloß, Rheinfront, um 1900

Abb. 8   Mainz, Kurfürstliches Schloß, Rheinfront, Ausbauvorschlag nach Plänen des Stadtbaumeisters Kreyßig

Abb. 9 Balthasar Neumann, Projekt für die Erweiterung des Hauptgebäudes der Eremitage,
20. Mai 1747 (GLA G Waghäusel Nr. 1)

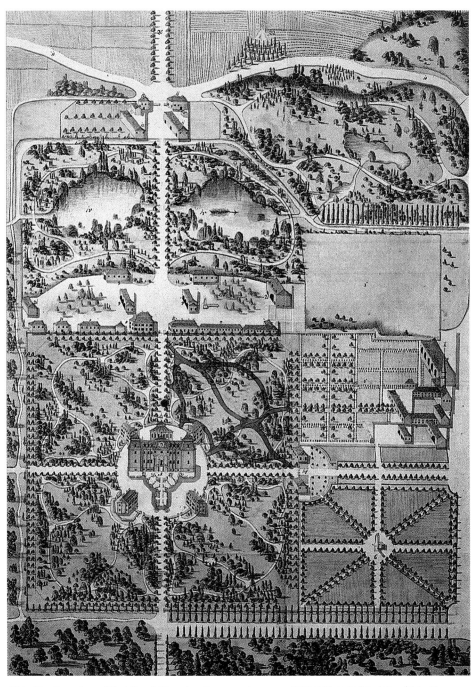

Abb. 10 Eremitage Waghäusel, Plan der Gesamtanlage, um 1790 (GLA G Waghäusel Nr. 3)

entstandenes Deckenfresko bewahrte, daß jedoch mitsamt der barocken Kuppel im März 1945 bei einem Jagdbomberangriff vernichtet wurde[37].

Dennoch war das Gebäude nach 1837 nicht mehr ohne die Zuckerfabrik denkbar. Aus der Fabrik heraus entwickelte sich allmählich die Siedlung. Die barocken Gebäude haben am Ende länger mit der Fabrik, als ohne sie gelebt, durch ihre fortwährende Nutzung blieben sie bis in die Gegenwart erhalten. Als 1860 den evangelischen Christen in Waghäusel von der badischen Regierung ihre Religionsausübung gestattet wurde, richtete die Fabrik im Schloß einen Betsaal ein, der bis 1967 genutzt wurde[38]. Während viele Fabrikansiedlungen ihren Schlössern wieder entwuchsen blieb die Badische Zuckerfabrik bis 1995 ihrem ältesten Standort treu[39]. Bis dahin stand der Name Waghäusel Synonym für Eremitage und Zuckerfabrik. Als er 1974 auf die Probe gestellt wurde – Grund war die Gemeindegebietsreform – stimmte eine große Mehrheit für Waghäusel – und gegen den vom Fusionsausschuß festgelegten Namen Lußhardt. Grund: der hohe Bekanntheitsgrad durch Wallfahrtskirche, Eremitage und Zuckerfabrik[40].

Zusammenfassung und Ausblick

Das letztgenannte Beispiel Waghäusel zeigt ganz klar den Wandel – der über die Eingangsthese hinaus in allen drei Beispielen bis weit ins 20. und bei Waghäusel gar ins 21. Jahrhundert hinein anhält. Fortwährende Transformationsprozesse, ausgelöst durch äußere Faktoren, wie Krieg und Zerstörung, wie etwa in Mainz, umfassende bauliche Instandsetzungen, wie in Saarbrücken, oder wirtschaftliche Umstrukturierungen, wie in Waghäusel, definieren die Anlagen immer wieder neu. Bürgerschlösser im wahrsten Sinne des Wortes sind sie mittlerweile alle drei geworden, ganz gleich ob als Sitz des Stadtverbandes und als Historisches Museum, wie in Saarbrücken, als Kongreß- und Veranstaltungszentrum und Sitz des Römisch-Germanischen Zentralmuseums in Mainz oder als repräsentativer Ort der politischen Gemeinde in Waghäusel. Ihre Geschichtlichkeit und Bedeutung wurde in allen drei Fällen sehr früh erkannt und geschätzt, ganz gleich ob als Wiederherstellung der Stadtsilhouette, als Ort der Künste und Wissenschaften oder als architektonische Kostbarkeit, doch zielten bewußt gesteuerte politische Entscheidungen des Besatzungsregimes (Beispiel Saarbrücken bzw. Mainz) oder rein pragmatische der neuen Eigentümer (Beispiel Waghäusel) zunächst in andere Richtungen. Mit der Neubewertung der Geschichte im Lauf des 19. Jahrhunderts änderte sich zunehmend auch die gesellschaftliche Einstellung zu den Gebäuden, die nun viel stärker im öffentlichen Interesse standen. Schon damals galt die These, daß sich der Umgang mit alten Adelsschlössern ihrer Vergangenheit versichern mußte, um eine neue Gegenwart darin einrichten zu können, die in bewußter Distanz auf diese Vergangenheit reagierte, um sich von ihr abzusetzen, sei es als Wohn-, Museums- oder Fabrikschloß.

---

37 HASSLER (wie Anm. 31), S. 25; HOFFMANN (wie Anm. 31), S. 202.
38 HOFFMANN (wie Anm. 31), S. 200.
39 D. SCHAAL, Waghäusel und die Entwicklung der deutschen Zuckerindustrie, in: HASSLER/KOHLER (wie Anm. 31), S. 191–197, hier S. 195.
40 Zum Namensstreit vgl. HOFFMANN (wie Anm. 31), S. 203.

Am Ende ein Behördenzentrum. Zur Verbürgerlichung des Mannheimer Schlosses

VON WOLFGANG WIESE

Üblicherweise werden Schlösser im Kontext einer adligen, feudalen Gesellschaft betrachtet und die Pracht und Macht fürstlicher Residenzen kunst- und kulturgeschichtlich in den Mittelpunkt gerückt. Ihre Funktion als höfische Versorgungs- und Verwaltungseinrichtung steht dabei kaum im Interesse von Forschung und Lehre. Doch Schlösser sind ganzheitliche Organismen, die nicht nur als Summe feudaler Mengen, sondern als umfassende Zeugen einer integrativen Geistes- und Sachwelt zu gelten haben, und dadurch eine Fülle von strukturellen und gesellschaftlichen Informationen in sich bergen. So ist die andere Seite, das unspektakuläre »Profane«, wie es etwa die Verwaltung oder die zahlreichen Versorgungseinrichtungen jener Orte implizieren, eine unverzichtbare Ergänzung und Bereicherung der Betrachtung eines Repräsentationswandels in den Schlössern.

1. Das Schloß im Kontext der Verbürgerlichung des 19. Jahrhunderts

Die bürgerlichen Tendenzen im 19. Jahrhundert zeigen die Auseinandersetzung der feudalen Herrschaftssysteme mit den liberalisierenden Gesellschaftsbewegungen[1] in erheblichem Maße. Durch die revolutionären Entwicklungen gerieten die alten Regime in die Krise und verloren ihre Kraft. Der privilegierten Aristokratie blieben oft nur Titulaturen und Prädikate, die an die vergangene Herrlichkeit erinnerten. Politisch entmachtet und vielfach auf ländliche Domänen beschränkt, hatte sie an Einfluß verloren und sich mit einem bürgerlichen Kapitalismus der aufblühenden Industrien und Gewerbe zu arrangieren. Adel und Bürgertum wuchsen aber als Gesellschaftsgruppen nur bedingt zusammen. Während viele Adlige verarmten, da sie durch die Trennung von Hof und Staat vielfach ihre Stellung verloren und der Konkurrenz einer hoch gebildeten Bourgeoisie ausgesetzt waren, konnten Teile des Bürgertums so große Gewinne erzielen, daß für sie ein elitärer Lebenswandel und sogar die Privilegierung möglich wurde. Es entstand ein neues Standesbewußtsein, das sich wiederum an althergebrachten Herrschaftsnormen orientierte. »Die Werte dieser neuen Elite wurden in besonderen Erziehungsinstitutionen und Sozia-

---

1 H. KÖLLER, Verbürgerlichung der Welt. Zur Weltgeschichte von 1770 bis 1870, Hamburg 2004.

lisationsprozessen ausgedrückt und tradiert«[2], wie Werner Mosse in »Bürgertum im 19. Jahrhundert« 1995 feststellte. Die Masse des Bürgertums, wie die Handwerker, Handelsleute oder Angestellten, fand aber nur selten zu jener bevorzugten neuen Klasse Zugang. Sie wurde von jener jedoch gesellschaftlich instrumentalisiert, indem man ihr beispielsweise Bildung und Gerechtigkeit als patriarchalische Wohltat zukommen ließ. Die Mechanismen der Förderung und Fürsorge hatten sich schon im 18. Jahrhundert entwikkelt und wirkten hier in nobler Gesinnung nach[3].

Die adeligen Herrscherdynastien waren im 19. Jahrhundert von dem gesellschaftlichen Strukturwandel erheblich tangiert. »Die Höfe verloren ihren öffentlichen Charakter; die im ›klassischen‹ Schloß verbundenen Funktionen von privater, familiärer Residenz einerseits und Ort von Regierung, Verwaltung und staatlicher Repräsentanz andererseits traten auseinander«[4]. Regierungstätigkeit, Staatsakte und Verwaltung behielt man in den Residenzen bei, während die Monarchen sich aus den Zentren der Hauptstädte in abgelegene Anlagen zurückzogen, um dort eine intimere, von der staatlichen Repräsentation getrennte Etikette zu pflegen. Noch aus den alten Gewohnheiten heraus, aber auch aus pragmatischen Gründen hatte sich eine funktionelle Verwendung der Schloßräumlichkeiten zunächst nicht geändert. Vor allem die für die Monarchien zentralen Bereiche, wie die Paraderäume, beließ man bestehen. Auch die Gerichtsbarkeit, die Finanzen und die militärischen Dienste behielten ihre feste Verankerung in den Residenzen. Dagegen bedeutete die Trennung von Hof und Staat eine Neuordnung der Hofbehörden mit direkterer Ausrichtung auf den Bürger.

2. Die Öffentlichkeit im Schloß

Die fürstlichen Residenzen repräsentierten im 18. Jahrhundert hauptsächlich den Sitz des Regenten und seiner Hofhaltung. Öffentlichkeit vollzog sich an diesen Orten weitgehend in politischen Dimensionen und ließ nur ausgewählte Personenkreise darin zu. Die Versorgung und Verwaltung in den Residenzschlössern konzentrierte sich ganz auf die monarchischen Bedürfnisse. In der Kurpfalz, wie in anderen Herrschaften, war eine höfische Organisation[5] vorhanden, die die Finanzen, die Justiz, die Regierung, die Wirtschaft und das Militär umfaßte. Auch die Kultur war hier angesiedelt und direkt den Hofstäben zugeteilt. Alle diese Bereiche, die in der Geheimen Konferenz zusammengeführt waren, sollten im Schloß ihren Hauptsitz haben[6]. Die Leitung der Ämter besaßen in der Regel Adelspersonen, die eine besondere Privilegierung genossen. Bürgerliche Personen in die-

---

2 J. KOCKA (Hg.), Bürgertum im 19. Jahrhundert. Bd. III. Verbürgerlichung, Recht und Politik (Kleine Vandenhoeck-Reihe), Göttingen 1995, S. 10.
3 KOCKA (wie Anm. 2), S. 14.
4 W. RICHTER/J. ZÄNKER, Der Bürgertraum vom Adelsschloß. Aristokratische Bauformen im 19. und 20. Jahrhundert, Hamburg 1988, S. 55.
5 S. MÖRZ, Aufgeklärter Absolutismus in der Kurpfalz, Stuttgart 1991, S. 250–253.
6 H. RADKE/G. ZÖBELEY, Die Gerichte im Landgerichtsbezirk Mannheim, in: Festschrift 200 Jahre Badisches Oberhofgericht, Oberlandesgericht Karlsruhe, Karlsruhe 2003, S. 429. Der Wunsch des Kurfürsten aus dem Schloß ein Gebäude mit vielen Regierungsstellen zu machen, erwähnt Friedrich Walter in F. WALTER, Das Mannheimer Schloß (Vom Bodensee zum Main, Heimatblätter herausgegeben vom Landesverein Badische Heimat, Heft 20), Karlsruhe 1922, S. 14.

sen Positionen stellten die Ausnahme dar. Auch die untergeordneten Kräfte waren eng in die vom Adel geführten Systeme eingebunden. Das Schloß war somit im 18. Jahrhundert eine von der bürgerlichen Stadt weitgehend separierte Einrichtung mit einer eigenen Sozialisation und Dynamik.

Zu Beginn des 19. Jahrhunderts war die Infrastruktur der Hauptresidenzen nicht wesentlich geändert worden, auch wenn die Schlösser plötzlich unter neue Herrschaften fielen. Neben den fürstlichen Refugien befanden sich weiterhin die Verwaltungen in den Schlössern. Mit dem Aufbau des badischen Staates in seinen Sektionen Justiz, Finanzen, Inneres, Auswärtiges und Militär entstand eine Dreistufigkeit, die sich durch die Ministerien und durch die Oberbehörden in den Teilterritorien Markgrafschaft, Pfalzgrafschaft und Oberes Fürstentum mit Unterbehörden ergab. Die ehemaligen Sitze einiger Landesbehörden mediatisierter Herrschaften beließ man an ihren früheren Standorten. Die Verteilung der Ressorts ergab sich aus der Bedeutung der Staatsgebiete. Bis 1815 hatten sich weitgehend Strukturen herausgebildet, die vor allem die Justiz und die Finanzen, das Bauwesen und das Militär flächendeckend umfaßten. Dagegen waren Innen- und Außenressort die zentrale Angelegenheit des Fürstensitzes.

In Mannheim hatte man zu Beginn des 19. Jahrhunderts den Hauptsitz des Erbgroßherzogs bestimmt und damit eine zweite Residenz geschaffen. Hierfür wurde eine starke Finanzverwaltung benötigt. Auch die Justiz war vertreten und hatte mit der Hauptbehörde eine mächtige Stellung. Außerdem wurden die Archive und Registraturen des nordbadischen Raumes in Mannheim vereinigt. Das Schloß stellte so einen wichtigen Verwaltungsstandort in der Kurpfalz dar, in dem zunächst noch hergebrachte höfische Aufgaben wahrgenommen wurden. Mit dem Abzug des Hofes nach Karlsruhe, der durch die anwesende Hofhaltung der Großherzogin-Witwe Stephanie nicht abrupt ausfiel, wandelte sich nach 1820 aber allmählich die Struktur. Zu den staatlichen Organen kamen nun kommunale Einrichtungen hinzu.

3. Nutzungen im Mannheimer Schloß

Aus kurpfälzischer Zeit blieb zu Beginn des 19. Jahrhunderts das Hofgericht als zentrales Zivilgericht im neuen Baden erhalten[7]. Sitz war das Mannheimer Schloß, nachdem man es zunächst in Schloß Bruchsal untergebracht hatte. 1810 gelangte die Einrichtung als höchste richterliche Instanz in Baden nach Mannheim zurück. Der Präsident des Oberhofgerichts Karl Wilhelm Freiherr Drais von Sauerbrunn hatte auf den Umzug gedrängt, da von Seiten Mannheims unnachgiebig auf die Rückführung bestanden wurde. Die Belegschaft der Behörde umfaßte einen Kanzler, einen Vizekanzler und 10 Oberhofgerichtsräte. Das Oberhofgericht (Abb. 1) befand sich im Erdgeschoß des südöstlichen Mittelbaus und Ehrenhofflügels (2–14; 137–139, 149–159) und war dort für 69 Jahre bis 1879 im Schloß anwesend. Dann wurde es im Zuge der neuen Reichsgerichtordnung am 1.10.1879 aufgelöst und als Oberlandesgericht nach Karlsruhe gelegt.

Parallel zum Oberhofgericht entstand das Hofgericht als untere Behörde. Es war für die Gerichtsbarkeit in der Pfalzgrafschaft eigens zuständig und wurde von einem adeligen

---

7 RADKE/ZÖBELEY (wie Anm. 6), S. 432.

Präsidenten geleitet. Auch die Nachfolger waren aus dem Adelsstand, wobei geadelte Beamte die früheren Standesherren ab dem 2. Drittel des 19. Jahrhunderts ablösten. Sitz der Institution war zuerst das Kaufhaus in Mannheim. 1864 benannte man die Behörde in Kreis- und Hofgericht um und gab ihr Appellationssenate sowie die badische Rheinschifffahrtsgerichtsbarkeit hinzu. Zusammen mit dem 1857 gegründeten Amtsgericht wurde es nach einem Umbau des westlichen Querflügels 1863–1865 im Schloß untergebracht. Aus dem Kreis- und Hofgericht entstand 1879 das Landgericht Mannheim. Hinzu kam noch ein Handelsgericht, so daß die ehemalige Residenz zu einem »Justizzentrum« wurde[8]. 1902 bis 1904 fügte man an den westlichen Flügel einen neobarocken Anbau an, in den das Amtsgericht 1905 umzog. Die Gerichte wurden in der 2. Hälfte des 19. Jahrhunderts nunmehr von bürgerlichen Personen geleitet. Bereits in der ersten Hälfte der 60er Jahre des 19. Jahrhunderts war auch ein Gefängnisbau auf dem Ballhausareal entstanden[9], den die Gerichte dringend benötigten. 1870 hatte das Gefängnis die Bezeichnung Kreisgefängnis und 1890 Landesgefängnis (Abb. 2). 1893 erhielt die Einrichtung einen Erweiterungsbau zwischen Querflügel und Ballhaus[10].

Mit der Neuorganisation Badens gab es ab 1804 in Karlsruhe und in Freiburg wie auch in Mannheim einen Verwaltungssitz, hier für die Provinz Unterrhein[11]. Ein Hofratskollegium besaß für jede Provinz Senate zur Regelung staatsrechtlicher und staatswirtschaftlicher Angelegenheiten mit Bindung an den Landesherrn. Auch das Finanzwesen fiel in die Obliegenheiten der Senate und vor allem die Einkünfte aus den Domänen wurden hier bewirtschaftet sowie die Oberaufsicht über das Kommunalvermögen und die öffentlichen Anstalten geführt. 1807 übernahmen neben freiwilliger Gerichtsbarkeit, Polizeiwesen, Domänen-, Forst- und Kultusverwaltung Provinzregierungen und 1809 Kreisdirektorien die Finanzangelegenheiten für die 10 badischen Kreise. Die Kreise reduzierte man ab 1815 auf vier Bezirke. Kreiskassen bestanden an drei Orten, so auch in Mannheim. Die Staatsbeamten unterstanden den Kreisdirektorien, die von einem Direktor und jeweils zwei Räten geleitet wurden. Sie führten im Bereich der Finanzverwaltung auch »die Dienstaufsicht über die Erhebung und Beitreibung der Abgaben, die staatlichen Verrechnungen und über die Kommunalabgaben«[12] bzw. leiteten die Rechnungsbelege an das Finanzministerium weiter. Mit Revisionsabteilungen (Kreisrevision) wurde die so genannte »Abhör« der Rechnungen der Obereinnehmereien, Domänenkassen und Amtskassen geregelt, das heißt, die Beschwerdemöglichkeit bei Verwaltungsangelegenheiten.

In der Organisation der neuen badischen Bezirke hatte man bis 1809 die unteren »Finanzstellen samt ihren historisch gewachsenen Aufgaben übernommen«[13]. Mit der Reform von 1809 wurden Bezirksämter geschaffen, die die Bezirkseinnehmereien für direkte und indirekte Steuern führten. Wegen der übergeordneten Verrechnung der Zoll-, Akzis- und Steuergelder erhielten die Steuereinnehmereien 1812 die Bezeichnung Obereinnehmereien und waren den Kreisdirektorien unterstellt. In Schatzungsbüchern, die in Regi-

---

8 RADKE/ZÖBELEY (wie Anm. 6), S. 444.
9 GLA 56/3631.
10 GLA 56/3631 (1.06.1893).
11 B. WIPFLER, Die Finanzverwaltung im Großherzogtum Baden, in: 150 Jahre Oberfinanzdirektion Karlsruhe 1826–1976, Karlsruhe 1976, S. 94.
12 WIPFLER (wie Anm. 11), S. 95.
13 WIPFLER (wie Anm. 11), S. 95.

straturen hinterlegt waren, verzeichnete man die Einahmen. Neben Grund- und Haussteuern zog man ab 1815 auch Gewerbesteuern ein. 1895 benannte man die Obereinnehmereien in Großherzoglich Badische Finanzämter um. Auch in Mannheim ist diese Entwicklung wirksam und man findet 1804 im Schloß Räumlichkeiten der Konkurrenz- und Provinzialkasse, 1814 der Depositalkasse, nach 1835 der Kreiskasse[14] (bis 1866) und 1857 der Obereinnehmerei (11–14)[15], die man 1866 wieder aufgegeben hatte. Wohl nicht die komplette örtliche Finanzverwaltung war im Schloß untergebracht. Dies änderte sich im Jahr 1900 mit dem Einzug des Finanzamts in den westlichen Querflügel des Schlosses.

Neben den behördlichen Einrichtungen dienten die Schlösser schon immer der Unterbringung des höfischen Personals. Noch zu kurfürstlichen und frühen badischen Zeiten waren in Schloß Mannheim für adelige Hofdamen und Kammerherrn, Hofhandwerker bis hin zum Zimmerbohner entsprechende Räume vorhanden, die unentgeltlich zur Verfügung gestellt wurden. So bittet etwa die Kabinettschreiner-Witwe Gindrat 1833 um *Belassung ihrer bisher benutzten Wohnung auf dem Stallbau nebst Werkstätte*[16]. Aber auch andere Bedienstete, wie ein Herr Matuschek, wünschten die begünstigte, vom Hof baulich unterhaltene Wohnung[17]. Hiervon waren vor allem der Galerieflügel (Abb. 3) und der Stallbau betroffen. Doch die Bediensteten hatten im Laufe der Zeit teilweise ihre höfischen Aufgaben verloren. Man begann, wie etwa bei Gindrat, nun die *Verbindlichkeiten eines Miethers*[18] einzufordern.

Im westlichen Schloßflügel nahm die Hofhaltung der Großherzogin-Witwe Stephanie Raum in Anspruch und erst nach 1860, dem Todesjahr der Fürstin, konnte über die künftige Verwendung der Zimmer nachgedacht werden. Wie konkret dies geschah, berichtet Kronprinzessin Carola von Sachsen, als sie schrieb: »Welch ein schrecklicher Gedanke, daß die Zimmer der lieben Großmama vermietet werden«[19]. Katrin Rössler hat in ihrem Beitrag zur Umnutzung des Mannheimer Schlosses in Barockschloß Mannheim, Geschichte und Ausstattung[20] sehr ausführlich dargestellt, daß man mit der neuen, vom Hof unabhängigen Nutzung rang, da zunächst die althergebrachte *Einrichtung einer Hofhaltung im linken Flügel*[21] nicht aufgegeben werden sollte[22]. Doch schon 1861 überließ man in ersten Schritten Räumlichkeiten privaten Personen, wie das Beispiel der Überlassung von Zimmern an Bildhauer Hornberger und Maler Coblitz für Werkstattzwecke im Erdgeschoß des linken Flügels zeigt. Coblitz hatte noch für die Großherzogin-Witwe gearbeitet und war besonders an den Zimmern in diesem Bereich interessiert. Die An- und

---

14 GLA 237/36912 (06.11.1866).
15 STAATLICHE SCHLÖSSER UND GÄRTEN BADEN-WÜRTTEMBERG (Hg.), Barockschloß Mannheim. Geschichte und Ausstattung, Konz. W. WIESE, Petersberg 2007, S. 274–309; GLA 237/36913 (Nov. 1866).
16 GLA 56/3624 (17.03.1833).
17 K. RÖSSLER, Vom Adelsschloß zum Bürgerschloß, in: STAATLICHE SCHLÖSSER UND GÄRTEN BADEN-WÜRTTEMBERG (Hg.), Barockschloß Mannheim. Geschichte und Ausstattung, Petersberg 2007, S. 170 oder GLA 237/36912. Die Wohnung des Herrn Matuschek befindet sich im südlichen Stallhofflügel, Zim. 44–47.
18 GLA 56/3624 (30.05.1833).
19 RÖSSLER (wie Anm. 17), S. 164.
20 RÖSSLER (wie Anm. 17), S. 163–181.
21 GLA 237/9011 (21.03.1864).
22 RÖSSLER (wie Anm. 17), S. 164.

Abfuhr von Steinen für Hornberger wäre nach Ansicht der Hofdomänenkammer außerdem an dieser Stelle günstiger, da so das großherzogliche Quartier auf der rechten Seite weniger gestört werden würde[23].

Eine umfassende Auflösung des Appartements der Großherzogin-Witwe hatte sich auch insofern angekündigt, als man 1861 der Rheinschiffahrtsgesellschaft einige Repräsentationsräume der Fürstin (Abb. 4) zur Verfügung stellte[24]. Es handelte sich um den blauen Salon (431) und den gelben Salon (432). Hier wurden die Sitzungen der Institution abgehalten, nachdem sie von Mainz nach Mannheim gezogen war. Berühmt wurde die »Rheinschiffahrtsakte« von 1868, die den freien Schiffsverkehr auf dem Rhein regelte und als Vorbote der im 20. Jahrhundert erfolgten europäischen Einigung gilt. Erst 1921 siedelte die Gesellschaft von Schloß Mannheim nach Straßburg über.

Während der Staat überwiegend über die Räume des Schlosses verfügte, zog 1863 mit der sogenannten »Höheren Töchterschule«[25], eine von Mannheimer Bürgern initiierte und zunächst kommunal orientierte Einrichtung ins Schloß ein[26]. Der westliche Seitenflügel mit der 1.–3. Etage wurde hierfür vorgesehen (Abb. 5). Sowohl der Rektor, wie auch das Lehrpersonal kamen neben den Schulräumen unter. 1877 wurde die Privatschule in eine Stiftung überführt und unter der Obhut des Großherzogs bewußt als von der Stadt unabhängige Einrichtung verstanden[27]. Bis 1905 befand sie sich in den ehemaligen Räumen der Großherzogin-Witwe (217–222, 456–479, 746–754) und zog dann aus.

Nach immer häufigeren Gesuchen um räumliche Überlassungen und dem Drang zur pekuniären Einnahme entschloß sich der Hof 1863 zur kompletten Vermietung des Flügels. Daß dies nicht nur die untergeordneten Bereiche, sondern auch die räumlichen Kostbarkeiten betraf, zeigt etwa die Wohnung des Hofgerichtspräsidenten, dem man die ehemalige Kabinettsbibliothek der Kurfürstin als Wohnzimmer überließ (Abb. 6.). Auch die noch von der Hofhaltung der Großherzogin-Witwe anwesende Dienerschaft (9 Personen) sollte nun einen *mäßigen Miethzins* erbringen[28]. 1870 sind für das gesamte Schloß 49 Mietparteien verzeichnet. Die Zahl stieg bis 1910 auf 66 und sank im ersten Weltkrieg auf 41[29].

Für die Bürger wurde 1870 eine öffentliche Bücherei in der großen Hofbibliothek (347) geplant und vom Großherzog genehmigt[30]. Allerdings sollte eine Trennung der für die Hofhaltung im östlichen Schloßflügel vorhandenen Räume vom öffentlichen Nutzungsbereich der Bibliothek durch eine Holzwand stattfinden. Auch eine Gewerbeschule hatte man nach dem Auszug des Oberhofgerichts 1880[31] im rechten Erdgeschoßbereich des Schloß-Mittelbaus untergebracht. Die Einrichtung befand sich in städtischer Verwaltung und mußte Miete entrichten. 1888 zog sie dann in ein städtisches Gebäude in N 6, 4 um.

23 GLA 56/3624 (14.01.1861).
24 Rössler (wie Anm. 17), S. 165; vgl. auch in vorliegendem Band, S. 159, Arnscheidt (wie Anm. 7).
25 Rössler (wie Anm. 17), S. 165.
26 GLA 60/2109.
27 GLA 60/2109 (30.03.1877).
28 GLA 56/3624 (14.08.1862).
29 Rössler (wie Anm. 17), S. 169.
30 GLA 56/3624 (14.02.1871).
31 M. David (Hg.), 150 Jahre Gewerbeschule Mannheim, Mannheim 1985.

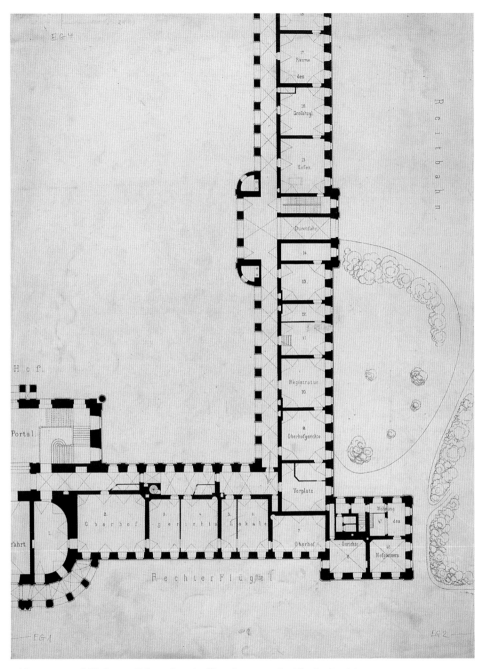

Abb. 1　Grundrißplan östlicher Ehrenhofflügel, 1863, EG, Oberhofgericht

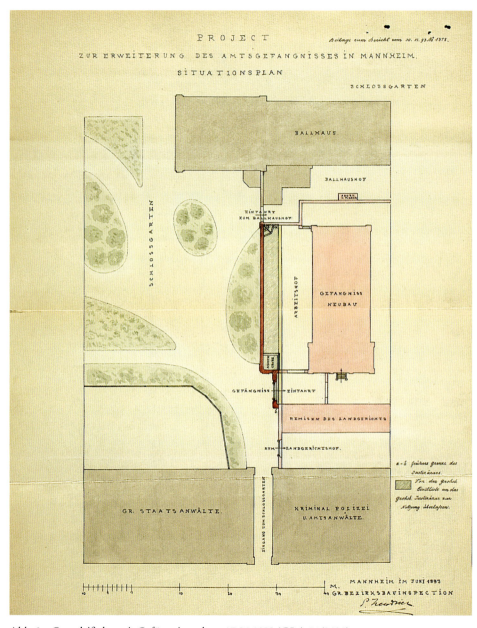

Abb. 2 Grundrißplan mit Gefängnisneubau, 17.06.1893 (GLA 56/3631)

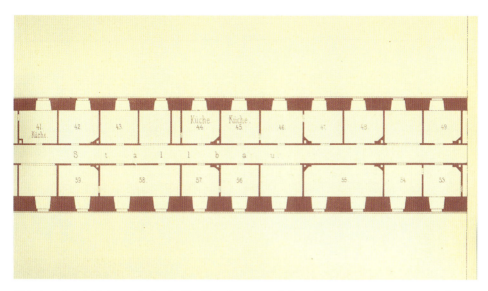

Abb. 3   Grundrißplan südlicher Stallhofflügel, 1863, 1. OG, Wohnung von Herrn Matuschek, Zimmer Nr. 44–47.

Abb. 4   Blauer Salon, späterer Sitzungssaal der Rheinschiffahrtsgesellschaft in der 2. H. des 19. Jahrhunderts, Schloßmuseum, Aufnahme um 1930

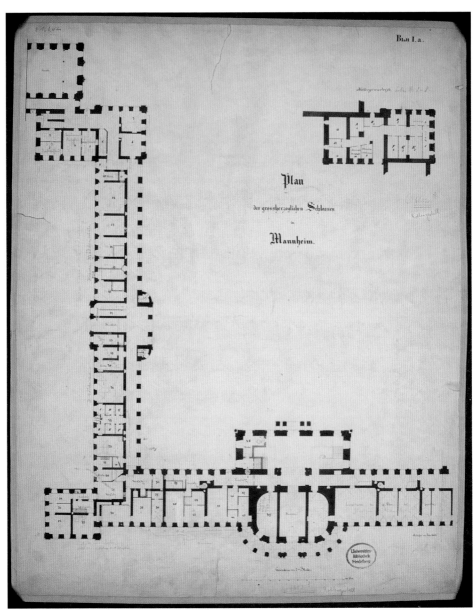

Abb. 5 Grundrissplan Erdgeschoß, westlicher Flügel, 1863, Höhere Töchterschule (UB Heidelberg)

Abb. 6 Ehemalige Kabinettsbibliothek der Kurfürstin, EG, nun Wohnzimmer der Hofgerichtspräsidenten, 1879

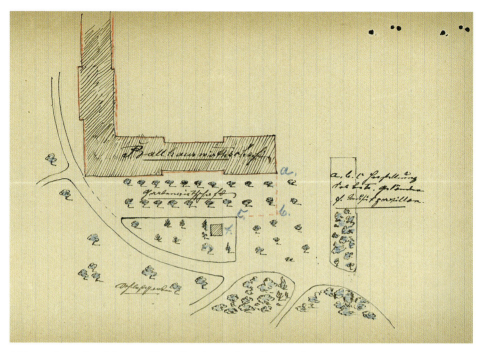

Abb. 7 Gartenbereich vor Ballhausflügel, Musikpavillon Nr. f (GLA 56/3660)

Abb. 8 Postkarte Ehrenhofpark Schloß Mannheim, um 1921

Abb. 9 Verkehrswegesystem im Mannheimer Schloßgarten, 1865 (GLA Pläne Mannheim Nr. 72)

Abb. 10   Exerzierplatz vor dem östlichen Querflügel, um 1890

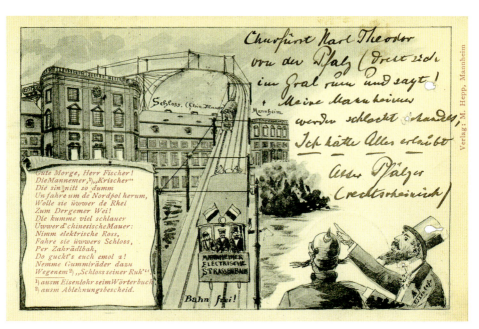

Abb. 11   Postkarte mit Karikatur der Verkehrssituation beim Mannheimer Schloß, 13.12.1900 (GLA 56/3660)

Wie sehr man die höfischen Bereiche in der 2. Hälfte des 19. Jahrhunderts der Allgemeinheit öffnete, zeigt in besonderem Maße die Verwendung der Hofkirche. Schon 1851[32] wurde der Großherzog um Gestattung des Gottesdienstes im englischen Ritus der Altkatholischen Gemeinde gebeten. Auch geistliche Orgelkonzerte hielt man für die Bevölkerung darin ab[33]. Deshalb mußte die Orgel repariert werden. Die zunehmenden Ausnahmeregelungen führten schließlich 1873 zur kompletten Überlassung der Hofkirche und der darin befindlichen Paramente an die altkatholische Gemeinde[34], die sie heute noch nutzt.

Die grundlegendste Veränderung erfuhr der Schloßgarten beziehungsweise das gesamte Umfeld des Schlosses im Laufe des 19. Jahrhunderts. Nicht nur die überregionale Verkehrsführung, sondern auch die städtische Infrastruktur tangierte die Anlage. Zum einen galt es Verkehrsverbindungen auszurichten, zum andern die direkte Umgebung des Schlosses für Freizeitbedürfnisse zu erschließen. Schon zu Lebzeiten der Großherzogin-Witwe hatte man begonnen, den Garten zur allgemeinen Promenade[35] zu öffnen und beim Ballhaus eine Gartenwirtschaft zu genehmigen. Doch die Wohnung der Großherzogin lag zu nahe am gastronomischen Getriebe[36] und auf Wunsch der Fürstin stellte man den Betrieb 1847 ein. 1869 wurde das Garten-Café erneut geöffnet[37]. 1875 plante man nun die Aufstellung eines Musikpavillons (Abb. 7) im Garten vor dem Ballhaus[38]. Im nordwestlichen Schloßgartenbereich entstand nach der Pfalzgauausstellung von 1880 der sogenannte Friedrichspark, ein typischer Stadtgarten der Zeit des späten 19. Jahrhunderts[39].

Auch ein Wasserwerk wurde im Garten errichtet[40] und schließlich begann man den Ehrenhof mit Rabatten und Boskett zu begrünen und im Sinne kommunaler Platzanlagen mit Denkmälern auszuschmücken (Abb. 8).

Bis zum Ende des 19. Jahrhunderts war der Schlossgarten für die Eisenbahn geopfert worden und Trassen durchschnitten wesentliche Teile, um vom neuen Bahnhof einen direkten Zugang zur Rheinbrücke[41] zu bekommen. Ein Plan des Schlossgartens um 1865 (Abb. 9) zeigt die erdrückende Situation, wie die Bahn- und Wegetrassen den Schloßkörper einschnürten. Immer mehr dehnten sich die Gleise aus und auch eine elektrische Straßenbahn wollte man noch zusätzlich verlegen. Hinzu kamen Fußwege und Trottoirs zur Erschließung des Gebäudes. Die Generalintendanz der großherzoglichen Civilliste wehrte sich gegen den schloßnahen Ausbau[42], da die großherzogliche Hofhaltung erheblich gestört werden würde. Doch die Weichen waren gestellt. Nicht mehr die höfische Repräsentation hatte den Vorrang, sondern die städtische Infrastruktur. Um 1900 kochte die Mann-

32   GLA 56/3665; GLA 56/3624.
33   GLA 56/3624 (23.04.1873).
34   GLA 56/3668.
35   GLA 56/3623 (April 1845).
36   GLA 56/3667.
37   GLA 56/3667 (20.09.1869).
38   GLA 56/3667.
39   F. WERNER, Die kurfürstliche Residenz zu Mannheim, Worms 2006, S. 362–363.
40   GLA 56/3630 (24.10.1853).
41   GLA 237/36912 (20.02.1867).
42   GLA 237/36912 (20.02.1867), es gab harte Verhandlungen mit der Bahn um Überlassung von Schloßgartengelände.

heimer Volksseele hoch[43] und in den Zeitungen wurde die Benachteiligung Mannheims gegenüber Karlsruhe thematisiert[44]. Die Karlsruher Verwaltung bestand auf einer Umfahrung des Schlosses über die Bismarckstraße und einer Brückenrampe und keiner direkten Gleisführung vom Bahnhof auf die Brücke nach Ludwigshafen. Bis 1914 zogen sich die Bemühungen der Stadt hin, um doch noch eine Lösung zu finden[45]. Dann genehmigte die Generalintendanz der großherzoglichen Civilliste die Gleisführung über die Schloßgartenstraße. Die Auseinandersetzung zwischen dem großherzoglichen Hof und der Stadt war vor allem durch die grundsätzliche Frage der Nutzung höfischer Bereiche geprägt. Für eine sich immer stärker entfaltende Kommune konnte das privilegierte Interesse des Hofes nicht mehr allein maßgeblich sein. So erzwangen die Bürger in Mannheim um 1900 die Aufgabe wesentlicher Bereiche des Schlosses durch den Hof. Man könnte noch einige andere Vorgänge der Profanierung nennen, die diese Entwicklung vor Augen führen.

4. Exkurs: Militärische Nutzungen

Eine Nutzung des Mannheimer Schlosses durch das Militär, wie auch in Bruchsal oder Schwetzingen, fand immer wieder statt. Die Militärverwaltung benötigte in den Jahren 1866 bis 1871 eine Unterbringungsmöglichkeit, zog man doch in Folge kritischer Zeiten gerade im Mannheimer Ballungsraum vorzugsweise Truppen zusammen. An keine dauerhafte Lösung, wie in Schloß Gottesaue bei Karlsruhe, war hier gedacht, aber an eine zeitlich beschränkte, zweckmäßige Nutzung verbunden mit erheblichen Umwälzungen im Schloß. Durch den deutsch-deutschen Krieg von 1866 und die Luxemburgische Krise von 1867 sowie den deutsch-französischen Krieg von 1870/71 wurde am Oberrhein einmal mehr militärische Präsenz erforderlich. Das badische Großherzogtum war Bündnispartner Preußens und hatte im Fall eines französischen Angriffs Truppen zu stellen. In Mannheim wurde der östliche Schloßflügel nach Verlagerung der Sammlungen und Wohnungen[46] freigemacht und dem Militär überlassen. Naturgemäß stand der Marstall zur Unterbringung der Pferde zur Verfügung und die Offiziersquartiere kamen in den östlichen Schloßquerflügel.

Auch 1890 und 1894 mußte das Schloß militärischen Zwecken dienen. Der Carl-Theodor-Platz vor dem östlichen Querflügel wurde für Exerzierübungen herangezogen und von Grünbewuchs freigemacht (Abb. 10). Mit den militärischen Belegungen wird sehr deutlich, wie die gewohnte höfische Nutzung in der 2. Hälfte des 19. Jahrhunderts kurzerhand außer Kraft gesetzt wurde, ohne daß primäre fürstliche Belange Vorrang gehabt hätten.

---

43 GLA 56/3660.
44 GLA 237/3660. Mannheimer Familienblätter, Beilage des Neuen Mannheimer Volksblattes, No. 92, 28.11.1900 (*D'r Lorenz: Also zum zwettemol mit d'r Electrische Bahn in Karlsruh abgeblitzt! Heeßt des: um's Schloß rum! ...*).
45 GLA 56/3660 (23.04.1914), Vertrag über die Herstellung einer direkten Straßenbahnverbindung zwischen den Bahnhöfen Mannheim und Ludwigshafen a. Rh.
46 RÖSSLER (wie Anm. 17), S. 173–174.

5. Verluste und Gewinne einer Profanierung

Der Niedergang der großherzoglichen Repräsentation in den zahlreichen Schlössern, die durch die Mediatisierung dem Monarchen zu Beginn des 19. Jahrhunderts zugefallen waren, konnte hundert Jahre später nicht mehr aufgehalten werden. Von der »Störung der Ruhe« war anfangs noch die Rede, als die öffentlichen Belange den noch für die höfischen Aufenthalte vorbehaltenen Quartieren zu nahe rückten. Aber der allgemeine Druck auf den Fürstenhof wurde durch die wirtschaftlichen, politischen und sozialen Interessen immer größer, so daß die Tabuzonen der Monarchie, also die Repräsentationsbereiche der Schlösser, nach und nach fielen. Die großherzogliche Verwaltung versuchte zwar noch die herrschaftlichen Räume, wie die Gartenanlagen oder Prunkgemächer, als interne Refugien und Kunstwerke zu schützen, ja zu retten, doch der Drang einer Umnutzung war so heftig, daß selbst der Fürst nur ohnmächtig dem Geschehen der Entfremdung zusehen konnte. Gerade das Verkehrskonzept zur Verbindung Mannheims mit Ludwigshafen spricht Bände. Sowohl die staatliche Eisenbahn, die städtische Straßenbahn und die Straßenzüge lassen das einstige Residenzschloß lästig und für den Fortschritt geradezu hinderlich erscheinen[47], wie eine eigens zur Thematisierung des Problems angefertigte Postkarte zynisch zeigt (Abb. 11). Der Staat begegnete den höfischen Verlusten und der bürgerlichen Anspruchshaltung damit, daß er einige wichtige Funktionen der Schlösser, nämlich die Unterbringung von Verwaltungseinrichtungen, nicht aufgab. Aber nun wurden die Verwaltungen zu öffentlichen Behörden, die den allgemeinen Zugang erforderten und die fürstliche Repräsentation an den Rand drängten. Sehr profan gestalteten sich weite Teile des Schlosses. In ihrer äußeren Erscheinung wurde die Residenz zum städtebaulichen Blickpunkt für eine kulturell interessierte Gesellschaft. Man legte sogar in dem Bereich des Ehrenhofs, der früher ganz den Repräsentationszwecken der Etikette diente, eine städtische Parkanlage mit Denkmälern und Brunnen an, wie sie fast zeitgleich als bürgerliches Zentrum um den Wasserturm entstanden war.

Durch die exponierte Lage und die innere Struktur des Schlosses eignete sich die Anlage für die Unterbringung der Behörden besonders. Es sind die Bereiche der Justiz, der Finanzen und der Kultur, die man hier ansiedelte. Schon im 18. Jahrhundert spielten sie eine wesentliche Rolle im herrschaftlichen Organismus und man könnte durchaus denken, ihnen auch später einen würdigen, hoheitlichen Platz geben zu wollen. Wie sehr man sich mit dem Ort ja adeln konnte, zeigen die privaten Nutzungen von Künstlern, Behördenleitern und Beamten in der zweiten Hälfte des 19. Jahrhunderts, die ihre Anwesenheit im Schloß als Bevorzugung empfanden und sich auch entsprechend einrichteten, wie das Beispiel der Kabinettsbibliothek, die zum Wohnzimmer wurde, zu erkennen gab. Wolfgang Richter und Jürgen Zänker nahmen zwar von der These, daß »sich mit den alten Schlössern notwendig ihr alter Geist tradiert und auf die neuen Nutzer übertragen habe«, Abstand. »Architektur ist trotz aller Zerstörung ein langlebiges Produkt mit praktischem Gebrauchswert, der ihre Inhalte, die Menschen und Dinge, denen sie nützt und die sie beherbergt, aber auch Ideen, Ansprüche und Zwänge, die in ihr anschaubar werden, häufig überlebt«[48]. Aber der hoheitliche Charakter der einstigen Zentren der Repräsentation

---

47 GLA 56/3660, Postkarte vom 13.03.1900.
48 RICHTER/ZÄNKER (wie Anm. 4), S. 73.

darf nicht unterschätzt werden. Dazu standen die Schlösser schließlich an exponierten Stellen in Landschaft und Städten.

Ob es ausschließlich die günstigen Mietpreise oder die nützlichen Raummaße, der edle Ort oder die hehre Kunst waren, die Schloß Mannheim für die Menschen immer wieder attraktiv machte, kann nicht abschließend festgestellt werden. Eine tiefere wissenschaftliche Bearbeitung der Mannheimer Schloßbehörden mag hier vielleicht Abhilfe verschaffen, zumal die archivischen Unterlagen zu einem gehörigen Teil vorhanden sind[49]. Es steht jedoch fest, daß die Entwicklung vom reinen Repräsentationsobjekt hin zum »Bürgerschloß« mit staatlichem Anspruch seinen unverwechselbaren Gang nahm und schließlich das Ende der Fürstenzeit einläutete. »Der Umgang mit alten Adelsschlössern muß sich ihrer Vergangenheit versichern, um eine neue Gegenwart darin einrichten zu können, die in bewußter Distanz auf diese Vergangenheit reagiert, um sich von ihr abzusetzen«[50]. In diesem Sinne wurde aus der stolzen Residenz Mannheim im Laufe des 19. Jahrhunderts ein allgegenwärtiges Behördenzentrum für die Mannheimer Bürgerschaft.

---

49   GLA Bestände 56, 60 oder 237.
50   RICHTER/ZÄNKER (wie Anm. 4), S. 86.

Literaturverzeichnis

ALBRECHT, W.E., Rezension über Maurenbrechers Grundsätze des heutigen deutschen Staatsrechts, in: Göttinger gelehrte Anzeigen, Göttingen 1837.
ALLROGGEN-BEDEL, A., Villa Ludwigshöhe (Edition Bürger, Schlösser, Altertümer Rheinland-Pfalz Führungsheft 13), Regensburg 2005.
ALLROGGEN-BEDEL, A./FINKE, E./GENSICHEN, S., Pompeji in der Pfalz: Die Wand- und Deckenmalereien der Villa Ludwigshöhe bei Edenkoben. Mit einem Exkurs zur Villa Denis in Diemerstein, in: Mitteilung des Historischen Vereins der Pfalz 105 (2007).
AMMERICH, H., Landesherr und Landesverwaltung. Beiträge zur Regierung von Pfalz-Zweibrücken am Ende des Alten Reiches (Veröffentlichungen der Kommission für Saarländische Landesgeschichte und Volksforschung XI), Saarbrücken 1981.
AMMERICH, H., Ludwig Alois Molitor (1817–1890), in: Stimme der Pfalz 42 (1991), Heft 4.
AMMERICH, H., Zweibrücken und Karlsberg. Residenzen des Herzogtums Pfalz-Zweibrücken, in: K. Andermann (Hg.), Residenzen. Aspekte hauptstädtischer Zentralität von der frühen Neuzeit bis zum Ende der Monarchie (Oberrheinische Studien, Bd. 10), Sigmaringen 1992.
AMMERICH, H., Vom Simultaneum zu Heilig Kreuz – Grundlinien der Geschichte der katholischen Gemeinde in Zweibrücken im 19. Jahrhundert, in: C. Glück-Christmann (Hg.), Zweibrücken 1793 bis 1918: Ein langes Jahrhundert, Blieskastel 2002.
ANDRES, J., »Auf Poesie ist die Sicherheit der Throne gegründet«. Huldigungsrituale und Gelegenheitslyrik im 19. Jahrhundert, Frankfurt a. M. 2005.
ANDRES, J./GEISTHÖVEL, J./SCHWENGELBECK, M. (Hgg.), Die Sinnlichkeit der Macht: Herrschaft und Repräsentation seit der Frühen Neuzeit, Frankfurt a. M. 2005.
ARNDT, E., Vom markgräflichen Patrimonialstaat zum großherzoglichen Verfassungsstaat Baden. Ein Beitrag zur Verfassungsgeschichte Badens zu Beginn des 19. Jahrhunderts mit Berücksichtigung der Verhältnisse in Bayern und Württemberg, in: ZGO 101 (1953).
ASCH, R.G., Zwischen defensiver Legitimation und kultureller Hegemonie. Strategien adliger Selbstbehauptung in der Frühen Neuzeit, in: zeitenblicke 4 (2005), Nr. 2.
ASSMANN, J., Kollektives Gedächtnis und kulturelle Identität, in: J. Assmann/T. Hölscher (Hgg.), Kultur und Gedächtnis, Frankfurt a. M. 1988.
BAUER, V., »Prachtliebe« und »Publicität«. Thüringische Hof- und Staatskalender des 18. Jahrhunderts, in: K. Scheurmann/J. Frank (Hgg.), Neu entdeckt: Thüringen – Land der Residenzen (1485–1918), Bd. 3, Mainz 2004.
BAULIG, J., u. a. (Bearb.), Architekturführer Saarbrücken, hg. v. Historischen Verein für die Saargegend, Saarbrücken 1998.
BAUMANN, K., Das pfälzische Appellationsgericht in der Zeit von 1815–1871. Die pfälzische Justiz im Kampf um den modernen Rechtsstaatsgedanken, in: K. Andermann (Hg.), Von Geschichte und Menschen in der Pfalz. Ausgewählte Aufsätze von K. Baumann (Veröffentlichungen der Pfälzischen Gesellschaft zur Förderung der Wissenschaften in Speyer, Bd. 73), Speyer 1984.
BAUMANN, K./FÖHNER, W., Die historischen und naturhistorischen Sammlungen in Mannheim als volkstümliche Museen, Mannheim 1903.
BAUMANN, K., Geschichte des Mannheimer Altertumsvereins, in: Mannheimer Geschichtsblätter (1900).
BAUMANN, K., Römische Denksteine und Inschriften der Vereinigten Altertums-Sammlungen, Mannheim 1890.
BAUMANN, K., Das Herzogtum Pfalz-Zweibrücken. Umrisse einer Landesgeschichte, in: K. Andermann (Hg.), Von Geschichte und Menschen in der Pfalz. Ausgewählte Aufsätze von K. Baumann

(Veröffentlichungen der Pfälzischen Gesellschaft zur Förderung der Wissenschaften in Speyer, Bd. 73), Speyer 1984.
Baus, M., »In hiesiger Gegend ist alles fortwährend ruhig«. Vormärz und Revolution in Zweibrücken, in: C. Glück-Christmann (Hg.), Zweibrücken 1793 bis 1918: Ein langes Jahrhundert, Blieskastel 2002.
Bausinger, H., Anmerkungen zum Verhältnis von öffentlicher und privater Festkultur, in: D. Düding/P. Friedemann/P. Münch (Hgg.), Öffentliche Festkultur. Politische Feste in Deutschland von der Aufklärung bis zum Ersten Weltkrieg, Hamburg 1988.
Behrenbeck, S./Nützenadel, S. (Hgg.), Inszenierungen des Nationalstaats. Politische Feiern in Italien und Deutschland seit 1860/71, Köln 2000.
Beinhauer, K., Museum für Archäologie und Völkerkunde und Museum für Naturkunde im Reiss-Museum der Stadt Mannheim, Braunschweig 1991.
Beseler, G., Die Lehre von den Erbverträgen 2, Göttingen 1840.
Beyerle, K., Das Haus Wittelsbach und der Freistaat Bayern, München 1921.
Beyerle, K., Die Rechtsansprüche des Hauses Wittelsbach, München/Berlin/Leipzig 1922.
Bidlingmaier, R., Das Residenzpalais in Kassel. Der Architekt Johann Conrad Bromeis und die Raumkunst des Klassizismus und Empire in Kurhessen unter Kurfürst Wilhelm II., Regensburg 2000.
Biehn, H., Pläne zu einer Mainzer Residenz für Napoleon I. im Rahmen rheinischer Schloßprojekte des Barock, in: Kultur und Wirtschaft im rheinischen Raum. Festschrift für Christian Eckert, Mainz 1949.
Biermann, G., Deutsches Barock und Rokoko. Jahrhundert-Ausstellung deutscher Kunst 1650–1800, Darmstadt/Leipzig 1914.
Binding, K., Deutsche Staatsgrundgesetze, Heft III, 1893.
Biram, E., Die Industriestadt als Boden neuer Kunstentwicklung (Schriften zur Soziologie der Kultur, hg. v. A. Weber Heidelberg, IV), Jena 1919.
Bleeck, K., Von der ›Zersplitterung‹ zur Einheit: Entwicklungstendenzen der Bibliotheken der Stadt Mannheim in der Zeit der Weimarer Republik, in: Stadt und Bibliothek. Literaturversorgung als kommunale Aufgabe im Kaiserreich und in der Weimarer Republik, Sonderdrucke, Wiesbaden 1997.
Bluntschli, J.C./Brater, K. (Hgg.), Deutsches Staats-Wörterbuch, 11 Bde., Stuttgart/Leipzig 1857–1870.
Böckenförde, E.-W., Der Verfassungstyp der deutschen konstitutionellen Monarchie im 19. Jahrhundert, in: W. Conze (Hg.), Beiträge zur deutschen und belgischen Verfassungsgeschichte im 19. Jahrhundert, Stuttgart 1967.
Boldt, H., Souveränität im 19. und 20. Jahrhundert, in: Geschichtliche Grundbegriffe, 6, 1990.
Boldt, H., »Monarchie« im 19. Jahrhundert, in: O. Brunner/W. Conze/R. Koselleck (Hgg.), Geschichtliche Grundbegriffe. Historisches Lexikon zur politisch-sozialen Sprache in Deutschland 4, Stuttgart 1978.
Borchardt-Wenzel, A., Friedrich von Baden. Mensch und Legende, Gernsbach 2006.
Bouveret, M., Die Stellung des Staatsoberhauptes in der parlamentarischen Diskussion und Staatsrechtslehre von 1848 bis 1918 (Rechtshistorische Reihe 272), Frankfurt a. M., 2003 (Diss.).
Bräunche, E.O./Schnabel, Th. (Hgg.), Die Badische Verfassung von 1818. Südwestdeutschland auf dem Weg zur Demokratie, Ubstadt-Weiher 1996.
Brandt, H., Früher Liberalismus im konstitutionellen Gehäuse. Die Württembergische Verfassung 1819, in: O. Borst (Hg.), Südwestdeutschland. Die Wiege der deutschen Demokratie, Tübingen 1997.
Braun, R./Gugerli, D., Macht des Tanzes, Tanz der Mächtigen 1550–1914, München 1993.
Braun, R., Konzeptionelle Bemerkungen zum Obenbleiben: Adel im 19. Jahrhundert, in: H.-U. Wehler (Hg.), Europäischer Adel 1750–1950 (Geschichte und Gesellschaft, Sonderheft 13), Göttingen 1990.
Bredekamp, H., Antikensehnsucht und Maschinenglauben. Die Geschichte der Kunstkammer und die Zukunft der Kunstgeschichte (Kleine kulturwissenschaftliche Bibliothek 41), Berlin 1993.
Bubner, R., Ästhetisierung der Lebenswelt, in: W. Haug/R. Warning (Hgg.), Das Fest, München 1989.

BUDDE, K., Die naturwissenschaftlichen Interessen des Kurfürsten, in: A. Wieczorek/H. Probst/W. König (Hgg.), Lebenslust und Frömmigkeit, 2 Bde., Regensburg 1999.
BÜSCHEL, H., Untertanenliebe. Der Kult um deutsche Monarchen 1770–1830, Göttingen 2006.
BÜSING, O., Das Staatsrecht der Großherzogthümer Mecklenburg-Schwerin und Mecklenburg Strelitz, in: H. Marquardsen (Hg.), Handbuch des öffentlichen Rechts der Gegenwart 3/2.
BUTZ, R./HIRSCHBIEGEL, J./WILLOWEIT, D. (Hgg.), Überlegungen zur Theoriebildung des Hofs. Annäherungen an ein historisches Phänomen (Norm und Struktur 23), Köln/Weimar/Wien 2004.
CHURPFALZBAIERISCHES REGBL. 1805.
CLEMENS, G.C., Ancestors, Castles, Tradition. The German and Italian Nobility and the Discovery of the Middle Ages in the Nineteenth Century, in: Journal of Modern Italian Studies 8 (2003).
CLEMENS, G.C., Katholische Traditionsbildung und Geschichtskultur. Der Historische Verein für den Niederrhein im preußischen König- und deutschen Kaiserreich, in: Annalen des Historischen Vereins für den Niederrhein 207 (2004).
CONZE, E./WIENFORT, M. (Hgg.), Adel und Moderne. Deutschland im europäischen Vergleich, Köln 2004.
COUDENHOVE-ERTHAL, E., Die Kunst am Hofe des letzten Kurfürsten von Mainz, in: Wiener Jahrbuch für Kunstgeschichte 10 (1935).
CUCUMUS, C., Lehrbuch des Staatsrechts der constitutionellen Monarchie Bayerns, Würzburg 1825.
CUSTODIS, P.-G., Der geplante historisierende Ausbau des Mainzer Schlosses in der 2. Hälfte des 19. Jahrhunderts, in: Denkmalpflege in Rheinland-Pfalz 1982/83, hg. v. Landesamt für Denkmalpflege, Worms 1984.
CYMOREK, H., »Das Werdende schon erleben, ehe es geworden ist«: Friedrich Naumann, in: Jahrbuch zur Liberalismus-Forschung 15 (2003).
CYMOREK, H., Und das soll Naumann sein? Wege zu einer Biographie Friedrich Naumanns, in: Jahrbuch zur Liberalismus-Forschung 14 (2002).
DAHLMANN, F.C. (Hg.), Gutachten der Juristen-Facultäten in Heidelberg, Jena und Tübingen, Jena 1839.
DANIEL, U./SIEMANN, W. (Hgg.), Propaganda. Meinungskampf, Verführung und politische Sinnstiftung 1789–1989, Frankfurt a. M. 1994.
DANN, TH., Die Appartements des Leineschlosses im Spiegel höfischen Zeremoniells der Zeit um 1700 bis 1850, in: Hannoversche Geschichtsblätter, Neue Folge 52 (1998/99).
DANN, TH., Die königlichen Prunkappartements im hannoverschen Leineschloß. Untersuchungen zu Raumfolgen in der 1. Hälfte des 19. Jahrhunderts, Hannover 2000.
DAUM, A., Wissenschaftspopularisierung im 19. Jahrhundert. Bürgerliche Kultur, naturwissenschaftliche Bildung und die deutsche Öffentlichkeit 1848–1914, München 1998.
DAVID, M. (Hg.), 150 Jahre Gewerbeschule Mannheim, Mannheim 1985.
DEGEN, W., Das Eigentumsrecht an den Domänen im Großherzogtum Baden, (Diss.) Heidelberg 1907.
DEMEL, W., Der bayerische Staatsabsolutismus 1806/08–1817. Staats- und gesellschaftspolitische Motivationen und Hintergründe der Reformära in der ersten Phase des Königreichs Bayern, München 1983.
DER HEIDELBERGER FESTZUG 1886, hg. v. Stadt Heidelberg, Heidelberg 1986.
DEWALD, M. (Hg.), Der Festzug der Württemberger von 1841, Ostfildern 2005.
DIELHELM, J.H., Rheinischer Antiquarius, Frankfurt 1744.
DIMMIG, O., Pläne zum Wiederaufbau des Saarbrücker Schlosses von Johann Adam Knipper d. Ä. 1805 und Balthasar Wilhelm Stengel 1806/07, in: H.-C. Dittscheidt/K. Güthlein (Hgg.), Die Architektenfamilie Stengel, Petersberg 2005.
DOEBERL, M., Ein Jahrhundert bayerischen Verfassungslebens, München ²1918.
DRESCH, L., Grundzüge des bayerischen Staatsrechts zum Gebrauche bei Vorlesungen und zum Selbstunterricht, Ulm ²1835.
DÜDING, D./FRIEDEMANN, P./MÜNCH, P. (Hgg.), Öffentliche Festkultur. Politische Feste in Deutschland von der Aufklärung bis zum Ersten Weltkrieg, Hamburg 1988.

DUNKEL, F./KÖRNER, H.-M./PUTZ, H. (Hgg.), König Ludwig I. von Bayern und Leo von Klenze. Symposion aus Anlaß des 75. Geburtstags von Hubert Glaser, München 2006.
DUNKEL, F., Reparieren und Repräsentieren. Die Münchner Hofbauintendanz 1806–1886, München 2007.
DURY, W., Zweibrücken – Die pfälzische Residenz des Rechts, in: C. Glück-Christmann (Hg.), Zweibrücken 1793 bis 1918: Ein langes Jahrhundert, Blieskastel 2002.
EHMER, H., Württembergische Geschichtsbilder. Die württembergische Regenten- und Landesgeschichte im Spiegel der Fresken Gegenbaurs im Neuen Schloß in Stuttgart, in: Bild und Geschichte. Studien zur politischen Ikonographie. Festschrift für Hansmartin Schwarzmaier, Sigmaringen 1997.
EISENHAUER, M., Die Kunstsammlungen der Veste Coburg. Thesen zu ihrer Entstehung und Entwicklung bis zur Gründung der Coburger Landesstiftung im Jahre 1919, in: M. Henker/E. Brockhoff (Hgg.), Ein Herzogtum und viele Kronen. Coburg in Bayern und Europa, Bd. 1, Regensburg 1997.
EISENLOHR, E., Die Thronfolgerechte der Cognaten in Baden, Heidelberg 1905.
ELLRICH, H., Das Mannheimer Schloss, Erfurt 2006.
ELLWARDT, K., Die Sammlungen am kurpfälzischen Hof, in: Staatliche Schlösser und Gärten Baden-Württemberg (Hg.), Barockschloß Mannheim. Geschichte und Ausstattung, Petersberg 2007.
ELLWARDT, K., Säkularisierte Gebäude im Großherzogtum Baden. Bestand und Verwendung. Die Besichtigungsreise des Oberkammerjunkers Karl Wilhelm Adolph von Ende im Jahr 1817, in: Zeitschrift für die Geschichte des Oberrheins 152 (2004).
ELZE, R., Die zweite preußische Königskrönung (Königsberg 18. Oktober 1861), München 2001.
ENGEHAUSEN, F., Kleine Geschichte des Großherzogtums Baden 1806–1918, Leinfelden-Echterdingen 2005.
ENGEL, M., Das Forum Fridericianum und die monumentalen Residenzplätze des 18. Jahrhunderts, Berlin 2004.
ERDMANNSDÖRFFER, B./OBSER, K. (Bearb.), Politische Correspondenz Karl Friedrichs von Baden 1783–1806, 6 Bde., Heidelberg 1888–1915.
ERICHSEN, J./PUSCHNER, U. (Hgg.), »Vorwärts, vorwärts sollst du schauen ...«. Geschichte, Politik und Kunst unter Ludwig I., München 1986.
EVERKE, G., Das Karlsruher Ständehaus, in: Baden und Württemberg im Zeitalter Napoleons, Bd. 2, Stuttgart 1987.
EXPERTENKOMMISSION »EIGENTUMSFRAGEN BADEN« (Hg.), Das Eigentum an badischen Kulturgütern aus der Zeit der Monarchie, Karlsruhe 2007.
FALTERMANN, C., Die antiken Vorbilder der Wandmalereien in Schloß »Villa Ludwigshöhe« bei Edenkoben, in: Mitteilung des Historischen Vereins der Pfalz 93 (1995).
FENSKE, H., 175 Jahre badische Verfassung, Karlsruhe 1993.
FEUCHTE, P., Verfassung des Landes Baden-Württemberg, Stuttgart/Berlin/Köln/Mainz 1987.
FISCHER, F., Vier Könige, vier Bilder, in: Das Königreich Württemberg. 1806–1918. Monarchie und Moderne, Katalog der Großen Landesausstellung, Ostfildern 2006.
FISCHER-LICHTE, E., Kurze Geschichte des deutschen Theaters, Tübingen/Basel 1993.
FLECK, P., Die Verfassung des Großherzogtums Hessen. 1820–1918, in: B. Heidenreich/K. Böhme (Hgg.), Hessen. Verfassung und Politik, Stuttgart/Berlin/Köln 1997.
FLECK, W.-G./TALBOT, F.J., Neues Schloß Stuttgart 1744–1964 (Veröffentlichungen der Deutschen Burgenvereinigung, Reihe A: Forschungen, Band 5), Braubach 1997.
FRANK, L., Ergebnisse der bauhistorischen Untersuchung am ehemaligen Kurfürstlichen Schloß in Mainz, in: Landesamt für Denkmalpflege Rheinland-Pfalz (Hg.), Jahresberichte 1992–1996, Worms 1999.
FREIERMUTH, O., Das Herzogschloß in Zweibrücken, Worms 2005.
FRIE, E., Das Deutsche Kaiserreich, Darmstadt 2004.
FRITZ, E., Knecht, Kutscher, Koch, Kammerdiener, König. Zur Sozialgeschichte des königlichen Hofes in Württemberg (1806–1918), in: ZWLG 66 (2007).
FURTWÄNGLER, M., Herrschaftliche Selbstdarstellung hochadliger Untertanen. Die Hochzeitsfeierlichkeiten des Hauses Fürstenberg in der ersten Hälfte des 19. Jahrhunderts, in: E.O. Bräunche/H.

Hiery (Hgg.), Geschichte als Verantwortung. Festschrift für Hans Fenske zum 60. Geburtstag, Karlsruhe 1996.
GALLI, P., Für Publikum und Wissenschaft. Das Großherzogliche Antiquarium in Mannheim unter der Leitung von C.B.A. Fickler (1855–1871), in: Mannheimer Geschichtsblätter, NF 4 (1997), Sigmaringen 1997.
GEISTHÖVEL, A., Wilhelm I. am ›historischen Eckfenster‹: Zur Sichtbarkeit des Monarchen in der zweiten Hälfte des 19. Jahrhunderts, in: J. Andres/A. Geisthövel/M. Schwengelbeck (Hgg.), Die Sinnlichkeit der Macht: Herrschaft und Repräsentation seit der Frühen Neuzeit, Frankfurt a. M. 2005.
GERNER, J., Vorgeschichte und Entstehung der württembergischen Verfassung im Spiegel der Quellen (1815–1819), Stuttgart 1989.
GERSDORFF, E.C.A., Ansicht des Verhältnisses der Erklärung Sr. Majestät des Königs von Hannover, Weimar 1837.
GERTEIS, K., Karl Friedrich, in: Neue Deutsche Biographie 11, Berlin 1977.
GESETZ-SAMMLUNG FÜR DIE KÖNIGLICHEN PREUSSISCHEN STAATEN, Berlin 1850.
GLÜCK-CHRISTMANN, C., Eine Einführung in 650 Jahre Stadtgeschichte, in: C. Glück-Christmann (Hg.), Zweibrücken 1793 bis 1918: Ein langes Jahrhundert, Blieskastel 2002.
GODSEY, W.D., »La société était au fond légitimiste«. Èmigrés, Aristocracy, and the Court at Vienna, 1789–1848, in: EHQ 35 (2005).
GODSEY, W.D., Vom Stiftsadel zum Uradel. Die Legitimationskrise des Adels und die Entstehung eines neuen Adelsbegriffs im Übergang zur Moderne, in: A.V. Hartmann u. a. (Hgg.), Eliten um 1800. Erfahrungshorizonte, Verhaltensweisen, Handlungsmöglichkeiten (Veröffentlichung des Instituts für Europäische Geschichte Mainz. Abt. für Universalgeschichte 183; Historische Beiträge zur Elitenforschung 1), Mainz 2000.
GOHL, U., Die Villa Berg und ihr Park. Geschichte und Bilder, Stuttgart 2007.
GOLLWITZER, H., Ludwig I. von Bayern. Königtum im Vormärz. Eine politische Biographie, München ²1987.
GOLLWITZER, H., Die Standesherren. Die politische und gesellschaftliche Stellung der Mediatisierten. Ein Beitrag zur deutschen Sozialgeschichte, Göttingen ²1964.
GRIMM, U., Das Badische Landesmuseum in Karlsruhe. Zur Geschichte seiner Sammlungen, hg. v. H. Siebenmorgen, Karlsruhe 1993.
GRIMM, U., Erwerbungen für die Staatlichen Schlösser in Baden, in: Jahrbuch der Staatlichen Kunstsammlungen in Baden-Württemberg, Bd. 53 (1998).
GROSSKINSKY, M., Darstellung und Selbstdarstellung des Badischen Herrscherhauses durch Denkmäler in der Residenz, in: G. Brandenbruger/M. Großkinsky u. a. (Hgg.), Denkmäler, Brunnen und Freiplastiken in Karlsruhe 1715–1945, Karlsruhe 1989.
GROTIUS, H., Drei Bücher über das Recht des Krieges und Friedens, Berlin 1869.
GRUBE, W., Der Stuttgarter Landtag, Stuttgart 1957.
HÄFELIN, U., Die Rechtspersönlichkeit des Staates, I. Teil, Tübingen 1959.
HAHN, P.-M., Fürstliche Wahrnehmung höfischer Zeichensysteme und zeremonieller Handlungen im Ancien Régime, in: Rudolstädter Arbeitskreis zur Residenzkultur (Hg.), Zeichen und Raum. Ausstattung und höfisches Zeremoniell in den deutschen Schlössern der Frühen Neuzeit (Rudolstädter Forschungen zur Residenzkultur 3), München/Berlin 2006.
HAHN, P.-M., Pracht und Selbstinszenierung. Die Hofhaltung Friedrich Wilhelms I. von Preußen, in: F. Beck/J.H. Schoeps (Hgg.), Der Soldatenkönig. Friedrich Wilhelm I. und seine Zeit, Potsdam 2003.
HAMMER-SCHENK, H./KOKKELINK, G. (Hgg.), Laves und Hannover. Niedersächsische Architektur im neunzehnten Jahrhundert, Hannover 1989.
HARTMANN, W., Der Historische Festzug. Seine Entstehung und Entwicklung im 19. und 20. Jahrhundert, München 1976.
HASSLER, U., Die Eremitage Waghäusel. Zum Bautypus der radialen Jagdanlagen des Barock, in: architectura 17 (1987).
HASSLER, U., Die Eremitage Waghäusel. Jagdschloß, Zuckersilos und ausgestopfte Löwen, hg. v. Denkmalstiftung Baden-Württemberg, Stuttgart 1994.

Hattenhauer, H. (Hg.), Allgemeines Landrecht für die Preußischen Staaten von 1794, Frankfurt a. M./Berlin 1970.
Hauger, H., Samuel Qicceberg: »Inscriptiones vel Tituli Theatri Amplissimi«. Über die Entstehung der Museen und das Sammeln, in: W. Müller u. a. (Hgg.), Universität und Bildung, München 1991.
Heck, B., Festzug. Der Karlsruher Historische Festzug von 1881, Sigmaringen 1997.
Hein, D., Bürgerliches Mäzenatentum im 19. Jahrhundert. Überlegungen am Beispiel der Kunst- und Künstlerförderung in Karlsruhe und Mannheim, in: J. Kocka/M. Frey (Hgg.), Bürgerkultur und Mäzenatentum im 19. Jahrhundert, Berlin 1999.
Heinz, D., Zur Baugeschichte des Saarbrücker Schlosses, in: Das Saarbrücker Schloß. Zur Geschichte und Gegenwart, hg. v. G. Bungert/C. Lehnert und Stadtverband Saarbrücken, Saarbrücken 1989.
Heinz, K.H., Das Hambacher Schloß. Geschichte, Bauperioden, Hambacher Feste, Neustadt 1982.
Herdt, G., Der württembergische Hof im 19. Jahrhundert. Studien über das Verhältnis zwischen Königtum und Adel in der absoluten und konstitutionellen Monarchie, Diss. Masch., Göttingen 1970.
Hettling, M./Nolte, P. (Hgg.), Bürgerliche Feste. Symbolische Formen politischen Handelns im 19. Jahrhundert, Göttingen 1993.
Hettling, M., Bürgerliche Kultur – Bürgerlichkeit als kulturelles System, in: Sozial- und Kulturgeschichte des Bürgertums. Eine Bilanz des Bielefelder Sonderforschungsbereichs (1986–1997), hg. v. P. Lundgren, Göttingen 2000 (Bürgertum. Beiträge zur europäischen Gesellschaftsgeschichte Bd. 18).
Höhn, R., Der individualistische Staatsbegriff und die juristische Staatsperson, Berlin 1935.
Hoffmann, K., Der Wunsch der Zuckerfabrik Waghäusel nach einer eigenen Gemeinde, in: U. Hassler/N. Kohler (Hgg.), Über das Verschwinden der Bauten des Industriezeitalters. Lebenszyklen industrieller Baubestände und Methoden transdisziplinärer Forschung, Tübingen/Berlin 2004.
Hoffmann, R., Die Domänenfrage in Thüringen (Rechtshistorische Reihe 334), Frankfurt a. M. 2006.
Hofmann, A.J., Stadt Waghäusel. Spuren der Geschichte, hg. v. Freundeskreis der Johann-Peter-Hebel-Realschule Waghäusel e.V., Waghäusel 1985.
Hofmann, A.J., 150 Jahre Werk Waghäusel 1837–1987, hg. v. Süddeutschen Zucker-Aktiengesellschaft, Mannheim 1987.
Hojer, G., Die Prunkappartements Ludwigs I. im Königsbau der Münchner Residenz. Architektur und Dekoration, München 1992.
Holenstein, A., Die Huldigung der Untertanen: Rechtskultur und Herrschaftsordnung (800 – 1800), Stuttgart/New York 1991.
Holtmeyer, A. (Bearb.), Die Bau- und Kunstdenkmäler im Regierungsbezirk Cassel, Bd. VI, Kreis Cassel-Stadt, Cassel 1923.
Huber, E.R., Deutsche Verfassungsgeschichte seit 1789, 8 Bde., Stuttgart 1957–1990.
Hüttl, L., Ludwig II. König von Bayern. Eine Biographie, München 1986.
Hugger, P. (Hg.), Stadt und Fest. Zu Geschichte und Gegenwart europäischer Festkultur, Stuttgart 1987.
Illustrierte zeitung, Verlag J.J. Weber, Leipzig 1843–1944.
Jakob, G., Aus der Geschichte des Reiss-Museums und seiner Sammlungen, in: Städtisches Reiss-Museum. Kunstgeschichtliche und Kunsthandwerkliche Sammlungen. Ausgewählte Werke, Mannheim 1966.
Karn, G.P., Ein Traumschloß der Wittelsbacher – das Hambacher Schloß als Maxburg, in: Die Hambacher, Heft 30 (2007).
Keim, C., Städtebau in der Krise des Absolutismus. Die Stadtplanungsprogramme der hessischen Residenzstädte Kassel, Darmstadt und Wiesbaden zwischen 1760 und 1840 (Studien zur Kunst- und Kulturgeschichte 7), Marburg 1990.
Kermann, J., Das Hambacher Schloß als Hochzeitsgeschenk der Pfälzer an Kronprinz Maximilian von Bayern (1842), in: Mitteilungen des Historischen Vereins der Pfalz 80 (1982).

Kirsch, M., Monarch und Parlament im 19. Jahrhundert. Der monarchische Konstitutionalismus als europäischer Verfassungstyp – Frankreich im Vergleich, Göttingen 1999.
Klein, W., Die Domänenfrage im deutschen Verfassungsrecht des 19. Jahrhunderts (Schriftenreihe zur Verfassungsgeschichte 78), Berlin 2007.
Klein, W., Eigentum und Herrschaft, in: M. Ehrle/U. Obhof (Hgg.), Die Handschriftensammlung der Badischen Landesbibliothek, Gernsbach 2007.
Klemmer, L., Aloys von Rechberg als bayerischer Politiker (1766–1849), München 1975.
Klüber, J.L., Öffentliches Recht des Teutschen Bundes und der Bundesstaaten, Frankfurt a. M. ^{3}1831.
Kocka, J. (Hg.), Bürgertum im 19. Jahrhundert, Bd. 3: Verbürgerlichung, Recht und Politik (Kleine Vandenhoeck-Reihe), Göttingen 1995.
Köller, H., Verbürgerlichung der Welt. Zur Weltgeschichte von 1770 bis 1870, Hamburg 2004.
Körner, H.-M., Die Monarchie im 19. Jahrhundert. Zwischen Nostalgie und wissenschaftlichem Diskurs, in: W. Müller/M. Schattkowsky (Hgg.), Zwischen Tradition und Modernität. König Johann von Sachsen 1801–1873, Leipzig 2004.
Körner, H.-M., Geschichte des Königreichs Bayern, München 2006.
Körner, H.-M., »Bemerkungen über den Entwurf der Verfassung für Baiern«. Das Verfassungsgutachten des Kronprinzen Ludwig von Bayern vom 9. März 1818, in: ZBLG 49 (1986).
Kohlrausch, M., Monarchische Repräsentation in der entstehenden Mediengesellschaft: Das deutsche und das englische Beispiel, in: J. Andres/A. Geisthövel/M. Schwengelbeck (Hgg.), Die Sinnlichkeit der Macht: Herrschaft und Repräsentation seit der Frühen Neuzeit, Frankfurt a. M. 2005.
Kotzur, H.-J., Forschungen zum Leben und Werk des Architekten August von Voit., Diss. Masch., 2 Bde, Heidelberg 1977.
Kraus, A., Die Regierungszeit Ludwigs I. (1825–1848), in: Handbuch der bayerischen Geschichte, A. Schmid (Hg.), Bd. 4: Das neue Bayern 1800 bis zur Gegenwart, Teilband 1: Staat und Politik, München ^{2}2003.
Kreutz, W., Vom Opernhaus zum Gefängnis, von der Residenz zum Amt, in: H. Bischoff (Hg.), Barockschloß Mannheim. Kurfürstliche Residenz im neuen Glanz (Sonderjournal 2007).
Kreutz, W., Vom profanen Behördensitz zum identitätsstiftenden Kulturdenkmal. Das Mannheimer Schloß in der Zwischenkriegszeit, in: Mannheimer Geschichtsblätter rem-magazin 15, 2008.
Kroll, T., Dynastische Adelspolitik und gesellschaftlicher Wandel im Italien des Risorgimento. Der toskanische Adel in der bürokratischen Monarchie 1800–1860, in: E. Conze/M. Wienfort (Hgg.), Adel und Moderne. Deutschland im europäischen Vergleich im 19. und 20. Jahrhundert, Köln u. a. 2004.
Kugel, K.A., »Vom königlichen Kabinett zur Weltausstellungsware«. Das Weltbild der Hohenzollern im Spiegel der fürstlichen Wohnkultur 1785–1914, in: M. Hengerer u. a. (Hgg.), Adel im Wandel. Oberschwaben von der Frühen Neuzeit bis zur Gegenwart, Bd. 1, Ostfildern 2006.
Kutzer, T., Die Stadtpersönlichkeit Mannheims, in: Mannheim. Sonderheft der Badischen Heimat, Karlsruhe 1927.
Laband, P., Staatsrecht, in: P. Hinneberg (Hg.), Kultur der Gegenwart, Teil II, VIII. Abteilung, Systematische Rechtswissenschaft, Berlin/Leipzig 1906.
Langer, B., Pracht und Zeremoniell – Die Möbel der Residenz München, in: Dies. (Hg.), Pracht und Zeremoniell – Die Möbel der Residenz München, München 2002.
Langewiesche, D., Die Monarchie im Europa des bürgerlichen Jahrhunderts. Das Königreich Württemberg, in: Ausst.-Kat. Das Königreich Württemberg 1806–1918. Monarchie und Moderne, Große Landesausstellung Baden-Württemberg, Landesmuseum Württemberg, Ostfildern 2006.
Laufs, A., Rechtsentwicklungen in Deutschland, Berlin/New York 1996.
Leist, J.C., Lehrbuch des teutschen Staatsrechts, Göttingen ^{2}1805.
Lieven, D., Abschied von Macht und Würden. Der europäische Adel 1815–1914, Frankfurt a. M. 1995.
Locher, E., Das württembergische Hofkammergut, Stuttgart 1925.

LÜDKE, D., Warum David Teniers d. J. in Karlsruhe? Zur Erwerbungsgeschichte des Teniers-Bestandes der Staatlichen Kunsthalle Karlsruhe, in: M. Klinge/D. Lüdke (Hgg.), David Teniers der Jüngere (1610–1690). Alltag und Vergnügen in Flandern, Heidelberg 2005.
MALINOWSKI, S., Vom König zum Führer, Berlin 2003.
MANN, B., Kleine Geschichte des Königreichs Württemberg 1806–1918, Leinfelden-Echterdingen 2006.
MANNHEIMER ALTERTUMSVEREIN (Hg.), Führer durch das Stadtgeschichtliche Museum in Mannheim, Mannheim 1908.
MARKGRÄFLICH BADISCHE MUSEEN (Hg.), Carl Friedrich und seine Zeit, Karlsruhe 1981.
MARQUART, O., Moratorium des Alltags. Eine kleine Philosophie des Festes, in: W. Haug/R. Warning (Hgg.), Das Fest, München 1989.
MAURENBRECHER, R., Die deutschen regierenden Fürsten und die Souveränität, Frankfurt a. M. 1839.
MAURENBRECHER, R., Grundsätze des heutigen deutschen Staatsrechts, Frankfurt a. M. 1837.
MAURER, M. (Hg.), Das Fest. Beiträge zu seiner Theorie und Systematik, Köln 2004.
MAURER, H.-M., Gründung und Anfänge des Württembergischen Altertumsvereins, in: H.-M. Maurer (Hg.), Württemberg um 1840. Beiträge zum 150jährigen Bestehen des Württembergischen Geschichts- und Altertumsvereins (Lebendige Vergangenheit 18), Stuttgart 1994.
MAYER, O., Die juristische Person und ihre Verwertbarkeit im öffentlichen Recht, in: Festgabe für Paul Laband, 1908.
MAYER, G., Das Naturkundemuseum und der Verein für Naturkunde in Mannheim anno 1840, mit einer Beschreibung des Professors für Geologie Peter Merian, in: Mannheimer Hefte 1980, Heft 1.
MAYER, A.J., Adelsmacht und Bürgertum. Die Krise der europäischen Gesellschaft 1848–1914, München 1984.
MELVILLE, R., Adel und Grundherrschaft in Böhmen an der Schwelle des bürgerlichen Zeitalters, in: H. Feigl/W. Rosner (Hgg.), Adel im Wandel (Studien und Forschungen aus dem niederösterreichischen Institut für Landeskunde 15), Wien 1991.
MERGEN, S., Entstehung und Entwicklung von Monarchiejubiläen in Sachsen und Bayern im 19. Jh., in: W. Müller (Hg.), Das historische Jubiläum. Genese, Ordnungsleistung und Inszenierungsgeschichte eines institutionellen Mechanismus, Münster 2004.
MERGEN, S., Monarchiejubiläen im 19. Jahrhundert. Die Entdeckung des historischen Jubiläums für den monarchischen Kult in Sachsen und Bayern, Leipzig 2005.
MERIGGI, M., Der lombardo-venezianische Adel im Vormärz, in: A. v. Reden-Dohna/R. Melville (Hgg.), Der Adel an der Schwelle des bürgerlichen Zeitalters (Veröffentlichungen des Instituts für Europäische Geschichte Mainz, Abt. Universalgeschichte, Beih. 10), Stuttgart 1988.
MEYER, G./ANSCHÜTZ, G., Lehrbuch des deutschen Staatsrechts, [7]1919.
MEYER, T., Die Inszenierung des Scheins. Essay-Montage, Frankfurt a. M. 1992.
MINGES, K., Das Sammlungswesen der frühen Neuzeit: Kriterien der Ordnung und Spezialisierung, Münster 1998.
MIZIA, R., Der Rechtsbegriff der Autonomie und die Begründung des Privatfürstenrechts in der deutschen Rechtswissenschaft des 19. Jahrhunderts, Frankfurt a. M. 1995.
MOHR, W., Opern- und Konzerthäuser, Ostfildern 1986.
MOLITOR, L., Das Herzogschloß in Zweibrücken. Seine Entstehung, seine Geschichte und seine Zukunft. Denkschrift, veröffentlicht durch den Fabrikrath der Zweibrücker Maximilianskirche 1861, Zweibrücken 1861.
MOSER, J.J., Von der Teutschen Reichs-Stände Landen, Frankfurt/Leipzig 1769.
MÜLLER, L., Der letzte Paladin. Zum Tod des Großherzogs Friedrich I. von Baden 1907, in: Badische Heimat 3/2007.
MÜLLER, W./SCHATTKOWSKY, M. (Hgg.), Zwischen Tradition und Modernität, Leipzig 2004.
MÜLLER, W. (Hg.), Das historische Jubiläum. Genese, Ordnungsleistung und Inszenierungsgeschichte eines institutionellen Mechanismus, Münster 2004.
MÜNCH, P., Fêtes pour le peuple, rien par le peuple. Öffentliche Feste im Programm der Aufklärung, in: D. Düding/P. Friedemann/P. Münch (Hgg.), Öffentliche Festkultur. Politische Feste in Deutschland von der Aufklärung bis zum Ersten Weltkrieg, Hamburg 1988.
MÜSCH, I., Im Verein fürs Vaterland, in: Das Königreich Württemberg 1806–1918. Monarchie und Moderne, Große Landesausstellung Baden-Württemberg, Ostfildern 2006.

NAUMANN, F., Das politische Erbe Bismarcks, in: F. Naumann, Die Politik der Gegenwart. Wissenschaftliche Vorträge, gehalten in Hamburg und Heidelberg, Berlin 1905.
NEEB, E., Das Kurfürstliche Schloß zu Mainz, Wiesbaden 1924.
NERDINGER, W. (Hg.), Leo von Klenze, Architekt zwischen Kunst und Hof 1784–1864, München/London/New York 2000.
NEUGEBAUER, W., Residenz – Verwaltung – Repräsentation. Das Berliner Schloß und seine historischen Funktionen vom 15. bis zum 20. Jahrhundert, Potsdam 1999.
NETZER, H.-J., Ein deutscher Prinz in England. Albert von Sachsen-Coburg und Gotha, Gemahl der Königin Victoria, München 1988.
NIESS, U./CAROLI, M. (Hgg.), Geschichte der Stadt Mannheim, Bd. 2: 1801–1914, Mannheim 2007.
NIPPERDEY, T., Deutsche Geschichte 1800–1866, München 1998.
NOWALD, I., Die Nibelungenfresken von Julius Schnorr von Carolsfeld im Königsbau der Münchner Residenz. 1827–1867 (Schriften der Kunsthalle Kiel Heft 3), Kiel 1978.
OESER, M., Die Stadt Mannheim in ihren Sehenswürdigkeiten, Mannheim 1899.
OTTILINGER, E.B./HANZL, L., Kaiserliche Interieurs. Die Wohnkultur des Wiener Hofes im 19. Jahrhundert und die Wiener Kunstgewerbereform (Museen des Mobiliendepots 3), Wien/Köln/Weimar 1997.
PALANDT, O., Bürgerliches Gesetzbuch, München 2003.
PALLACH, U.-C., Materielle Kultur und Mentalitäten im 18. Jahrhundert. Wirtschaftliche Entwicklung und politisch-sozialer Funktionswandel des Luxus in Frankreich und im Alten Reich am Ende des Ancien Régime (Ancien Régime, Aufklärung und Revolution 14), München 1987.
PARAVICINI, W., Zeremoniell und Raum, in: W. Paravicini (Hg.), Zeremoniell und Raum, Sigmaringen 1997.
PAUL, I.U., Württemberg 1797–1816/19. Quellen und Studien zur Entstehung des modernen württembergischen Staates, München 2005.
PAULMANN, J., Pomp und Politik. Monarchenbegegnungen in Europa zwischen Ancien Régime und Erstem Weltkrieg, Paderborn/München/Zürich 2000.
PAULY, W., Der Methodenwandel im deutschen Spätkonstitutionalismus, Tübingen 1993.
PERCIER, C./FONTAINE, P.F.L., Recueil de Décorations Intérieures, comprenant tout ce qui a rapport à l'ameublement, Paris 1812.
PETERS, H., Artikel »Staat«, I. Wesen und Elemente, in: Staatslexikon VII, Freiburg [6]1962.
PFISTER, E.J., Geschichtliche Entwicklung des Staatsrechts des Großherzogthums Baden, Teil I, Heidelberg 1836.
PÖLITZ, K.H.L., Die europäischen Verfassungen seit dem Jahr 1789 bis auf die neueste Zeit, Leipzig [2]1832, Nachdruck 1999.
PÖZL, J., Lehrbuch des bayerischen Verfassungsrechts, München [5]1877.
POPP, C., Friedrich Walter (1870–1956). Historiker, Museumsdirektor und Demokrat, in: Mannheimer Geschichtsblätter N.F. 5 (1998).
POPP, C., Der Mannheimer Altertumsverein 1859–1949. Regionale Forschungen, Sozialstruktur und Geschichtsbild eines Historischen Vereins (Mannheimer Historische Forschungen, Bd. 10), Mannheim 1996.
PRESS, V., König Friedrich I., der Begründer des modernen Württemberg, in: Baden und Württemberg im Zeitalter Napoleons, Bd. 2: Aufsätze, Stuttgart 1987.
PRESS, V., Adel im 19. Jahrhundert. Die Führungsschichten Alteuropas im bürgerlich-bürokratischen Zeitalter, in: A. von Reden-Dohna/R. Melville (Hgg.), Der Adel an der Schwelle des bürgerlichen Zeitalters 1780–1860, Stuttgart 1988.
PÜTTER, J. S., Historische Entwicklung der heutigen Staatsverfassung des Teutschen Reichs, Dritter und letzter Theil von 1740 bis 1786, Göttingen 1787.
PÜTTER, J.S., Anleitung zum Teutschen Staatsrechte 2, Bayreuth, 1792, Nachdruck 2001.
QUARITSCH, H., Staat und Souveränität 1, Frankfurt a. M. 1970.
QUINDT, W., Souveränitätsbegriff und Souveränitätspolitik in Bayern von der Mitte des 17. bis zur ersten Hälfte des 19. Jahrhunderts, Berlin 1971.
RADKE, H./ZÖBELEY, G., Die Gerichte im Landgerichtsbezirk Mannheim, in: Festschrift 200 Jahre Badisches Oberhofgericht, Oberlandesgericht Karlsruhe, Karlsruhe 2003.

RAGOTZKY, H./WENZEL, H. (Hgg.), Höfische Repräsentation. Das Zeremoniell und die Zeichen, Tübingen 1990.
RAHN, T., Festbeschreibung. Funktion und Topik einer Textsorte am Beispiel der Beschreibung höfischer Hochzeiten (1568–1794), Tübingen 2006.
RAIBLE, C., Geld, Soldaten, Gehorsam. Stuttgart 1807: Die Huldigungsfeierlichkeiten für König Friedrich im Neuen Schloß, in: Schlösser Baden-Württemberg 1/2007, Staatsanzeiger für Baden-Württemberg (Hg.), Stuttgart 2007.
REESE, A., Zum höfischen Fest des Absolutismus, in: R. Beilharz/G. Frank (Hgg.), Feste. Erscheinungs- und Ausdrucksformen, Hintergründe, Rezeption, Weinheim 1991.
REHM, H., Modernes Fürstenrecht, München 1904.
REICHLING, H., Zweibrücken und die Industrielle Revolution, in: C. Glück-Christmann (Hg.) Zweibrücken 1793 bis 1918: Ein langes Jahrhundert. Blieskastel 2002.
REIF, H., Adel im 19. und 20. Jahrhundert (Enzyklopädie deutscher Geschichte 55), München 1999.
REIF, H., Adelserneuerung und Adelsreform in Deutschland 1815–1874, in: E. Fehrenbach (Hg.), Adel und Bürgertum in Deutschland 1770–1848, München 1994.
REINHARDT, H., Nutzungswandel des Mannheimer Schlosses. Diplomarbeit TU Berlin 1976 (ungedruckt, 2 Bände).
REYSCHER, A.L., Die Rechte des Staats an den Domänen und Kammergütern, Leipzig 1863.
RICHTER, W./ZÄNKER, J., Der Bürgertraum vom Adelsschloß. Aristokratische Bauformen im 19. und 20. Jahrhundert, Hamburg 1988.
RICKERT, H., Kulturwissenschaft und Naturwissenschaft [1899], Text der 6. und 7. durchgesehenen und ergänzten Auflage von 1926, Stuttgart 1986.
RIEDERER, G., Feiern im Reichsland. Politische Symbolik, öffentliche Festkultur und die Erfindung kollektiver Zugehörigkeiten in Elsaß-Lothringen (1871–1918), Trier 2004.
RÖSSLER, K., Die Sammlungen in großherzoglich-badischer Zeit, in: Staatliche Schlösser und Gärten Baden-Württemberg (Hg.), Barockschloß Mannheim. Geschichte und Ausstattung, Petersberg 2007.
RÖSSLER, K., Vom Adelsschloß zum Bürgerschloß: Umnutzungen ab 1860, in: Staatliche Schlösser und Gärten Baden-Württemberg (Hg.), Barockschloß Mannheim. Geschichte und Ausstattung, Petersberg 2007.
RÖVER, A., Bienséance. Die ästhetische Situation im Ancien Régime. Pariser Privatarchitektur, Hildesheim 1977.
ROGALLA VON BIEBERSTEIN, J., Adelsherrschaft und Adelskultur, Frankfurt a. M./New York/Paris, ²1991.
ROTH, H. (Hg.), S. Quicceberg. Der Anfang der Museumslehre in Deutschland. Das Traktat »Inscriptiones vel Tituli Theatri Amplissimi«, Berlin 2000.
ROTT, H., Die Kunstdenkmäler des Amtsbezirks Bruchsal, Tübingen 1913.
ROUSSEAUX, U., Freiräume. Unterhaltung, Vergnügen und Erholung in Dresden (1694–1830), Köln u. a. 2007.
RUMPLER, H./URBANITSCH, P. (Hgg.), Die Habsburgermonarchie 1848–1918, Bd. VII: Verfassung und Parlamentarismus, Wien 2000.
SAINT-MARTIN DE, M., Der Adel. Soziologie eines Standes, Konstanz 2003.
SALABA, M., Das Großherzogtum Baden und die badische Verfassung von 1818, in: Badische Heimat 73 (1993).
SAMOYAULT-VERLET, C., Les Appartements des souverains en France aux XIXe siècle, in: K.F. Werner (Hg.), Hof, Kultur und Politik im 19. Jahrhundert (Akten des 18. Deutsch-französischen Historikerkolloquiums Darmstadt vom 27.–30. September 1982), Bonn 1985.
SANDER, E., Das Saarbrücker Schloß in barockem Glanz. Eine historische Entdeckungsreise, Saarbrücken 2006.
SAUER, P., Der schwäbische Zar. Friedrich, Württembergs erster König, Stuttgart 1984.
SAUER, P., König Friedrich I. (1797–1816), in: R. Uhland (Hg.), 900 Jahre Haus Württemberg. Leben und Leistung für Land und Volk, Stuttgart u. a. ³1985.
SAUER, P., Der württembergische Hof in der ersten Hälfte des 19. Jahrhunderts, in: K. Möckl (Hg.), Hof und Hofgesellschaft in den deutschen Staaten im 19. und beginnenden 20. Jahrhundert (Deutsche Führungsschichten der Neuzeit 18), Boppard 1990.

SCHELLACK, F., Sedan- und Kaisergeburtstagsfeste, in: D. Düding/P. Friedemann/P. Münch (Hgg.), Öffentliche Festkultur. Politische Feste in Deutschland von der Aufklärung bis zum Ersten Weltkrieg, Hamburg 1988.
SCHINDLING, A./TADDEY, G. (Hgg.), 1806 – Souveränität für Baden und Württemberg. Beginn der Modernisierung?, Stuttgart 2007
SCHMITT, F., »Eine Villa italienischer Art in meines Königreichs mildestem Teil«. König Ludwig I. von Bayern und sein Schloß in der Pfalz, in: Mitteilungen des Historischen Vereins der Pfalz 105 (2007).
SCHMID, A./WEIGAND, K. (Hgg.), Die Herrscher Bayerns. 25 historische Portraits von Tassilo III. bis Ludwig III., München ²2006.
SCHNEIDER, U., Politische Festkultur im 19. Jahrhundert. Die Rheinprovinz von der französischen Zeit bis zum Ende des Ersten Weltkrieges (1806–1918), Essen 1995.
SCHNEIDER, E., König Wilhelm I. und die Entstehung der württembergischen Verfassung, in: Württembergische Vierteljahrshefte für Landesgeschichte. Neue Folge 15 (1916).
SCHNEIDER, F., Denkschrift zur Herstellung des ehemaligen Kurfürstlichen Schlosses zu Mainz, Mainz 1897.
SCHOLZ, D., König Friedrich von Württemberg 1754–1816, in: M. Miller/R. Uhland (Hgg.), Lebensbilder aus Schwaben und Franken 10, Stuttgart 1966.
SCHROEDER, K.-P., Das Alte Reich und seine Städte, München 1991.
SCHROTT, L., Die Herrscher Bayerns. Vom ersten Herzog bis zum letzten König, München ²1967.
SCHÜCKING, W., Der Staat und die Agnaten, Jena 1902
SCHÜLER, W., Das Herzogtum Nassau 1806–1866. Deutsche Geschichte im Kleinformat, Wiesbaden 2006.
SCHÜMANN, C.-W. , »Olga wohnt himmlisch«. Studien zur Villa Berg in Stuttgart, in: Jahrbuch der Staatlichen Kunstsammlungen in Baden-Württemberg 10 (1973).
SCHÜREN, U., Der Volksentscheid zur Fürstenenteignung, Düsseldorf 1978.
SCHUNCK, F.C.K., Staatsrecht des Königreichs Bayern, 1824.
SCHWENGELBECK, M., Monarchische Herrschaftsrepräsentationen zwischen Konsens und Konflikt: Zum Wandel des Huldigungs- und Inthronisationszeremoniells im 19. Jahrhundert, in: J. Andres/A. Geisthövel/M. Schwengelbeck (Hgg.), Die Sinnlichkeit der Macht: Herrschaft und Repräsentation seit der Frühen Neuzeit, Frankfurt a. M. 2005.
SCHWENGELBECK, M., Die Politik des Zeremoniells. Huldigungsfeiern im langen 19. Jahrhundert, Frankfurt a. M. 2007.
SEELIGER, S. (Hg.), Julius Schnorr von Carolsfeld. Aus dem Leben Karls des Großen. Kartons für die Wandbilder der Münchner Residenz, Dresden 1999.
SEUBERT, E., Die Finanzverwaltung, in: Das Großherzogtum Baden, Karlsruhe 1885.
SIEBENMORGEN, H., »Für Baden gerettet«, Erwerbungen des Badischen Landesmuseums 1995 aus den Sammlungen der Markgrafen und Großherzöge von Baden, Karlsruhe 1996.
SINKEL, K., Pompejanum in Aschaffenburg. Villa Ludwigshöhe in der Pfalz, Aschaffenburg 1984.
SOMBART, N., Wilhelm II. Sündenbock und Herr der Mitte, Berlin 1996.
SPINDLER, M. (Hg.), Handbuch der bayerischen Geschichte, Bd. 4/1: Das neue Bayern 1800–1970, München 1974.
STADT KARLSRUHE – STADTARCHIV (Hg.), Karlsruhe – Die Stadtgeschichte, Karlsruhe 1998.
STAATLICHE SCHLÖSSER UND GÄRTEN BADEN-WÜTTEMBERG (Hg.), Barockschloss Mannheim. Geschichte und Ausstattung, Konzeption W. Wiese, Petersberg 2007.
STAATLICHE SCHLÖSSER UND GÄRTEN BADEN-WÜRTTEMBERG UND STADT BRUCHSAL (Hgg.), Kirchengut in Fürstenhand. 1803: Säkularisation in Baden und Württemberg. Revolution von oben, Heidelberg/Ubstadt-Weiher/Basel 2003.
STAHL, F.J., Das Monarchische Prinzip. Eine staatsrechtlich-politische Abhandlung, Heidelberg 1845.
STOLLEIS, M., Geschichte des öffentlichen Rechts 2, München 1992.
STORCH, W., Die Nibelungen. Bilder von Liebe, Verrat und Untergang, München 1987.
STRACHEY, L., Queen Victoria, London 1969.
STRATMANN-DÖHLER, R., Schloß und Schloßgarten Karlsruhe, Staatliche Schlösser und Gärten Baden-Württemberg (Hg.), München/Berlin 2000.

STRATMANN-DÖHLER, R., Stephanie Napoleon, Großherzogin von Baden 1789–1860, Karlsruhe 1989.
STRATMANN-DÖHLER, R./WIESE, W., Ein Jahrhundert Möbel für den Fürstenhof. Karlsruhe, Mannheim, St. Petersburg 1750–1850, Karlsruhe/Sigmaringen 1994.
STRAUB, J., Neuere Untersuchungen zur Baugeschichte des Hambacher Schlosses, in: Hambacher Schloß, ein Denkmal der deutschen Demokratie. Beiträge zur Erneuerung des Hambacher Schlosses 1968/69, hg. v. Landratsamt Neustadt/Weinstraße, Neustadt 1969.
STUPPERICH, R., Das Antiquarium der Akademie Carl Theodors, in: Der Pfälzer Apoll. Kurfürst Carl Theodor und die Antike an Rhein und Neckar. Katalog des Winckelmann Museums, Stendal 2007.
SYNDRAM, D., Zwischen Intimität und Öffentlichkeit – Pretiosenkabinette und Schatzkammern im Barock, in: B. Marx/K.-S. Rehberg, Sammeln als Institution. Von der fürstlichen Wunderkammer zum Mäzenatentum des Staates, München/Berlin 2007.
SYRÉ, L., Die badische Landesbibliothek im Zweiten Weltkrieg – Untergang und Neuanfang, in: ZGO 154 (2006).
TENNER, H., Mannheimer Kunstsammler und Kunsthändler bis zur Mitte des 19. Jahrhundert, Heidelberg 1966.
TILLESSEN, R., Das Großherzogliche Schloß zu Mannheim. Ausgewählte Innendekorationen, Mannheim 1897.
TROST, L., König Ludwig I. von Bayern in seinen Briefen an seinen Sohn, den König Otto von Griechenland, Bamberg 1891.
TÜCKS, P., Das Darmstädter Neue Palais. Ein fürstlicher Wohnsitz zwischen Historismus und Jugendstil (Quellen und Forschungen zur hessischen Geschichte 148), Darmstadt 2005.
UHLAND, R., Friedrich I., in: Neue Deutsche Biographie 5, Berlin 1971.
UHLENBROCK, H., Der Staat als juristische Person, Berlin 2000.
URBACH, K., Diplomat, Höfling und Verbandsfunktionär. Süddeutsche Standesherren 1880–1945, in: G. Schulz/M.A. Denzel (Hgg.), Deutscher Adel im 19. und 20. Jahrhundert, St. Katharinen 2004.
VAN DEN BERGH, U., Der Hessische Landtag. Ein Schloß als Parlamentssitz (Politische und parlamentarische Geschichte des Landes Hessen 13), Königstein 1995.
VAN EYSINGA, W. J./WALTER, H., Geschichte der Zentralkommission für die Rheinschiffahrt 1816 bis 1969, Straßburg 1994.
VENJAKOB, K., Wiblingen wird Schloß. Residenz für Herzog Heinrich von Württemberg, in: Wiblingen. Kloster und Museum. Sonderheft von Schlösser Baden-Württemberg, hg. v. Staatliche Schlössern und Gärten Baden-Württemberg und Staatsanzeiger-Verlag, Stuttgart 2006.
VERFASSUNGS-URKUNDE DES KÖNIGREICHS BAIERN, München 1818.
VERGOOSSEN, M., Museumsvereine im 19. Jahrhundert. Ein typologischer Vergleich charakteristischer Beispiele, Neuried 2004.
VERHANDLUNGEN DES BAYERISCHEN LANDTAGS 1922/23, Beilagen-Band XI., München 1923.
VEY, H., Die Gemälde der Markgrafen von Baden-Durlach nach den Inventaren von 1688, 1736 und 1773, in: Jahrbuch der Staatlichen Kunstsammlungen in Baden-Württemberg, Bd. 39 (2002).
VOLLERT, A., Die Entstehung und die rechtliche Natur des Kammervermögens, Jena 1857.
VON ARETIN, C., Die Erbschaft des Königs Otto von Bayern. Höfische Politik und Wittelsbacher Vermögensrechte 1916 bis 1923, München 2006.
VON ARETIN, G., Der Genius von Baiern unter Maximilian IV., Sulzbach/München/Augsburg 1802.
VON BAYERN, A., Max I. Joseph von Bayern. Pfalzgraf, Kurfürst und König, München 1957.
VON DELBRÜCK, R., Lebenserinnerungen (1817–1867) 2, Leipzig ²1905.
VON JAGEMANN, E., Das Staatsoberhaupt und sein Haus, in: Das Großherzogtum Baden in geographischer, naturwissenschaftlicher, geschichtlicher, wirtschaftlicher und staatlicher Hinsicht dargestellt, Karlsruhe 1885.
VON MOY, E., Lehrbuch des Bayerischen Staatsrechts, I./1./I., 1840.
VON ROTH, P., Bayerisches Civilrecht, Reichsgesetzblatt 1849, Tübingen ¹1881.
VON ROTTECK, C./WELCKER, C. (Hgg.), Das Staats-Lexikon, 15 Bde., Altona 1834–1844.
VON SEYDEL, M., Bayerisches Staatsrecht, 7 Bde., München 1884–1894.
VON WEECH, F., Karlsruhe. Geschichte der Stadt und ihrer Verwaltung. Bd. I. 1715–1830, Karlsruhe 1895.

WAGNER, P., Bauern, Junker und Beamte. Lokale Herrschaft und Partizipation im Ostelbien des 19. Jahrhunderts, Göttingen 2005.
WALTER, F., Das Mannheimer Schloß, Karlsruhe 1922.
WALTER, F., Von der Hofkammer zum Volksmuseum, in: Neue Badische Landeszeitung 1926, Nr. 244, Sonderteil »Das Mannheimer Schloßmuseum« vom 15.5.1926.
WALTER, F., Schloßmuseum in Mannheim. Führer durch die Sammlungen, Mannheim 1926.
WALTER, F., Die Mannheimer Museumssammlungen und ihr weiterer Ausbau, Mannheim 1908.
WALTER, F., Mannheim in Vergangenheit und Gegenwart, Bd. 1: Geschichte Mannheims in den ersten Anfängen bis zum Übergang an Baden, Mannheim 1907.
WALZ, E., Das Staatsrecht des Großherzogthums Baden, Tübingen 1909.
WEBER, M., Wirtschaft und Gesellschaft, Tübingen ^{5}1972.
WEICKARDT, U.-G., Zweites Rokoko in Sanssouci, in: Stiftung Schlösser und Gärten Potsdam-Sanssouci (Hg.), Potsdamer Schlösser und Gärten. Bau- und Gartenkunst vom 17. bis 20. Jahrhundert, Potsdam 1993.
WEIDNER, TH. (Hg.), Lola Montez oder eine Revolution in München, München 1998.
WEIGAND, K., 1806 und die Rolle der Dynastien, in: A. Schindling/G. Taddey (Hgg.), 1806 – Souveränität für Baden und Württemberg. Beginn der Modernisierung?, Stuttgart 2007.
WEIS, E., Zur Entstehungsgeschichte der bayerischen Verfassung von 1818.
WENGER, M. (Hg.), 250 Jahre Neues Schloß in Stuttgart. Entwürfe und Ausstattung von Herzog Carl Eugen bis König Wilhelm II., Stuttgart 1996.
WERNER, F., Die kurfürstliche Residenz zu Mannheim, Worms 2006.
WERNER, K.F., Hof, Kultur und Politik im 19. Jahrhundert. Vorbemerkung zu den Akten des Kolloquiums, in: Ders. (Hg.), Hof, Kultur und Politik im 19. Jahrhundert (Pariser Historische Studien 21), Bonn 1985.
WIELANDT, F., Das Staatsrecht des Großherzogthums Baden, Freiburg und Leipzig 1895.
WIEN, B., Politische Feste und Feiern in Baden 1814–1850. Tradition und Transformation. Zur Interdependenz liberaler und revolutionärer Festkultur, Frankfurt a. M. 2001.
WIENFORT, M., Monarchie in der bürgerlichen Gesellschaft. Deutschland und England von 1640–1848, Göttingen 1993.
WIENFORT, M., Der Adel in der Moderne, Göttingen 2006.
WIESE, W., Schloss Mannheim: Die Zweigresidenz Badens im frühen 19. Jahrhundert, in: Staatliche Schlösser und Gärten Baden-Württemberg (Hg.), Barockresidenz Mannheim. Geschichte und Ausstattung, Petersberg 2007.
WILLOWEIT, D., Deutsche Verfassungsgeschichte, München ^{4}2001.
WILTS, A., »Ausgelöscht aus der Zahl der immediaten Reichsfürsten«. Die Mediatisierung und Neupositionierung des Fürstentums Fürstenberg 1806, in: Adel im Wandel, Oberschwaben von der frühen Neuzeit bis zur Gegenwart, Hg. v. Gesellschaft Oberschwaben, 2 Bände, Ostfildern 2006.
WINTER, A., Karl Philipp Fürst von Wrede als Berater des Königs Max I. Joseph und des Kronprinzen Ludwig von Bayern 1813–1825, München 1968.
WIPFLER, B., Die Finanzverwaltung im Großherzogtum Baden, in: 150 Jahre Oberfinanzdirektion Karlsruhe 1826–1976, Karlsruhe 1976.
WOLFF, H.J., Organschaft und Juristische Person 1, Juristische Person und Staatsperson, Berlin 1933.
ZACHARIAE, H.A., Das rechtliche Verhältnis des fürstlichen Kammerguts, Göttingen 1861.
ZACHARIAE, H.A., Deutsches Staats- und Bundesrecht 1, Göttingen ^{3}1865.
ZAHLER, U., Das kurfürstliche Schloß zu Mainz. Studien zur Bau- und Stilgeschichte, St. Ingbert 1988.
ZIER, H.G., Karl Friedrich, Markgraf, Kurfürst und Großherzog von Baden, in: R. Rinker/W. Setzler (Hgg.), Geschichte Baden-Württembergs, Stuttgart 1986.
ZIMMERMANN, W., Die Kunstdenkmäler der Stadt und des Landkreises Saarbrücken, hg. v. Saarforschungsgemeinschaft im Auftrag der Stadt und des Ldkr. Saarbrücken, unveränd. Nachdruck, Saarbrücken 1975.
ZINNKANN, H., Mainzer Möbelschreiner der ersten Hälfte des 19. Jahrhunderts, Frankfurt a. M. 1985.
ZOEPFL, H., Grundsätze des gemeinen deutschen Staatsrechts 1, Leipzig/Heidelberg ^{5}1863.

Register der Orts- und Personennamen

Bearbeitet von Christina Huber

Aberle, Julius 151
Adolph, Herzog von Nassau 117, 122, 131
Albrecht, Wilhelm Eduard, Jurist 43–47, 74
Altleiningen, Burg 88
Amalie, Markgräfin von Baden 99, 181
Andlau-Birseck, Conrad Karl Friedrich Freiherr von, Staatsminister 178
Aschaffenburg
    Schloß 190
    Pompejanum 91
Athen 91
Auerstedt 27
August Georg, Markgraf von Baden-Baden 179
Auguste Viktoria, deutsche Kaiserin 97

Bad Dürkheim 87
Bad Kreuznach 88
Baden 27f., 33f., 42, 47, 49, 51, 54f., 70, 73, 75f., 89, 97, 99, 105, 136f., 143, 145, 157, 171, 173–176, 178, 181, 191, 197f.
    Großherzöge, siehe Friedrich, Carl Friedrich, Leopold, Ludwig
    Großherzogtum 64, 98, 103, 107, 134, 159, 183
    Haus 57, 109, 133
    Markgrafen von 181
Baden-Baden 109
    Markgrafschaft 173, 179
    Neues Schloß 148, 174, 179f.
Baden-Durlach 134f., 173, 179
Baden-Sachsen-Lauenburg 135
Badenweiler 136, 180
Bader, Johannes 137
Balkan 83
Basel 134
Bayer, August von 139
Bayern 27f., 33, 35, 38, 42, 47, 49, 51, 56, 58, 60f., 64, 67, 72, 75, 82, 87, 123, 133, 143, 145
Bayreuth, Festspielhaus 23
Becker, Philipp Jakob, Galeriedirektor 146f.

Berckmüller, Karl Joseph, Architekt 138
Berlin 25, 27, 33, 103, 126, 137, 165
    Stadtschloß 19, 128
    Schloß Charlottenburg 128
Beuggen 175f., 178
Bexbach 87
Biermann, Georg 167
Billing, Hermann, Architekt 155
Bismarck, Otto von, Reichskanzler 33
Boch, Jean Francois 191
Bodensee 174
Bodmer, Johann Jakob, Zürich 177
Böhm, Gottfried 188
Böhmen 24
Boisserée, Sulpiz, Gemäldesammler 89
Bonaparte, Jérôme, König von Westphalen 181
Bonndorf, Fürstentum 177
Braunschweig, Stadtschloß 114
Breisgau 102, 174, 177
Bromeis, Johann Conrad 114, 119–121
Bruchsal 100, 192,
    Schloß 173, 180f., 197, 202
Brühl 118
Bürklin, Albert, Finanzrat 192

Carl Eugen, Herzog von Württemberg 129f.
Carl Friedrich, Großherzog von Baden 49, 56, 64, 98–100, 102, 133f., 136, 144–147, 154, 158
Carl Theodor, Kurfürst von der Pfalz und Bayern 142–144, 146, 152, 154, 157, 166, 171f.
Cetto, Anton von (seit 1812 Freiherr), Diplomat 86
Charlotte von Sachsen-Hildburghausen 182
Christian III., Herzog 94
Christian IV., Herzog 94
Coblitz, Louis, Maler 199
Collini, Cosimo Alessandro, Gelehrter 144
Cullmann, Christian 95

Colmar, Joseph Ludwig, Bischof von Mainz 94
Custine, Adam-Philippe de, General 188
Darmstadt 167
    Neues Palais 118f.
De St. Far, Eustache, Architekt 189
Dehio, Georg, Kunsthistoriker 190f.
Deutschland 17, 29, 31, 33, 48, 61, 66–69, 76, 79, 86f., 126, 138, 191
Devrient, Eduard, Theaterdirektor 23
Diemerstein bei Frankenstein 88
Disibodenberg, Klosterruine 88f.
Dochnahl, Friedrich Jacob, Kunstgärtner, Pomologe 89
Donaueschingen 24f.
Dresden 23, 81, 137
Durlach
    Stadtteil von Karlsruhe 173
    Karlsburg 134
Durm, Josef, Architekt 191
Dusch, Alexander von, badischer Außenminister 21

Eberhard I. (im Bart), Herzog von Württemberg 21f.
Ebernburg bei Bad Kreuznach 88
Edenkoben, Rheinland-Pfalz 90–92, 96
Egle, Joseph von 129
Ehrmann, Volksrepräsentant 186
Elias, Norbert, Soziologe 80
Elisabeth Auguste, Kurfürstin von der Pfalz 172
Ellwangen 181
Elsaß 85, 89
Ende, Carl Wilhelm Adolph Freiherr von 174–179, 183
England 78, 126
Ernst August von Hannover, seit 1837 König 116, 119
Erthal, Friedrich Karl Josef von, Kurfürst 188
Esebeck, Ludwig Friedrich von, Staatsminister 86
Eugénie de Montijo, französische Kaiserin 128
Europa 27, 66, 78, 114

Feldafing am Starnberger See, Schloß 91
Ferdinand I., Kaiser 127
Frankreich 79, 82f., 126, 179
Franz Joseph I., Kaiser von Österreich 81, 127
Freiburg i. Br. 183, 198
    Stadttheater 23
    Gräflich Sickingensches Palais 180
Freydorf, Alberta von, Chronistin 106

Friederike, Königin von Schweden 175, 181
Friedrich I., König von Württemberg 14, 16, 20, 23, 181f.
Friedrich I., Großherzog von Baden 99, 102–104, 106–109, 112, 138f., 148, 155
Friedrich I. Barbarossa, Kaiser 123
Friedrich Wilhelm I., König von Preußen 80
Friedrich II., König von Preußen 128
Friedrich Wilhelm III., König von Preußen 81
Friedrich Wilhelm IV., König von Preußen 88, 128f.
Frommel, Carl Ludwig, Maler, Galeriedirektor 137
Fürstenberg, Fürstentum 24f.
Fürth 87

Gärtner, Friedrich von, Hofarchitekt 91, 96
Gegenbaur, Joseph Anton, Maler 22
Georg August, Markgraf, siehe August Georg
Germersheim, Festung 87
Geßler, Theodor von, Minister des Innern 21
Gindrat, Friederike 199
Glock, Wilhelm 109
Goerz, Richard 117
Goethe, Johann Wolfgang von, Dichter 13
Graf Henri Bombelles 81
Graf Theodor Baillet de Latour 81
Graf von Luxburg, Christian Karl 86
Graf Philipp Christian von Normann-Ehrenfels 15
Gravenreuth, Karl Ernst von 86
Griechenland 40
Großbritannien 115
Großcomburg 182
Gustav IV. Adolf, König von Schweden 175, 181
Guth, Andreas 109

Haardter Schloß 88
Hackländer, Friedrich Wilhelm, Gartenbaudirektor 20
Hambach, Schloß 85, 87–90, 93, 96
Hamburg 150
Hannover, Leineschloß 115f., 118, 121
Hardenburg bei Bad Dürkheim, Burgruine 87
Hartleben, Theodor 134
Hartmann, Jakob von 87
Hauberrisser, Georg 190
Haug, Professor 148
Heidelberg 89, 100, 166, 173, 190
Heiliges Römisches Reich 65
Heinrich I. (der Löwe), Herzog von Sachsen und Bayern 123
Heitersheim 174–177

Hessen 34, 67
Hessen-Darmstadt 72
Hilda, Prinzessin von Nassau, Großherzogin von Baden 155
Hirsch, Johannes, Kaufmann 187
Hohenschwangau bei Füssen, Schloß 61, 88f.
Hohenzollern, Fürstentum 24, 83, 173
Hornberger, Wilhelm, Bildhauer 200

Italien 79, 91

Jellinek, Georg, österreichischer Staatsrechtler 65
Jena 27

Kaiserslautern 93
Kalliwoda, Johann Wenzel 25
Karl, König von Württemberg 129f.
Karl II. August, Herzog 93f.
Karl der Große, Kaiser 123
Karl Friedrich, Markgraf von Baden, siehe Carl Friedrich
Karlsberg bei Homburg/Saar 94
Karlsruhe 23, 27, 33, 97–99, 102–106, 108f., 134, 137f., 146f., 173f., 191f., 197f.
   Marktplatz 101, 108
   Schloß 49, 97, 101f., 110, 133, 139, 147f., 166, 180
   Schloßplatz 110
   Schloß Gottesaue 202
   Ständehaus 42
Kassel
   Fridericianum 54
   Chattenburg 114, 119f.
   Friedrichsplatz 114
Katharina von Württemberg, Königin von Westphalen 181
Klein, Anton von, Gelehrter 146
Klenze, Leo von, Maler und Architekt 92, 119
Knipper, Johann Adam der Ältere, Architekt 187f.
Koblenz 103, 137
Koellitz, Karl 139
Köln 89, 103, 150
Konstanz 148, 175, 180
Kreutzer, Conradin 25
Kreyßig, Eduard 190
Kuntz, Carl 151
Kuntzemüller, August 109
Kurbayern 171
Kurpfalz 99, 102, 143–146, 154, 168, 196f.
Kutzer, Theodor 167f.

La Guêpière, Philippe de, Architekt 129

Laßberg, Joseph Freiherr von 175
Laves, Georg Ludwig Friedrich von 115f.
Leipzig 150
Leopold, Großherzog von Baden 73, 136f.
Lenné, Peter Josef, Hofgartendirektor 89
Lichtwark, Alfred 167
Limburg bei Bad Dürkheim, Abteiruine 87, 89
London 126
Louis Philippe, französischer König 127
Lucchesi, Giuseppe, Graf 145f.
Ludwig der Bayer, Wittelsbacher, Kaiser 123
Ludwig I., König von Bayern 34–37, 40, 85–87, 90–93, 95f., 122f.
Ludwig II., König 36–38, 60
Ludwig III., König 39f.
Ludwig XIV., französischer König 113
Ludwig Georg, Markgraf von Baden-Baden 135
Ludwigshafen 87, 202f.
Luise, Großherzogin von Baden 97–99, 105, 110
Luise Marie Elisabeth, preußische Prinzessin 103
Luise Karoline, Reichsgräfin von Hochberg 99
Luitpold, Prinzregent von Bayern 37, 39
Lunéville 55

Madenburg, Burgruine, Rheinland-Pfalz 87
Magdeburg 27
Mainau, Schloß 148, 175f., 180
Mainz 103, 126, 158f., 200
   Schloß 185, 188–191, 193
Mannheim 95, 98–100, 103–105, 108, 126, 148f., 159, 167, 169, 171, 173, 192, 198, 200, 203
   Schloß 9, 100–104, 118, 141f., 144–146, 150, 152, 154, 157–159, 161f., 164f., 166–169, 172, 175, 180f., 195–203
Marchini, Giovanni Francesco, Maler 192
Maria Theresia von Habsburg, Kaiserin 127, 179
Marie, Königin von Bayern 87, 91, 96
Mathilde, Großherzogin von Hessen-Darmstadt 92
Max Joseph von Bayern, Kurfürst und König 86, 158
Maxburg 90, 93, 96
Maximilian Joseph Freiherr (seit 1809 Graf) von Montgelas, Minister 86
Maximilian I. Joseph, König von Bayern 32f., 53, 75, 85f., 93f.
Maximilian II., Kurfürst von Bayern 36

Maximilian III. Joseph, Kurfürst von
 Bayern 171
Maximilian IV. Joseph, Kurfürst und Herzog
 von Bayern 58, 143–145
Meersburg 173–175, 177, 180f.
Metternich, Clemens Fürst von 67, 73, 81
Mettlach, Saarland 191
Metz, Stephan, Bürgermeister 189
Metzger, Johann, Gartendirektor 89
Möhl, Valentin 87
Molitor, Ludwig, Jurist 94
Moller, Georg, Darmstädter Hofbau-
 meister 117
Molter, Friedrich Valentin, Bibliothekar 134
Müller, Friedrich, Maler 121
München 27, 33, 35, 83, 86, 87–92, 95f., 137f.,
 143f., 157, 171f.
 Nationaltheater 53
 Glyptothek 54, 87
 Königsplatz 87, 92
 Ludwigstraße 87
 Pinakothek 87
 Residenz 60, 87, 96, 114, 119, 122, 125
 Schloß Nymphenburg 60

Napoleon I., französischer Kaiser 28, 94, 121,
 126f., 187f.
Napoleon III., französischer Kaiser 37, 128,
 159
Neckarau 99
Neickel, Caspar Friedrich 134
Neuleiningen, Burg 88
Neumann, Johann Balthasar, Baumeister 191
Neuschwanstein, Schloß 61
Neustadt 88
Nürnberg 87

Österreich 29, 126
Offenburg 174, 181
Olga, Königin von Württemberg 129
Opfermann, Rudolf, Architekt 190
Ottaviani, Alfredo 121
Otto von Wittelsbach, Herzog von
 Bayern 123

Papst Pius VI. 144
Paris 126f., 138
 Louvre 120, 137
 Tuilerien 121
Persius, Ludwig, Architekt 128f.
Pfalz 85–87, 93, 95f., 148
Pfalz-Bayern 143, 145
Pfalz-Birkenfeld 85
Pfalz-Zweibrücken 85
Pfeffel, Christian Hubert von, Diplomat 86

Piloty, Robert 65, 72
Podewil, Graf Heinrich von, Minister 65
Polen 82
Potsdam, Sanssouci 128
Preßburg 55, 66, 173, 177
Preußen 24, 29, 33, 38, 78, 83, 103, 127, 133,
 142, 202

Quicceberg, Samuel 141

Raffael 121f.
Raschdorff, Julius Carl, Architekt 191
Rastatt
 Residenzschloß 133, 135f., 139, 173f.,
 179f.
 Schloß Favorite 139, 179f.
Rauch, Christian Daniel, Bildhauer 119f.
Reinhard, Johann Jakob, Geheimrat 134
Reni, Guido 121
Rettis, Leopoldo 129
Rheinland 89, 159
Rheinland-Pfalz 96
Rheinstein, Schloß 88
Rheinwald, Johann Ludwig Christian,
 Kabinettssekretär 86
Rhodt unter Rietburg, Rheinland-Pfalz 91
Ringel, Karl August von, Kabinetts-
 sekretär 86
Rohrer, Johann Michael Ludwig,
 Architekt 191
Rom 91, 121
Rudolf von Habsburg, König 123

St. Blasien, Kloster, Schwarzwald 177f., 191
St. Cloud, Kloster, Frankreich 128
St. Georgen, Kloster, Schwarzwald 178
St. Petersburg 131
St. Trudpert, Kloster, Schwarzwald 178
Saarbrücken 187f.
 Schloß 185f., 188, 193
Sachsen 34, 67, 76
Sachsen-Altenburg, Herzogtum 72
Sachsen-Coburg-Gotha, Herzogtum 72
Sachsen-Meiningen, Herzogtum 47, 72
Sachsen-Weimar-Eisenach, Großherzog-
 tum 47, 72, 76
Salem 181
Sattler, Christian Friedrich, Historiker 22
Sauerbrunn, Karl Wilhelm Freiherr Drais von,
 Präsident des Oberhofgerichts 197
Savoye, Joseph 95
Scheibenhardt, Rheinland-Pfalz 180
Schinkel, Carl Friedrich, Architekt 128, 138
Schmelzing, Julius 64f., 75
Schnabel, Franz 166

Schneider, Friedrich, Architekt 191
Schnorr von Carolsfeld, Julius, Maler 123
Schönborn, Damian Hugo Philipp von, Fürstbischof 191
Schöpflin, Johann Daniel, Gelehrter 134
Schüler, Friedrich 95
Schunggart, Franz Josef, Chronist 104
Schwäbisch-Hall 182
Schwanthaler, Ludwig, Bildhauer 123
Schwarzburg-Rudolstadt, Fürstentum 72
Schwarzburg-Sondershausen, Fürstentum 72
Schwarzwald 174, 177, 191
Schwetzingen 100, 145, 166, 180, 202
Seele, Johann Baptist, Maler 15
Seidl, Gabriel von, Architekt 191
Seligmann, David, Karlsruher Bankier, später Freiherr von Eichthal 177
Semper, Gottfried, Architekt 23
Seydel, Max von 30
Sibylla Augusta, Markgräfin von Baden-Baden 135–137, 139, 179
Sigmaringen 24
   Schloß 83
Skandinavien 83
Spangenberg, Burg 88
Speyer 88, 95f., 173, 191f.
   Dom 87, 91
Spittler, Ludwig Timotheus, Historiker 22
Stahl, Friedrich Julius 30
Starnberger See 38, 91
Steinhofer, Historiker 22
Stengel, Balthasar Wilhelm 187f.
Stengel, Friedrich Joachim, Architekt 186
Stephanie, Großherzogin von Baden 101, 147f., 157f., 181, 197, 199f.
Stirnbrand, Franz Seraph, Maler 16
Stolzenfels, Schloß 88f.
Straßburg 179, 200
Stumm, Carl Ferdinand 188
Stutensee 180
Stuttgart 19, 27, 33, 42, 181f.
   Neues Schloß 22, 129, 173
   Schloßplatz 20
   Schloß Solitude 129

Teniers, David der Jüngere 144
Tennenbach, Kloster 183
Thouret, Nikolaus von, Hofbaumeister 20, 129
Tillessen, Rudolf, Architekt 151
Trifels, Pfalz, Burg 87

Uhland, Ludwig 22
Ulm 182
Ungarn 82

Versailles, Schloß 80, 84, 113
Villa Berg 130
Villa Ludwigshöhe bei Edenkoben 85, 90–93, 96
Villa Malta, Rom 91
Villingen, Ortsteil von Villingen-Schwenningen 178
Voit, August, Architekt 88–91, 96
Volpato, Giovanni 121
Vorderösterreich 173

Waghäusel, Eremitage 180, 185, 191f., 193
Wagner, Ernst Dr., Altertumsforscher 148
Wagner, Richard, Komponist 23
Walderdorff, Graf Philipp Franz Wilderich von, Fürstbischof 181, 191
Waldmannsburg 88
Walhalla 92
Walter, Friedrich 166, 168
Weinbrenner, Friedrich, Architekt 101
Weis, Eberhard 38
Westphalen/Westfalen, Königreich 28
Wiblingen, Kloster, Ulm 182
Wien 33, 80–82, 113, 126f., 146
   Hofburg 127
Wiesbaden 131, 190
   Stadtschloß 116–118, 121f., 125f.
Wilhelm Heinrich, Fürst von Nassau-Saarbrücken 186
Wilhelm I., König von Württemberg 16, 18, 20, 22f., 33, 101, 103, 182
Wilhelm II., Kurprinz von Hessen-Kassel 114
Wilhelm II., deutscher Kaiser 17–21, 23, 37, 58, 83f.
Wittelsbacher, bayerisches Herzogs- und Königshaus 39, 60f., 64f., 72, 86f., 138, 172
Wolfsburg bei Neustadt 88
Wrede, Carl Theodor Fürst von 88, 192
Württemberg, Herzogtum und Königreich 17, 20, 24, 27f., 33, 42f., 47, 49, 56, 58, 61, 82f., 150, 171, 173, 178, 181–183
Würzburg 118

Ziebland, Georg Friedrich, Architekt 88
Zweibrücken 85f., 93–96
   Stadtschloß 93f.

Abbildungsnachweise

Bidlingmaier 2000	Tücks Abb. 4
Darmstadt, Magistrat (Hg.), Ausst.-Kat. 1979	Tücks Abb. 20, 21
Darmstadt, Staatsarchiv	Tücks Abb. 24
Edenkoben, Heimatmuseum	Ammerich Abb. 6
Ellrich, Hartmut, Ohrdruf	Ellrich Abb. 1, 3, 4, 8
Ellwardt, Katrin, Karlsruhe	Ellwardt Abb. 5, 8
Hannover, Niedersächsisches Hauptstaatsarchiv	Tücks Abb. 6, 7, 11
Heidelberg, Universitätsbibliothek, Sammlung Batt	Wiese Abb. 5
Heinz 1982	Ammerich Abb. 1, 4
Holtmeyer 1923	Tücks Abb. 1–3, 14, 16, 17
Illustrierte Zeitung Nr. 1998, 15.10.1881	Heck Abb. 5
Illustrierte Zeitung Nr. 1997, 8.10.1881	Heck Abb. 6
Karlsruhe, Badisches Landesmuseum	Heck Abb. 2–4, 7, 13, 14
Karlsruhe, Generallandesarchiv	Heck Abb. 8–12; Rössler Abb. 11, 13–15, 18, 19; Wiese Abb. 2, 7, 9, 11; Ellrich Abb. 9, 10; Ellwardt Abb. 1–4, 6
Karlsruhe, Staatliche Kunsthalle	Rössler Abb. 8
Kassel, Museumslandschaft Hessen	Tücks Abb. 12, 15
Landesmedienzentrum Baden-Württemberg	Grimm Abb. 2–4; Rössler Abb. 20; Wiese Abb. 1
Landesmedienzentrum Rheinland-Pfalz	Ammerich Abb. 5
Mannheim, Kunsthalle	Rössler Abb. 9, 10
Mannheim, Reiss-Engelhorn-Museen	Heck Abb. 1; Rössler Abb. 6, 7; Wiese Abb. 4, 10; Arnscheidt Abb. 1–6
Mannheim, Universitätsbibliothek	Rössler Abb. 5, 17
München, Staatliche Graphische Sammlung	Ammerich Abb. 7
München, Technische Universität, Architekturmuseum, Nachlass Voit	Ammerich Abb. 2
Neeb 1924	Ellrich Abb. 5–7
Percier/Fontaine 1812	Tücks Abb. 18, 19

Saarbrücken, Historischer Verein	Ellrich Abb. 2
Schnath 1962	Tücks Abb. 10
Schöpflin 1761	Grimm Abb. 1
Seeliger 1999	Tücks Abb. 22
Speyer, Historisches Museum der Pfalz	Ammerich Abb. 3, 10
Staatliche Schlösser und Gärten Baden-Württemberg	Rössler Abb. 1, 2, 12; Wiese Abb. 3
Stuttgart, Württembergisches Landesmuseum	Tücks Abb. 23; Theil Abb. 1–3
Stuttgart, Württembergische Landesbibliothek, Grafische Sammlung	Ellwardt Abb. 7
Tillessen 1897	Rössler Abb. 3, 4, 16; Wiese Abb. 6
Tücks, Petra, Saarbrücken	Tücks Abb. 5, 8
Wiesbaden, Archiv des Hessischen Landtages	Tücks Abb. 9
Wiese, Wolfgang, Karlsruhe	Wiese Abb. 8
Zweibrücken, Heimatmuseum	Ammerich Abb. 8
Zweibrücken, Stadtarchiv	Ammerich Abb. 9

Mitarbeiterverzeichnis

AMMERICH, Prof. Dr. Hans, Landau
ARNSCHEIDT, Dr. Grit, Mannheim
ELLRICH M.A., Hartmut, Ohrdruf
ELLWARDT, Dr. Kathrin, Karlsruhe
FRIE, HD Dr. Ewald, Essen
GRIMM, Dr. Ulrike, Karlsruhe
HECK M.A., Brigitte, Karlsruhe
KLEIN, Dr. Winfried, Heidelberg
RÖSSLER M.A., Katrin, Karlsruhe
THEIL, Dr. Bernhard, Stuttgart
TÜCKS, Dr. Petra, Saarbrücken
VON ARETIN, Dr. Cajetan Freiherr, München
WEIGAND, Dr. Katharina, München
WIESE, Dr. Wolfgang, Karlsruhe